Roberto Assagioli

HANDBUCH
DER
PSYCHOSYNTHESIS

Roberto Assagioli

HANDBUCH DER PSYCHO-SYNTHESIS

Angewandte
transpersonale Psychologie

Herausgegeben, bearbeitet und
mit einem Vorwort versehen von
Erhardt Hanefeld

AURUM VERLAG · FREIBURG IM BREISGAU

Der Titel der bei Hobbs, Dorman & Company, Inc., New York,
erschienenen amerikanischen Originalausgabe lautet:
PSYCHOSYNTHESIS – A MANUAL OF PRINCIPLES AND
TECHNIQUES.
Unter gleichem Titel erschien das Werk als Viking Compass Edition
1971 in The Viking Press, Inc., New York.

Die Übersetzung ins Deutsche besorgten
Dr. Erhardt Hanefeld und Gudrun Schibel.

1978
ISBN 3 591 08063 2
©1965 by Psychosynthesis Research Foundation.
© 1976 by Psychosynthesis Institute,
Synthesis Graduate School for the Study of Man,
San Francisco, California.
© der deutschen Ausgabe 1978 by Aurum Verlag GmbH & Co KG,
Freiburg im Breisgau.
Alle Rechte der deutschen Ausgabe, auch die des auszugsweisen Nachdrucks,
der mechanischen Wiedergabe und der Übersetzung, vorbehalten.
Satz: Druckerei Schillinger, Freiburg.
Druck und Bindung: May + Co, Darmstadt.
Printed in Germany.

INHALT

VORWORT ZUR DEUTSCHEN AUSGABE: PSYCHOSYNTHESIS UND TRANSPERSONALE PSYCHOTHERAPIE 9
1 Einleitung 9
2 Entwicklungsgeschichte Transpersonaler Psychologie und Psychotherapie 12
  Behaviorismus/Positivismus 14 · Psychoanalyse 15 · Humanistische Psychologie 16 · Transpersonale Psychologie 19
3 Grundlagen einer personzentrierten Transpersonalen Psychotherapie 26
  Patient (Leidender) 28 · Klient (Lernender) 29 · Aspirant (Suchender) 30
4 Psychosynthesis und Transpersonale Psychotherapie in Deutschland 32

VORWORT ZUR 2. AUFLAGE DER ENGLISCHEN AUSGABE 35

TEIL A PRINZIPIEN

EINLEITUNG: PSYCHOSYNTHESIS UND EXISTENTIALISTISCHE PSYCHOTHERAPIE . . . 39
  A GEMEINSAMKEITEN 40
  B UNTERSCHIEDE 42

I DYNAMISCHE PSYCHOLOGIE UND PSYCHOSYNTHESIS 49
  Das tiefere Unbewußte 56 · Das mittlere Unbewußte 56 · Das höhere Unbewußte 56 · Das Bewußtseinsfeld 57 · Das Ich oder bewußte Selbst 57 · Das höhere (tanspersonale) Selbst 57 · Das kollektive Unbewußte 58 · Gründliche Kenntnis der eigenen Persönlichkeit 60 · Die Kontrolle der

verschiedenen Elemente der Persönlichkeit 61 · Realisierung unseres wahren Selbst – die Entdeckung oder Schaffung eines vereinigenden Zentrums 63 · Psychosynthesis: Die Bildung oder Wiederherstellung der Persönlichkeit um das neue Zentrum 66

II SELBSTVERWIRKLICHUNG UND SEELISCHE
STÖRUNGEN 73
Krisen, die dem spirituellen Erwachen vorausgehen 79 · Krisen, die durch das spirituelle Erwachen ausgelöst werden 83 · Reaktionen auf das spirituelle Erwachen 86 · Phasen des Prozesses der Verwandlung (Transmutation) 90 · Implikationen für Diagnose und Behandlung 94

TEIL B TECHNIKEN

ÜBERSICHT ÜBER DIE IN DER PSYCHOSYNTHESIS EINGESETZTEN METHODEN UND TECHNIKEN 103

EINLEITUNG ZU DEN TECHNIKEN DER PSYCHOSYNTHESIS 106

III ALLGEMEINE EINSCHÄTZUNG UND
ERFORSCHUNG DES UNBEWUSSTEN
(DIAGNOSE UND EXPLORATION) 111
Biographie 112 · Tagebuch 113 · Ursprung von Charakterzügen 114 · Bewußte Komplexe 115 · Polaritäten, Ambivalenzen und Konflikte 116 · Subpersönlichkeiten 117 · Charakterzüge, die früheren psychologischen Altersstufen angehören 120 · Fragebogen 121

DIE NATUR DES MENSCHEN 124
Das Selbst 125 · Wille 127 · Bewertung 128 · Einschätzung der höheren Aspekte 129

DIE ERFORSCHUNG DES UNBEWUSSTEN 132
Assoziationstest 132 · Träume 134 · Projektive Techniken 135 · TAT (Thematischer Apperzeptionstest) 135 · Katathymes Bilderleben (KB) 136 · Freies Zeichnen 137 · Hypnose 137 · Gefahren und Schwierigkeiten 139 · Fraktionierte Analyse 141

IV PERSONALE PSYCHOSYNTHESIS 143

KATHARSIS 143
Erneutes Durchleben 143 · Verbaler Ausdruck 145 · Schreiben 146 · Tagebuch 146 · Muskuläre Entladung 147 · Grenzen und Kontraindikationen 149

KRITISCHE ANALYSE 150
Vorgehensweise 151 · Indikationen und Anwendungsbereich 152 · Grenzen und Kontraindikationen 152

SELBSTIDENTIFIKATION 155
Ziel 155 · Prinzip 155 · Vorgehensweise 158

ÜBUNGEN ZUR DISIDENTIFIKATION 162
Vorgehensweise 162 · Indikationen und Anwendungsbereich 166 · Grenzen und Kontraindikationen 168 · Kombination mit anderen Techniken 170

TECHNIKEN ZUR ENTWICKLUNG DES WILLENS . . 172
Die Stufen des Willens 173 · Vorgehensweise beim Schulen des Willens 117 · Verfügbarmachung der Energien 177 · Übung I, Teil A 178 · Übung I, Teil B 179 · Übung II: Die Durchführung nutzloser Übungen 179 · Übung III: Übungen des Willens im täglichen Leben 180 · Übung IV: Körperliche Übungen zur Schulung des Willens 182 Kommentare zu den Übungen 183
Probleme der praktischen Anwendung 184 · Indikationen und Anwendungsbereich 187 · Grenzen und Kontraindikationen 187 · Kombination mit anderen Techniken 189

TECHNIKEN FÜR SCHULUNG UND GEBRAUCH DER IMAGINATION (LEBHAFTE VORSTELLUNGSKRAFT) . . 191
Ziel 191 · Prinzip 191

Techniken der Visualisierung (bildhafte Vorstellungen) 192
Ziel 192 · Prinzip 193 · Vorgehensweise 194 · Indikationen und Anwendungsbereich 198 · Grenzen und Kontraindikationen 199 · Kombination mit anderen Techniken 199 ·

Techniken der auditiven Evokation (Hervorrufen von Gehörseindrücken). 199
Ziel 199 · Prinzip 200 · Vorgehensweise 200 · Indikationen und Anwendungsbereich 203 · Grenzen und Kontraindikationen 204 · Kombination mit anderen Techniken 205

Techniken der imaginativen Evokation anderer Sinneswahrnehmungen 205
Ziel 205 · Prinzip 205 · Vorgehensweise 206 · Indikationen und Anwendungsbereich 207 · Grenzen und Kontraindikationen 209 · Kombination mit anderen Techniken 211

PLAN DER PSYCHOSYNTHESIS 212

TECHNIKEN DES IDEALBILDES (IDEALMODELL) . . 215
Ziel 215 · Prinzip 215 · Vorgehensweise 215 · Indikationen und Anwendungsbereich 222 · Grenzen und Kontraindikationen 223 · Kombination mit anderen Techniken 225

TECHNIKEN DER SYMBOLVERWENDUNG 228
Ziel 228 · Prinzip 228 · Vorgehensweise 231 ·
Indikationen und Anwendungsbereich 236 · Grenzen und
Kontraindikationen 240 · Kombination mit anderen
Techniken 242

V SPIRITUELLE (TRANSPERSONALE) PSYCHO-SYNTHESIS 243

EINLEITUNG 243
Die Erforschung des Überbewußten 249 · Symbole der spirituellen Psychosynthesis 254 · Die Technik des Dialogs 256 · Übungen zur spirituellen Psychosynthesis 260 · Übung zur Gralssage 260 · Übung zu Dantes Göttlicher Komödie 263 · Übung zum Erblühen einer Rose 266 · Vorgehensweise 267 · Anmerkung 268

TECHNIKEN FÜR DEN GEBRAUCH DER INTUITION . 271
Ziel 272 · Prinzip 272 · Vorgehensweise 273 ·
Indikationen und Anwendungsbereich 275 · Grenzen und
Kontraindikationen 276 · Kombination mit anderen
Techniken 277

ÜBUNG ZUR ERZIELUNG HEITERER GELASSENHEIT
UND INNERER KLARHEIT 278

VI INTERPERSONALE PSYCHOSYNTHESIS . . . 279

TECHNIKEN ZUR INTERPERSONALEN ERZIEHUNG . . 279
Ziel 279 · Prinzip 279 · Vorgehensweise 280 ·
Indikationen und Anwendungsbereich 282 · Grenzen und
Kontraindikationen 282 · Kombination mit anderen
Techniken 283

DIE TECHNIK HENRI BARUKS FÜR DIE BEZIEHUNG
ZWISCHEN THERAPEUT UND PATIENT 284
EINIGE ALLGEMEINE BEMERKUNGEN ZU DEN
TECHNIKEN 289

TEIL C ANHANG

GESCHICHTLICHER ABRISS DER PSYCHOSYNTHESIS . 293
ROBERTO ASSAGIOLI: BIBLIOGRAPHIE 297
WOLFGANG KRETSCHMER: DIE MEDITATIVEN
   VERFAHREN IN DER PSYCHOTHERAPIE . . . 301
ELMER UND ALYCE GREEN:
   DIE GEIST-FELD-THEORIE 313
LITERATURVERZEICHNIS 327
INDEX 337

VORWORT ZUR DEUTSCHEN AUSGABE

PSYCHOSYNTHESIS UND TRANSPERSONALE PSYCHOTHERAPIE

1. Einleitung

Die Übersetzung des Hauptwerkes von Roberto Assagioli (1888-1974) *Psychosynthesis* erscheint in gewisser Weise um viele Jahre – man könnte sogar fast sagen Jahrzehnte – zu spät: das erste Kapitel geht auf einen 1931 zuerst veröffentlichten Artikel zurück, Kapitel 2 erschien zuerst 1933. In der vorliegenden Form ist dieses Buch allerdings erst – wie so manches andere – auf einem Umweg über Amerika zu uns gekommen; die erste englische Ausgabe (in dieser Form gibt es das Buch des Italieners Assagioli nicht in Italienisch) erschien 1965, also immerhin auch vor bereits mehr als zehn Jahren.

In anderer Beziehung könnte man jedoch sagen, daß angesichts des deutschen Standes von Psychologie und Psychotherapie dies Buch sogar um Jahre zu früh erscheint; zumindest ist es von unveränderter Aktualität – es gibt kein vergleichbares Werk, in dem Theorie und Technik einer »spirituellen Psychotherapie« dargestellt und beschrieben werden.

Erst in den letzten Jahren, vor dem Hintergrund der entstehenden »neuen Psychologie«, der Humanistischen und besonders der darauf aufbauenden Transpersonalen Psychologie, kann die von Assagioli entwickelte Theorie und Technik der »Psychosynthesis« wirklich gewürdigt werden – in gewisser Weise stellt dieses Buch das erste Handbuch Transpersonaler Psychotherapie dar. So ist das Werk eine Pionierleistung und muß als solche gewürdigt werden. Dennoch spürt man vielfach die (für verschiedene Kapitel unterschiedliche) Zeit, aus der die Darstellung stammt und auch den historischen Standort und die Lerngeschichte des Autors.

Roberto Assagioli begann als Analytiker und vertrat als einer der ersten in Italien die Psychoanalyse. Er löste sich allerdings schon sehr früh von der Einseitigkeit des Freudschen Ansatzes und kritisierte bereits 1910 in seiner medizinischen Dissertation das Fehlen eines dem Unterbewußtsein gegenüberstehenden »Überbewußten«. Dennoch blieb Assagioli in vieler Hinsicht dem psychoanalytischen Denken verbunden, das er eben nur um viele neue Aspekte ergänzte; hier jedoch ist der Punkt, an dem seine Ansichten in mancher Hinsicht nicht mehr dem heutigen Stand entsprechen.

Da auf Jahre hinaus ein vergleichbares Handbuch Transpersonaler Psychotherapie nicht zu erwarten ist, erschien es mir deshalb als Herausgeber notwendig, den Anschluß an die neueren Entwicklungen herzustellen. Der Text sollte aber wegen seiner auch historischen Bedeutung möglichst nicht verändert werden. So soll zunächst in diesem Vorwort die Entwicklung der psychologischen und psychotherapeutischen Strömungen bis in die jüngste Gegenwart hinein nachgezeichnet werden. Den entscheidenden Einschnitt stellt dabei die »humanistische Wende« dar, die sich nach dem Zweiten Weltkrieg, vor allem seit den späten fünfziger Jahren, in Amerika entwickelte. Ihren Beginn wie auch die Anfänge der sich daraus entwickelnden Transpersonalen Psychologie hat Assagioli noch erlebt und in Ansätzen in diesem Werk berücksichtigt; in seinem zweiten Buch *The Act of Will* (8) sowie in späteren Aufsätzen übernahm er auch den Begriff »transpersonal« anstelle des bisherigen »spirituell«.*

Die heutige Praxis der Psychosynthesis, wie sie vor allem in den Vereinigten Staaten und Kanada durchgeführt wird (hier ist diese Richtung relativ bekannt), weicht in mancher Beziehung von dem hier Beschriebenen ab; insbesondere wird der Einfluß der erlebnisorientierten Techniken aus der Humanistischen Psychotherapie immer deutlicher, während psychoanalytische Elemente fast keine Rolle mehr spielen.

Auch in der Frage der Diagnose zeigt sich heute ein verändertes Bild; die prozeßorientierte klinische Forschung hat gezeigt, daß die meisten diagnostischen Verfahren an einer statischen, starren »Schubladen-Diagnostik« orientiert und deshalb von geringem praktischen Wert sind. So wird man weitgehend auf die von Assagioli ausführlich beschriebene »Allgemeine Einschätzung« und Diagnose verzichten. Das liegt nicht etwa daran, daß die von ihm

---

* An ganz wenigen Stellen habe ich im Text diesen Begriff ergänzt, insbesondere bei der Gegenüberstellung von »personaler« und »spiritueller« = transpersonaler Psychosynthesis.

vorgestellten Verfahren zum Teil heute nur noch wenig verwendet werden, weil sie den Ansprüchen einer positivistisch/operationistisch ausgerichteten Psychologie – die heute in der Bundesrepublik dominiert – nicht genügt. Auch die angeblich exakteren modernen statistisch fundierten Testverfahren haben für praktische klinische Zwecke eine geringe Ausssagekraft; nicht einmal eine gesicherte Aussage über die Indikation einer Therapie überhaupt läßt sich daraus entnehmen.

So wird sich der Vertreter einer prozeßorientierten Psychotherapie mehr auf eine gutgeführte Exploration stützen und ansonsten den Prozeß selbst, die Entwicklung des Verlaufs, als Maßstab nehmen. Selbstverständlich ist dies auch wissenschaftlich verläßlich erfaßbar und beschreibbar; es liegen eine Fülle von Untersuchungen hierzu vor. Instrumente der Veränderungsmessung werden daher viel wichtiger als eine Anfangsdiagnose, so z.B. Therapiebegleitbögen: Beurteilungen der Erfahrungen in der Sitzung, des Therapeuten als Person, des (subjektiven) Erfolgs der Therapie usw.

Auch sonst entsprechen einige Vorstellungen nicht mehr dem, was sich heute in der Transpersonalen Psychotherapie darstellt, insbesondere ist die Darstellung der tieferen seelischen Schichten allzustark vom psychoanalytischen (negativen) Bild getrübt – insgesamt scheint sich Assagioli in den »höheren« Bereichen der Psyche besser ausgekannt zu haben, in den »hellen«, »männlichen« als in den »dunkleren«, »weiblichen«.

So entschloß ich mich, gelegentlich in Anmerkungen auf neuere Sichtweisen und Tendenzen hinzuweisen; dies können jedoch wirklich nur Hinweise bleiben, zumal das Gebiet der Transpersonalen Psychotherapie noch weitgehend Neuland ist. Die Ergänzungen geschehen in fortlaufend durchnumerierten Anmerkungen (1-27), die dann nicht mehr speziell als Anmerkungen des Herausgebers gekennzeichnet sind.

Auch das von Assagioli vorgestellte Persönlichkeitsmodell (das »Ei-Diagramm«, wie es die Vertreter der Psychosynthesis seiner graphischen Form wegen nennen) kann heute wesentlich stärker ausdifferenziert werden. Hier kann sowohl auf Theorien der esoterischen und spirituellen Psychologien zurückgegriffen werden als auch auf gerade in Deutschland sehr lebendige Beschreibung der Schichtung von Sein und Persönlichkeit, wie sie von philosophischer und psychologischer Seite vielfach vorliegen (z.B. Nicolai Hartmann, Erich Rothacker, Philipp Lersch usw.).

Eine Zusammenschau solcher Vorstellungen von hoher integrativer Kraft liegt jetzt in der Geist-Feld-Theorie von Elmer und Alyce Green vor, führenden Vertretern der Biofeedback-Forschung und der Transpersonalen Psychologie. Diese Ausformulierung scheint mir von so großer Bedeutung, daß sie im Anhang (C.4) aufgenommen wurde.

Bei den sonstigen Anmerkungen und Ergänzungen muß ich mich vielfach – da es nur wenig Literatur gibt – vor allem auf meine eigenen (zweifellos begrenzten) Erfahrungen und meine eigene Theorie und Praxis Transpersonaler Psychotherapie beziehen, ohne dies jeweils einzeln zu spezifizieren. Vielleicht ist deshalb in diesem Zusammenhang meine eigene Lerngeschichte von Interesse: Nach dem Studium der Indologie und Psychologie Arbeit auf parapsychologischem Gebiet (bei Prof. Hans Bender, Univ. Freiburg), psychotherapeutische Ausbildung in Psychoanalyse, Klientzentrierter Gesprächspsychotherapie (Ausbilder der GwG), sowie Verfahren Humanistischer Psychotherapie (insbesondere Gestalt-Therapie) und Transpersonaler Psychotherapie (insbesondere Psychosynthesis).

2. Entwicklungsgeschichte Transpersonaler Psychologie und Psychotherapie

Die Feststellung, daß wir uns mitten in einer wissenschaftlichen Umwälzung befinden, ist in den letzten Jahren von verschiedener Seite getroffen worden. Willis W. Harman beschrieb dies 1969 als »neue Kopernikanische Revolution« (54). Er nennt als Merkmal dieser neu entstehenden Wissenschaft vor allem, daß eine Reihe von Fragen bezüglich der Interpretation menschlicher subjektiver Erlebnisse, besonders der »transzendenten« und somit der Basis menschlicher Werte, vom »philosophischen« zum »empirischen« (erfahrungswissenschaftlichen) Stadium übergehen. Diese neue Wissenschaft wird seiner Meinung nach die tiefsten Einsichten von Psychologie, Geisteswissenschaften und Religion vereinigen. Kennzeichen werden seiner Ansicht nach unter anderem sein:

1. Aufhebung der scharfen Trennung zwischen Subjekt und Objekt, der Außenwelt und dem Bewußtsein dessen, der sie wahrnimmt. Unsere »Realität« ist eine bestimmte, überlieferte

Überzeugung, eine durchaus verläßliche, aber begrenzte Ansicht – eine bestimmte Metapher sozusagen. Andere Ansichten, wie z.B. bestimmte religiöse oder metaphysische, werden als auch und sogar ebenso verläßlich angesehen, jedoch als angemessener für bestimmte Bereiche menschlicher Erfahrung.
2. Die neue Wissenschaft wird in irgendeiner Weise die subjektive Erfahrung einer Einheit in allen Dingen einbeziehen.
3. Sie wird eine Art von Kartographie oder Ordnung von Bewußtseinszuständen einschließen, die das gewöhnliche Wachbewußtsein überschreiten.
4. Sie wird die subjektive Erfahrung eines »höheren Selbst« berücksichtigen und wird bevorzugt die Entwicklung eines Selbstbildes betrachten, das mit dieser Erfahrung übereinstimmt.
5. Sie wird eine viel einheitlichere Betrachtungsweise menschlicher Erfahrungen ermöglichen, die jetzt unter so unterschiedlichen Bezeichnungen kategorisiert sind wie: Kreativität, Hypnose, mystische Erfahrungen, Erlebnisse mit psychedelischen Drogen, Außersinnliche Wahrnehmung, Psychokinese und verwandte Phänomene.

Der Ablauf solcher Revolutionen folgt dabei einem bestimmten Muster – Thomas S. Kuhn hat diese »Struktur wissenschaftlicher Revolutionen« (71) detailliert beschrieben: einige wenige »revolutionäre« Wissenschaftler machen Entdeckungen, die von der Mehrzahl der übrigen Fachkollegen lange mit allen Mitteln bekämpft bzw. ignoriert oder uminterpretiert werden, weil die Annahme neuer Entdeckungen stets ein Aufgeben alter »Paradigmata«, d.h. eines bewährten Weltbildes, bedeutet – ein beunruhigender und somit unangenehmer Prozeß.

Die ersten Anzeichen dieser neuen Wissenschaft zeigen sich bereits; Abraham H. Maslow nennt sie in seiner »Psychologie der Wissenschaft« (83 g) »Humanistische Wissenschaft«, die er als ganzheitlich, engagiert aber nicht-einmischend (taoistisch), auf Erweiterung und Wachstum angelegt beschreibt, gegenüber der bisher dominierenden »mechanistischen Wissenschaft«, die reduktiv analysierend vorgeht, distanziert, aber eher kontrollierend und auf Sicherheit bedacht.

Besonders deutlich ist die Entstehung dieser neuen, integrativen, ganzheitlichen Wissenschaft in der Psychologie zu sehen – in der Humanistischen und der darauf aufbauenden Transpersonalen Psychologie. Verständlich wird die Entwicklung dieser »dritten« bzw. »vierten Kraft«, wie sie sich selbst nennen, jedoch nur vor einem umfassenderen Hintergrund.

Betrachtet man die Entwicklung der Psychologie, so sieht man, daß von einer einheitlichen, sich kontinuierlich entwickelnden Wissenschaft nicht die Rede sein kann. Es zeigt sich eher das Bild verschiedener »Stufen« oder »Sprünge«, wobei auf jeder Stufe eine Tendenz zur starren Schulenbildung besteht, die jeder Weiterentwicklung ablehnend gegenübersteht. Ganz grob lassen sich folgende vier heute bedeutsamen Positionen unterscheiden, die jetzt gleichzeitig nebeneinander vertreten sind, wissenschaftsgeschichtlich aber verschiedenen Strömungen zuzuordnen sind.

1. Behaviorismus/Positivismus

Die Geschichte der Psychologie als empirisch fundierte Disziplin reicht nicht weit zurück – als wichtiges Datum wird hier gern die Begründung des ersten Instituts für experimentelle Psychologie durch Wilhelm Wundt in Leipzig (1879) genannt. Aus der »Psychophysik« von Gustav Theodor Fechner (1801–1887) und Ernst Heinrich Weber (1795–1878) entwickelte sich die moderne experimentelle Psychologie.

Während jedoch in Deutschland die Herkunft der Psychologie als einstige Teildisziplin der Philosophie zunächst spürbar blieb (die Zuordnung zu den Natur- oder Geisteswissenschaften ist ein umstrittenes Thema), wurde in Rußland und Amerika eine an den Methoden der Naturwissenschaften ausgerichtete Psychologie dominierend. Die wichtigsten Namen sind I.P. Pawlow (1849–1936) in Rußland und J.B. Watson (1878–1956), der Begründer des »Behaviorismus«, in Amerika. »Objektivität« ist erste Forderung; inneres, seelisches Erleben gilt als »subjektiv« und somit unzuverlässig. So ist diese Richtung streng am äußeren, beobachtbaren Verhalten (engl. behaviour) orientiert. Der Mensch wird als ein Organismus gesehen, der auf gewisse äußere »Reize« in bestimmter Weise reagiert (Reiz-Reaktions-Muster). Zunächst eine Art unbeschriebenes Blatt, wird er durch eine Fülle von Einflüssen (»Stimuli«) geformt, »konditioniert«. Da Fehlentwicklungen als (ungünstiges) gelerntes Verhalten angesehen werden, muß eine Therapie als Umlernen oder »Verlernen« aufgefaßt werden – die Verhaltenstherapie folgt konsequent diesem Ansatz.

In der ersten Hälfte des 20. Jahrhunderts wurde die amerikanische Psychologie wesentlich von dieser Richtung bestimmt, während der behavioristische bzw. positivistische Ansatz in Deutschland erst nach dem Zweiten Weltkrieg Bedeutung erlangte.

Die heutigen Vertreter einer »objektivistischen« Psychologie (sie nennen sich selbst gern »methodische Positivisten« oder »Operationisten«*) sind jedoch keineswegs mehr als »naive Behavioristen« anzusehen; die Konzepte und Methoden sind differenzierter geworden, Einflüsse der anderen Richtungen sind spürbar. Zunehmend werden auch innere Erfahrungen (kognitive Prozesse usw.) einbezogen. Unverändert bleibt jedoch das Menschenbild, das nach wie vor mechanistisch ist, wenngleich die anfangs sehr einfach vorgestellte »Reiz-Reaktions-Maschine Mensch« nunmehr zu einem sehr komplexen »Biocomputer« geworden ist, dessen Verhalten je nach Anlage und Umwelteinflüssen in verschiedene Richtungen gelenkt wird.

2. Psychoanalyse

Zunächst mehr in einem Gegeneinander als Miteinander entwickelte sich eine zweite Strömung, die wesentlich von Medizinern getragen wurde und schon von daher nur schwer Berührung zu den akademischen Psychologen fand: die von Sigmund Freud (1856–1939) begründete Psychoanalyse – ihren Beginn kann man mit dem Erscheinen der »Traumdeutung« im Jahre 1900 setzen.

Freuds Denken ist zwar genauso im mechanistischen Weltbild des 19. Jahrhunderts verhaftet wie das der Behavioristen, formal geht er jedoch den entgegengesetzten Weg: äußeres Verhalten wird fast völlig vernachlässigt, das Interesse liegt ausschließlich auf (verbal mitgeteiltem) innerem Erleben, wobei es wesentlich um die Entschlüsselung und Bewußtmachung unbewußter Vorgänge geht, von denen der Mensch weitgehend determiniert betrachtet wird. Da sich Freud vor allem mit krankhaften psychischen Vorgängen beschäftigt, entsteht dabei ein äußerst pessi-

---

* Nach der Forderung, möglichst nur »operationale Definitionen« zu verwenden, d.h. Bestimmung durch die Methode der Feststellung des zu definierenden Phänomens. Angst, operational definiert, würde also etwa in physiologischen Daten ausgedrückt (Herzschlag, Pulsfrequenz, Hautwiderstand) oder in anderen Techniken der Erfassung, z.B. Einstufung des Angstpegels durch die Versuchsperson oder durch Dritte usw.

mistisches und dunkles Bild des Menschen. Er wird als im Grunde destruktives und aggressives Wesen gesehen, von Trieben in Bewegung gehalten, die kanalisiert und abgeschwächt werden müssen, wenn menschliche Kultur entstehen und menschliches Zusammenleben möglich werden soll.

Während für die »orthodoxen« Psychoanalytiker Freud unangefochtene Autorität war, wurden von anderen seine Theorien und Hypothesen sehr kritisch betrachtet und vielfach verändert. Es entstanden eine ganze Reihe von tiefenpsychologischen Schulen und Richtungen, nach der Emigration vieler bedeutender Persönlichkeiten vor allem in Amerika. Dabei entwickelte sich ein zunehmend positiveres Menschenbild, und es wurde so wichtige Vorarbeit für die spätere »humanistische Wende« geleistet.

Vor dem Hintergrund Transpersonaler Psychologie beginnt heute eine Neubewertung der psychoanalytischen Theorien und Richtungen; hierher gehört auch die *Psychosynthesis* von Roberto Assagioli, der – wie erwähnt – schon sehr früh die Einseitigkeit des Freudschen Ansatzes kritisierte. Sein jahrzehntelanges Wirken blieb jedoch zunächst auf einen sehr kleinen Kreis beschränkt – seine Arbeit fand erst in jüngster Zeit späte Anerkennung und Assagioli kann als Begründer einer Transpersonalen Psychotherapie gewürdigt werden.

Auch Carl Gustav Jung (1876–1961), der sich ebenfalls schon früh von Freud losgesagt und eine eigene Richtung begründet hatte, gewinnt neue Aktualität – er wird als wichtiger Vorläufer Transpersonaler Psychologie angesehen, und seine Werke erleben heute in Amerika eine Renaissance. Er stellt zugleich eine wesentliche Ergänzung zu Assagioli dar, denn er berücksichtigt die »dunklen« und »weiblichen« Seiten der Psyche in sehr viel größerem Ausmaße.

3. Humanistische Psychologie

Der methodische Positivismus bzw. Operationismus bestimmt heute die psychologische Forschung und Lehre in der Bundesrepublik, während die Psychoanalyse die dominierende Ausrichtung der ärztlichen Psychotherapeuten ist. Beide Richtungen erlangten ihre Bedeutung bei uns jedoch erst nach dem Zweiten Weltkrieg. Das Dritte Reich hatte viele Entwicklungen unterbrochen und Deutschland von der übrigen wissenschaftlichen Welt weitgehend isoliert – viele bedeutende Persönlichkeiten mußten emigrieren und setzten ihre Arbeit im Ausland, vornehmlich in Amerika, fort. So gab es vor diesem Einschnitt gerade in Deutschland eine Vielzahl anderer Ansätze, die aus heutiger Sicht vielfach durchaus Alternativen zum mechanistischen Weltbild von behavioristischer bzw. positivistischer und (orthodoxer) psychoanalytischer Orientierung darstellten. Von den vielen verschiedenen Richtungen und Gruppierungen in Europa und Amerika können hier nur die wichtigsten aufgezählt werden: Ganzheits- und Gestaltpsychologie, existentialistische Psychologie und Psychotherapie (z.b. Daseinsanalyse, Logotherapie), phänomenologische Psychologie, Weiterentwicklungen der Psychoanalyse (z.b. durch C. G. Jung, Roberto Assagioli, Wilhelm Reich, Karen Horney, Otto Rank, Erich Fromm usw.), sowie eine Fülle weiterer Richtungen und bedeutender Einzelpersönlichkeiten, von denen besonders Carl R. Rogers zu nennen ist, der in den vierziger Jahren begann, eine empirisch fundierte, psychologisch orientierte Psychotherapie zu entwickeln.

Mehr oder weniger kennzeichnend für alle diese Richtungen ist ein positiveres Menschenbild und die Akzentuierung menschlicher Freiheit, des Strebens nach Selbstverwirklichung, Kreativität, Erweiterung, Wachstum, Ganzheit, Sinn.

Aber erst in den fünfziger Jahren fanden solche Gedanken plötzlich eine breitere Resonanz und entwickelten sich schnell zu einer »Bewegung«. Abraham H. Maslow (1908-1970) fand 1957 dafür den Begriff »humanistisch« und seit 1961 ist das von Anthony J. Sutich (1907-1976) begründete *Journal of Humanistic Psychology* Sprachrohr dieser Richtung, die sich selbst als »dritte Kraft« neben den beiden bisherigen Hauptströmungen der Psychologie bezeichnet.

Unzufrieden mit einer »Psychologie ohne Seele« tritt hier der Mensch in seiner Ganzheit wieder in den Mittelpunkt. Trotz gelegentlicher antiwissenschaftlicher Strömungen in der Humanistischen »Szene« verstehen die bedeutendsten Vertreter dieser Richtung (etwa Carl R. Rogers und Abraham H. Maslow) Humanistische Psychologie als empirisch fundierte Wissenschaft, die hinsichtlich der Exaktheit der Forschungsmethoden höchste Ansprüche stellt. Das eigentlich Neue ist die ganzheitliche Art des Zugangs und das positive Menschenbild.

Es entwickelt sich eine neue Konzeption menschlicher Gesundheit: Der Mensch ist in seinem innersten Kern »gut«, grundlegende Bedürfnisse sind die nach Leben, Sicherheit und Geborgenheit, Liebe und Selbstverwirklichung. Werden sie unterdrückt, wird der Mensch »krank«, d.h. starr, unbeweglich, rigide. Dann ist er auch determiniert, unfrei. Nähert er sich dem »gesünderen« Pol, wird er zunehmend offener, flexibler, freier.

Für die therapeutische Situation ergibt sich daraus, daß man nur tief genug vordringen muß, um bei jedem Menschen einen »Kern« zu entdecken, der grundsätzlich positiver Natur ist, auf Selbstverwirklichung hinzielend. Aggressive und destruktive Tendenzen gelten also keineswegs als »natürlich«, weil triebbestimmt, sondern werden als Reaktionen auf die Frustrationen und Enttäuschungen der Umwelt angesehen, wodurch die grundlegenden positiven Strebungen des Menschen verbogen oder sogar soweit verschüttet werden, daß sie schließlich unter Umständen kaum noch wahrzunehmen sind.

Auf diesen Grundlagen beruht die Psychotherapie der Humanistischen Psychologie – es gibt hier inzwischen eine Vielfalt von Methoden und Ansätzen. Nach wie vor die wichtigste, weil grundlegendste und einzige wirklich empirisch fundierte Methode, ist die von Carl R. Rogers (*1902) begründete klientzentrierte Therapie. Die hier herausgearbeiteten und beschriebenen therapeutischen Grundvariablen (Wärme und Akzeptierung, Echtheit sowie tiefgehendes Verständnis des anderen) haben für alle Arten von Psychotherapie Gültigkeit. Rogers gibt folgende Beschreibung der Grundlagen seines Ansatzes (Nach B. D. Meador, in Rogers, 110 b, S. 49):

Die theoretische Grundlage der klientzentrierten Psychotherapie ist die Überzeugung von der »vollkommenen Rationalität« mit der sich die menschliche Entwicklung unter optimalen Bedingungen vollzieht. Die Aktualisierungstendenz im Menschen ist eine mächtige Kraft, die ihren eigenen Rhythmus und ihre eigene Richtung besitzt.

Die Aufgabe des Therapeuten besteht darin, den Klienten dabei zu unterstützen, sich seiner eigenen Verwirklichungsprozesse bewußt zu werden und auf sie zu vertrauen. Die wichtigste Entdeckung der klientzentrierten Orientierung betrifft die Grundeinstellung des Therapeuten, die ein optimales Klima erzeugen, in dem der Klient ungehindert wachsen und sich entfalten kann. Das Zentrum des therapeutischen Prozesses liegt tatsächlich im Klienten selbst, dessen inneres Erleben Tempo und Richtung der therapeutischen Beziehung bestimmt. Die

Haltung unanfechtbaren Vertrauens in die Wachstumsprozesse der Individuen stellt ebenso ein Wertsystem dar, wie sie eine Richtlinie für die Therapie bedeutet. Sie steht damit im Gegensatz zu den in Schulen, Familien, kirchlichen, geschäftlichen und sonstigen Einrichtungen dieses Landes üblichen Wertmaßstäben. Die in diesen Institutionen vorherrschende Einstellung ist gekennzeichnet durch implizite Skepsis gegenüber dem menschlichen Wachstumsprozeß und vorsichtige Beschränkung desselben.

Bedeutsame weiterführende Techniken bieten die von Fritz Perls (1893-1970) entwickelte Gestalttherapie, J. L. Morenos (1892-1974) Psychodrama und die verschiedenen Ansätze kreativer Therapie. Zunehmend wichtiger werden körpertherapeutische Ansätze, die Alexander-Technik, das Rolfing, Feldenkrais und die verschiedenen »neo-reichianischen« (d.h. sich auf Wilhelm Reich berufenen) Verfahren, z.B. die Bioenergetik.

Das Ziel der Humanistischen Psychotherapie ist eine ganzheitliche, voll funktionsfähige Persönlichkeit, also ein Mensch, der zu seiner positiven Grundstruktur vorgestoßen ist, der sich selbst schätzt und deshalb auch andere akzeptieren und lieben kann, der spontan und kreativ (schöpferisch) ist, der sich so wie er ist akzeptiert und sich deshalb (!) in einem ständigen Veränderungsprozeß befindet und der von daher so frei in seinen Verhaltensweisen ist, daß sein Verhalten nur noch schwer vorhergesagt werden kann.

Ist nun der Mensch, der dieses Ideal erreicht hat, der Endpunkt möglicher Entwicklung? Die humanistischen Psychologen selbst sagen, daß die Entwicklung eines Menschen, der einmal den Prozeßcharakter inneren Erlebens entdeckt hat, ständig weitergeht.

4. Transpersonale Psychologie

Tatsächlich zeigt sich, daß Menschen, deren Persönlichkeit »vollständig« und »reif« wird, sehr bald die Grenzen des »humanistischen« in ihrem Erleben überschreiten – Sir Julian Huxley hatte dafür schon im Jahre 1957 den Begriff »transhumanistisch« geprägt. Maslow definiert »transhumanistisch« so (83 h, S. 3 f.):

Transhumanistisch bedeutet das, was den glücklichen, entwickelten, selbstaktualisierten Menschen motiviert und aktiviert. Diese Menschen sind durch etwas motiviert, das jenseits

der Grundbedürfnisse liegt. Der Punkt des Übergehens in das Transhumanistische kommt, wenn man Fragen folgender Art beantwortet: Welches sind die Momente, die dir den größten Anstoß geben, die größte Befriedigung? Welches sind die großen Augenblicke? Welches sind die belohnenden Momente, die deine Arbeit und dein Leben lebenswert machen?
Die Antworten zu solchen Fragen würden in Begriffen von letzten Wahrheiten gegeben – die »intrinsischen Werte« (Robert Hartmann) Wahrheit, Güte, Schönheit, Vollendung, Einfachheit usw.

So wurde die Humanistische Psychologie schon sehr bald von ihren Begründern als bloße Durchgangsstufe angesehen, »als Vorbereitung für eine noch ›höhere‹ Vierte Psychologie, die überpersonal, transhumanistisch ist, ihren Mittelpunkt im All hat, nicht in menschlichen Bedürfnissen und Interessen, und die über Menschlichkeit, Identität, Selbstverwirklichung und ähnliches hinausgeht,« wie Maslow im Vorwort zur 2. Auflage seiner *Psychologie des Seins* (einem Hauptwerk Humanistischer Psychologie) schreibt. (83 f, S. 11 f.)

Die eigentliche Begründung der Transpersonalen Psychologie kann man mit dem Jahr 1966 setzen – also kaum zehn Jahre nach der Definition der Humanistischen Psychologie durch Maslow im Jahre 1957. Der Terminus »transpersonal« wurde Anfang 1968 in einer Diskussion zwischen Anthony J. Sutich, Abraham H. Maslow, Viktor Frankl, Stanislav Grof und James Fadiman gewählt und ersetzt seitdem das als weniger günstig empfundene »transhumanistisch«.

In der Transpersonalen Psychologie werden somit Erfahrungen untersucht, bei denen eine Ausdehung oder Ausweitung des Bewußtseins über die üblichen Ich-Grenzen und die Begrenzungen von Raum und Zeit hinaus erfolgt, wie Stanislav Grof definiert. Er beschreibt den Unterschied zum »normalen Bewußtsein« folgendermaßen (48, S. 154 f.):

In den »normalen« oder üblichen Bewußtseinszuständen erlebt sich das Individuum als innerhalb der Grenzen seines physischen Körpers existierend, was ihn deutlich von der übrigen Welt trennt. Er ist sich des Raumes klar bewußt, den er als physische Entität einnimmt und ebenso der Grenzflächen einer Berührung mit der äußeren Welt. Man nennt dies gewöhnlich Körperschema oder Leibbewußtsein. Die Wahrnehmung der Umwelt ist beschränkt durch die physisch determinierte Reichweite seiner Sinnesorgane. Sowohl die propriozeptive (innere) Wahrnehmung als auch die Wahrnehmung der Außenwelt (Exterozeption) unterliegen spezifischen Raum-Zeit-Begrenzungen. Ein Individuum kann gewöhnlich nur solche Dinge erleben, die im gegenwärtigen Augenblick und im Ort seiner Anwesenheit geschehen; es kann sich an Dinge erinnern, die zu einer anderen Zeit und an einem anderen Ort geschehen sind, und es kann sich Dinge vorstellen oder sie erwarten, die in der Zukunft geschehen werden. Die grundlegende Charakteristik transpersonaler Erlebnisse ist, daß eine oder mehrere dieser Begrenzungen überschritten zu sein scheinen. In manchen Fällen wird eine Aufhebung der üblichen Ichgrenzen erlebt, Bewußtsein und Selbst-Bewußtsein scheinen sich zu erweitern und andere Individuen und Elemente der äußeren Welt einzuschließen. In anderen Fällen wird weiterhin die eigene Identität erlebt, aber in einer anderen Form, zu einer anderen Zeit, in einem anderen Ort oder einem unterschiedlichen Kontext.

Die Richtung der ersten Form könnte man »horizontal« nennen – es bedeutet ein erweitertes Erleben der Umwelt und des Mitmenschen. In der zweiten Richtung, die man »vertikal« nennen könnte, bedeutet es Erweiterung um Erfahrungen und Wahrnehmungen in eine neue Dimension hinein, also Grenzerfahrungen (engl. peak experience, »Gipfelerlebnis«), schöpferische und intuitive Erlebnisse, mystische Erfahrungen usw. In seiner höchsten Form entspricht dies der von Richard Maurice Bucke in seinem klassischen Buch geschilderten *Erfahrungen des kosmischen Bewußtseins* (22), die er folgendermaßen definiert:

Das kosmische Bewußtsein ist das Ergebnis einer Erfahrung, die man als das plötzliche Erwachen eines neuen, nämlich des kosmischen Sinnes bezeichnen kann. In diesem Erwachen erfährt der Mensch eine geistige Erleuchtung, die an sich schon genügt, ihn auf eine neue Daseinsebene zu heben, fast als würde er einer neuen Spezies angehören. Darüber hinaus erlebt er ein unbeschreibliches Gefühl von Erhebung, Freude und Seligkeit und eine ungeahnte Schärfung des Sinnes für Gut und Böse. Das wichtigste Merkmal des kosmischen Bewußtseins aber ist, wie der Name schon sagt, ein Bewußtsein des Kosmos, d. h. der lebendigen Gestalt und Ordnung des Universums. Damit verbunden ist etwas, das man ein Gefühl der Unsterblichkeit nennen könnte, ein Bewußtsein des ewigen Lebens, nicht als Überzeugung, daß man dies haben werde, sondern als Wissen, daß man es bereits hat.

Der von Bucke beschrittene Weg ist eine der Hauptmethoden Transpersonaler Psychologie: eine konsequent phänomenologische Sammlung und Ordnung von Erfahrungen und Erlebnissen, die das »normale« Alltagsbewußtsein überschreiten, ohne sich dabei um »Erklärungen« zu kümmern. In einem zweiten Schritt sind dann durchaus auch experimentelle Anordnungen möglich, in denen Hypothesen überprüft werden können. Der besondere Forschungsgegenstand stellt dabei hohe Anforderungen an Bewußtsein und Verantwortung des Untersuchers.

Die große Vielfältigkeit der als »transpersonal« zusammengefaßten Erfahrungen läßt manchem Betrachter das Forschungsgebiet der Transpersonalen Psychologie ein wenig unübersichtlich erscheinen. Ist man aber damit etwas vertrauter, sieht man, daß hier eine durchaus einheitliche Linie und Konzeption vorliegt; verwirrend kann nur sein, daß man in nicht sofort faßbarer Weise mit einem Zusammenfließen vielfältiger Richtungen und Traditionen konfroniert wird. Nur wenige dieser Linien können hier genannt werden, ohne daß eine detailliertere Betrachtung möglich wäre.

Eine wichtige Quelle ist die *Parapsychologie,* in der ein bestimmter Ausschnitt transpersonaler Erfahrungen untersucht wird. Manche Parapsychologen beschränken ihre Forschungen auf das Gebiet der Informationsgewinnung außerhalb der bekannten Sinneswege (Telepathie, Hellsehen), das Vorherwissen zukünftiger Ereignisse oder Sachverhalte (Präkognition) sowie der direkten, nicht-mechanischen Einwirkung auf materielle Systeme (Psychokinese). (Eine kurze, gute Übersicht über den Stand dieser Ergebnisse bietet neuerdings Tart, Kap. 3, seines Buches über *Transpersonale Psychologien,* 124 b).

Andere schließen auch weitergehende Phänomene ein, die nicht im positivistischen Sinne »verifizierbar« (bzw. »falsifizierbar«) sind und haben so wichtiges Material zur Frage des persönlichen Überlebens des Todes und der Reinkarnationshypothese gesammelt (siehe z. B. Jacobson, 61, und Stevenson, 119. Eine kurze Übersicht über die dem deutschen Leser zugängliche Literatur habe ich 1978 gegeben, Hanefeld, 51 b.)

Die *Religionspsychologie* ist ebenfalls von großer Bedeutung. William James (1842-1910), der mit seinem Werk über *Die religiöse Erfahrung in ihrer Mannigfaltigkeit* (62 b), erschienen 1902, den wohl wichtigsten Anstoß für die Religionspsychologie des 20. Jahrhunderts gegeben hat, kann von der Methodik und den Ergebnissen her durchaus als Vorläufer der Transpersonalen Psychologie angesehen werden.

Ähnliches kann man von Richard Maurice Bucke sagen; sein Werk *Die Erfahrung des kosmischen Bewußtseins*, 1901 (22), ist eine phänomenologische Beschreibung transpersonaler Erlebnisse. Bucke kann als Vorläufer einer systematischen, wissenschaftlichen Beschäftigung mit dem Forschungsgebiet *Veränderter Bewußtseinszustände* bezeichnet werden, der erst in jüngster Zeit durch den Einsatz physiologischer Kontrollmethoden, insbesondere der enzephalographischen Ableitungen (Hirnströme) eine empirische Basis und damit neues Interesse fand. Nunmehr wird es möglich, transpersonale Erfahrungen auch von der Seite der physiologischen Prozesse her zu beschreiben und zu klassifizieren. Zugleich ergibt sich durch die Rückmeldung (Feedback) dieser Daten die Möglichkeit einer direkten Beeinflussung von Körper- und Bewußtseinsvorgängen, die sonst als »autonom«, d.h. nicht willentlich beeinflußbar galten (Biofeedback). Für den medizinischen Bereich erschließen sich Gebiete, die vorher als »Geistige Heilung« abgetrennt waren, es werden ungewöhnliche Fähigkeiten der Kontrolle körperlicher Vorgänge untersucht, wie sie etwa von Yogis berichtet werden (s. Tart, 124a, Green, 47).

Neben diesen wichtigen wissenschaftlichen Disziplinen sind eine Vielzahl anderer Richtungen und Schulen sowie Einzelpersönlichkeiten als Einflüsse zu nennen; hier können nur einige Hinweise gegeben werden, ohne daß eine kritische Stellungnahme möglich ist. Zum Teil handelt es sich keineswegs um wissenschaftlich fundierte Richtungen; die Transpersonale Psychologie betrachtet sie auch in erster Linie als ein historisch bedeutsames Material für eine phänomenologische Betrachtungsweise, woraus dann Anstöße für neue Erfahrungen gewonnen werden können.

Aus dem Bereich europäischer Tradition sind wichtige Quellen verschiedene »esoterische« Systeme, wie die von H.P. Blavatsky

(Theosophie), Rudolf Steiner (Anthroposophie), Gurdjew, Ouspensky, Alice Bailey, weiterhin psychotherapeutische Schulen, insbesondere die Jungsche Richtung der Psychoanalyse, Assagiolis *Psychosynthesis*, die *Initiatische Therapie* von Karlfried Graf Dürckheim.

Östliches Denken ist eine andere wesentliche Quelle der Transpersonalen Psychologie: Indischer Vedânta, Tantrismus und Buddhismus sowie indische Autoren der neueren Zeit wie Aurobindo, Ramakrishna, Krishnamurti, Bhagwan Shree Rajneesh usw., der chinesische Taoismus, der japanische Zen-Buddhismus und verschiedene Techniken, wie Yoga, buddhistische Meditation (Vipassana, Zen), die Bewegungsmeditation T'ai Chi, das spirituelle »Selbstverteidigungs«-System Aikido.

Alle diese Einflüsse sind nicht nur als Inhalte bzw. Techniken in der Transpersonalen Psychologie zusammengeflossen, dieser Zusammenfluß ist auch räumlich wirklich geworden. In Kalifornien, wo viele wichtige Entwicklungen auf dem Gebiet der Humanistischen und Transpersonalen Psychologie stattfanden, kamen – nicht zuletzt durch die Wirren des Zweiten Weltkrieges – bedeutende Persönlichkeiten aus aller Welt zusammen, die ihre lebendigen Traditionen und Erfahrungen mitbrachten, weitergaben und weiterentwickelten. Das Esalen-Institut in Big Sur, Kalifornien, ist eine Institution, in der sich viele wichtige Kontakte ergaben und wesentliche Impulse entstanden.

Wie ist nun heute die Situation der Transpersonalen Psychologie? Es gibt eine Reihe von akademischen Psychologen, die auf dem Gebiet der Transpersonalen Psychologie arbeiten und diese auch in ihrer Lehrtätigkeit vertreten, so z.B. James Fadiman, Robert Frager, Charles T. Tart, David Van Nuys, Thomas N. Weide und die inzwischen verstorbenen Wissenschaftlicher Abraham H. Maslow (1908-1970), Walter N. Pahnke (1931-1971) und Alan W. Watts (1915-1973).

Einige Universitäten und private Institute mit staatlicher Anerkennung bieten regelrechte Ausbildungsprogramme in Transpersonaler Psychologie. Zum Teil werden vollständige Studiengänge angeboten, also mit dem Abschluß des B.A. und M.A. beginnend (etwa unserem Diplom entsprechend), andere setzen dies voraus und bieten nur ein Doktoranden-Programm als Postgraduierten-Studium an (Ph. D., Philosophischer Doktor).

Die Transpersonale Psychologie befindet sich zur Zeit noch in einer Phase des Experimentierens und der Entdeckerfreude – die amerikanischen Wissenschaftler sind wesentlich experimentierfreudiger als ihre europäischen Kollegen und sind durchaus bereit, sich versuchsweise auf noch völlig ungesicherte Hypothesen zu stützen. Schon jetzt jedoch zeichnet sich ein fester Bestand methodisch gut fundierter Ergebnisse ab; die Transpersonale Psychologie kann durchaus ernst genommen werden als Wissenschaft, in der phänomenologische Vorgehensweise und experimenteller Ansatz in gleicher Weise Instrument sind.

So jung die Transpersonale Psychologie ist, sie verstand sich von Anfang an nicht nur als theoretische Wissenschaft, sondern drängte sehr rasch auf die Anwendung ihrer Ergebnisse. So gibt es z.B. eine »Transpersonale Pädagogik«, die sich bemüht, die in jedem Menschen angelegte Tendenz hin zu Grenzerfahrungen, also transpersonalen Erlebnissen, nicht – wie meist üblich – systematisch zu unterdrücken, sondern bereits in frühester Kindheit zu ermuntern und zu fördern.

Ein weiteres wichtiges Anwendungsgebiet ist die Psychotherapie – die verschütteten Möglichkeiten transpersonaler Erfahrung sollen durch therapeutische Arbeit wieder zugänglich gemacht werden. So wie insgesamt der wichtigste Unterschied zwischen mechanistischer Wissenschaft (erster und zweiter Kraft) und humanistischem bzw. transpersonalem Ansatz (dritte und vierte Kraft) nicht so sehr in den Methoden, sondern vor allem im Welt- und Menschenbild liegt, so ist auch in der Transpersonalen Psychotherapie der entscheidende Unterschied zu anderen therapeutischen Richtungen nicht in den Techniken zu suchen (denn es werden verschiedenste Techniken integriert), sondern vielmehr in der Sichtweise des Menschen als zu Grenzerfahrungen hin angelegt. Das bedeutet notwendigerweise eine ganzheitliche Betrachtungsweise des Menschen als Körper, Seele und Geist, denn die Erfahrung einer geistigen (spirituellen, transpersonalen) Realität, die zu einer »vollständigen« Persönlichkeit hinzugehört, wird in der Regel durch seelische und körperliche Blockaden unmöglich gemacht. Transpersonale Psychotherapie muß also eine integrative Therapie sein, die auf allen Ebenen der Persönlichkeit ansetzt und dabei vielfältige Methoden und Techniken nutzt.

3. Grundlagen einer personzentrierten Transpersonalen Psychotherapie

Dieser Standpunkt, den man mit Rogers »person-zentriert« nennen kann (dieser Begriff ersetzt das frühere »klientzentriert«), wird sehr deutlich von Assagioli vertreten, wenn er etwa von der »Erkenntnis der Einmaligkeit jedes Individuums« spricht, vom Bedürfnis nach einer, wie ich sie nenne, »differentiellen Psychosynthesis«, die eine unterschiedliche Kombination der vielen Therapietechniken zu einer neuen Methode für jeden einzelnen Patienten fordert« (S. 41).

Dennoch gibt er hierfür keine verläßlichen Hinweise; in der Tat ist die Kenntnis verschiedener Techniken und Methoden für ein personzentriertes Vorgehen unerläßlich – die Praxis zeigt immer wieder, daß eine Methode, die gut ist für den einen Menschen, für einen anderen sogar ungünstige Auswirkungen haben kann. Andererseits ist jedoch die gründliche und systematische Beherrschung einer bestimmten Methode Grundvoraussetzung für eine verantwortungsvolle Arbeit. Mancher ist hier den Gefahren eines zu frühen »Methodenspringens« erlegen, eines unkritischen (weil äußeren) Verbindens unterschiedlicher Techniken.

Ich persönlich glaube, daß es bei einer konsequenten Orientierung an einer wissenschaftlich fundierten personzentrierten Grundhaltung möglich ist, diesen Gefahren zu entgehen und eine verläßliche Orientierung zu finden, die von den verwendeten Techniken unabhängig ist. Der Prozeß des Erlebens selbst stellt für mich diese Leitlinie dar. Das Fehlen dieser systematischen Orientierung macht es aus, daß von einer fundierten Transpersonalen Psychotherapie noch nicht gesprochen werden kann; es gilt, sie zu entwickeln.

Eine »differentielle Psychosynthesis« setzt eine differentielle Psychologie voraus, d. h. ein verläßliches Schema menschlicher Entwicklung und Reifung. Nach dem Versagen der starren Diagnostik und Typologie kann man sich nunmehr auf prozeßorientierte Ergebnisse stützen; insbesondere die Rogersche Prozeßskala (z.B. in 110 a, S. 136-158) bietet – zumindest für den personalen Bereich – eine grundlegende Orientierung. Hier findet sich statt einer etikettierenden Diagnostik ein Kontinuum, von einer rigiden, starren Persönlichkeit bis hin zur voll funktionsfähigen Person, die flexibel und wandlungsfähig ist. Rogers definiert sieben Stufen, wobei die üblichen Kategorien von »krank« und »gesund« nicht mehr leicht zuzuordnen sind. So kann z.B, eine Persönlichkeit, die sich selbst als weitgehend »gesund« erlebt und auch von den meisten Mitmenschen so eingestuft wird, nach dieser Prozeßskala sehr weit auf dem »rigiden« Pol liegen, auf einer niedrigeren Stufe also als die meisten Menschen, die sich um eine Therapie bemühen und sich von daher als »krank« erleben.

Diese siebenstufige Skala wäre nunmehr um die transpersonalen Dimensionen zu erweitern. Eine Beschreibung von Persönlichkeitseigenschaften von Menschen, die in diesen Bereich vorgedrungen sind, also den noch zu definierenden Stufen 8 ff. zuzuordnen wären, gibt Maslow in seiner »Theorie Z« (831).

Grundlegend und nur selten beachtet ist vor allem, daß eine konstruktive Psychotherapie (und hilfreiche Kommunikation im weitesten Sinne) nur möglich ist, wenn der Therapeut in seiner eigenen Entwicklung ein Stück »weiter« ist (gemessen auf der Prozeßskala) als der Klient. Carkhuff und Berenson haben dies in ihrem »Beratungsmodell« (25, S. 44-60) exemplarisch dargestellt.

Damit wird verständlich, warum Psychotherapie ebenso oft destruktive wie konstruktive Veränderungen erzielt – eine der am besten nachgewiesene Tatsache der Psychotherapieforschung.

Zugleich wird deutlich, warum eine Methode für den einen günstig, für einen anderen ungünstig oder gar schädlich sein kann. Assagiolis Hinweise auf »Indikation und Kontraindikation« sind hier meist nicht ausreichend. Was jedoch in seiner eigenen praktischen Tätigkeit durchaus selbstverständlich war, in seinem Buch jedoch kaum ausgedrückt wird, ist die Tatsache, daß »Psychotherapie« viel zu kostbar ist, um für Kranke vorbehalten zu sein, wie es die Gestalttherapeuten Erving und Miriam Polster pointiert formulieren (101, S. 35). Es ist ein großer Unterschied, ob jemand als Patient in die Therapie kommt, als Leidender, der nicht mehr leben kann und Hilfe für seine Schwierigkeiten sucht, mit denen er alleine nicht fertigzuwerden glaubt, oder ob jemand – und dies ist ein relativ neues Phänomen – aus Neugier und Interesse, mehr über sich zu erfahren, weiterzukommen mit seinen eigenen persönlichen Prozessen, die professionelle Hilfe eines erfahrenen Therapeuten in Anspruch nimmt, so wie in schwierigen Rechtsfragen ein Rechtsanwalt aufgesucht wird – die hier vielfach gebrauchte Bezeichnung »Klient« stammt aus der juristischen Welt.

Erst mit dieser Unterscheidung lassen sich die von Assagioli vorgestellten Techniken angemessen beurteilen; dann muß man sogar noch ein weiteres wichtiges Stadium einführen: den »Suchenden«, dessen Persönlichkeit so weit entwickelt ist, daß persönliche Schwierigkeiten nicht mehr im Mittelpunkt des Interesses stehen, sondern den weitergehende Fragen beschäftigen – die Frage nach dem Sinn der persönlichen Existenz, nach einem übergreifenden Ganzen, einem die Person überschreitenden Ziel und Sinn; er wird zum Aspiranten eines erweiternden Bewußtseins und einer neuen (transpersonalen) Lebensform.

So kann man grob drei verschieden Stadien (als wichtige Punkte auf der Prozeßskala) unterscheiden, in denen Menschen die Anwesenheit und das aktive Eingehen eines anderen für wünschenswert oder gar notwendig halten – ich möchte es so offen formulieren, weil die institutionalisierte Psychotherapie nur eine und bei weitem nicht die wichtigste Form solcher Interaktion darstellt.

1. Patient (Leidender)

Es ist dies ein Mensch in einer persönlichen Krise, in Schwierigkeiten, die er alleine nicht mehr bewältigen zu können glaubt. Häufig typische Symptome dieser Stufe sind: Erleben von Isoliertheit und geringes Selbstwertgefühl – alles was man tut, ist nichts wert, man fühlt sich von niemandem verstanden und geliebt. Ein tiefes, vielfach uneingestandenes Bedürfnis nach Nähe, Zuwendung, Liebe und Wärme ist das kennzeichnendste Symptom.

Ein solcher Patient, also ein wirklich Leidender, hat in der Regel kein Interesse und auch keine Aufnahmebereitschaft für die vielen aktiven Techniken, wie sie Assagioli beschreibt, oder für andere erlebnisaktivierende Methoden (etwa der Gestalt-Therapie). Er möchte nichts anderes als sich auszusprechen, sein Leid zu teilen und damit zu erleichtern, er wünscht sich Wärme und Zuwendung (also »Liebe« in einem ganz spezifischen Sinne), die nicht – wie sonst üblich – mit bestimmten Bedingungen verknüpft ist.

Ein Patient möchte somit genau das, was in der von Rogers begründeten klientzentrierten Psychotherapie als Grundvariablen therapeutischen Verhaltens herausgearbeitet und empirisch gestützt wurde: Nicht an Bedingungen gebundene Wärme und Akzeptierung, verbunden mit Echtheit und tiefem Verständnis des anderen.

2. Klient (Lernender)

Ein anderer leidet durchaus nicht am Leben, sondern ist im Grunde fähig, seinen Aufgaben und Verpflichtungen nachzukommen, er ist zu angemessenen Beziehungen imstande, könnte also durchaus »zufrieden« sein mit seinem Dasein. (Vielleicht ist es auch jemand, der eine erfolgreiche Therapie durchlaufen hat und dabei vom Leidenden zu einem lebensfähigen Menschen wurde.)

Aber zunehmend genügt das vielen Menschen nicht mehr. Sie spüren, daß sie noch lange nicht die Grenzen dessen erreicht haben, was an Empfindungen, Wahrnehmungen, Beziehungen usw. möglich ist. Sie wollen mehr wissen über sich, wollen die Welt und den anderen Menschen intensiver erfahren, möchten tiefer empfinden, voller existieren.

Solche Menschen kann man nicht als Patienten bezeichnen; sie suchen wohl unter Umständen die Hilfe professioneller Therapeuten auf, gehen zu Encountergruppen, besuchen Workshops, in denen »Bewußtheit« (awareness) geschult wird oder Körpererfahrungen gemacht werden. Aber sie tun das nicht, weil sie sonst »verloren« wären, sondern weil sie die weitergehende Erfahrung eines Fachmannes bei der Erweiterung ihres Erlebnisbereiches schätzen.

Diese Menschen haben andere Ansprüche an den Therapeuten; sie sind nicht so voller Angst wie ein Patient, brauchen nicht so viel geduldiges und akzeptierendes Gewähren; sie sind fordernder, wollen möglichst schnell möglichst viel erfahren, wünschen eine unmittelbare und persönlichere Beziehung zum Therapeuten oder Gruppenleiter, suchen vielleicht sogar die Konfrontation, wenn sie nicht zufrieden sind.

Hier sind vielfach aktivere Techniken angebracht – und hierher gehören viele der von Assagioli beschriebene Techniken, insbesondere die der »personalen Psychosynthesis«, wie zum Beispiel die Kritische Analyse, Übungen zur Selbstidentifikation und Disidentifikation, Willens- und Imaginationsübungen.

Heute sind insbesondere Techniken der Arbeit im »Hier und Jetzt« Methoden, die geeignet sind, schnell und effektiv die bisherigen Grenzen der (Selbst- und Fremd-)Wahrnehmung zu erweitern – also erlebnisorientierte Methoden (z.B. das Experiencing-Konzept nach Gendlin im klientzentrierten Ansatz, s. etwa Bense, 14), Techniken der Gestalt-Therapie, des Psychodramas usw.

Eine wesentliche Ergänzung dieser Methoden durch die verschiedenen körpertherapeutischen Ansätze – z.B. die Alexander-Technik (die wahrscheinlich Grundlage einer zukünftigen Transpersonalen Körperarbeit sein wird), die neoreichianischen Verfahren (z.B. Bioenergetik), Feldenkrais usw. Immer mehr setzt sich übrigens auch hier ein sanfter, akzeptierender Stil durch; es ist wichtig, zu wissen, daß Körperarbeit durchaus nicht schmerzhaft sein muß (wie das z.B. im klassischen Rolfing extrem der Fall ist), sondern daß man eher vorsichtig sein muß, dabei nicht sadistischen Impulsen der Therapeuten zu begegnen.

Auf diese Weise ist es möglich, bis an die Grenzen einer personalen Existenz zu gelangen, bisher unbekannte Möglichkeiten der Erfahrung von Glück, Freude und Nähe zu erschließen.

3. Aspirant (Suchender)

Vielen Menschen genügt es, dieses Stadium erreicht zu haben. Nun ist ein sinnvolles, erfülltes Leben möglich, positive Beziehungen zu anderen – kurz, die übliche Vorstellung vom »Glück« scheint greifbar. Aber mitten aus diesem Zustand der erlebten oder zumindest fast greifbaren Erfüllung taucht bei vielen Menschen ein neues Fragen, ein anderes, viel tieferliegendes Problem auf: plötzlich kann dies alles – das Glück des äußeren Wohlergehens und Erfolges, die Freude über gute Beziehungen, befriedigende Sexualität usw. – brüchig werden und die absolute, äußerlich nicht greifbare Sinnlosigkeit der persönlichen Existenz taucht auf und macht dies alles zunichte.

Wer das einmal erfahren hat, ist damit zum »Suchenden« geworden, zum Aspiranten eines höheren Sinnes, der die Grenzen der »kleinen« Persönlichkeit überschreitet, hinzielt zu Grenzerfahrungen, Erweiterung in eine transpersonale, geistige Dimension.

Hier wird die äußere Welt und die Begegnung mit anderen Menschen – Mittelpunkt für die zweite Stufe des Klienten – zunehmend unwichtig und eine bisher nicht für möglich gehaltene radikale »Wende nach innen« beginnt. Vorbereitet sein mag das vielfach schon durch Meditationserfahrungen, die heute immer größeren Kreisen von Menschen zugänglich werden.

Hier nun sind die Methoden der »spirituellen« (transpersonalen) Psychosynthesis angezeigt, in denen die Erfahrung eines »höheren Selbst« und einer geistigen Realität möglich wird.

Wichtigstes Instrument dieser »Reise nach innen« sind imaginative Verfahren und ganz besonders die Technik des »gelenkten Tagtraumes«.

Erst später findet eine neue Bewegung nach außen und zu anderen Menschen hin statt, wobei sich gänzlich neue Formen der Wahrnehmung und Beziehung entwickeln können.

Der entscheidende Faktor bei diesen Vorgehensweisen ist dabei für mich die Person des Therapeuten und nicht die verwendeten Techniken. Nur ein Therapeut, der sich auf einen Weg ständiger eigener Veränderung und Weiterentwicklung eingelassen hat, wird für sich – und dann auch für die Menschen, mit denen er arbeitet – den Bereich Transpersonaler Erfahrung erschließen können. Anthony J. Sutich gibt einige ihm wesentlich erscheinende Merkmale eines transpersonalen Psychotherapeuten an (122 b):

1. Der Therapeut ist auf seinem eigenen spirituellen oder transpersonalen Weg.
2. Er akzeptiert das Recht jeder Person, mit der er arbeitet, den eigenen Weg zu gehen und zu einem anderen überzuwechseln, wenn es wünschenswert erscheint.
3. Er fühlt sich dem Prinzip verpflichtet, daß alle Menschen ständige Impulse hin zu emotionalem Wachstum und zu Grenzerfahrungen haben und daß die Hauptverantwortung eines Transpersonalen Therapeuten darin besteht, auf die beste ihm mögliche Art und Weise bei der Verwirklichung emotionalen Wachstums und von Grenzerfahrungen zu helfen.
4. Er hat ein breites psychologisches Wissen, besonders auch um die Mechanismen der Selbsttäuschung im Verlauf menschlicher Entwicklung, auch in Bezug auf die eigene Person.
5. Er geht davon aus, daß alle Menschen Impulse zu Grenzerfahrungen haben, ob sie nun auf einem persönlichen Weg dahin sind oder nicht und akzeptiert sie als solche. Er wird also in seiner Arbeit vom gegenwärtigen Zustand des anderen ausgehen und dafür relevante Techniken und Formen des Eingehens anwenden.

4. Psychosynthesis und Transpersonale Psychotherapie in Deutschland

Die Psychosynthesis ist heute eine der am weitest verbreiteten Methode Transpersonaler Psychotherapie – Ausbildungsinstitute finden sich vor allem in den Vereinigten Staaten und Kanada, aber auch in Italien, der Schweiz, Frankreich, Griechenland und Argentinien. (Vgl. die Übersicht im Anhang, C. 1.: Geschichtlicher Abriß der Psychosynthesis; dort sind auch Adressen angegeben.) Kritisch muß allerdings angemerkt werden, daß die heutige Psychosynthesis-Ausbildung nicht ganz den allgemeinen Gefahren einer Institutionalisierung entgangen ist; auch Transpersonale Psychotherapie läßt sich als persönliches Machtinstrument mißbrauchen, im Sinne der Gefahren eines »spirituellen Materialismus«, auf den Chögyam Trungpa (130) sehr deutlich hingewiesen hat.

In Deutschland ist die Psychosynthesis sowie Transpersonale Psychologie und Psychotherapie insgesamt noch weitgehend unbekannt*.

Die »Welle« der Humanistischen Psychologie hat uns allerdings vor einigen Jahren erreicht und so sind heute eine ganze Reihe von Humanistischen Psychotherapien auch hier zugänglich. Leider ist jedoch nicht für alle Trainer und Therapeuten selbstverständlich, daß ein Psychotherapeut durch Wärme und Akzeptierung gekennzeichnet ist, und vielfach werden eigene »Lücken« hinter einer unechten, professionellen Fassade versteckt. Dann wird jede Psychotherapie, gleich welcher Richtung, zu einem gefährlichen, destruktiven Instrument.

Es gibt inzwischen eine zunehmende Zahl von Zentren und Institutionen, die Humanistische Psychotherapie anbieten. Für den Außenstehenden ist die Beurteilung der verwirrenden Vielfalt und der sehr unterschiedlichen Qualifikationen kaum noch möglich.

Die wissenschaftlich tätigen Psychologen stehen dieser in Deutschland weitgehend außerakademischen Entwicklung zunächst noch eher skeptisch gegenüber. Von den Humanistischen Psychotherapien hat bisher nur die klientzentrierte Therapie eine Akzeptierung im Bereich der akademischen Klinischen

---

* Gabor von Varga hat einige Workshops über Psychosynthesis in Deutschland veranstaltet.

Psychologie gefunden, jedoch eher in der veränderten Form einer lerntheoretisch orientierten »Gesprächspsychotherapie«, der das mechanistische Menschenbild der traditionellen Wissenschaft zugrundeliegt.

So ist bei uns von einer »humanistischen Wende« noch kaum etwas zu spüren; die Transpersonale Psychologie ist weitgehend unbekannt, es gibt bisher auch noch kaum Literatur in deutscher Sprache*.

Ich glaube jedoch, daß sich in der Bundesrepublik bald ein allmählicher Bewußtseinswandel vollziehen wird, der dann auch einmal die praktische Anwendung Transpersonaler Psychotherapie oder Pädagogik sowie eine erweiterte ganzheitliche Medizin möglich machen wird.

Erste Anzeichen dafür gibt es; so wurde auf meine Anregung im Dezember 1976 in Freiburg i. Br. eine »Gesellschaft für Transpersonale Psychotherapie e.V.« gegründet. Gemäß Satzung hat sich die Gesellschaft folgende Aufgaben gestellt:

a) Anregung und Förderung von wissenschaftlichen Arbeiten und Vorhaben auf dem Gebiet der Transpersonalen Psychologie und Psychotherapie.
b) Förderung, Planung und Durchführung von Veranstaltungen sowie Aus- und Fortbildungsprogrammen in Transpersonaler Psychologie und Psychotherapie.
c) Förderung der Information über Transpersonale Psychologie und Psychotherapie.

So wird es hoffentlich in Zukunft auch in Deutschland möglich sein, sich über Transpersonale Psychologie fortlaufend zu informieren und bei Interesse die Transpersonale Psychotherapie persönlich kennenzulernen; dazu dient insbesondere ein im Oktober 1977 in der Nähe von Freiburg eröffnetes Ausbildungszentrum für Transpersonale Psychotherapie, in dem die Grundmethoden und -techniken einer personzentrierten Transpersonalen Psychotherapie vermittelt werden; die dreijährige Ausbildung orientiert

---

* Inzwischen liegen einige Bücher in Übersetzung vor; neben den bereits erwähnten Werken von Tart (124 b), Grof (48) und Green (47) wäre hier noch – allerdings mit Einschränkungen – das Buch von J.C.Lilly (76) zu nennen, das einen persönlichen Bericht des Autors über seine Erfahrungen gibt. Ähnliches gilt für die Bücher von Carlos Castaneda (29), die von besonderer Bedeutung sind.

sich an den Stadien von Patient (Schwerpunkt Gesprächspsychotherapie), Klient (insbesondere Gestalt-Therapie) und Aspirant (Psychosynthesis und andere Transpersonale Verfahren). Auch der Bereich Transpersonaler Körpertherapie – noch weitgehend Neuland – wird hier gepflegt.

Insgesamt betrachte ich die Transpersonale Psychologie und Psychotherapie als ein so neues Feld, daß hier mehr von einem gemeinsamen Lernen und Betreten neuer Räume gesprochen werden kann als von »Lehre« und »Ausbildung« im üblichen Sinne.*

Freiburg im Breisgau, Juni 1978   *Dr. Erhardt Hanefeld*

---

* Interessenten wenden sich für nähere Informationen an: »Gesellschaft für Transpersonale Psychotherapie« (GTP), Postfach 608, 7800 Freiburg i.Br.

VORWORT ZUR 2. AUFLAGE DER ENGLISCHEN AUSGABE

Es scheint angemessen – um einige mir gestellte Fragen zu beantworten – mehr Information über Ursprung und Ausarbeitung der verschiedenen Abschnitte dieses Buches zu geben und zugleich all denen meinen Dank auszusprechen, die in vieler Hinsicht bei der Vorbereitung dieses Buches für die Publikation behilflich waren.

Kapitel I schrieb ich ursprünglich in Italienisch; es wurde 1931 unter dem Titel »Psicoanalisi e Psicosintesi« als Broschüre veröffentlicht. Es wurde dann ins Englische übersetzt und unter dem gleichen Titel 1934 im *Hibbert Journal* veröffentlicht. Später wurde es gründlich überarbeitet und als Broschüre 1959 von der Psychosynthesis Research Foundation publiziert unter dem Titel *Dynamic Psychology and Psychosynthesis*.

Kapitel II wurde auch ursprünglich in Italienisch geschrieben und veröffentlicht (1933), eine englische Übersetzung wurde 1937 im *Hibbert Journal* veröffentlicht, unter dem Titel »Spiritual Development and its Attendant Maladies«. Es wurde später verändert und überarbeitet unter Mithilfe von Robert Gerard, Ph. D.; 1961 wurde es von der Psychosynthesis Research Foundation unter dem jetzigen Titel veröffentlicht (*Self-Realization and Psychological Disturbances*).

Das grundlegende Material für Teil B des Buches (Kapitel III bis VI) wurde in vielen Jahren therapeutischer Praxis und Erfahrung von mir gesammelt und in meinen Vorträgen und Kursen am »Istituto di Psicosintesi« und vielen unveröffentlichten Aufsätzen zugänglich gemacht.

Mit der Begründung der »Psychosynthesis Research Foundation« im Jahre 1957 wurde das Bedürfnis deutlich, das Material zu ordnen im Hinblick auf eine Veröffentlichung als Handbuch der Psychosynthesis-Techniken. Dazu kam Robert Gerard 1959, unterstützt durch Mittel der Foundation, nach Italien und arbeitete mit mir zusammen. Wir diskutierten viele der Techniken und nahmen unsere Gespräche auf Band auf, und allmählich entwikkelte sich das allgemeine Muster für die Beschreibung der Techniken: Ziel – Prinzip – Vorgehensweise – Indikationen und Anwendungsbereich – Grenzen und Kontraindikationen – Kombination mit anderen Techniken. Bei dieser Arbeit erwies sich Robert Gerards Mitarbeit als sehr wertvoll, und ich möchte meine Anerkennung dafür aussprechen.

Die Übungen zur spirituellen Psychosynthesis (zur Gralssage, Dantes *Göttlicher Komödie* und dem Erblühen einer Rose sowie die Übung zur Erzielung heiterer Gelassenheit und innerer Klarheit) sind ursprünglich von mir verfaßt.

Später wurde das Material, einschließlich der Tonband-Abschriften, das gesammelt, aber ungeordnet war, von Bruno und Louise Huber gründlich durchgearbeitet und geordnet, die zu der Zeit Sekretariatsarbeit für mich machten. Eine weitere sorgfältige Revision, besonders hinsichtlich Wortwahl und Stil, wurde von Frank und Hilda Hilton durchgeführt; eine letzte Durchsicht, mit hilfreichen Vorschlägen, geschah dann durch Jack Cooper, M.D.

Florenz, Juli 1969 *Roberto Assagioli*

Teil A

Prinzipien

EINLEITUNG: PSYCHOSYNTHESIS UND EXISTENTIALISTISCHE PSYCHOTHERAPIE

Um die Psychosynthesis in den Zusammenhang gegenwärtigen Denkens in Psychologie und Psychiatrie einzuordnen, insbesondere in Bezug auf die neueren Strömungen, scheint es angebracht, eine Gegenüberstellung oder einen Vergleich zwischen Psychosynthesis und existentialistischer Psychotherapie vorzunehmen.

Ich bin mir der Schwierigkeiten und Grenzen eines solchen Vergleiches wohl bewußt. Wie van Kaam (133) formulierte, ist Existentialismus »ein Sammelname für sehr unterschiedliche existentialistische Strömungen, die nur in wenigen Merkmalen übereinstimmen«. Aber die Schwierigkeit wird zu einem großen Teil dadurch beseitigt, daß ich nicht auf die philosophischen und theoretischen Aspekte des Existentialismus eingehen werde - darin unterschieden sich ihre Repräsentanten am meisten - sondern nur auf diejenigen, die in einem Zusammenhang mit Psychotherapie stehen.

Diese Ausführungen erheben jedoch nicht den Anspruch, in irgendeiner Weise umfassend zu sein, sondern sind als Hinweise und Einleitung gemeint. Ich möchte hinzufügen, daß dabei zugleich fast nebenbei die Übereinstimmungen und Unterschiede zwischen Psychosynthesis und den anderen, nicht-existentialistischen Methoden der Psychotherapie aufgezeigt werden. Betrachten wir zunächst die Gemeinsamkeiten:

A. GEMEINSAMKEITEN

Es sind im wesentlichen die gleichen wie die von Abraham H. Maslow in seiner Schrift über Existentialismus und Psychologie (83 e) so klar aufgezeigten Übereinstimmungen.

1. Eine grundlegende Ähnlichkeit oder eher Übereinstimmung ist eine methodische, und zwar die Methode, von *innen* her, mit dem *Selbst* eines Menschen zu beginnen, mit seinem Anwesendsein. Das bedeutet, der Vorstellung und Erfahrung von »Identität« zentrale Bedeutung beizumessen. Dieser Schwerpunkt wird ebenso von Abraham H. Maslow (83) und einer Gruppe anderer amerikanischer Psychologen und Psychiater gesetzt, wie z.B. von Gordon W. Allport (6), Erich Fromm (14), Clark E. Moustakas (90), Erik H. Erikson (35) etc., die für eine Richtung stehen, mit der ich weitgehend übereinstimme.
Ähnliches gilt auch für die personalistische Psychologie von Paul Tournier (128), Charles Baudouin (12), Igor A. Caruso (28), das »personale« Konzept von Johanna Herzog-Dürck (58), August Vetter (134) und das »personal-anthropologische« Konzept von Victor Freiher von Gebsattel (43).
2. Das Konzept oder vielmehr die Tatsache, daß sich jedes Individuum in ständiger Entwicklung befindet, *wächst*, fortwährend viele latente Möglichkeiten und Fähigkeiten aktualisiert.
3. Die zentrale Bedeutung von *Sinn*, vor allem des Sinnes, den jeder Mensch seinem Leben *gibt* oder nach dem er in seinem Leben *sucht*.
4. Die Erkenntnis der Wichtigkeit von *Werten*, vor allem ethischer, ästhetischer, philosophischer und religiöser Werte, die so treffend von Viktor E. Frankl (39) herausgestellt wurde.
5. Die Tatsache, daß jeder Mensch ständig mit *Wahlmöglichkeiten* und *Entscheidungen* konfrontiert ist, sowie die daraus erwachsende *Verantwortung*.
6. Die Notwendigkeit, ein klares Bewußtsein der *Motivationen* zu

erlangen, die Wahlmöglichkeiten und Entscheidungen bestimmen.
7. Die Erkenntnis der Tiefe und der Bedeutung des menschlichen Lebens, des Raumes, den Angst darin einnimmt und der Leiden, denen man zu begegnen hat.
8. Die Betonung der *Zukunft* und ihrer dynamischen Rolle für die *Gegenwart*.
9. Die Erkenntnis der Einmaligkeit jedes Individuums, Gordon W. Allports »idiographische Psychologie« (6) und daraus folgend das Bedürfnis nach einer, wie ich sie nenne, »differentiellen Psychosynthesis«, die eine unterschiedliche Kombination der vielen Therapietechniken zu einer neuen *Methode* für jeden einzelnen Patienten fordert.[1]

---

[1] Hier wird besonders deutlich ausgedrückt, daß Assagioli ein »person-zentriertes Konzept vertritt, wie es heute im Rahmen des klientzentrierten Ansatzes (nach Rogers) wissenschaftlich fundiert vorliegt. So entwickelte z.B. Donald J. Kiesler (67) ein »Gitter-Modell«, in dem für jeden Klienten in einer gegebenen Zeit ein bestimmter Therapeut mit einer spezifischen Methode – zumindest theoretisch – zuzuordnen ist.
Mehr zu den »Grundlagen einer personzentrierten Transpersonalen Psychotherapie« in der Einleitung, S. 26ff.

B. Unterschiede

Zunächst möchte ich betonen, daß diese relativ und nicht grundlegend sind, daß keine wirklichen Gegensätze bestehen. Die Unterschiede liegen zum großen Teil in unterschiedlicher Gewichtung und in der Einbeziehung von Faktoren, Aspekten oder Techniken, die von anderen Therapieformen nicht oder nicht genügend berücksichtigt werden.

Bestimmte Unterschiede treten auch bei manchen Vertretern der existentialistischen Therapie stärker hervor als bei anderen. Ich kann hier nicht näher darauf eingehen, aber gut informierte Leser werden dies leicht erkennen können.

1. Der vielleicht wichtigste Punkt ist die Betonung des Willens und der zentrale Platz, der ihm als einer wesentlichen Funktion des Selbst gegeben wird; er ist unabdingbarer Ursprung und notwendige Quelle aller Wahlmöglichkeiten, Entscheidungen und Verpflichtungen. Deshalb gehört zur Psychosynthesis eine sorgfältige Analyse der verschiedenen Phasen des Willens, wie z.B. Überlegung, Motivation, Entscheidung, Bestätigung, Beharrlichkeit, Ausführung; verschiedene Techniken, den Willen zu wecken, entwickeln, stärken und richtig zu lenken, werden vielfach angewendet.[2]

---

[2] Hier liegt zugleich ein wesentlicher Unterschied zur heutigen Praxis Transpersonaler Psychotherapie. Die starke Betonung, ja Überbetonung der aktiven Funktion des Willens, insbesondere in seiner personalen Ausprägung, wird im therapeutischen Vorgehen durch ein mehr prozeßorientiertes Vorgehen ersetzt, das dem Fluß des Erlebens folgt. Ebenso wird der Klient mehr dazu ermuntert, sich so zu akzeptieren wie er ist, denn dies bringt eher Veränderung als ein willentliches Orientieren an einem Idealbild. Die »paradoxe Theorie der Veränderung« (Beisser, 13) besagt, daß Veränderung dann geschieht, wenn jemand wird, was er ist, nicht wenn er zu werden versucht, was er nicht ist. Dies nähert sich der Konzeption eines »transpersonalen Willens«, auf den Assagioli in seinem zweiten Buch *The Act of Will* (8) besonders eingeht; dort korrigiert er die gelegentliche Überzeichnung des personalen Willens in diesem Buch.

2. Ein weiteres Unterscheidungsmerkmal zu einigen Existentialisten betrifft die Natur des Selbst und die Suche nach Selbstidentität. Meiner Ansicht nach ist die direkte Erfahrung des Selbst, der reinen *Selbst-Bewußtheit* eine wirkliche »phänomenologische« Erfahrung, eine innere Realität, unabhängig von irgendeinem »Inhalt« des Bewußtseinsfeldes und von irgendeiner Situation, in der sich das Individuum befinden mag; diese Erfahrung kann empirisch überprüft und willentlich durch entsprechende Techniken hervorgerufen werden. Eine Betrachtung des Wesens und der Stellung des Selbst und seiner beiden Aspekte ist in Kapitel I und II enthalten.
3. Ein weiterer Unterschied zu bestimmten existentialistischen Richtungen ist die Anerkennung sowohl der positiven, kreativen, freudigen als auch der schmerzlichen und tragischen Erfahrungen, die beide menschliche Grunderfahrungen darstellen. Es sind jene Erfahrungen, die von Maslow treffend »Gipfelerlebnisse« (peak-experiences) genannt werden, wie z.B.: Selbstverwirklichung, Erfüllung, Vollendung, Erleuchtung, Friede und Freude. Sie sind phänomenologisch erlebte Erfahrungen und in der Psychosynthesis werden sie durch die Anwendung angemessener Methoden aktiv gefördert oder hervorgerufen.
4. Die Erfahrung der Einsamkeit gilt in der Psychosynthesis nicht als endgültig oder unbedingt notwendig. Sie stellt ein bestimmtes Stadium dar, einen vorübergehenden, subjektiven Zustand, der meist im Wechsel mit echter, lebendiger Erfahrung zwischen menschlicher Kommunikation auftritt, dem Erleben von Beziehung und Austausch, das schließlich ständige Erfahrung werden kann – durch den Zusammenschluß von Individuen und Gruppen, bis hin zum Erleben einer Verschmelzung durch Intuition, Einfühlen, Verstehen und Identifizieren. Dies ist das weite Feld interindividueller Psychosynthesis, die von der Beziehung zwischen Mann und Frau bis zur harmonischen Integration des Individuums in immer größere Gruppen reicht, bis hin zu der »einen Menschheit«. Man kann das mit anderen Worten als die Wirklichkeit und das Wirken der *Liebe* in ihren mannigfaltigen Aspekten bezeichnen, besonders in ihrer Ausformung als »Agape«, als altruistische Liebe, als Nächstenliebe, Brüderlichkeit, Kommunion, miteinander teilen; s. dazu Pitirim A. Sorokin (115), C.S.Lewis (75) und Erich Fromm (41 b, d).

5. Die gezielte Anwendung einer großen Zahl »aktiver Techniken« mit folgendem Ziel:
   a) Transformation, Sublimation und Ausrichtung psychischer Energien.
   b) Stärkung und Reifung schwacher oder unterentwickelter Funktionen.
   c) Aktivierung überbewußter Energien und das Erwecken latenter Potentiale.
6. Die bewußte und geplante Rekonstruktion oder Neuschaffung der Persönlichkeit durch Kooperation und Zusammenspiel von Patient und Therapeut. Grad und Charakter solch einer Kooperation variieren im Verlauf des therapeutischen Prozesses; es lassen sich drei Stadien unterscheiden, obwohl diese nicht getrennt sind, sondern sich oft überschneiden und ineinander übergehen.

Zuerst spielt der Therapeut eine aktivere Rolle. Dann nimmt sein Einfluß immer mehr die Form eines Katalysators an: er repräsentiert oder verkörpert ein Modell oder Symbol und wird in gewissem Maße vom Patienten verinnerlicht. Im Endstadium zieht sich der Therapeut allmählich zurück und wird ersetzt durch das Selbst, zu dem der Patient eine immer stärkere Beziehung entwickelt, einen »Dialog« und eine zunehmende (wenn auch niemals vollständige) Identifikation.

Lassen Sie mich die Tatsache unterstreichen, daß die Elemente und Funktionen, die aus dem Überbewußten kommen, wie z.B. ästhetische, ethische oder religiöse Erfahrungen, Intuition, Inspiration, Zustände mystischen Bewußtseins usw. reale Erfahrungen sind, in einem pragmatischen Sinn *wirklich*, da sie etwas *bewirken,* Veränderungen sowohl in der inneren als auch in der äußeren Welt hervorbringen. Daher sind sie der Beobachtung und dem Experiment zugänglich, durch wissenschaftliche Methoden, die ihrer Natur angemessen sind; ebenso sind sie mit psycho-spirituellen Techniken beeinflußbar und nutzbar.

An diesem Punkt mag die Frage nach der Beziehung zwischen diesem Konzept des menschlichen Wesens und Religion und Metaphysik auftauchen. Die Antwort ist, daß Psychosynthesis nicht im geringsten versucht, sich das Gebiet von Religion oder Philosophie anzueignen. Sie stellt ein wissenschaftliches Konzept dar und ist als solches neutral gegenüber den verschiedenen religiösen Richtungen und philosophischen Lehren, ausgenommen jene, die materialistisch sind und deshalb die Existenz geistiger (spiritueller) Realität verneinen.[3] Psychosynthesis hat nicht zum Ziel und versucht auch nicht, eine metaphysische oder theologische Erklärung des großen Mysteriums zu geben – sie führt zur Tür, aber hält dort inne.

Die Liste der Techniken, die im Rahmen der Psychosynthesis verwendet werden, weist auf die verschiedenen möglichen Phasen einer Behandlung hin. Ausgangspunkt ist die Feststellung der einzigartigen existentiellen Situation jedes Patienten, der Probleme, die sich darbieten und des Weges zu deren Lösung. Dies schließt somit eine analytische Phase ein. Dann folgt die Aktivierung latenter Aspekte und Funktionen und die Entwicklung schwach entwickelter durch den Einsatz der aktiven Techniken, entsprechend der jeweiligen Aufgabe. Danach oder vielmehr während dieses Vorganges muß die Harmonisierung und Integration aller Eigenschaften und Funktionen der Person zu einem handlungsfähigen Ganzen angestrebt und aktiv gefördert werden – dies ist die zentrale Aufgabe der Psychosynthesis.

Solche Harmonisierung und Integration ermöglicht und verlangt zugleich konstruktive Verwendung und Ausdruck aller befreiten und aktivierten Impulse und Energien der Persönlichkeit. Als Folge davon tauchen all die vielen Probleme und Aufgaben zwischenmenschlicher Beziehungen und sozialer Integration auf (Psychosynthesis von Mann und Frau, des Individuums mit verschiedenen Gruppen, von Gruppen untereinander, von Nationen, der ganzen Menschheit).

Bei einer tatsächlichen Behandlung werden all diese Phasen nicht jede für sich und in dieser Abfolge durchlaufen, sondern

---

[3] Im englischen Sprachgebrauch ist ganz klar getrennt zwischen »mental« (verstandesmäßig) und »spiritual« (geistig-spirituell). Leider wird im Deutschen »geistig« auch für mental-verstandesmäßig verwendet. Wir haben deshalb »spiritual« fast immer mit »spirituell« übersetzt, nur gelegentlich, wenn keine Verwechslung möglich ist, mit »geistig«. »Mental« läßt sich auch im Deutschen gut verwenden, wir haben es synonym mit »verstandesmäßig« gebraucht.
Wenn die verschiedenen Schichten des (individuellen und kosmischen) Seins nicht klar getrennt werden, ergibt sich leicht eine terminologische Verwirrung. Man sollte also ganz klar trennen zwischen körperlicher Ebene, emotionaler, mentaler (verstandesmäßiger) als dem personalen Bereich und den höheren (spirituellen, transpersonalen) Dimensionen, dem Geistigen im eigentlichen Sinne.
(Siehe dazu das Schema im Anhang, C. 4.: E. und A. Green, Die Geist-Feld-Theorie, das hier wirklich Klarheit schafft.)

parallel bearbeitet. Wenn zum Beispiel zu Beginn das zentrale existentielle Problem aufgegriffen wird, so stellt man häufig fest, daß es ethische oder religiöse Konflikte einschließt und ihnen muß man sich sofort zuwenden. Im Gegensatz dazu kann die analytische Untersuchung nach und nach durchgeführt werden, wann immer eine Blockierung oder ein Widerstand beseitigt werden muß.

Ein besonderes Merkmal der Psychosynthesis-Behandlung ist die *systematische* Verwendung aller verfügbaren aktiven psychologischen Techniken. Mit »systematisch« ist gemeint, daß diese Techniken nach einem bestimmten Behandlungsplan eingesetzt werden und auf klar vor Augen stehende Ziele gerichtet sind. Es handelt sich also nicht um einen bloßen Eklektizismus, wie es bei oberflächlichem Hinsehen scheinen mag.[4] Ich werde diese Techniken später ausführlich vorstellen (siehe Teil B), möchte jedoch hier einige von ihnen erwähnen, die ich für besonders wichtig halte. Die grundlegende, die bei der Anwendung aller anderen hilfreich ist oder sie sogar erst möglich macht, betrifft Wecken und Entwicklung des *Willens*.

Der Wille wird seltsamerweise nicht als zentrale und fundamentale Funktion des Ich anerkannt. Er wurde oft geringschätzend als unfähig gegenüber den verschiedenen Impulsen und der Kraft der Imagination angesehen oder er wurde mit Argwohn als eine Instanz betrachtet, die der Selbstbehauptung (dem Willen zur Macht) dient. Letzteres ist jedoch nur eine pervertierte Form des Willens, während offensichtliche Nutzlosigkeit des Willens einem falschen und unklugen Einsatz anzulasten ist. Der Wille ist nur dann wirkungslos, wenn er versucht, *gegen* die Vorstellung und andere psychologische Funktionen Widerstand zu leisten, während er, angemessen und deshalb auch erfolgreich eingesetzt, alle anderen Funktionen auf ein überlegt gewähltes und bestätigtes Ziel hin reguliert und ausrichtet.

---

[4] Die Methodenvielfalt wird zwar heute weitgehend anerkannt, leider jedoch vielfach in einer oberflächlich-eklektizistischen Art und Weise gehandhabt. Verschiedene Methoden können nur dann sinnvoll integriert werden, wenn eine allem zugrundeliegende Orientierung vorliegt. Assagioli gibt hierfür keine Hinweise; ich glaube, daß der Erlebensprozeß die einzige verläßliche Leitlinie ist, im personalen wie im transpersonalen Bereich. Das impliziert, daß das Erleben des Therapeuten, seine eigene (personale und transpersonale) Erfahrung von grundlegender Bedeutung ist. Prozesse sind bei anderen nur dann wahrzunehmen, wenn man selbst imstande ist, die eigenen Prozesse zu erleben und zur Bewußtheit zu bringen.

Wille meint nicht nur und einfach Willenskraft im üblichen Sprachgebrauch. Er umfaßt sechs Phasen oder Stadien, die alle notwendig sind für seinen vollständigen und wirkungsvollen Ausdruck.

1. Ziel, Bewertung, Motivation
2. Überlegung
3. Entscheidung
4. Bekräftigung
5. Planung
6. Ausrichtung der Durchführung

Jeder dieser Aspekte des Willens kann durch entsprechende Techniken entwickelt und eingesetzt werden.

Eine andere psychologische Methode von höchster individueller und sozialer Bedeutung ist die Transmutation und Sublimation der biopsychischen Energien, besonders der sexuellen und der kämpferischen oder aggressiven Impulse. Die moderne Psychologie, insbesondere die Psychoanalyse, hat die Umwandlung, die solche Energien durchmachen können und die oft spontan geschehen, entdeckt, genauer gesagt wiederentdeckt. Auf diese Weise entsteht eine wissenschaftliche »Psychodynamik«, deren Ziel es ist, die Gesetze dieser Transformationen zu entdecken und Techniken zu entwickeln, sie in erwünschter Form hervorzubringen. Damit bieten sich Möglichkeiten, die gegenwärtig enorme Verschwendung und den bedauernswerten Mißbrauch sexueller, emotionaler und kämpferischer Energien zu verringern und diese Kräfte auf kreative Aktivitäten und Leistungen zu richten und so zu gebrauchen.

Eine andere und in gewissem Sinne gegensätzliche Gruppe von Vorgehensweisen richtet sich auf ein Erwecken, Befreien und Einsetzen der mächtigen überbewußten spirituellen Energien, die eine transformierende und regenerierende Wirkung auf die Persönlichkeit haben. Diese freigesetzte Energie kann man mit der atomaren Energie vergleichen, die latent in der Materie vorhanden ist.

Nur kurz erwähnen möchte ich, daß die Psychosynthesis zwar als Therapie entwickelt wurde und vor allem dort eingesetzt wird, daß deren Prinzipien und Methoden jedoch auch auf anderen Gebieten angewendet werden können. Als erstes Anwendungsgebiet ließe sich die Psychohygiene nennen, der es um seelische Gesundheit geht, um vorbeugende Maßnahmen gegen neurotische und psychologische Schwierigkeiten. Auf dem Gebiet der Erziehung finden die vielen verwandten Techniken breite und fruchtbare Anwendung. Darüber hinaus kann Psychosynthesis besonders bei der Förderung begabter oder überbegabter Kinder nützlich sein, denn die überbewußten Funktionen sind bei ihnen spontan erwacht oder sind im Begriff zu erwachen, und ihre Aktivität bedarf der weisen Leitung und der Integration mit den anderen Funktionen. Ein anderes weites Anwendungsfeld ist das der interindividuellen (interpersonalen) und Gruppen-Beziehung, die dringend geordnet und harmonisiert werden müssen.

Nicht zuletzt kann Psychosynthesis vom Individuum selbst angewendet werden zur Förderung und Beschleunigung von innerem Wachstum und Selbstaktualisierung, die das Ziel eines jeden sein sollten und die manchmal als zwingender innerer Antrieb verspürt werden, als vitale existentielle Notwendigkeit. Solche Selbst-Psychosynthesis sollte von jedem Therapeuten, Sozialarbeiter und Pädagogen (Eltern eingeschlossen) durchgeführt oder zumindest angestrebt werden. Eigene therapeutische Erfahrung mit Psychosynthesis kann dabei bedeutende Hilfe geben; solch ein didaktisches Training (ähnlich der Lehranalyse) ist daher ratsam und ich empfehle es sehr.

Diese Einleitung, wenngleich flüchtig, mag ausreichen, um aufzuzeigen, daß die Psychosynthesis viel anzubieten hat. Ich möchte jedoch keinesfalls den Eindruck erwecken, daß es sich dabei um etwas Ausgereiftes und zufriedenstellend Vollendetes handelt oder daß ich es als solches ansehe. Im Gegenteil – ich betrachte die Psychosynthesis als noch im Kindesstadium befindlich oder höchstens als eine Heranwachsende; in vieler Hinsicht noch unvollständig, dennoch mit einem großen und vielversprechenden Wachstumspotential ausgerüstet.

Ich appeliere an alle Therapeuten, Psychologen und Pädagogen, sich aktiv der nötigen Forschungsarbeit, dem Experimentieren und der Anwendung zu widmen. Laßt uns das Drängen spüren und ihm gehorchen, das von dem großen Verlangen nach Heilung der gegenwärtigen Leiden der Menschheit ausgeht. Erkennen wir den Beitrag, den wir leisten können zur Schaffung einer neuen Kultur, die von Zusammenwirken und harmonischer Integration gekennzeichnet ist, durchdrungen vom Geist der Synthese.

I. DYNAMISCHE PSYCHOLOGIE UND PSYCHOSYNTHESIS

Beginnen wir mit einigen semantischen und historischen Anmerkungen. Das Wort »Psychosynthese«, Ausdrücke wie »seelische Synthese« und ähnliche Begriffe sind von einer Reihe von Psychologen und Psychiatern verwandt worden. Betrachten wir einmal nur das Gebiet der Psychotherapie, so stoßen wir zuerst auf Pierre Janet (63), der von einer »synthèse mental« spricht, dann auf D. Bezzola (17), Wilhelm Neutra (96), Poul Bjerre (19), de Jonge (31), Hans Trüb (129); auch Sigmund Freud (40) spricht von der synthetisierenden Funktion des Ego.

Sie alle verwendeten dieses Wort jedoch nur im Sinne von »Heilung der funktionalen Dissoziation«, d.h. Wiederherstellen des Zustandes, der vor der Spaltung oder Dissoziation bestand, die aus einem traumatischen Erlebnis oder starken Konflikten erwuchsen.

Andere, wie C.G. Jung (64), der Synthese in Zusammenhang mit der »transzendentalen Funktion« erwähnt, Alphonse Maeder (80), Igor A. Caruso (28), Arnold Stocker (120), Ignace Lepp (72) und Wolfgang Kretschmer jr. (70) verwendeten die Worte Synthese, Psychosynthese, Synthese der Existenz und Synthetische Psychotherapie in einem tieferen und umfassenderen Sinn als Entwicklung zu einer integrierten, harmonischen Persönlichkeit, sowohl im bewußten als auch im unbewußten Bereich.

Die Vorstellung und Praxis der Psychosynthesis[5], die ich im Laufe der Zeit entwickelt habe (die Geschichte dieser Entwicklung wird im Anhang kurz wiedergegeben), schließt das Vorher-

---

[5] Ich habe das Wort »Psychosynthesis« (orientiert an dem griechischen Wort) vorgezogen, da »Psychosynthese« bereits vielfach verwendet wurde und zudem einen sehr technischen Beiklang hat. »Psychosynthesis« meint also speziell die von Roberto Assagioli entwickelte synthetische, psychotherapeutische Theorie und Praxis, im engeren Sinne auch den Prozeß der persönlichen Synthese, der vom Patienten als »Psychosynthesis« erfahren wird.

gehende ein, ist aber umfassender und zugleich genauer definiert und mehr am praktischen Vorgehen orientiert.

Wenn wir die offensichtlichsten Charakteristika der gegenwärtigen Kultur betrachten, sind wir betroffen über ihre extreme Außenorientiertheit (Extraversion), ihr Verlangen, die Kräfte der Natur zu kennen und zu beherrschen, um ihre ständig wachsenden Bedürfnisse und Forderungen zu befriedigen. Dies ist in der Tat der vorherrschende Trend unseres Zeitalters, jedoch gibt es auch andere Tendenzen und Entwicklungen.

So wandte seit dem Ende des 19. Jahrhunderts eine zunächst kleine Gruppe von Forschern ihre Aufmerksamkeit der Untersuchung der Phänomene und Mysterien der menschlichen Psyche zu. Die wichtigsten Ergebnisse wurden nicht von akademischen Psychologen erzielt, sondern von unabhängigen Forschern. Fast alle waren sie im klinischen Bereich tätig, angetrieben von den Bedürfnissen ihrer Patienten und unterstützt von der größeren Deutlichkeit, die bestimmte psychologische Phänomene annehmen, wenn sie durch einen krankhaften Zustand akzentuiert werden.

Erste neuartige Ergebnisse auf diesem Gebiet steuerte Pierre Janet bei (63). Ausgehend vom Phänomen des »psychischen Automatismus« entdeckte er, daß es viele seelischen Aktivitäten gibt, die unabhängig vom Bewußtsein des Patienten stattfinden und daß sogar wirkliche »Zweitpersönlichkeiten« hinter der Alltagspersönlichkeit leben oder mit ihr abwechseln.

Bald darauf begann ein Wiener Arzt, Sigmund Freud (40), mit seinen Untersuchungen der unbewußten psychologischen Prozesse. Sein Ausgangspunkt war Breuers kathartische Methode, die darin bestand, im Patienten die vergessenen Traumata oder Eindrücke, die die Symptome hervorgerufen hatten, wieder ins Bewußtsein zurückzurufen und die starken Emotionen freizusetzen, die mit ihnen verknüpft waren. Breuer benutzte dazu die Hypnose, aber Freud fand bald heraus, daß dieselben Ergebnisse mit Hilfe der freien Assoziation und der Traumdeutung erreicht werden konnte, die zu den spezifischen Techniken der Psychoanalyse wurden.

Freud zeigte, daß verschiedene physische Symptome und psychische Störungen auf Impulse und Phantasien beruhen, die im Unbewußten verborgen sind und dort durch Widerstände und Abwehrmechanismen der verschiedensten Art gehalten werden. Er fand auch heraus, daß viele Erscheinungen unseres Alltagslebens, wie besondere Vorlieben, Vergessen, Fehlleistungen und Verhaltensabweichungen und sogar einige Arten künstlerischer und literarischer Produktion auf denselben psychologischen Mechanismen beruhen, die bei Kranken die Krankheitssymptome hervorbringen. So ist z.B. das merkwürdige Vergessen wohlbekannter Dinge oder Worte nach Freud irgendeiner Beziehung anzulasten, die zwischen dem vergessenen Wort oder den Tatsachen und einem schmerzlichen oder unangenehmen Ereignis besteht. Er gibt dafür ein amüsantes Beispiel: Eines Tages konnte er sich nicht an einen bekannten Urlaubsort an der italienischen Riviera erinnern, nämlich Nervi. Er schreibt: »Mit *Nerven* habe ich allerdings genug zu tun.«

Auf diesen Grundlagen entwickelte Freud einen Reichtum an Vorstellungen über Entstehungsursachen und über die Struktur der menschlichen Persönlichkeit, die unmöglich hier zusammengefaßt werden können, zumal sie im Verlauf der vielen Jahre seiner Tätigkeit und zahlreicher Arbeiten beachtliche Veränderungen erfuhren. Seine psychoanalytischen Lehren sind jedoch gegenwärtig gut bekannt und wurden von verschiedenen Autoren erläutert oder zusammengefaßt.*
Freud hatte viele Schüler und Anhänger, von denen einige bestimmte Entwicklungen und Modifikationen beitrugen, während sie weiterhin der Hauptströmung der psychoanalytischen Bewegung angehörten, so etwa Karl Abraham (1), Sándor Ferenczi (37), Wilhelm Stekel (117), Melanie Klein (63) usw. Andererseits bezogen einige von Freuds ursprünglichen Schülern und Mitarbeitern unabhängige und sogar gegensätzliche Positionen und entwickelten eigene Vorstellungen, Methoden und sogar Schulen.

Die bedeutendsten unter ihnen sind: Alfred Adler (2), der in seiner *Individualpsychologie* die Bedeutung des Dranges zur persönlichen Selbstbehauptung oder des Geltungsstrebens betonte; C.G. Jung (64), der die tieferen Schichten des Unbewußten erforschte, wo er Bilder und Symbole fand, die kollektiven

---

* Eine umfassende Darstellung der Freudschen Psychoanalyse enthält Ruth L. Munroes *Schools of Psychoanalytic Thought* (91), das auch einen klaren Überblick und kritische Kommentare zu den anderen Hauptvertretern des psychoanalytischen Denkens gibt.
(Ein ähnliches Werk liegt von einem deutschen Autor vor: Dieter Wyss, Die tiefenpsychologischen Schulen von den Anfängen bis zur Gegenwart, [135])

Charakter tragen; Otto Rank (105), der besondere Bedeutung auf die Probleme von Trennung und Vereinigung und auf die Funktion des Willens legte. Weitere spezifische Beiträge wurden z.B. von Karen Horney (60) gemacht, die auf die Bedeutung aktueller Konflikte und das Bedürfnis nach Sicherheit verwies; Erich Fromm (41) hob den auf dem Individuum lastenden sozialen Druck hervor.

Verschiedene Beiträge wurden von französischen Psychoanalytikern gemacht, wie z.b. von René Allendy (5), Angelo Hesnard (59) und Charles Baudouin (12). Auch die Existenzanalyse und Logotherapie sollten Erwähnung finden, die durch Ludwig Binswanger (18) bzw. Viktor E. Frankl (39) entwickelt und praktiziert wurden.

Wenn wir einen größeren Bereich betrachten, der sowohl die speziellen Zweige der Medizin und Psychologie als auch verschiedene sonstige Strömungen einschließt, finden wir bedeutsame und wertvolle Beiträge zum Wissen über die menschliche Natur und über ihre Entwicklung hin zum Besseren, darunter die Folgenden:[6]

1. *Die psychosomatische Medizin,* die sich im Verlauf der letzten Jahre zunehmend entwickelt hat und die den starken Einfluß psychologischer Faktoren auf das Entstehen von Schwierigkeiten aller Art aufzeigt, auch vieler körperlicher Symptome und Beschwerden.
2. *Die Religionspsychologie*, in der die verschiedenen Ausprägungen religiösen Bewußtseins und mystischer Zustände untersucht werden. Von den zahlreichen Forschern auf diesem Gebiet können wir unter den ersten William James erwähnen mit seinem klassischen Werk *Die religiöse Erfahrung in ihrer Mannigfaltigkeit* (62 b), Evelyn Underhill und ihre Arbeit über Mystik (131), Friedrich Heiler (57), Winslow Hall (50) usw. In

---

[6] Dieser Überblick ist, wie Assagioli selbst betont, oberflächlich und lückenhaft. Ihn auf einen neueren und systematischen Stand zu bringen, erschien mir weder sinnvoll noch in dieser Kürze möglich. In meiner Einleitung finden sich einige weitere Hinweise zu Gebieten, die mir besonders wichtig schienen.
Ganz besonders ungenügend ist die Behandlung des Punktes 5 (Östliche Psychologie). Transpersonale Psychologie kann in gewisser Weise als eine Synthese westlichen und östlichen Denkens betrachtet werden. Dieses Feld ist jedoch sehr weit und unübersichtlich, und ein Überblick ist nur schwer zu gewinnen; ich möchte deswegen in diesem Rahmen auf Ergänzungen verzichten.

der jüngsten Zeit sind eine Reihe von Werken erschienen, die sich mit der Beziehung zwischen Psychologie und Religion befassen (s. 23).
3. *Die Erforschung des Überbewußten* und seiner Manifestationen z.B. in Form von Intuitionen und Erleuchtungserlebnissen, von kreativer Aktivität, Genie und hochbegabten Kindern. Auf diesem Gebiet finden wir die Studie über das »kosmische Bewußtsein« von Richard Maurice Bucke (22), die Beiträge von Pjotr D. Ouspensky (98), Winslow Hall (50), Hubert J. Urban (132), Abraham H. Maslow (83), Lewis M. Terman (125) usw.
4. *Die Parapsychologie,* die als wissenschaftliche Disziplin im ausgehenden 19. Jahrhundert begründet wurde. Wichtige Namen sind: Frederic W.H. Myers (95), William James (62), Sir Oliver Lodge (77), Charles Richet (108), Gustave Geley (44), Eugène Osty (97), Joseph Banks Rhine (106). Sie hat die Existenz paranormaler Fähigkeiten nachgewiesen, nämlich der Außersinnlichen Wahrnehmung (Telepathie, Hellsehen, Präkognition) und der Psychokinese (Bewegung von Gegenständen aus der Entfernung auf direkte, mechanisch unerklärliche Weise). Es wurde auch viel Material zum Problem des Überlebens zusammengetragen.
5. *Östliche Psychologie* (besonders die indische), sowohl die alte als auch die moderne. Ihre wertvollen Beiträge werden jetzt allmählich mit denen der westlichen Psychologie in Verbindung gebracht (111).
6. *Kreatives Verstehen,* das die kreative Kraft des geistigen Verstehens und der inneren Bedeutung hervorhebt. Ihr Hauptvertreter war Hermann Graf Keyserling (66), der diesen Ansatz in vielen Büchern vertrat sowie in der »Schule der Weisheit«, die viele Jahre in Darmstadt aktiv war.
7. *Der holistische (ganzheitliche) Ansatz und die Psychologie der Persönlichkeit.* Zuerst von Jan Christiaan Smuts in seinem Buch *Holismus und Evolution* (114) vertreten, wurde er von einer zunehmenden Zahl von Psychologen und Psychiatern übernommen, wie z.B. von Gordon W. Allport (6), Andras Angyal (7), Kurt Goldstein (46), Abraham H. Maslow (83), Gardner Murphy (92), Perls/Hefferline/Goodmann (100) und Ira Progoff (104). Eine gute Zusammenfassung der Standpunkte dieser Autoren gibt Calvin S. Hall/Gardner Lindzey (49).
Parallel zu dieser Entwicklung in Amerika gab es in der Schweiz

eine Bewegung, die »Medicine de la Personne« genannt wurde und in Genf von Paul Tournier (128) ins Leben gerufen wurde, gefolgt von Alphonse Maeder (80) und anderen; unabhängig davon auch von Charles Baudouin (12). Der personalistische Standpunkt wurde auch von William Stern (118) in Deutschland vertreten.

8. *Interindividuelle und Sozialpsychologie und -psychiatrie und die anthropologischen Studien zum Menschen.* Hier handelt es sich um eine große Bewegung, die verschiedene voneinander unabhängige Strömungen aufweist. Wir finden hier Harry Stack Sullivan (121) mit seiner »interpersonalen Theorie der Psychiatrie«, Kurt Lewin (74), die Forscher auf dem Gebiet der Gruppendynamik, wie jene an der Universität von Michigan (27), die Erforscher menschlicher Beziehungen an der Harvard Universität (109), die Beiträge von Pitirim A. Sorokin über altruistische Liebe (115) usw., während in Europa der soziale und moralische Aspekt der Psychiatrie von Henri Baruk (11) und Richard Hauser (56) betont wird. Der anthropologische Ansatz ist unter anderem gut bei Margret Mead (87) dargestellt.

9. *»Aktive Techniken« für die Behandlung und Entwicklung der Persönlichkeit.* Die vergleichsweise älteren sind Hypnose, Suggestion und Autosuggestion, wie sie die »Schule von Nancy« (Liebault, Bernheim, Coué) entwickelt und verwendet haben; wichtig auch die gründliche Arbeit von Charles Baudouin (12 c); dann das Autogene Training von Johannes H. Schultz (112), Robert Desoilles »rêve eveillé« (32), der rationale Ansatz von Albert Ellis und Robert A. Harper (33), Carl Happichs Meditationstechnik (52), Jacob L. Morenos Psychodrama (89) und andere Formen der Gruppenpsychotherapie (z.B. Bach, 9, und Berne, 16). Außerdem gibt es eine Fülle von Techniken, zu zahlreich, um sie in diesem kurzen Überblick aufzuführen, die dem Training bestimmter Funktionen dienen, wie z.B. des Gedächtnisses, des Denkens, der Imagination und des Willens.

Diese Aufzählung ist nur eine Andeutung, die Reihe der Forscher ist sehr unvollständig; der einzige Zweck dieser Übersicht war, zu zeigen, wie vielfältig und unterschiedlich die Ansätze sind, das Geheimnis Mensch zu erforschen. Diese enorme Zahl an Studien und Untersuchungen bietet genug Material für einen Versuch der Koordintion und Synthese. Wenn wir gesicherte Fakten, positive und verläßlich authentische Beiträge und gut begründete Interpretationen zusammentragen und die Übertreibungen und den theoretischen Überbau der verschiedenen Schulen beiseite lassen, kommen wir zu einer »pluridimensionalen Konzeption«* der menschlichen Persönlichkeit, die zwar auch keineswegs vollkommen oder endgültig ist, meiner Meinung nach jedoch umfassender und mehr der Wirklichkeit entsprechend als frühere Beschreibungen.

Um solch eine Vorstellung der Beschaffenheit des menschlichen Wesens in seiner lebendigen konkreten Realität zu veranschaulichen, kann das folgende Diagramm hilfreich sein. Es ist natürlich ein grobes und einfaches Bild, das nur eine strukturelle, statische, fast »anatomische« Darstellung unserer inneren Struktur gibt, während es den dynamischen Aspekt, den wichtigsten und wesentlichsten, wegläßt. Hier jedoch, wie in jeder anderen Wissenschaft, müssen allmähliche Schritte getan und Annäherungen vollzogen werden.

Wenn wir mit einer Wirklichkeit umgehen, die so fließend und schwer faßbar ist wie unser Seelenleben, so ist es wichtig, die Hauptrichtungen und die fundamentalen Unterschiede nicht aus den Augen zu verlieren; andernfalls kann die Vielfalt der Details das Bild als Ganzes trüben und uns davon abhalten, die jeweilige Bedeutung, den Zweck und Wert der verschiedenen Teile zu erkennen.

Mit diesen Vorbehalten und Einschränkungen sieht das Schaubild folgendermaßen aus:

Diagramm I

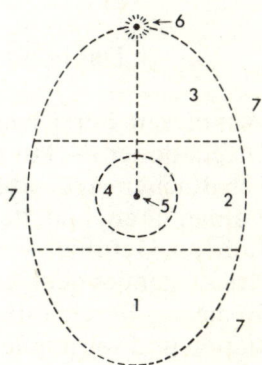

1. Das tiefere Unbewußte } das Unter-bewußte
2. Das mittlere Unbewußte }
3. Das höhere Unbewußte oder Über-bewußte
4. Das Bewußtseinsfeld
5. Das »Ich« oder bewußte Selbst
6. Das höhere (transpersonale) Selbst
7. Das kollektive Unbewußte

---

* Dieser passende Terminus, der eine einschließende, integrative Sicht bezeichnet, wurde von Ruth Munroe (91) und Gardner Murphy (92) verwendet.

1. Das tiefere Unbewußte

Es schließt ein:

a) Die elementaren psychischen Aktivitäten, die das Leben des Körpers in Gang halten; die intelligente Koordination der körperlichen Funktionen.
b) Die fundamentalen Antriebe und primitiven Impulse.
c) Viele Komplexe, die mit intensiven Gefühlen belegt sind.
d) Träume und Vorstellungskräfte einer tieferen Stufe.
e) Einfache, unkontrollierte parapsychologische Prozesse.
f) Verschiedene pathologische Manifestationen, wie z.B. Phobien, Besessenheit, zwanghafte Impulse und paranoide Illusionen.

2. Das mittlere Unbewußte

Es setzt sich aus psychologischen Elementen zusammen, die dem unseres Wachbewußtseins entsprechen und diesem leicht zugänglich sind. In diesem inneren Bereich werden die verschiedenen Erfahrungen assimiliert, unsere gewöhnlichen mentalen und imaginativen Aktivitäten herausgearbeitet und entwickelt in einer Art seelischer Schwangerschaft, bevor sie das Licht des Bewußtseins erblicken.

3. Das höhere Unbewußte oder Überbewußte

Aus diesem Bereich erhalten wir unsere höheren Intuitionen und Inspirationen – künstlerischer, philosophischer oder wissenschaftlicher Art, ethische »Imperative« und den Antrieb zu humanitären und heroischen Handlungen. Es ist die Quelle höherer Gefühle, wie der altruistischen Liebe, des Genies und des Zustandes der Kontemplation, der Erleuchtung und Ekstase. In diesem Bereich sind die latenten, höheren psychischen Funktionen und spirituellen Energien beheimatet.

4. Das Bewußtseinsfeld

Dieser Begriff, der nicht ganz genau ist, aber ausreichend für praktische Zwecke, wird dazu verwendet, jenen Teil unserer Persönlichkeit zu bezeichnen, dessen wir uns unmittelbar bewußt sind: dem ununterbrochen fließenden Strom von Empfindungen, Bildern, Gedanken, Gefühlen, Wünschen und Impulsen, die wir beobachten, analysieren und beurteilen können.

5. Das »Ich« oder bewußte Selbst

Das »Selbst«, das heißt der Punkt reiner Selbstbewußtheit, wird oft mit der eben beschriebenen bewußten Persönlichkeit verwechselt, ist jedoch tatsächlich sehr verschieden davon. Das kann durch eingehende Introspektion festgestellt werden. Die wechselnden Inhalte unseres Bewußtseins (Empfindungen, Gedanken, Gefühle usw.) sind eines, das »Ich«, das Selbst, das *Zentrum* unseres Bewußtseins, ist ein anderes. Von einem bestimmten Blickwinkel aus kann dieser Unterschied verglichen werden mit dem zwischen einer weiß beleuchteten Fläche eines Bildschirms und den verschiedenen Bildern, die darauf projiziert werden.

Aber der Durchschnittsmensch nimmt sich nicht die Mühe, sich selbst zu beobachten und diese Unterscheidung zu treffen; er treibt auf der Oberfläche des Bewußtseinsstroms und identifiziert sich mit seinen aufeinanderfolgenden Wellen, mit den wechselnden Inhalten seines Bewußtseins.

6. Das höhere (transpersonale) Selbst

Das bewußte Selbst ist nicht nur im allgemeinen in den ständigen Strom seelischer Inhalte eingetaucht, es scheint sogar völlig zu verschwinden, wenn wir einschlafen, ohnmächtig werden, wenn wir unter dem Einfluß von Anästhetika oder Narkotika stehen oder im Zustand der Hypnose, und wenn wir erwachen, taucht das Selbst auf geheimnisvolle Weise wieder auf, ohne daß wir wissen, wie und woher – eine Tatsache, die genau betrachtet wahrhaft verwirrend und beunruhigend ist.

Dies führt uns zu der Annahme, daß das Wiederauftauchen des bewußten Selbst oder »Ich« einem fortdauernden Zentrum zuzu-

schreiben ist, einem wahren Selbst, das jenseits davon oder »über« ihm liegt.*
Es gibt verschiedene Wege, mit deren Hilfe die Wirklichkeit des Selbst bestätigt werden kann. Es hat viele Menschen gegeben, die mehr oder weniger vorübergehend eine bewußte Schau des Selbst erlangten, für sie von gleichem Grad an Gewißheit, wie sie ein Forscher erfährt, der ein vorher unbekanntes Gebiet betreten hat. Solche Äußerungen kann man in Buckes *Kosmisches Bewußtsein* (22) finden, in Ouspenskys *Tertium Organum* (98), in Underhills *Mystik* (131) und in anderen Werken. Die Bewußtheit des höheren Selbst kann auch durch den Einsatz bestimmter psychologischer Methoden erlangt werden, wie etwa C.G. Jungs »Individuationsprozeß«, Desoilles »gelenktem Tagtraum« (rêve eveillé, 32), Techniken des Raja-Yoga (111) usw. Dann haben wir den Beitrag von Philosophen wie Kant und Herbart, die klar zwischen dem empirischen Ich und dem noumenalen oder wirklichen Selbst unterscheiden. Dieses Selbst steht über dem Bewußtseinsstrom oder den körperlichen Zuständen und wird davon nicht berührt. Das persönliche, bewußte Selbst sollte einfach als seine Widerspiegelung angesehen werden, als deren »Projektion« in den Bereich der Persönlichkeit. Beim gegenwärtigen Stand der psychologischen Forschung ist noch wenig Eindeutiges über das Selbst bekannt, aber die Bedeutung dieses synthetisierenden Zentrums läßt weitere Forschung gerechtfertigt erscheinen.

7. Das kollektive Unbewußte

Die Menschen sind nicht isoliert, sie sind keine »Monaden ohne Fenster«, wie Leibniz dachte. Sie mögen sich zeitweise subjektiv isoliert fühlen, aber die extreme existentialistische Vorstellung trifft nicht zu, weder auf psychologischer noch auf spiritueller Ebene.
Die äußere Linie des Ovals im Diagramm sollte als »abgrenzend« und nicht als »trennend« verstanden werden. Sie könnte analog zu der Wirkungsweise einer Membrane angesehen wer-

---

* Dieses höhere Selbst sollte nicht in irgendeiner Weise mit dem Überich Freuds verwechselt werden, das nach Freuds Theorie kein wirkliches Selbst ist, sondern eine Konstruktion, ein künstliches Produkt. Es unterscheidet sich auch von jedem »phänomenologischen« Konzept des Selbst oder Ich.

den, die eine Zelle einfaßt und die einen ständigen und aktiven gegensätzliche Elemente unter diesem Begriff zusammen, nämlich primitive archaische Strukturen und höhere, vorwärtsgerichtete Aktivitäten überbewußter Art.

Das Diagramm hilft uns, die folgenden Tatsachen miteinander in Einklang zu bringen, die sich auf den ersten Blick zu widersprechen und auszuschließen scheinen:

1. *Die scheinbare Dualität*, die angebliche Existenz von zwei Selbsten in uns. Es ist tatsächlich so, *als ob* da zwei Selbste wären, denn das persönliche Selbst ist sich des anderen im allgemeinen nicht bewußt, sogar bis zu dem Punkt, daß es seine Existenz leugnet, während das andere, das wahre Selbst, latent ist und sich unserem Bewußtsein nicht direkt enthüllt.
2. *Die tatsächliche Einheit und Einzigartigkeit des Selbst.* Es gibt nicht wirklich zwei Selbste, zwei voneinander unabhängige und getrennte Wesenheiten. Das Selbst ist eines; es manifestiert sich in verschiedenen Graden von Bewußtheit und Selbstverwirklichung. Unser Bewußtsein scheint eine selbständige Instanz zu sein, hat jedoch in Wirklichkeit keine autonome Wesenheit, ist, mit anderen Worten, nicht ein neues und anderes Licht, sondern eine Projektion seiner leuchtenden Quelle.

Diese Vorstellung der Struktur unseres Wesens enthält, koordiniert und integriert all die verschiedenen Beobachtungen und Erfahrungsdaten zu einer vollständigen Vision. Sie bietet uns ein breiteres und umfassenderes Verständnis des menschlichen Schauspiels, der Konflikte und Probleme, denen sich jeder von uns gegenübersieht, weist zugleich auf die Mittel hin, sie zu lösen und zeigt die Richtung zu unserer Befreiung.

In unserem alltäglichen Leben sind wir hundertfach begrenzt und eingeengt – Opfer von Illusionen und Trugbildern, Sklaven unerkannter Komplexe, hin und hergerissen von äußeren Einflüssen, geblendet und hypnotisiert von täuschenden Erscheinungen. Kein Wunder dann, daß der Mensch in solch einem Zustand oft unzufrieden, unsicher und wechselhaft in seinen Stimmungen, Gedanken und Handlungen ist. Da er sich intuitiv als Einheit empfindet und dennoch feststellt, daß er in sich geteilt ist, ist er verwirrt und es gelingt ihm nicht, weder sich selbst noch andere zu verstehen. Kein Wunder, daß er, der sich selbst weder kennt noch versteht, keine Selbstkontrolle hat und fortwährend in seine eigenen Fehler und Schwächen verstrickt ist; kein Wunder, daß so viele Schicksale verfehlt oder zumindest begrenzt und getrübt werden durch Krankheiten des Körpers und der Seele oder gequält von Zweifel, Entmutigung und Hoffnungslosigkeit. Kein Wunder, daß der Mensch in seiner blinden, leidenschaftlichen Suche nach Freiheit und Zufriedenheit sich manchmal heftig auflehnt oder versucht, seine innere Qual zu stillen, indem er sich kopfüber in ein Leben fieberhafter Aktivität, ständiger Aufregung, stürmischer Gefühle und leichtsinniger Abenteuer stürzt.

Wir wollen prüfen, ob und wie es möglich ist, dies zentrale Problem des menschlichen Lebens zu lösen, diese grundlegende Schwäche des Menschen zu heilen. Wir wollen herausfinden, wie er sich selbst von dieser Versklavung befreien und eine harmonische innere Integration erlangen kann, wahre Selbstverwirklichung und echte Beziehungen zu anderen. Diese Aufgabe ist gewiß nicht leicht und einfach, daß sie jedoch gelöst werden kann, wurde durch den Erfolg jener Menschen demonstriert, die angemessene und geeignete Mittel eingesetzt haben.

Die Stadien für das Erreichen dieses Zieles können folgendermaßen bezeichnet werden:
1. Gründliche Kenntnis der eigenen Persönlichkeit
2. Kontrolle ihrer verschiedenen Elemente
3. Realisierung unseres wahren Selbst – die Entdeckung oder Schaffung eines vereinigenden Zentrums
4. Psychosynthesis: die Bildung oder Wiederherstellung der Persönlichkeit um das neue Zentrum

Betrachten wir jedes dieser Stadien genauer.

1. Gründliche Kenntnis der eigenen Persönlichkeit

Um sich wirklich selbst zu kennen, genügt es nicht – so haben wir erkannt – eine Aufstellung der Elemente zu machen, die unser bewußtes Sein darstellen. Es muß auch eine ausgedehnte Erforschung der weitläufigen Regionen unseres Unbewußten vorgenommen werden. Zuerst müssen wir mutig die Höhle unseres tieferen Unbewußten durchschreiten, um die dunklen Kräfte zu entdecken, die uns verstricken und bedrohen, die »Phantasmen«, die Urbilder oder kindlichen Vorstellungen, die uns verfolgen oder auf stille Art beherrschen, die Ängste, die uns lähmen, die Konflikte, die unsere Energien aufzehren.

Diese Suche kann man selbst unternehmen, sie wird jedoch mit Hilfe eines anderen leichter durchzuführen sein. Auf jeden Fall müssen die Methoden auf wirklich wissenschaftliche Weise angewendet werden, mit größter Objektivität und Unparteilichkeit, ohne vorgefaßte Theorien und ohne zuzulassen, daß wir uns von dem versteckten oder heftigen Widerstand unserer Ängste, Wünsche oder emotionalen Bindungen ablenken oder irreführen lassen.

Die Psychoanalyse hört hier im allgemeinen auf, aber diese Begrenzung ist nicht gerechtfertigt. Die Bereiche des mittleren und höheren Unbewußten sollten gleicherweise erforscht werden. Auf diese Weise werden wir in uns bisher unbekannte Fähigkeiten entdecken, unsere wahre Bestimmung, unsere höheren Kräfte, die danach verlangen, Ausdruck zu finden, die wir jedoch häufig aus Mangel an Verständnis wegen Vorurteilen und aus Furcht zurückstoßen und unterdrücken. Wir werden auch die enormen Reserven undifferenzierter seelischer Energie entdecken, die in jedem von uns latent sind, d. h. den formbaren Teil unseres Unbewußten, der uns zur Verfügung steht und uns befähigt, in grenzenlosem Umfang zu lernen und zu erschaffen.

2. Die Kontrolle der verschiedenen Elemente der Persönlichkeit

Nachdem wir all diese Elemente kennengelernt haben, müssen wir von ihnen Besitz nehmen und Kontrolle über sie erlangen. Die wirksamste Methode, mit der wir dies erreichen können, ist die der Disidentifikation. Sie beruht auf einem grundlegenden psychologischen Prinzip, das so formuliert werden kann:

Wir werden beherrscht von allem, womit sich unser Selbst identifiziert. Wir können alles beherrschen und kontrollieren, von dem wir uns disidentifizieren.

In diesem Prinzip liegt das Geheimnis unserer Versklavung oder unserer Freiheit. Jedesmal, wenn wir uns mit einer Schwäche, einem Fehler, einer Furcht oder irgendeinem persönlichen

Gefühl oder Impuls »identifizieren«, begrenzen und lähmen wir uns. Jedesmal, wenn wir eingestehen »Ich bin entmutigt« oder »Ich bin irritiert«, werden wir mehr und mehr von Niedergeschlagenheit oder Ärger beherrscht. Wir haben diese Begrenzungen akzeptiert; wir haben uns selbst unsere Fesseln angelegt. Wenn wir stattdessen in derselben Situation sagen: »Eine Welle von Entmutigung *versucht* mich zu überfluten«, oder »Eine Aufwallung von Ärger *versucht* mich zu überwältigen«, so ist die Situation völlig anders. Dann gibt es zwei Kräfte, die einander gegenüberstehen: auf der einen Seite unser wachsames Selbst, auf der anderen Entmutigung oder Ärger. Und das wachsame Selbst unterwirft sich dieser Invasion nicht; es kann objektiv und kritisch jene Impulse von Entmutigung oder Ärger überprüfen; es kann ihren Ursprung ermitteln, ihre ungünstigen Wirkungen voraussehen und sich ihre Unbegründetheit bewußt machen. Das reicht oft aus, um einem Angriff solcher Kräfte zu widerstehen und den Kampf zu gewinnen. Aber selbst wenn diese Kräfte in uns vorübergehend stärker sind, wenn die bewußte Persönlichkeit zunächst durch ihre Heftigkeit überwältigt wird, so wird doch das wachsame Selbst nie wirklich besiegt. Es kann sich zu einer inneren Festung zurückziehen, sich dort vorbereiten und einen günstigen Augenblick zum Gegenangriff abwarten. Es mag einige der Kämpfe verlieren, wenn es jedoch seine Waffen nicht aufgibt und sich ergibt, so ist der letztliche Ausgang nicht gefährdet, und es wird schließlich den Sieg erringen.

Neben diesem ständigen Abwehren von Angriffen aus dem Unbewußten können wir eine grundlegendere und wirkungsvollere Methode anwenden: wir können die tiefsitzenden Ursachen angehen und die Wurzeln der Schwierigkeiten beseitigen. Dies kann in zwei Phasen aufgeteilt werden:
   a) Die Disintegration ungünstiger Bilder oder Komplexe,
   b) die Kontrolle und Nutzbarmachung der so freigesetzten Energien.

Die Psychoanalyse hat gezeigt, daß die Macht dieser Bilder und Komplexe hauptsächlich in der Tatsache begründet ist, daß sie uns nicht bewußt sind, daß wir sie nicht als solche erkennen. Wenn sie demaskiert, verstanden und in ihre Elemente aufgelöst sind, hören sie oft auf, uns zu verfolgen; jedenfalls sind wir dann weit eher in der Lage, uns gegen sie zur Wehr zu setzen.

Um sie aufzulösen, sollten wir uns der Methoden der Objektivierung, der Kritischen Analyse und der Diskriminierung bedienen, d.h. wir müssen klare, unpersönliche Beobachtung einsetzen, als handle es sich bei ihnen um bloße Naturvorgänge, die außerhalb von uns auftreten. Wir sollten zwischen uns und ihnen eine »psychologische Distanz« schaffen und dabei diese Bilder oder Komplexe sozusagen auf Armeslänge von uns fernhalten, um dann ganz ruhig ihren Ursprung, ihr Wesen und – ihre Unsinnigkeit zu betrachten. Das bedeutet nicht eine Unterdrückung oder Verdrängung der darin enthaltenen Energien, sondern ihre Kontrolle und Neuausrichtung in konstruktive Kanäle.

Es ist bekannt, daß zu viel Kritik und Analyse dazu angetan sind, unsere Gefühle und Empfindungen zu lähmen, wenn nicht gar zu töten. Diese kritische Unfähigkeit, die wir oft ohne Unterscheidungsvermögen und schädigend gegen unsere höheren Gefühle und kreativen Fähigkeiten anwenden, sollte stattdessen dazu verwendet werden, uns von unerwünschten Impulsen und Neigungen zu befreien.

Aber eine Analyse und Kritik dieser Art reichen nicht immer aus. Es gibt bestimmte starke Tendenzen, bestimmte wesentliche Elemente, die hartnäckig weiterbestehen, wie sehr wir sie auch geringschätzen und verdammen mögen. Das gilt vor allem für sexuelle und aggressive Impulse. Sie lösen in uns einen Zustand der Erregung und Unruhe aus, wenn sie von den Komplexen abgetrennt oder aus ihren bisherigen Kanälen umgeleitet werden, und können dann neue, aber ebenso unerwünschte Entladungsmöglichkeiten finden.

Diese Kräfte dürfen also nicht sich selbst überlassen werden, sondern man sollte sich ihrer auf harmlose Weise entledigen oder, besser noch, sie für konstruktive Zwecke einsetzen: für kreative Aktivitäten verschiedenster Art, zur Neugestaltung unserer Persönlichkeit, als Beitrag zu unserer Psychosynthese. Um jedoch dazu in der Lage zu sein, müssen wir vom Zentrum ausgehen; wir müssen das vereinigende und kontrollierende Prinzip unseres Lebens errichtet und funktionsfähig gemacht haben.

3. Realisierung unsers wahren Selbst – die Entdeckung oder Schaffung eines vereinigenden Zentrums

Auf der Grundlage des über Wesen und Macht des Selbst Gesagten ist es nicht schwierig, theoretisch darzustellen, wie dieses Ziel zu erlangen ist. Was erreicht werden muß, ist eine Erweiterung des persönlichen Bewußtseins in das des Selbst hinein; sich nach oben bewegen und dem Faden oder Strahl (s. Diagramm II) zum Stern (dem transpersonalen Selbst) hin folgen; das niedere mit dem höheren Selbst vereinen.

Was hier jedoch mit Worten so einfach auszudrücken ist, bedeutet in Wirklichkeit ein ungeheuerliches Unterfangen. Es entwickelt sich daraus ein zwar großartiges, gewiß aber langes und mühevolles Streben und nicht jeder ist dazu bereit. Aber zwischen dem Ausgangspunkt in den Niederungen unseres gewöhnlichen Bewußtseins und dem strahlenden Gipfel der Selbstverwirklichung gibt es Zwischenphasen, Plateaus in verschiedenen Höhen, auf denen man ausruhen oder sogar bleiben kann, wenn Mangel an Kraft keinen weiteren Aufstieg erlaubt oder man willentlich nicht mehr weitermöchte.

In günstigen Fällen findet der Aufstieg bis zu einem gewissen Grad spontan, durch einen Prozeß natürlichen inneren Wachstums statt, begünstigt durch die mannigfaltigen Lebenserfahrungen; oft jedoch ist der Prozeß sehr langsam. In jedem Fall jedoch kann er durch unser überlegtes Handeln und durch das Einsetzen geeigneter aktiver Tendenzen beträchtlich beschleunigt werden.

Die Zwischenstadien bedeuten neue Identifikationen. Menschen, die ihr wahres Selbst nicht in seiner reinsten Ausformung erreichen, können ein Bild und Ideal einer vollkommenen Persönlichkeit entwerfen, das ihrer Befähigung, ihrer Entwicklungsstufe und ihrem psychologischen Typus angemessen ist, und sie können so dies Ideal im tatsächlichen Leben anwendbar machen.

Für einige mag es das Ideal des Künstlers sein, der sich selbst als Schöpfer schöner Formen verwirklicht und ausdrückt, der künstlerisches Schaffen zum Brennpunkt und belebenden Prinzip seiner Existenz macht, indem er dorthin seine besten Energien lenkt. Für andere mag es das Ideal des Wahrheitssuchers sein, des Philosophen, des Wissenschaftlers. Für wieder andere ist es ein begrenzteres und persönlicheres Ideal, etwa das eines guten Vaters oder einer guten Mutter.

Diese »Idealvorstellungen« bringen also eine lebhafte Beziehung zur äußeren Welt und zu anderen Menschen mit sich und somit einen gewissen Grad von Extraversion. Es gibt jedoch Menschen, die so extrem extravertiert sind, daß sie so weit gehen, gleichsam das lebendige Zentrum ihrer Persönlichkeit außerhalb ihrer selbst zu verlegen. Ein typisches Beispiel einer solchen Projektion ist der glühende Patriot, der sich ganz seinem geliebten

Land hingibt, das zum Zentrum seines Lebens und seiner Interessen wird, ja fast zu seinem eigentlichen Selbst. All seine Gedanken und Gefühle sind auf diese Quelle gerichtet, für die er sogar bereit ist, sein Leben zu opfern. Ein anderes Beispiel (in der Vergangenheit häufig) ist das einer Frau, die sich mit dem geliebten Mann identifiziert, die für ihn lebt und in ihm aufgeht. Die Hindufrau der alten Zeit machte den Mann nicht nur zu ihrem menschlichen Meister, sondern verehrte ihn auch als ihren geistigen Lehrer, als ihren Guru – fast als ihren Gott.

Dieses nach außen Projizieren des eigenen Zentrums, diese Exzentrizität (im etymologischen Sinn des Wortes) sollte nicht zu gering geschätzt werden. Sie stellt zwar nicht den direktesten Weg oder die höchste Verwirklichung dar, kann aber – entgegen dem äußeren Anschein – für diese Zeit eine durchaus befriedigende Form indirekter Selbstverwirklchung darstellen. In den besten Fällen verliert sich der Mensch nicht wirklich in das äußere Objekt, sondern befreit sich auf diese Weise von egoistischen Interessen und persönlichen Begrenzungen; er verwirklicht sich *durch* das äußere Ideal oder Wesen; dadurch wird es zu einem zwar indirekten aber wirklichen Bindeglied, zu einem Punkt der Verbindung zwischen der Person und ihrem höheren Selbst, das in diesem Objekt widergespiegelt und symbolisiert wird:

Diagramm II

1. Das bewußte Selbst oder »Ich«
2. Das externale vereinigende Zentrum
3. Das höhere (transpersonale) Selbst

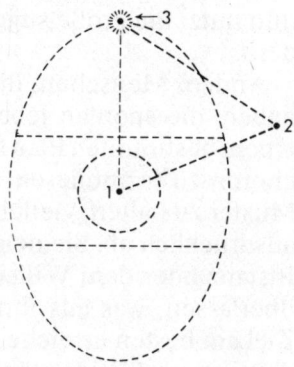

4. Psychosynthesis: Die Bildung oder Wiederherstellung der Persönlichkeit um das neue Zentrum

Wenn das vereinigende Zentrum gefunden oder geschaffen worden ist, sind wir in der Lage, um dieses eine neue Persönlichkeit aufzubauen – klar, organisiert und einheitlich. Dies ist die eigentliche Psychosynthesis, die ebenfalls verschiedene Stadien umfaßt.

Wesentlich ist zunächst, sich für eine Vorgehensweise zu entscheiden, ein inneres Programm zu entwerfen. Wir müssen uns den Zweck klarmachen, den es zu erreichen gilt – also die neue Persönlichkeit, die entwickelt werden soll – sowie eine klare Vorstellung von den verschiedenen notwendigen Aufgaben haben.

Manche Menschen haben von Anfang an eine präzise Vision ihres Zieles. Sie sind in der Lage, ein klares Bild ihrer selbst zu entwerfen, wie sie werden können und vorhaben zu werden. Dieses Bild sollte realistisch sein und »authentisch«, das heißt, in Einklang mit der natürlichen Entwicklung der Person stehen und deshalb – zumindest bis zu einem gewissen Grad – verwirklichbar sein, sollte also kein neurotisches, unrealistisch »idealisierendes Bild« sein (Karen Horney, 60). Ein wirkliches »Idealbild« hat eine dynamische, kreative Kraft; es erleichtert die Aufgabe, indem es Ungewißheiten und Fehler beseitigt; es konzentriert die Energien und nutzt die große suggestive und schöpferische Kraft von Bildern.

Andere Menschen, die eine formbarere seelische Verfassung haben, die spontan leben, eher Hinweisen und Intuitionen als einem bestimmten Plan folgen, finden es schwierig, solch ein Programm zu formulieren, sich beim Gestalten an ein bestimmtes Muster zu halten; vielleicht lehnen sie solch eine Methode sogar ausdrücklich ab. Sie neigen dazu, sich von der inneren geistigen Instanz oder dem Willen Gottes leiten zu lassen und es ihm zu überlassen, was aus ihnen werden soll. Sie fühlen, daß sie ihr Ziel am besten erreichen, indem sie so gut wie möglich die Hindernisse und Widerstände beseitigen, die Teil ihrer Persönlichkeit sind, indem sie den Kommunikationsfluß mit dem höheren Selbst durch Streben und Hingabe erweitern und dann die schöpferische Kraft des Geistes handeln lassen, ihr vertrauen und gehorchen. Andere nehmen eine ähnliche Haltung ein, drücken es jedoch anders aus: sie bezeichnen es als Sich-Einstimmen in die kosmische Ordnung, die universelle Harmonie, das Leben in ihnen und durch sie wirken lassen (das Wu-Wei – Nicht-Tun – der Taoisten).

Beide Methoden sind wirkungsvoll und jede ist der ihr entsprechenden Persönlichkeit angemessen. Es ist jedoch gut, sie beide zu kennen, zu würdigen und zu einem gewissen Grad anzuwenden, um die Begrenzungen und Übertreibungen jeder einzelnen zu vermeiden, indem die eine durch Elemente der anderen korrigiert und bereichert wird.

Wer der ersten Methode folgt, sollte also zu vermeiden suchen, daß sein »Idealbild« zu rigide wird; er sollte bereit sein, es zu modifizieren oder auszuweiten bis hin zu einer völligen Veränderung in dem Maße, wie neue Erfahrungen, Perspektiven und Klärungen solch einen Wandel anzeigen und verlangen.

Wer dagegen der zweiten Methode folgt, sollte sich dagegen schützen, zu passiv und verneinend zu werden und gewisse Eingebungen als Intuitionen und höhere Inspirationen zu akzeptieren, die in Wirklichkeit durch unbewußte Kräfte, Wünsche und Bedürfnisse bestimmt sind. Außerdem muß er die Fähigkeit entwickeln, während der unvermeidbaren Phasen innerer Dürre und Dunkelheit einen festen Stand zu behalten, wenn die bewußte Verbindung mit dem spirituellen Zentrum unterbrochen ist und die Persönlichkeit sich verlassen fühlt.

Die »Idealvorstellungen« oder Bilder, die man schaffen kann, sind vielgestaltig, sie können jedoch in zwei grundlegende Gruppen eingeteilt werden. Die erste besteht aus Bildern, die eine harmonische Entwicklung darstellen, eine abgerundete persönliche oder spirituelle Vollkommenheit. Diese Art Ideal wird vor allem von Introvertierten angestrebt. Bei der zweiten Gruppe handelt es sich um Leistungen auf bestimmten Gebieten. Ziel ist hier die vollste Entfaltung einer Fähigkeit oder Qualität, die einer bestimmten Richtung des Selbstausdrucks und der gewählten sozialen Rolle(n) entspricht. Dies ist das Ideal des Künstlers, Lehrers, des Verfechters einer guten Sache usw. Solche Vorbilder werden im allgemeinen von Extravertierten bevorzugt.

Wenn die Wahl der idealen Gestalt einmal gefallen ist, beginnt die praktische Psychosynthesis, der tatsächliche Aufbau einer neuen Persönlichkeit. Diese Arbeit kann in drei Hauptteile untergliedert werden:

1. *Nutzbarmachen* der verfügbaren Energien. Darunter fallen
   a) die Kräfte, die durch Analyse und Desintegration der unbewußten Komplexe freigesetzt werden
   b) bisher latente und vernachlässigte Neigungen, die auf den verschiedenen psychologischen Ebenen bestehen.
   Nutzbarmachung verlangt eine Umwandlung vieler dieser unbewußten Kräfte. Ihre Formbarkeit und Verwandelbarkeit macht dies möglich.
   Solche Transmutation findet eigentlich ständig in uns statt. Genau wie Wärme in Bewegung und elektrische Energie umgesetzt wird und umgekehrt, ebenso werden unsere Gefühle und Impulse in physische Handlungen umgesetzt oder in Vorstellungen oder intellektuelle Aktivitäten. Umgekehrt bringen Gedanken Gefühle hervor oder werden in Pläne und dann in Handlungen umgesetzt.
   Fälle solcher Transformationen wurden von vielen Menschen beobachtet und registriert. Wenn der lateinische Dichter sagt: »Facit indignatio versus« (Entrüstung bringt meine Gedichte hervor), so zeigt er, daß er erkannt hat, wie eine emotionale Welle von Entrüstung in poetische Aktivität umgewandelt werden kann, wenn ihr der natürliche Ausweg in äußere Handlung versperrt bleibt.
   Auch wenn Heinrich Heine schreibt: »Aus meinen großen Schmerzen mach' ich die kleinen Lieder«, weist er darauf hin, daß sein Schmerz in Dichtung sublimiert und so in Schönheit umgewandelt wurde.
   Wichtige Lehren und Beispiele zu Theorie und Praxis dieser Transformation innerer Energien können im indischen Yoga gefunden werden, in der christlichen Mystik und Askese und in den Arbeiten über spirituelle Alchemie; einiges wurde auch von der Psychoanalyse beigetragen. Wir besitzen also genügend Elemente, um eine Wissenschaft von den psychischen Energien (Psychodynamik) zu begründen und um verläßliche und angemessene Techniken zu entwickeln, durch welche die erwünschten Veränderungen in uns selbst und anderen bewirkt werden können.
2. *Entwicklung* der Aspekte der Persönlichkeit, die bisher entweder unzureichend oder unangemessen waren für den Zweck, den wir erreichen wollen. Diese Entwicklung kann auf zweierlei Art durchgeführt werden: entweder mit Hilfe von Evokation (aktives Hervorrufen), Autosuggestion und kreativer Bestäti-

gung, oder durch methodisches Training der unterentwickelten Funktionen (wie z.B. des Gedächtnisses, der Vorstellungskraft, des Willens) – ein Training, entsprechend dem in den Körperdisziplinen eingesetzten, oder wenn technische Fertigkeiten erlernt werden, wie z.b. Singen oder Spielen eines Instrumentes.
3. Die *Koordination* und *Unterordnung* der verschiedenen psychischen Energien und Funktionen, die Schaffung einer festen Organisation der Persönlichkeit. Diese Anordnung bietet interessante und bezeichnende Analogien zu der eines modernen Staates, mit den verschiedenen Gruppierungen der Bürger in Gemeinden, soziale Klassen, Berufe und Handelszweige und den verschiedenen Rangordnungen von Stadt-, Bezirks- und Staatsbeamten.

Dies ist in einem kurzen Überblick der Prozeß, durch den Psychosynthesis erreicht wird. Es sollte jedoch deutlich werden, daß all die verschiedenen erwähnten Stadien und Methoden in engem Zusammenhang stehen und nicht in einer strengen Abfolge bestimmter Perioden oder Phasen angewendet werden müssen. Der lebendige Mensch ist kein Gebäude, bei dem zunächst das Fundament gelegt werden muß, bevor die Mauern errichtet werden und schließlich das Dach aufgesetzt wird. Die Durchführung des großen Vorhabens der Psychosynthesis kann von verschiedenen Punkten und Enden zugleich angefangen werden, und die verschiedenen Methoden und Aktivitäten können in längeren oder kürzeren Perioden abwechselnd eingesetzt werden, entsprechend den Umständen und inneren Bedingungen.

All dies mag zunächst eher einschüchternd wirken, es gibt jedoch keinen Grund für Zweifel oder Entmutigung. Die Hilfe eines kompetenten Therapeuten oder Lehrers macht diese Aufgabe zweifellos viel einfacher; andererseits kann man auch ohne Anleitung, durch eigene Bemühung, ein zufriedenstellendes Ergebnis erlangen durch die eigenen Versuche und Fehlschläge. Wenn wir die vorbereitende Anleitung über die wirkenden psychologischen Prinzipien und Gesetze in uns aufgenommen haben und wenn wir die verschiedenen Psychosynthesis-Techniken kennen, denen man folgen kann, so ist der Rest eine Frage von Übung und Erfahrung, der Intelligenz und Intuition, die entsprechend dem Bedürfnis und der Standfestigkeit des Bemühens zunehmen. Auf diese Weise wird eine neue Persönlichkeit hervorgebracht und ein neues, höheres Leben beginnt, das *wahre Leben*, für welches das vorhergehende als reine Vorbereitung erscheint, fast wie eine vorgeburtliche Zeit.

Wenn wir jetzt Psychosynthesis als Ganzes betrachten mit all ihren Implikationen und Entwicklungen, erkennen wir, daß sie nicht als eine bestimmte psychologische Lehrmeinung angesehen werden sollte, noch als ein bestimmtes technisches Vorgehen. Sie ist zuerst und vor allem ein dynamischer, sogar dramatischer Entwurf unseres Seelenlebens, das sie als ständiges Wechselspiel und ständigen Konflikt zwischen den vielen verschiedenen und widersprüchlichen Kräften und einem vereinigenden Zentrum darstellt, welches ständig danach strebt, sie unter Kontrolle zu bekommen, zu harmonisieren und nutzbar zu machen.

Weiterhin setzt Psychosynthesis viele aktive psychologische Techniken ein, die zuerst auf eine Entwicklung und Vervollständigung der Persönlichkeit zielen, dann auf ihre harmonische Koordination und zunehmende Vereinigung mit dem Selbst. Diese Phasen mag man entsprechend »personale« und »spirituelle (transpersonale)« Psychosynthesis nennen. Je nach dem Tätigkeitsfeld, in dem sie eingesetzt wird und den verschiedenen Zwecken, denen sie dienen mag, kann Psychosynthesis folgendes sein:

1. Eine Methode seelischer Entwicklung und Selbstverwirklichung für diejenigen, die sich weigern, Sklaven ihrer eigenen inneren Trugbilder oder äußerer Einflüsse zu bleiben, die sich weigern, sich passiv dem Spiel der psychischen Kräfte zu unterwerfen, das sich in ihnen abspielt, und die entschlossen sind, Herr ihres eigenen Lebens zu werden.
2. Eine Behandlungsmethode für psychische und psychosomatische Störungen, wenn die Ursache der Schwierigkeiten ein heftiger und komplizierter Konflikt zwischen bewußten und unbewußten Kräften ist, oder wenn sie auf eine tiefliegende und quälende Krisis zurückgeht (im allgemeinen vom Patienten nicht verstanden oder richtig eingeschätzt), die oft einer Phase der Selbstverwirklichung vorausgeht.
3. Eine Methode ganzheitlicher Erziehung, die nicht nur dazu angetan ist die Entwicklung der verschiedenen Fähigkeiten des Kindes oder Heranwachsenden zu begünstigen, sondern die ihm auch hilft, seine wahre geistige Natur zu entdecken und zu erkennen und unter deren Führung eine harmonische, ausstrahlende und leistungsfähige Persönlichkeit zu entwickeln.

Psychosynthesis kann auch als individueller Ausdruck eines umfassenderen Prinzips angesehen werden, eines allgemeinen Gesetzes interindividueller und kosmischer Synthese. Tatsächlich gibt es das isolierte Individuum gar nicht; jeder Mensch hat vertraute Beziehungen zu anderen, so daß alle miteinander in Verbindung stehen. Darüberhinaus ist jeder Einzelne Teil einer geistigen überindividuellen Wirklichkeit, in der er eingeschlossen ist.

Durch die Umkehrung der Analogie, daß jeder Mensch eine Verbindung vieler Elemente ist, die mehr oder weniger koordiniert sind, kann daher jeder Mensch als Element oder Zelle einer menschlichen Gruppe angesehen werden; diese Gruppe ihrerseits bildet Verbindungen mit größeren und komplexeren Gruppen – angefangen von der Familie bis zu den Gruppen von Städten und Bezirken oder sozialen Klassen, zu den großen nationalen Gruppen und von diesen zur gesamten menschlichen Familie.

Zwischen diesen Individuen und Gruppen treten Probleme und Konflikte auf, die denen erstaunlich ähnlich sind, die wir innerhalb einer Person vorgefunden haben. Deren Lösung (interindividuelle Psychosynthesis) sollte deshalb nach denselben Grundsätzen und mit ähnlichen Methoden vorgenommen werden, wie sie für die individuelle Psychosynthesis eingesetzt werden.

Ein eingehendes Studium dieser Parallelen könnte sich als sehr erhellend herausstellen und uns helfen, die tiefe Bedeutung und den wirklichen Wert der vielen Bemühungen auf Organisation und Synthese hin zu erkennen, die zunehmend zwischen den verschiedenen nationalen, sozialen, ökonomischen, wissenschaftlichen und religiösen Gruppen angestrebt werden.

Von einem noch weiteren und umfassenderen Standpunkt aus erscheint uns das universelle Leben selbst als ein Kampf zwischen Vielfalt und Einheit – ein Ringen und Streben nach Vereinigung. Ob wir es nun als göttliches Wesen oder als kosmische Energie betrachten – wir scheinen zu spüren, daß der Geist, der in allen Geschöpfen lebt und durch sie wirkt, sie in eine Ordnung, Harmonie und Schönheit formt und dabei alle Wesen miteinander durch Bande der Liebe vereint (einige davon bereitwillig, die Mehrheit jedoch noch blind und sich auflehnend), um damit langsam und ruhig, aber machtvoll und unwiderstehlich, die *Höchste Synthese* zu erreichen.

II. SELBSTVERWIRKLICHUNG UND SEELISCHE STÖRUNGEN

Das Studium der psychopathologischen Aspekte der menschlichen Natur hat eine enorme Menge von Beobachtungen, Theorien und Techniken zur Diagnose und Behandlung von Störungen beigetragen. Es hat die weitverbreitete psychoanalytische Bewegung hervorgebracht und andere Aspekte dynamischer Psychologie, die unser Wissen über die menschliche Psyche vermehrt und vertieft haben.

Dieser pathologische Zugang hat zwar Vorteile, weist aber auch ernste Mängel auf, und zwar eine übertriebene Betonung der krankhaften Erscheinungen und der tiefen Aspekte der menschlichen Natur und die daraus folgende, ungerechtfertigt verallgemeinernde Übertragung der vielen Entdeckungen der Psychopathologie auf die Psychologie des normalen Menschen. Das hat zu einem eher düsteren und pessimistischen Bild der menschlichen Natur geführt und zu der Tendenz, seine höheren Werte und Leistungen als nur von tieferen Impulsen abgeleitet zu sehen, durch einen Prozeß der Reaktionsbildung, der Transformation und Sublimation. Darüber hinaus wurden viele wichtige Realitäten und Funktionen vernachlässigt oder ignoriert: Intuition, Kreativität, der Wille und der eigentliche Kern der menschlichen Psyche - das Selbst.

Diese Begrenzungen wurden in jüngster Zeit von einer wachsenden Zahl von Forschern erkannt, die einen heilsamen Umschwung in Gang setzten. Den vernachlässigten Faktoren wurde Aufmerksamkeit geschenkt, sowohl bei Durchschnittsmenschen als auch bei weiter entwickelten Persönlichkeiten, die von Kurt Goldstein (46) und Abraham H. Maslow (83 a) treffend »selbstaktualisierte« Individuen genannt werden. Die Bedeutung und der Wert der ethischen Elemente und der religiösen Neigungen in der Natur des Menschen wurden vielfach betont, so von Gordon W. Allport (6), Andras Angyal (7), Henri Baruk (11), Igor A. Caruso

(28), Viktor E. Frankl (39), Erich Fromm (41), Carl Gustav Jung (64), Abraham H. Maslow (83), Rollo May (85), Ira Progoff (104), Otto Rank (105), Pitirim A. Sorokin (115), Hubert J. Urban (132) und anderen. Dieser Richtung wurde anfangs der Name *Ortho-Psychologie* gegeben, vorgeschlagen von Maslow und Sutich (83 b), der Schweizer Adolphe Ferrière (38) schlug die Bezeichnung »Orthogenese« vor. Es ist ein Zweig der Forschung, der in die richtige Richtung zu steuern scheint und obwohl noch in den Anfangsstadien, verspricht er äußerst wertvolle Beiträge zur Kenntnis des *gesamten* menschlichen Wesens und über die Entfaltung seiner höheren kreativen Fähigkeiten zu bieten.

Seit der Publikation der ersten Auflage dieses Buches im Jahre 1965 gab es viele weitere Entwicklungen auf dem Gebiet der Psychologie und Psychotherapie. In den Worten von Abraham H. Maslow im Vorwort zur 2. Auflage von *Motivation und Persönlichkeit* (83 a): »Die Humanistischen Psychologien, die neuen transzendenten Psychologien, die existentialistischen, die holistischen, wert-suchenden Psychologien, sie alle entwickeln sich ständig weiter und sind allgemein zugänglich, zumindest in den Vereinigten Staaten, wenn auch leider noch nicht in allen psychologischen Disziplinen.«

Diese Entwicklungen sind zu zahlreich und unterschiedlich, um sie hier zu beschreiben oder auch nur eine kurze Bibliographie zu geben. Maslow, ein Pionier auf diesem Gebiet und die herausragendste Gestalt, dessen vorzeitiger Tod (1970) tief zu bedauern ist, trug in seinen späteren Arbeiten viel zu diesem Thema bei. Interessierte Leser werden auf seine Schriften verwiesen sowie auf das *Journal of Humanistic Psychology* und besonders auf das *Journal of Transpersonal Psychology*.

Ich glaube jedoch, daß auch auf diesem Gebiet Vorsicht geboten ist, denn alle Reaktionen haben die Tendenz, ins andere Extrem umzuschlagen, und Anzeichen für solch eine Überkompensation sind schon erkennbar. Einige Vertreter der neuen Strömung zeigen eine Neigung zu einer Umkehrung der früheren Vorstellungen über den Menschen und betrachten ihn als bereits einheitliche Persönlichkeit, was keineswegs den Tatsachen entspricht. Der Drang nach Integration wurde richtig als grundlegendes und normales Streben der menschlichen Persönlichkeit beschrieben und betont, aber das ist etwas ganz anderes als die Illusion einer bereits organisch und harmonisch funktionierenden Persönlichkeit.

Eine realistische Einschätzung dessen, was sich in unserem eigenen Leben und bei anderen auf psychologischer Ebene abspielt, zeigt klar die Existenz einer Reihe unterschiedlicher und miteinander in Konflikt stehender Tendenzen, die zeitweise den Kern halb-unabhängiger Teilpersönlichkeiten bilden. Sowohl die Psychoanalyse als auch das Menschenbild der großen Romanciers, die gute intuitive Psychologen waren, stellen diese grundlegenden Konflikte als Teil der menschlichen Natur heraus.

Die Erkenntnis, daß verschiedene Impulse und seelische Funktionen untereinander zusammenhängen und sich gegenseitig beeinflussen, bedeutet nicht, daß sie in einem harmonisch funktionierenden Organismus integriert sind, wie die biologischen Funktionen in einem gesunden Körper. Sogar Konflikt stellt eine Beziehung her: zwei einander bekämpfende Armeen stehen gewiß in machtvoller Interaktion.

Ein häufig auftretender Konflikt wird durch Ambivalenz hervorgerufen; daraus erklären sich viele merkwürdige, widersprüchliche Äußerungsformen. Ein anderer Grundkonflikt ist der zwischen einerseits Trägheit, Faulheit, der Neigung zu erhalten, dem Wunsch nach Sicherheit (der sich in Konformität ausdrückt) und andererseits der Tendenz zu Wachstum, Selbstbehauptung und Abenteuer.

Eine weitere Quelle von Konflikten ist das Erwachen neuer Impulse oder Bedürfnisse, die den bisherigen entgegenstehen; dafür gibt es zwei Hauptanlässe: einmal das stürmische Erwachen neuer Neigungen beim Heranwachsenden und dann das Erwachen religiöser Neigungen und neuer spiritueller Interessen, besonders in der Mitte des Lebens. Der letzteren Art von Konflikt gilt das Hauptaugenmerk dieses Kapitels.

Es zeigt sich also, daß »organische Einheit« ein Ziel ist und nicht eine schon bestehende Wirklichkeit – ein Ziel, das visionär erfaßbar ist, dem man sich nähern kann und das bis zu einem gewissen Grad erreichbar ist. In den günstigsten Fällen ist es Frucht eines spontanen Wachsens und Reifens; in anderen ist es die wohlverdiente Belohnung für Eigentraining, Erziehung oder Therapie, mit dem Einsatz verschiedener Techniken, um diesen Prozeß zu unterstützten und zu beschleunigen.

Im Folgenden möchte ich versuchen, die verschiedenen Stadien der Selbstverwirklichung zu beschreiben und auf die Schwierigkeiten und die emotionalen und mentalen (verstandesmäßigen) Schwierigkeiten aufmerksam machen, die oft – wenn auch nicht notwendigerweise – während dieses Prozesses auftreten.

Zunächst einmal ist es gut, eine klare Vorstellung davon zu haben, was Selbstverwirklichung ist. Der Begriff wurde verwendet, um zwei Arten des Wachsens von Bewußtheit, der Erweiterung des Bewußtseins, zu bezeichnen, die zwar mehr oder weniger miteinander in Beziehung stehen, ihrem Wesen nach aber verschieden sind und recht unterschiedliche Äußerungsformen haben. Die Bedeutung, die der Selbstverwirklichung am häufigsten beigelegt wird, ist die von seelischem Wachsen und Reifen, des Erwachens und sich Manifestierens latenter Fähigkeiten des Menschen – z. B. ethischer, ästhetischer und religiöser Erfahrungen und Aktivitäten. Diese entsprechen den Merkmalen, die Maslow (83 d) der Selbstaktualisierung zuschreibt, und es wäre vielleicht günstig, diesen Begriff zu verwenden, um ihn von der zweiten Art der Selbstverwirklichung unterscheiden zu können. Dabei handelt es sich um die *Verwirklichung des Selbst,* die Erfahrung und Bewußtheit des vereinigenden spirituellen Zentrums. Es ist nicht die Realisierung des personalen, bewußten Selbst oder »Ich«, das nur als eine Widerspiegelung des spirituellen Selbst betrachtet werden sollte, als seine Projektion in den Bereich der Persönlichkeit.

Selbstaktualisierung kann auf verschiedenen Ebenen erreicht werden und schließt nicht unbedingt das ein, was man »spirituelle Ebene« nennen könnte. Auf der anderen Seite kann ein Mensch wirkliche spirituelle Erfahrungen haben, ohne im geringsten integriert zu sein, d.h. ohne eine entwickelte, gut organisierte, harmonische Persönlichkeit zu haben. Dies wurde deutlich von C.G. Jung herausgestellt (64 d), der unsere Aufmerksamkeit auf die Tatsache lenkt, daß die Entwicklung der Persönlichkeit nicht das unbedingte Vorrecht des Genies ist und daß jemand genial sein kann, ohne Persönlichkeit zu haben oder zu sein. Geistiges Erwachen und spirituelle Verwirklichung sind etwas anderes als die bewußte Wahrnehmung des Selbst. Sie schließen verschiedene Arten des Wahrnehmens überbewußter Inhalte ein, die entweder in den Bereich des Bewußtseins hinabsteigen oder die auf dem Weg hinauf in überbewußte Ebenen begegnen können und dabei auslösen, was Maslow »Gipfelerlebnis« (peak experience) nennt.

Die Unterscheidung zwischen dem persönlichen, bewußten Selbst, dem Überbewußten und dem geistig-spirituellen Selbst ist in unserer Darstellung der psychologischen Struktur des Menschen und dem dazugehörenden Diagramm im vorhergehenden Kapitel enthalten; es ist hier jedoch angebracht, zu erwähnen, daß in dem Diagramm das Überbewußte den höheren Bereich oder Aspekt der Person ausmacht, dessen sich das Ich oder (personale) Selbst – der Punkt in der Mitte des Kreises – im allgemeinen nicht bewußt ist. Manchmal jedoch hebt sich das bewußte Selbst in höhere Zonen oder wird dorthin gehoben, wo es besondere Erfahrungen macht und Bewußtseinszustände verschiedenster Art erlebt, die im weitesten Sinne »spirituell« genannt werden können. Zu anderen Zeiten geschieht es, daß Inhalte des Überbewußten »herabsteigen« und in das Feld des normalen Ichbewußtseins vordringen und dort etwas hervorbringen, was man »Inspiration« nennt. Dieses Wechselspiel ist von hoher Bedeutung und von großem Wert – es fördert sowohl die Kreativität als auch den Prozeß der Psychosynthesis.

Ich benutze das Wort »spirituell« bzw. »geistig« in seiner breiteren Bedeutung, die daher nicht nur spezifisch religiöse Erfahrungen einschließt, sondern alle Stadien der Bewußtheit, alle Funktionen und Aktivitäten, die als gemeinsamen Nenner haben, daß ihnen Werte zugrundeliegen, die überdurchschnittlich sind, z.B. ethische ästhetische, heroische, humanitäre und altruistische. Unter der allgemeinen Überschrift »spirituelle Entwicklung« schließe ich daher alle Erfahrungen ein, die mit einem Erkennen der Inhalte des Überbewußten in Beziehung stehen, die eine Erfahrung des Selbst einschließen können, aber nicht müssen. Es sollte auch betont werden, daß das Hinaufreichen in den Bereich des Überbewußten und seine Erforschung beim Prozeß des Selbst-Bewußtwerdens manchmal sogar ein Hindernis bei der vollen Selbstverwirklichung darstellen kann, beim Streben nach dem Gipfelpunkt, wo das personale Ich-Bewußtsein mit der Bewußtheit des spirituellen Selbst verschmilzt. Man kann so fasziniert werden von den Wundern im Reich des Überbewußten, so gefangen davon, so sehr identifiziert mit bestimmten Aspekten oder Manifestationen, daß das Verlangen, den Gipfel der Selbstverwirklichung zu erreichen, verlorengeht oder geschwächt wird.

Maslow hat gut erkannt, daß Selbstaktualisierung nicht als ein Zustand betrachtet werden sollte, bei dem alle Konflikte beseitigt worden sind und ein für alle Mal eine völlige Stimmigkeit erreicht wurde. Seine Ausführung zu diesem wichtigen Punkt ist so glänzend und überzeugend, daß sie es verdient, zitiert zu werden:

»Dieser Aufsatz ist der erste einer geplanten Reihe ›Kritik der Selbstaktualisierung‹, deren langfristiges Ziel die weitere Erforschung des gesamten Umfanges der menschlichen Natur ist, deren unmittelbares pädagogisches Ziel jedoch darin besteht, das weitverbreitete Mißverständnis zu korrigieren, nach dem Selbstaktualisierung ein statisches, unwirkliches, ›perfektes‹ Stadium sein soll, in dem alle menschlichen Probleme transzendiert sind und in dem die Menschen ›für jetzt und immer glücklich leben‹ in einem übermenschlichen Zustand des Glückes oder der Ekstase.

Um diese Tatsache klarer zu machen, könnte ich Selbstaktualisierung als eine Persönlichkeitsentwicklung beschreiben, die den Menschen von den Problemen des Mangels beim Reifungsprozeß befreit und freimacht von den neurotischen (oder infantilen, phantasierten, unnötigen oder ›unwirklichen‹) Lebensproblemen, so daß er in der Lage ist, den ›wirklichen‹ Problemen des Lebens zu begegnen, sie zu ertragen und anzugehen (den intrinsischen und letzten menschlichen Problemen, den unausweichlichen, den ›existentiellen‹ Problemen, für die es keine perfekten Lösungen gibt). Selbstaktualisierung ist also nicht die Abwesenheit von Problemen, sondern ein Sich-Wegbewegen von Übergangs- und unwirklichen Problemen hin zu wirklichen Problemen.« (83 d, S. 24).

In der folgenden Analyse der Zwischenfälle und Ereignisse im Verlauf der spirituellen Entwicklung werden wir sowohl die verschiedenen Stadien der Selbstaktualisierung als auch das Erreichen voller Selbstverwirklichung berücksichtigen.

Die spirituelle Entwicklung des Menschen ist eine lange und mühsame Reise, ein Abenteuer durch fremde Landschaften voller Überraschungen, Schwierigkeiten und sogar Gefahren. Sie schließt eine drastische Umwandlung der »normalen« Elemente der Persönlichkeit ein, das Erwachen bisher schlummernder Fähigkeiten, ein Heben des Bewußtseins in neue Bereiche und ein Wirken gemäß einer neuen inneren Dimension.

Wir sollten deshalb nicht überrascht sein, zu entdecken, daß eine so große Veränderung, eine so grundlegende Transformation, durch mehrere kritische Stadien gekennzeichnet ist, die nicht selten von verschiedenen nervösen, emotionalen oder mentalen Schwierigkeiten begleitet werden. Diese mögen für die objektive klinische Beobachtung eines Therapeuten die gleichen Symptome aufweisen wie bei üblicheren Fällen, sie haben jedoch in Wirklichkeit eine ganz andere Bedeutung und Funktion und verlangen eine völlig andere Behandlung.

Das Auftreten von Störungen, die spirituellen Ursprungs sind, nimmt heute stark zu, gleichzeitig mit der wachsenden Zahl von Menschen, die bewußt oder unbewußt ihren Weg hin zu einem erfüllteren Leben suchen. Darüber hinaus haben die erhöhte Komplexität der Persönlichkeit des modernen Menschen und sein kritischeres Denken die spirituelle Entwicklung zu einem schwierigeren und komplizierteren Prozeß werden lassen. In der Vergangenheit waren moralische Umkehr, eine einfache, aus ganzem Herzen kommende Verehrung eines Lehrers oder Erlösers oder die liebende Hingabe an Gott oft ausreichend, um die Tore zu öffnen, die zu einer höheren Bewußtseinsebene führten und zu einem Gefühl der inneren Einheit und Erfüllung. Heute jedoch sind die vielfältigeren und miteinander in Konflikt stehenden Aspekte der Persönlichkeit des modernen Menschen mit einbezogen und müssen umgewandelt und harmonisiert werden: seine grundlegenden Impulse, seine Gefühle und Empfindungen, seine kreative Vorstellungskraft, sein forschender Geist, sein sich behauptender Wille und auch seine zwischenmenschlichen und sozialen Beziehungen.

Deshalb wird ein allgemeiner Überblick über die Störungen, die in den verschiedenen Stadien spiritueller Verwirklichung auftauchen können und einige Hinweise für ihre sachgerechte Behandlung von Nutzen sein. Der Übersichtlichkeit halber unterscheide ich folgende vier kritische Stadien:
1. Krisen, die dem spirituellen Erwachen vorausgehen
2. Krisen, die durch das spirituelle Erwachen ausgelöst werden
3. Reaktionen auf das spirituelle Erwachen
4. Phasen des Prozesses der Verwandlung (Transmutation)

Ich habe den symbolischen Ausdruck »Erwachen« verwendet, da er klar auf das Gewahrwerden, das Bewußtwerden einer neuen Erfahrungsebene hinweist, das Öffnen der bisher geschlossenen Augen für eine innere Realität, die vorher ignoriert wurde.

1. Krisen, die dem spirituellen Erwachen vorausgehen

Um die seltsamen Erfahrungen richtig zu verstehen, die oft einem Erwachen vorausgehen, müssen wir einige der psychologischen Charakteristiken des »gewöhnlichen« Menschen betrachten.

Man könnte von ihm sagen, daß er sich leben läßt, statt selbst zu leben. Er nimmt das Leben wie es kommt und kümmert sich nicht um dessen Sinn, Wert oder Ziel; er widmet sich der Befriedigung seiner persönlichen Bedürfnisse; er sucht nach Unterhaltung seiner Sinne und strebt nach Reichtum und Befriedigung seines Ehrgeizes. Wenn er reifer ist, ordnet er seine persönliche Befriedigung der Erfüllung verschiedener familiärer und sozialer Pflichten unter, ohne sich um ein Verständnis zu bemühen, auf welcher Grundlage diese Pflichten beruhen, aus welcher Quelle sie entspringen. Möglicherweise betrachtet er sich als »religiös« und als jemanden, der an Gott glaubt, aber seine Religion ist äußerlich und konventionell, und wenn er die Gebote seiner Kirche erfüllt und ihre Rituale mitgemacht hat, hat er das Gefühl, alles getan zu haben, was von ihm verlangt wird. Kurz, er glaubt stillschweigend, daß die einzige Wirklichkeit die der physischen Welt ist, die er sehen und berühren kann, und deshalb hängt er sehr an weltlichen Gütern, denen er einen positiven Wert beimißt; auf diese Weise betrachtet er sein Leben als in sich selbst sinnvoll. Sein Glaube an einen zukünftigen »Himmel«, wenn er sich einen vorstellt, ist gänzlich theoretisch und akademisch, wie die Tatsache zeigt, daß er die größten Anstrengungen unternimmt, sein Hinübergehen zu dessen Freuden so lange wie möglich hinauszuschieben.

Es kann jedoch geschehen, daß dieser »gewöhnliche Mensch« von einem plötzlichen oder allmählichen Wandel in seinem inneren Leben überrascht und aufgerüttelt wird. Dies mag sich nach einer Reihe von Enttäuschungen einstellen, nicht selten auch nach einem emotionalen Schock, wie dem Verlust eines geliebten Verwandten oder nahen Freundes. Manchmal jedoch geschieht dies ohne ersichtlichen Grund, inmitten vollen Genusses von Gesundheit und Wohlstand. Die Veränderung beginnt oft als Gefühl der Unzufriedenheit, des »Mangels«, nicht jedoch des Mangels an etwas Materiellem und klar Definiertem; es ist etwas Unbestimmtes, schwer Faßbares, das er nicht beschreiben kann.

Hinzu kommt allmählich ein Gefühl der Unwirklichkeit und Leere des gewöhnlichen Lebens. Alle persönlichen Angelegenheiten, die früher so viel seiner Aufmerksamkeit und seines Interesses in Anspruch genommen hatten, scheinen erlebnismäßig in den Hintergrund zu treten; sie verlieren Bedeutung und Wert. Neue Probleme tauchen auf. Der Mensch fängt an, nach Ursprung und Sinn des Lebens zu fragen, nach den Ursachen so vieler Dinge, die er früher für selbstverständlich gegeben ansah. Er fragt etwa nach der Bedeutung seines eigenen Leidens und dem anderer und nach der Rechtfertigung der zahlreichen Ungleichheiten im Schicksal der Menschen.

Wenn ein Mensch diesen Punkt erreicht hat, neigt er dazu, seinen Zustand mißzuverstehen und falsch zu interpretieren. Viele verstehen die Bedeutung dieser neuen Bewußtseinsebenen nicht und betrachten sie als abnorme Phantasien und Launen. Alarmiert durch die Möglichkeit, aus dem geistigen Gleichgewicht zu kommen, versuchen sie, diesen Zustand auf verschiedene Weise zu bekämpfen, indem sie fieberhaft versuchen, sich wieder an die »Wirklichkeit« des gewöhnlichen Lebens anzupassen, das ihnen zu entgleiten scheint. Oft stürzen sie sich mit verstärktem Eifer in einen Strudel äußerer Aktivitäten, suchen nach immer neuen Beschäftigungen, neuen Reizen und Sensationen. Durch diese und andere Mittel mag es ihnen für eine gewisse Zeit gelingen, ihren verwirrenden Zustand zu mildern, sie sind jedoch nicht in der Lage, ihn gänzlich loszuwerden. Er gärt weiter in der Tiefe ihres Wesens und untergräbt die Grundfesten ihrer gewöhnlichen Existenz, um von dort – vielleicht nach langer Zeit – mit verstärkter Intensität wieder hervorzubrechen. Der Zustand des Unbehagens und Aufgewühltseins wird immer schmerzhafter und das Gefühl innerer Leere immer unerträglicher. Ein solcher Mensch fühlt sich innerlich zerrissen; der überwiegende Teil dessen, was sein Leben ausmacht, scheint ihm jetzt wie ein Traum dahingeschwunden, während noch kein neues Licht aufgetaucht ist. Tatsächlich ist er sich der Existenz eines solchen Lichtes noch gar nicht bewußt, oder er kann sich nicht vorstellen, daß es ihn je erleuchten wird.

Häufig geschieht es, daß auf diesen Zustand innerer Verwirrung eine moralische Krise folgt. Das Gewissen erwacht oder wird empfindsamer; ein neues Verantwortungsgefühl ersteht und der Mensch wird von starken Schuldgefühlen und Gewissensbissen bedrückt. Er beurteilt sich hart und wird Opfer einer tiefen Entmutigung. An diesem Punkt hegt er nicht selten Selbstmordgedanken; es scheint ihm, als ob physisches Ausschalten die einzig logische Folgerung seines inneren Zusammenbruchs und seiner Auflösung sei.

Diese Schilderung gibt nur einen allgemeinen Umriß solcher Erfahrungen. In Wirklichkeit sind die inneren Erlebnisse und Reaktionen im einzelnen sehr unterschiedlich. Viele erreichen dieses akute Stadium niemals, während andere es fast schon beim ersten Ansatz erreichen. Manche werden mehr von intellektuellen Zweifeln und metaphysischen Problemen geplagt, bei anderen ist die emotionale Depression oder die moralische Krise das ausgeprägteste Merkmal.

Diese verschiedenen Äußerungsformen der Krise haben eine enge Beziehung zu einigen Symptomen, die als charakteristisch für Psychoneurosen oder an Schizophrenie grenzende Stadien (Borderline-Fälle) angesehen werden. Manchmal bringt die Anstrengung und Belastung der Krise auch körperliche Symptome hervor, wie nervöse Spannung, Schlaflosigkeit und verschiedene andere Beschwerden (z.B. von Verdauung, Kreislauf, Drüsen).

Die Differentialdiagnose ist meist nicht schwierig. Isoliert betrachtet mögen die beobachteten Symptome identisch sein; aber eine genaue Analyse ihrer Entstehung und ein Einbeziehen der gesamten Persönlichkeit des Patienten sowie (am wichtigsten von allem) das Erkennen seines tatsächlichen existentiellen Problems, offenbaren den Unterschied im Wesen und in der Ebene, der zu pathogenen Konflikten besteht.

In gewöhnlichen Fällen treten die Konflikte zwischen den »normalen« Impulsen auf, zwischen diesen Impulsen und dem bewußten Ich oder zwischen dem Ich und der Außenwelt (besonders Personen, die in enger Beziehung stehen, wie Eltern, Partnern oder Kindern).

In Fällen, wie wir sie betrachten, werden die Konflikte durch neu erwachende Tendenzen, Strebungen und Interessen hervorgerufen, die – wie erwähnt – moralischen, religiösen oder spirituellen Charakter haben, und es ist nicht schwierig, sich dessen zu vergewissern, wenn die Realität und Gültigkeit solcher Erfahrungen erst einmal zugestanden wird, anstatt wegerklärt zu werden als bloße Phantasien oder als Internalisierung sozialer Tabus. Allgemein können sie als das Ergebnis einer Krise in der Entwicklung, im Wachstum der Persönlichkeit des Patienten angesehen werden.

Es gibt eine mögliche Komplikation: daß in einem Patienten gleichzeitig Symptome angetroffen werden, die in unterschiedlichem Maße aus beiden Quellen stammen; aber auch in solchen Fällen besteht das unterscheidende Kriterium im Entdecken der unterschiedlichen Ursprünge.

2. Krisen, die durch das spirituelle Erwachen ausgelöst werden

Das Öffnen des Kanals zwischen den bewußten und überbewußten Ebenen, zwischen Ich und Selbst und die Flut von Licht, Freude und Energie, die daraus folgt, haben oft eine wundervolle Entspannung zur Folge. Die vorhergehenden Konflikte und Leiden und die seelischen und körperlichen Symptome, die sie hervorbrachten, verschwinden manchmal erstaunlich plötzlich und bestätigen damit die Tatsache, daß sie nicht auf irgendeiner physischen Ursache beruhten, sondern direktes Produkt eines inneren Ringens waren. In solchen Fällen bedeutet das spirituelle Erwachen eine wirkliche Heilung.

In anderen, nicht seltenen Fällen jedoch ist die Persönlichkeit in einer oder mehrerer Hinsicht noch nicht reif und deshalb nicht in der Lage, das Einströmen von Licht und Kraft angemessen aufzunehmen. Das geschieht z. B., wenn der Verstand nicht ausgeglichen ist oder die Gefühle und die Vorstellungskraft unkontrolliert sind, wenn das Nervensystem zu empfindsam ist oder wenn das Einfließen der spirituellen Energie in seiner Plötzlichkeit und Intensität zu überwältigend ist.

Eine Unfähigkeit der Psyche, diese Erleuchtung zu ertragen, oder eine Neigung zu Selbstgefälligkeit und Eitelkeit können dazu führen, daß diese Erfahrung falsch interpretiert wird, und das Ergebnis ist sozusagen eine »Verwechslung der Ebenen«. Die Unterscheidung zwischen absoluten und relativen Wahrheiten, zwischen Selbst und Ich wird verwischt, und die einfließenden spirituellen Energien können die unglückliche Wirkung haben, das persönliche Selbst zu nähren und aufzublähen.

Ich war Zeuge eines eindrucksvollen Falls solcher schädlichen Wirkung im Psychiatrischen Krankenhaus in Ancona. Einer der Patienten, ein einfacher Mann – früher Photograph – erklärte schlicht und beharrlich, er sei Gott. Um diese zentrale Vorstellung hatte er eine Reihe phantastischer Wahnideen über ihm unterstehende himmlische Heere aufgebaut; zugleich war er eine so friedliche, freundliche und verbindliche Person, wie man es sich nur vorstellen kann, stets bereit, den Ärzten oder Patienten zu helfen. Er war so verläßlich und fähig, daß ihm die Vorbereitung von Medikamenten und sogar die Schlüssel zur Pharmazie anvertraut wurden. Sein einziges Fehlverhalten bei dieser Tätigkeit war gelegentliches Ausgeben von Zucker, um einigen der Patienten eine Freude zu machen.

Ärzte mit materialistischer Einstellung wären geneigt, diesen Patienten einfach als jemand anzusehen, der von paranoiden Wahnvorstellungen befallen wurde; aber diese rein diagnostische Etikettierung bietet wenig, wenn nicht gar keine Hilfe für das Verstehen der wahren Natur und der Ursachen solcher Störungen. Es scheint deshalb lohnend, die Möglichkeit einer tieferen Deutung der illusionären Überzeugung dieses Mannes zu erwägen.

Die innere Erfahrung des spirituellen Selbst und dessen enge Verbindung mit dem personalen Selbst, ja seine Durchdringung, vermittelt ein Gefühl von Größe und innerer Erweiterung, die Überzeugung, auf gewisse Weise am göttlichen Wesen teilzuhaben. In der religiösen Tradition und den spirituellen Lehren aller Zeiten findet man zahlreiche Zeugnisse dieses Themas – einige davon in kühnen Worten formuliert. In der Bibel steht ausdrücklich: »Ich habe gesagt, ihr seid Götter, und ihr alle seid Kinder des Höchsten« (Psalm 82, 6). Augustinus erklärt: »Wenn die Seele etwas liebt, wird sie ihm gleich; wenn sie weltliche Dinge liebt, wird sie weltlich, aber wenn sie Gott lieben sollte (so mögen wir fragen), wird sie dann nicht zu Gott?«

Der extremste Ausdruck der Identität des menschlichen Geistes ist in den zentralen Lehren der Vedânta-Philosophie enthalten. »Tat tvam asi« (das bist du) und »aham evam parama Brahman« (in Wahrheit bin ich das höchste Brahman[7].)

---

[7] Die Upanischaden werden vielfach als früher Ausdruck einer hochentwickelten Alleinheitslehre zitiert. Das geschieht durchaus zu Recht, dennoch werden die Texte - entsprechend der traditionellen Interpretation - meist mißverstanden. Bezug wird gewöhnlich auf die Atman-Brahman-Theorie genommen, die Lehre also, nach der der Atman, das Selbst, identisch ist mit dem Brahman, dem All, dem Kosmos, dem universalen Bewußtsein. Es läßt sich jedoch nachweisen (s. Hanefeld, 51a), daß diese Identifikation eine spätere, opferpriesterliche Zutat ist, der Versuch der Priester, ihr höchstes Prinzip (das Brahman) mit den gefährlich attraktiven philosophisch-mystischen Atman-Lehren zu verbinden. In Wirklichkeit ist die eigentliche Lehre noch konsequenter monistisch: alles ist Atman, war nie etwas anderes und wird nie etwas anderes sein; allerdings weiß nicht jeder darum. Erst das erlösende Wissen hebt die Illusion der falschen Realität der getrennten Dinge und Wesen auf.
Das »tat tvam asi« der »Belehrung des Svetaketu« gehört allerdings nicht dieser Atman-Tradition an; es handelt sich vielmehr um eine Lebenskraft-Lehre. Diese Kraft wird als Lebens-Selbst (jivâtman) bezeichnet, sie bezieht sich aber nicht auf den spirituellen Bereich, sondern auf den ätherisch-physikalischen; im Schema der esoterischen Psychologie (s. Anhang S. 320) würde hier die Ebene E 2 angesprochen, während die Atman-Lehre die gesamte Schöpfung als Manifestation des Ursprungs (also E 7) betrachtet.

Wie immer man auch das Verhältnis zwischen dem individuellen Selbst und dem universellen Selbst ansehen mag, ob als identisch oder als ähnlich, unterschiedlich oder einheitlich, es ist höchst wichtig, den Unterschied zwischen dem Selbst in seinem ureigentlichen Wesen – dem, was »Ursprung«, »Zentrum«, »tieferes Wesen«, »Gipfel« genannt wurde – und der kleinen, gewöhnlichen Persönlichkeit, dem kleinen »Selbst« oder »Ich«, dessen wir uns normalerweise bewußt sind, klar zu erkennen und diesen Unterschied in Theorie und Praxis stets vor Augen zu haben. Das Vernachlässigen dieser wesentlichen Unterscheidung führt zu absurden und gefährlichen Konsequenzen.

Diese Unterscheidung liefert den Schlüssel zu einem Verständnis des Geisteszustandes des erwähnten Patienten und anderer weniger extremer Formen von Selbstüberschätzung und Selbstglorifizierung. Der fatale Irrtum aller, die Opfer dieser Illusion werden, ist, daß sie ihrem personalen Ich oder »Selbst« die Fähigkeiten und die Macht des (transpersonalen) Selbst zuschreiben. In philosophischen Begriffen ausgedrückt handelt es sich um eine Verwechslung von absoluter und relativer Wahrheit, von metaphysischer und empirischer Realitätsebene; in religiösen Begriffen um eine Verwechslung zwischen Gott und »Seele«.

Unser Beispiel zeigt einen extremen Fall, jedoch sind mehr oder weniger ausgeprägte Fälle solcher Konfusion nicht selten bei Menschen, die verwirrt sind durch den Kontakt mit Wahrheiten, zu machtvoll für ihr eigenes geistiges Vermögen, um sie zu begreifen und aufzunehmen. Der Leser kennt zweifellos Vorkommnisse ähnlicher Selbsttäuschungen, wie sie bei einer Reihe von fanatischen Anhängern verschiedener Kulte angetroffen werden.

Wenn die Verblendung sich einmal festgesetzt hat, ist es Zeitverschwendung, gegen die Geistesverwirrung des Patienten anzukämpfen oder sie lächerlich zu machen; das wird nur seine Opposition und seine Ablehnung hervorrufen. Ein besserer Weg ist, sich in ihn hineinzuversetzten und zwar die letzte Wahrheit seines Glaubens zuzugestehen, ihn aber auf das Wesen seines Irrtums aufmerksam zu machen und ihm zu helfen, die notwendigen Unterscheidungen treffen zu lernen.

In anderen Fällen ruft das plötzliche Einfließen von Energien eine emotionale Umwälzung hervor, die sich in unkontrolliertem, unausgeglichenem und gestörtem Verhalten äußern kann. Schreien und Weinen, Singen und Ausbrüche verschiedener Art charakterisieren diese Art von Reaktion. Ist ein Mensch aktiv und aggressiv, mag er sich durch die Erregung des inneren Erwachens dazu getrieben fühlen, die Rolle eines Propheten oder Erlösers zu spielen; er mag eine neue Sekte gründen und eine Kampagne von spektakulärem Bekehrungseifer starten.

Bei manchen sensitiven Menschen tritt ein Erwachen von parapsychologischen Wahrnehmungen auf. Sie haben Visionen, die sie höheren Wesen zuschreiben; sie hören vielleicht Stimmen oder fangen an, automatisch zu schreiben, nehmen die Botschaften kritiklos an und gehorchen ihnen ohne Vorbehalte. Die Qualität solcher Botschaften ist sehr unterschiedlich. Manchmal enthalten sie wertvolle Unterweisungen, sie sollten jedoch immer mit viel Unterscheidungsfähigkeit und gesunder Urteilskraft untersucht werden, ohne daß man sich durch ihren ungewöhnlichen Ursprung oder irgendeine Forderung des angeblichen Übermittlers beeindrucken läßt. Keinen Wert beimessen sollte man Botschaften, die klare Befehle enthalten und blinden Gehorsam fordern oder solchen, die dazu neigen, die Persönlichkeiten des Empfängers zu erhöhen.

3. Reaktionen auf das spirituelle Erwachen

Die Reaktionen, die diese Phase begleiten, sind vielfältig und treten oft eine gewisse Zeit nach dem Erwachen auf. Wie schon gesagt ist ein harmonisches inneres Erwachen durch ein Gefühl der Freude und geistigen Erleuchtung gekennzeichnet, das Einsicht in Sinn und Zweck des Lebens mit sich bringt; viele Zweifel werden zerstreut, die Lösung vieler Probleme geboten und ein Gefühl der Sicherheit vermittelt. Gleichzeitig bricht ein Erkennen hervor, daß Leben Einheit ist und ein Strom von Liebe zu den Mitmenschen und der ganzen Schöpfung fließt durch den erwachenden Menschen. Die frühere Persönlichkeit mit ihren scharfen Ecken und unliebsamen Charakterzügen scheint in den Hintergrund getreten zu sein und ein neues liebevolles und liebenswertes Wesen lächelt uns und die ganze Welt an, voller Eifer, zu erfreuen, zu dienen und den neuerlangten geistigen Reichtum, dessen Überfluß es allein gar nicht zu fassen scheint, mit anderen zu teilen.

Solch ein erhöhter Zustand dauert unterschiedlich lange, jedoch hört er unweigerlich einmal auf. Das personale Selbst war nur zeitweise überwältigt, aber nicht für immer umgewandelt. Das Einströmen von Licht und Liebe folgt einem Rhythmus, wie alles im Universum. Nach einer gewissen Zeit wird es weniger oder hört auf und der Flut folgt eine Ebbe. Diese Erfahrung ist notwendigerweise schmerzhaft und in manchen Fällen dazu angetan, starke Reaktionen hervorzurufen und ernsthafte Schwierigkeiten zu verursachen. Das personale Ich erwacht erneut und behauptet sich selbst mit verstärkter Kraft. Felsen und Geröll, die durch die Flut bedeckt und versteckt wurden, tauchen wieder auf. Der Mensch, dessen moralisches Gewissen jetzt feiner und anspruchsvoller, dessen Drang nach Vollkommenheit stärker geworden ist, urteilt mit größerer Strenge und verurteilt seine Persönlichkeit mit neuer Heftigkeit; er neigt zu dem falschen Glauben, er sei noch tiefer gefallen als vorher. Manchmal kommt es sogar vor, daß niedere Neigungen und Impulse, die bisher im Unterbewußtsein schlummerten, durch das Einfließen höherer Energien lebendig werden oder durch die Weihung des erwachenden Menschen zu einem Anfall von Opposition angestachelt werden – eine Tatsache, die eine Herausforderung und eine Bedrohung für ihren unkontrollierten Ausdruck darstellt.

Manchmal wird die Reaktion verstärkt bis hin zu einem Ausmaß, das den Betreffenden veranlaßt, sogar den Wert und die Wirklichkeit seiner jüngsten Erfahrung zu verleugnen. Zweifel und Kritik finden Eingang und er ist versucht, das Ganze als Illusion, Phantasie oder emotionalen Rausch anzusehen. Er wird bitter und sarkastisch, macht sich selbst und andere lächerlich und wendet seinen höheren Idealen und Hoffnungen sogar den Rücken. Jedoch wie sehr er sich auch bemühen mag, er kann nicht zu seinem alten Zustand zurückkehren; er hat eine Vision gehabt und ihre Schönheit und Anziehungskraft leben in ihm fort trotz seiner Bemühungen, sie zu unterdrücken. Er kann das alltägliche Leben nicht wie vorher akzeptieren oder damit zufrieden sein. Ein »göttliches Heimweh« verfolgt ihn und läßt ihm keine Ruhe. Manchmal bietet die Reaktion ein eher pathologisches Bild und bringt einen Zustand von Depression und sogar Verzweiflung sowie Selbstmordimpulse mit sich.

Dieser Zustand ist dem der psychotischen Depression oder »Melancholie« sehr ähnlich, die durch ein akutes Gefühl der Wertlosigkeit, der eigenen Geringschätzung und der Selbstanklage gekennzeichnet ist; der Eindruck, durch die Hölle zu gehen, der so lebhaft werden kann, daß er die Vorstellung hervorrufen kann, unwiderruflich verdammt zu sein; ein heftiges und schmerzliches Gefühl der intellektuellen Inkompetenz; ein Verlust von Willenskraft und Selbstkontrolle; Unentschlossenheit sowie Unlust und Unfähigkeit zu handeln. Aber im Fall jener, die ein inneres Erwachen erlebt haben oder ein bestimmtes Ausmaß an spiritueller Verwirklichung, sollten diese Schwierigkeiten nicht als bloß pathologischer Zustand angesehen werden; sie haben spezifische psychologische Ursachen. Auf eine davon haben Platon und Johannes vom Kreuz mit der gleichen Analogie hingewiesen.

Platon vergleicht in dem berühmten Höhlengleichnis, das im siebten Buch der »Politeia« enthalten ist, nicht erleuchtete Menschen mit Gefangenen in einer dunklen Höhle und sagt (515 c, d):

> Wenn einer entfesselt wäre und gezwungen würde, sogleich aufzustehen, den Hals herumzudrehen, zu gehen und gegen das Licht zu sehen, und, indem er das täte, immer Schmerzen hätte und wegen des flimmernden Glanzes nicht recht vermöchte, jene Dinge zu erkennen, wovon er vorher die Schatten sah: was, meinst du wohl, würde er sagen, wenn ihm einer versicherte, damals habe er lauter Nichtiges gesehen, jetzt aber, dem Seienden näher und zu dem mehr Seienden gewendet, sähe er richtiger, und, ihm jedes Vorübergehende zeigend, ihn fragte und zu antworten zwänge, was es sei? Meinst du nicht, er werde ganz verwirrt sein und glauben, was er damals gesehen, sei doch wirklicher als was ihm jetzt gezeigt werde?

Johannes vom Kreuz verwendet Worte, die merkwürdig ähnlich sind, wenn er von einem Zustand spricht, den er »die dunkle Nacht der Seele« nennt:

> Das Selbst ist in der Finsternis, weil es von einem Licht geblendet wird, das größer ist, als es ertragen kann. Je klarer das Licht, desto mehr blendet es die Augen der Eule und je stärker die Sonnenstrahlen, desto mehr blenden sie die Sehorgane, überwältigen sie wegen ihrer Schwäche und nehmen ihnen die Sehkraft... So wie Augen, die geschwächt und getrübt sind, Schmerz leiden, wenn klares Licht auf sie trifft, so leidet die Seele sehr wegen ihrer Unreinheit, wenn das göttliche Licht wirklich auf sie scheint. Und wenn die Strahlen dieses reinen

Lichts auf die Seele scheinen, um die Unreinheiten zu verbannen, dann nimmt die Seele sich selbst als so unrein und armselig wahr, daß es so scheint, als habe Gott selbst sich gegen sie gewandt und sie sich gegen Gott. (131, S. 453)

Zum Schluß soll noch darauf hingewiesen werden, daß Krisen, die zwar weniger total und drastisch sind, aber in vieler Hinsicht jenen ähnlich, die vor und nach dem »Erwachen« auftreten, bei zwei Haupttypen von kreativen Menschen auftreten – bei Künstlern und Wissenschaftlern.

Künstler haben sich oft über Phasen der Unfruchtbarkeit, der Frustration und der Unfähigkeit zu arbeiten beklagt. Zu solchen Zeiten fühlen sie sich niedergeschlagen und ruhelos und können von vielen der eben erwähnten Symptome befallen werden. Sie neigen dazu, vergebliche Versuche zu machen, diesem schmerzlichen Zustand mit Hilfe von Alkohol oder Drogen zu entfliehen. Wenn sie aber die Tiefen von Mutlosigkeit und Verzweiflung erreicht haben, mag ein plötzlicher Strom von Inspiration eine Periode neuer und intensiver produktiver Aktivität einleiten.

Oft erscheint ein Kunstwerk als praktisch fertiges Produkt, das sich ohne die bewußte Aufmerksamkeit des Künstlers auf irgendeiner unbewußten Ebene oder einem unbewußten Bereich seines Inneren entwickelt hat. Wie Murray in seinem glänzenden Aufsatz »Veränderungen der Kreativität« ausführt, wenn er von den Erfordernissen des künstlerischen Schaffens spricht, muß es eine ausreichende Durchlässigkeit der Grenzen geben, der Grenzen zwischen Kategorien wie auch zwischen verschiedenen Interessensphären und – für bestimmte Arten des Schaffens am wichtigsten – genügend Durchlässigkeit zwischen bewußten und unbewußten Prozessen. Zu viel Durchlässigkeit bedeutet Wahnsinn, zu wenig bedeutet ultrakonventionelle Rationalität. (94, S. 107)

Die »Frustration«, die den Wissenschaftler in gewissen Stadien seines Forschens quälen und die Rolle, die sie spielen »beim Lenken der Energie nach innen zu reicheren Quellen der Inspiriration« wurden von Progoff (104 b, S. 223-232) gut beschrieben.

Die angemessene Behandlung bei dieser Art der Krise besteht darin, dem Leidenden ein Verständnis ihrer wahren Bedeutung zu vermitteln und ihm den einzig wirksamen Weg zu ihrer Überwindung zu erklären. Ihm sollte klargemacht werden, daß der erhabene Zustand, den er erfahren hat, seiner Natur nach nicht für immer andauern kann und daß ein Umschwung unvermeidbar war. Es ist so, als habe er einen herrlichen Flug zu einem sonnenerleuchteten Berggipfel gemacht, den Glanz und die Schönheit des vor ihm ausgebreiteten Panoramas in sich aufgenommen, sei jedoch widerstrebend zu seinem Ausgangspunkt zurückgebracht worden mit der traurigen Erkenntnis, daß der steile Weg, der zu diesen Höhen führt, Schritt für Schritt gegangen werden muß. Die Erkenntnis, daß sein Abstieg oder »Fall« ein natürliches Ereignis ist, gewährt emotionale und verstandesmäßige Erleichterung und ermutigt den Menschen, diese schwierige Aufgabe in Angriff zu nehmen, die ihm auf dem Weg zur Selbstverwirklichung entgegentritt.

4. Phasen des Prozesses der Verwandlung (Transmutation)

Wir müssen uns jetzt der Stufe zuwenden, auf der erkannt wurde, daß die notwendigen Bedingungen, die erfüllt werden müssen und der Preis für das hohe Ziel der Selbstverwirklichung eine drastische Umwandlung (Transmutation) und Erneuerung der Persönlichkeit sind. Es ist ein langer und vielfältiger Prozeß, der Phasen einschließt, in denen Hindernisse für das Einfließen und Wirken überbewußter Energien aktiv beseitigt werden; Phasen der Entwicklung der höheren Funktionen, die bis dahin brachgelegen haben oder unentwickelt waren; Phasen, in denen das Ich das höhere Selbst handeln lassen und dabei den Druck und den unvermeidlichen Schmerz des Prozesses ertragen muß.

Es ist eine äußerst ereignisreiche Periode voller Veränderungen, von Wechsel zwischen Licht und Dunkelheit, zwischen Freude und Leid. Die Energien und die Aufmerksamkeit des Betreffenden werden häufig so von dieser Aufgabe in Anspruch genommen, daß seine Kraft, mit den Problemen und Aktivitäten des Alltagslebens fertigzuwerden, verringert sein kann. Von außen betrachtet und in Begriffen üblicher Leistungsfähigkeit gemessen scheint er nachgelassen zu haben und weniger fähig zu sein als vorher. Ungerechtes Urteil bleibt ihm nicht erspart von seiten wohlmeinender aber nicht wissender Freunde oder Ärzte, und oft ist er Zielscheibe für bissige und sarkastische Bemerkungen über seine »feinen« spirituellen Ideale und Bestrebungen, die ihn im praktischen Leben schwach und unfähig machen. Diese Art von Kritik wird als sehr schmerzhaft empfunden und unter ihrem Einfluß können Zweifel und Entmutigung aufkommen.

Diese Prüfung ist einer der Tests auf dem Weg der Selbstverwirklichung; sie lehrt eine Lektion in Überwindung persönlicher Empfindsamkeit und bietet Gelegenheit, innere Unabhängigkeit und Selbstvertrauen ohne Groll zu entwickeln. Sie sollte freudig oder zumindest gelassen angenommen und als eine Gelegenheit benutzt werden, innere Stärke zu entwickeln.

Wenn jedoch die Menschen in der Umgebung wissend sind und verstehen, können sie ihm sehr helfen und unnötige Schwierigkeiten und Leid ersparen.

In Wirklichkeit ist dies eine Übergangsperiode, ein Sich-Wegbewegen von alten Zuständen, ohne noch die neuen sicher erreicht zu haben; ein Zwischenstadium, in dem man – wie zutreffend formuliert wurde – wie eine Raupe ist, die den Prozeß der Verwandlung in einen Schmetterling durchmacht. Sie muß durch ein Stadium der Verpuppung hindurch, einen Zustand der Auflösung und Hilflosigkeit. Der Mensch hat jedoch im allgemeinen nicht den Schutz eines Kokon, in dem er diesen Prozeß der Transformation in Abgeschiedenheit und Ruhe vollziehen kann. Er muß – und dies trifft vor allem für heutige Verhältnisse zu – sein Leben dort, wo er steht, weiterführen und die familiären, beruflichen und sozialen Pflichten so gut er kann fortführen, als ob nichts geschehen sei oder noch geschähe. Sein Problem ähnelt dem eines Ingenieurs, der einen Bahnhof neu bauen will, ohne den Verkehr auch nur für eine Stunde zu unterbrechen. Es überrascht daher nicht, daß diese schwierige und komplizierte Aufgabe, dieses »Doppelleben«, zu einer Vielzahl psychologischer Schwierigkeiten führen kann, wie Erschöpfung, Schlaflosigkeit, emotionale Depression, Ausgelaugtsein, seelische Erregung und Ruhelosigkeit. Diese ihrerseits können eine ganze Reihe körperlicher Symptome oder Störungen hervorbringen.

Manchmal werden diese Schwierigkeiten hervorgerufen oder zumindest verschlimmert durch eine übermäßige persönliche Anstrengung, die höhere Verwirklichung durch erzwungene Hemmung und Unterdrückung sexueller und aggressiver Impulse zu beschleunigen – ein Versuch, der nur dazu führt, daß der Konflikt intensiviert wird und daraus Spannungen und neurotische Symptome erwachsen. Solch eine Haltung entspringt oft moralischen und religiösen Vorstellungen, die zu rigide und dualistisch sind; dies führt zu einer Verdammung der natürlichen Impulse, die als »schlecht« oder »sündig« angesehen werden. Dann gibt es Menschen, die diese Haltung *bewußt* aufgegeben haben, die jedoch *unbewußt* immer noch zu einem gewissen Grad davon bestimmt sind und entweder eine ambivalente Einstellung zeigen oder ein Schwanken zwischen den Extremen der *Unterdrückung* und des unkontrollierten *Aus*drucks aller Impulse. Letzteres hat zwar kathartische Wirkung, ist jedoch keineswegs eine akzeptable Lösung, weder vom ethischen noch vom medizinischen Standpunkt aus, denn es schafft unweigerlich neue Konflikte – zwischen den verschiedenen Grundimpulsen oder zwischen diesen Impulsen und den Einschränkungen, die nicht nur durch Konventionen der sozialen Ordnung auferlegt sind, sondern auch durch die Forderungen zwischenmenschlicher Beziehungen und der angemessenen sozialen Integration und Anpassung.

Die Lösung liegt eher in Richtung einer harmonischen Integration aller Impulse in die gesamte Persönlichkeit, zuerst durch entsprechende Unter- und Einordnung und dann durch die Transformation und Sublimation übermäßiger oder ungenutzter Energiemengen.

Das Erreichen dieser Integration wird nicht nur nicht behindert, sondern kann stark erleichtert werden durch die Aktivierung der überbewußten Funktionen, durch Verwirklichung des Selbst, denn diese größeren und höheren Interessen wirken wie ein Magnet, der die »Libido« oder die psychische Energie, die in die »tieferen« Impulse investiert wird, hinaufzieht. Sofern eine der spezifischen Funktionen des Selbst, der Wille, erkannt und genutzt wird, so kann dieser mit Hilfe seiner regulierenden und kontrollierenden Kraft wirksam zu der harmonischen Integration der Bio-Psychosynthesis des *gesamten* Menschen beitragen.

Eine andere und in gewisser Weise entgegengesetzte Schwierigkeit tritt während der Perioden auf, in welchen der Strom der überbewußten Energien leicht und reichlich fließt. Wenn er nicht klug kontrolliert wird, kann er in fieberhafter Aufregung und Aktivität vergeudet werden. Bleibt er dagegen zu sehr in der Schwebe und unausgedrückt, so sammelt er sich und der hohe Druck kann zu Schädigungen führen, so wie zu starker elektrischer Strom eine Sicherung zum Durchbrennen bringt. Ein angemessenes Mittel ist dann, die einfließende Energie konstruktiv und harmonisch bei der Arbeit an der inneren Regenerierung einzusetzen, bei kreativem Ausdruck und nützlichem Dienst, so wie es Fassungsvermögen, Zustand und Möglichkeiten des Betreffenden gestatten.

Das Thema dieses Kapitels hat es notwendig gemacht, die dunkleren und schmerzhafteren Seiten der spirituellen Entwicklung herauszustellen; es sollte jedoch daraus nicht geschlossen werden, daß die auf dem Weg zur Selbstverwirklichung Befindlichen eher von seelischen Störungen beeinträchtigt werden als sonstige Menschen. Das Stadium stärksten Leidens stellt sich häufig nicht ein. Deshalb sollten die folgenden Punkte klar hervorgehoben werden:

1. Bei vielen Personen wird eine solche Entwicklung viel allmählicher und harmonischer erreicht als hier beschrieben, so daß die inneren Schwierigkeiten überwunden und die verschiedenen Stadien durchlaufen werden, ohne heftige Reaktionen oder deutliche Symptome hervorzurufen.
2. Die neurotischen Symptome und die emotionale Gestörtheit des durchschnittlichen Menschen sind oft ernster und ausgeprägter, für sie schwerer zu ertragen und für den Therapeuten schwieriger zu heilen als jene, die mit der Selbstverwirklichung in Zusammenhang stehen. Sie beruhen meist auf heftigen Konflikten zwischen den verschiedenen Aspekten der Persönlichkeit oder der unvernünftigen Auflehnung gegen Umstände und Menschen. Oft ist es schwierig, sie zufriedenstellend zu heilen, denn die höheren Ebenen und Funktionen dieser Patienten sind noch nicht aktiviert und so gibt es wenig, woran man appellieren kann, um sie dazu zu bewegen, die notwendigen Opfer zu bringen oder sich der Disziplin zu unterwerfen, die erforderlich ist, um die notwendige Veränderung zu bewirken.
3. Die nervösen, emotionalen und mentalen Probleme, die auf dem Weg der Selbstverwirklichung auftauchen, sind – wie ernst sie auch scheinen mögen – bloß vorübergehende Reaktionen, Nebenprodukte sozusagen eines organischen Prozesses inneren Wachstums und innerer Regeneration. Deshalb verschwinden sie entweder spontan, wenn die Krise vorüber ist, die sie hervorgebracht hat, oder sie sind einer geeigneten Behandlung zugänglicher.
4. Die Leiden, die durch Phasen der Depression verursacht werden, durch das Abebben des inneren Lebens, werden reichlich aufgewogen durch die Phasen eines erneuten Einfließens überbewußter Energien und durch die Vorwegnahme der Erlösung und Erhöhung der ganzen Persönlichkeit, welche durch die

Selbstverwirklichung erzielt wird. Diese Vision ist eine machtvolle Inspiration, ein nie versagender Trost und eine ständige Quelle der Stärke und des Mutes. Man sollte deshalb ganz besonders darauf achten, sich diese Vision so lebendig und so häufig wie möglich zu vergegenwärtigen, und einer der größten Dienste, die wir jenen erweisen können, die sich auf diesem Weg entlangbemühen, ist, ihnen zu helfen, diese Vision des Zieles ständig vor ihrem inneren Auge gegenwärtig zu haben.

So kann man den Bewußtseinszustand einer selbstverwirklichten Persönlichkeit vorwegnehmen und einen immer stärker werdenden Vorgeschmack davon erhalten. Es ist ein Bewußtseinszustand, der durch Freude, Heiterkeit, innere Sicherheit, ein Gefühl ruhiger Kraft, klares Verstehen und strahlende Liebe gekennzeichnet ist. In ihren höchsten Ausformungen ist es die Realisierung des eigentlichen Seins, der Vereinigung und Identifizierung mit dem universellen Leben.*

5. Implikationen für Diagnose und Behandlung

Betrachten wir diese Frage mehr vom medizinischen und psychologischen Standpunkt aus, so zeigt sich, daß zwar die Schwierigkeiten, die auf den verschiedenen Phasen der Selbstverwirklichung auftreten, denen »gewöhnlicher« Patienten äußerlich sehr ähnlich sein können, manchmal sogar identisch scheinen, Ursache und Bedeutung sind jedoch sehr verschieden und deshalb sollte die Behandlung entsprechend unterschiedlich sein. Mit anderen Worten, die existentielle Situation in den beiden Gruppen ist nicht nur nicht die gleiche, sie ist in gewissem Sinne entgegengesetzt. Die psychischen Symptome üblicher Patienten haben im allgemeinen *regressiven* Charakter; sie waren nicht in der Lage, einige der notwendigen inneren oder äußeren Anpassungen zu vollziehen, die eine normale Entwicklung der Persönlichkeit ausmachen. In vielen Fällen ist es nicht gelungen, sich von der emotionalen Bindung an die Eltern zu lösen; dies setzt sich ins spätere Leben hinein fort in Form kindlicher Abhängigkeit von

---

* (Einige der Charakteristika von Selbstaktualisierung und Selbsterfüllung sind von Abraham H. Maslow gut beschrieben worden, s. 83 c, »Cognition of Being in the Peak Experiences« und 83 i, »Theory Z.«)

ihnen oder anderen Menschen, die ihre Stellvertreter wurden. Die Abneigung gegen die Erfordernisse eines normalen Lebens in Familie und Gesellschaft oder die Unfähigkeit, mit den dabei auftauchenden Schwierigkeiten fertigzuwerden, läßt sie manchmal unbewußt Zuflucht zu Krankheit oder Invalidität nehmen. In anderen Fällen ist die Ursache ein emotionaler Schock oder Verlust, den sie nicht akzeptieren können oder wollen und der zu einer reaktiven Depression oder anderen neurotischen Symptomen führen kann. Ein gemeinsamer Zug all dieser Fälle ist ein bestimmter Konflikt oder Konflikte zwischen verschiedenen bewußten oder unbewußten Aspekten der Persönlichkeit oder zwischen der Persönlichkeit und ihrer Umgebung.

Die Schwierigkeiten aufgrund der Belastung und des Kampfes in den verschiedenen Stadien auf dem Weg zur Selbst-Verwirklichung haben im Gegensatz dazu einen spezifisch *progressiven* Charakter – sie werden ausgelöst durch das Wecken überbewußter Fähigkeiten, durch den starken »Ruf von oben«, durch die Anziehungskraft des Selbst, und sie werden besonders bestimmt durch sich daraus ergebende Fehlanpassungen und Konflikte der »mittleren« und »tieferen« Aspekte der Persönlichkeit. Diese Krise wurde treffend von C. G. Jung beschrieben:

> »Normal« zu sein ist ein glänzendes Ideal für den nicht Erfolgreichen, für all jene, die noch zu keiner Eingliederung gefunden haben. Aber für Menschen, die weitaus begabter sind als der Durchschnitt, für die es noch nicht schwer war, einen Erfolg zu erringen und ihren Teil der Arbeit in der Welt zu vollbringen – für sie bedeutet Beschränkung auf das Normale das Procrustes-Bett unerträglicher Langeweile, höllischer Sterilität und Hoffnungslosigkeit. Daraus folgt, daß viele Menschen neurotisch werden, weil sie nur normal sind, wie es auch Menschen gibt, die neurotisch sind, weil sie nicht normal sein können. (Jung, 64 e, S. 55)

Es ist offensichtlich, daß eine psychotherapeutische Behandlung für die beiden verschiedenen Arten von Patienten völlig unterschiedlich sein muß.

Das therapeutische Problem bei der ersten Gruppe besteht darin, wie dem Patienten geholfen werden kann, den normalen Zustand eines durchschnittlichen Menschen zu erreichen, durch Beseitigung von Verdrängung und Hemmung, von Ängsten und kindlicher Abhängigkeit den Weg heraus aus seiner Ichbezogenheit, seiner emotional gestörten Lebenssicht zu finden, hin zu einer objektiven, gesunden und rationalen Betrachtung des Alltagslebens, zu einem Erkennen seiner Pflichten und Verbindlichkeiten und einer richtigen Würdigung der anderen Menschen. Die gegensätzlichen, teilweise unentwickelten, unkoordinierten bewußten und unbewußten Tendenzen und Funktionen müssen in einer *personalen Psychosynthesis* harmonisiert und integriert werden.

Die spezifische therapeutische Aufgabe bei der zweiten Gruppe ist stattdessen, mit Hilfe einer angemessenen Assimilierung der einfließenden überbewußten Energien und ihrer Integration in die bisherigen Aspekte der Persönlichkeit zu einem harmonischen Ausgleich zu gelangen, d.h. das Erreichen nicht nur einer personalen sondern auch einer *spirituellen (transpersonalen) Psychosynthesis.*

Es ist einleuchtend, daß eine Behandlung, die für die erste Gruppe von Patienten angemessen ist, nicht nur unbefriedigend, sondern sogar eindeutig schädlich für die der zweiten Gruppe sein kann. Das Schicksal der letzteren ist doppelt hart, wenn sie von einem Therapeuten behandelt werden, der die überbewußten Funktionen weder verstehen noch richtig würdigen kann, der die Realität des Selbst und die Möglichkeit der Selbst-Verwirklichung ignoriert oder verneint. Er wird daher das unsichere höhere Streben des Patienten entweder als bloße Phantasien lächerlich machen oder es in materialistischer Weise interpretieren, und der Patient mag davon überzeugt werden, daß er das richtige tut, wenn er versucht, die Schale seiner Persönlichkeit zu verhärten und sie gegen das hartnäckige Anklopfen des überbewußten Selbst zu verschließen. Das kann natürlich seinen Zustand verschlechtern, die Kämpfe verstärken und eine wirkliche Lösung verzögern.

Auf der anderen Seite kann ein Therapeut, der sich selbst zum spirituellen Bereich hingezogen fühlt oder zumindest Verständnis und eine positive Haltung gegenüber den höheren Funktionen und Realitäten hat, von großer Hilfe sein, wenn jemand – wie oft der Fall – noch im ersten Stadium ist, dem der Unzufriedenheit, der Ruhelosigkeit und des unbewußten Tastens. Wenn er das Interesse am Leben verloren hat, wenn die alltägliche Existenz keinen Reiz mehr für ihn hat und er noch keinen Lichtschimmer einer höheren Realität erblickt hat, wenn er in falscher Richtung nach Erleichterung sucht und sich in einer Sackgasse bewegt – dann kann ein Enthüllen der wahren Ursache seiner Schwierigkeiten und ein Aufzeigen der wirklichen, unerhofften Lösung, eines glücklichen Ausgangs der Krise wesentlich dazu beitragen, das innere Erwachen hervorzubringen, das allein schon den Hauptteil der Heilung ausmacht.

Das zweite Stadium, das der emotionalen Erregung oder Ekstase – wenn man von extremer Begeisterung mitgerissen wird und die Illusion hegt, bei einer immerwährenden Verwirklichung angelangt zu sein – bedarf einer sanften Warnung, daß dieser beglückende Zustand notwendig aber vorübergehend ist und man sollte dem Betreffenden eine Beschreibung der Wechselfälle geben, die noch vor ihm liegen. Das wird ihn auf das Einsetzen der unvermeidlichen Reaktion im dritten Stadium vorbereiten und ihn befähigen, viel Leid wie auch folgende Zweifel und Entmutigung zu vermeiden, da es vorausgesehen wird.

Wenn ein Patient in Behandlung während dieser Reaktion nicht den Nutzen einer so gearteten Warnung hatte, kann ihm der Therapeut viel helfen, indem er ihm versichert, daß sein gegenwärtiger Zustand vorübergehend ist und in keiner Weise andauernd oder hoffnungslos, wie er gezwungen scheint zu glauben. Der Therapeut sollte immer wieder erklären, daß der belohnende Ausgang dieser Krise allen Schmerz rechtfertigt, den er erfährt, wie heftig er auch sein mag. Erleichterung und Ermutigung kann auch durch das Anführen von Beispielen anderer erreicht werden, die ähnliche Qualen erlebt und überstanden haben.

Im vierten Stadium der »Vorkommnisse beim Aufstieg«, während des Prozesses der Transmutation (des längsten und kompliziertesten) ist die Arbeit des Therapeuten entsprechend komplexer. Einige wichtige Aspekte der Behandlung sind:

1. Dem Patienten zu erhellen, was sich wirklich in ihm abspielt und ihm zu helfen, die richtige Haltung einzunehmen.
2. Ihn zu lehren, wie er durch den richtigen Gebrauch des Willens die aus dem Unterbewußten aufsteigenden Impulse gut kontrollieren und sicher beherrschen kann, ohne sie durch Furcht oder Verurteilung zu unterdrücken.
3. Ihn die Techniken der Transmutation und Sublimation sexueller und aggressiver Energien zu lehren; diese Techniken bilden die angemessenste und konstruktivste Lösung vieler seelischer Konflikte.

4. Ihm beim richtigen Erkennen und Assimilieren der Energien zu helfen, die vom Selbst und von überbewußten Ebenen einströmen.
5. Ihm zu helfen, diese Energien in Form von altruistischer Liebe und Dienst auszudrücken und zu gebrauchen. Dies ist auch besonders wertvoll, um der Neigung zu exzessiver Introversion und Ichbezogenheit zu begegnen, die oft in diesem oder anderen Stadien der Selbstentwicklung auftauchen.
6. Ihn durch die verschiedenen Phasen der Neubildung seiner Persönlichkeit um ein höheres inneres Zentrum, d.h. beim Erreichen seiner spirituellen (transpersonalen) Psychosynthesis zu geleiten.

An diesem Punkt möchte ich klar herausstellen, daß die beschriebene psychotherapeutische Behandlung keineswegs eine angemessene körperliche Therapie ausschließt, die damit verbunden werden kann. Es sprengt jedoch den Rahmen dieses Kapitels, die Hilfsmittel zu beschreiben, die eingesetzt werden können und die sich je nach den Erfordernissen jedes einzelnen Patienten stark unterscheiden.

In manchen Fällen wird die Behandlung dadurch kompliziert, daß eine Vermischung »regressiver« und »progressiver« Symptome vorhanden ist. Hier handelt es sich um Fälle unregelmäßiger Entwicklung. Solche Menschen mögen mit einem Teil ihrer Persönlichkeit eine höhere Ebene erreichen, werden aber dennoch durch bestimmte infantile Fixierungen behindert oder durch unbewußte Konflikte beherrscht. Man könnte sogar sagen, daß durch sorgfältige Analyse bei den meisten, die sich im Prozeß der Selbstaktualisierung befinden, solche Überbleibsel aufgefunden werden können; das ist nicht erstaunlich, denn das gleiche kann man auch von sogenannten normalen Menschen sagen, die, wie Maslow richtig feststellt, in einem Zustand leichter, chronischer Psychophatie und Angst, der Verkümmerung, Verkrüppelung und Unfreiheit leben (83 c, S.1).

Aus allem Gesagten wird deutlich, daß für ein zufriedenstellendes Umgehen mit den psychologischen Problemen der Selbst-Aktualisierung eine zweifache Fähigkeit erforderlich ist – die eines gut ausgebildeten Psychotherapeuten und die eines ernsthaften Lernenden oder besser noch erfahrenen Reisenden auf dem Weg zur Selbstverwirklichung. Diese doppelte Befähigung ist gegenwärtig nur selten aufzufinden, aber eingedenk der wachsenden Zahl von Menschen, die solch einer Behandlung bedürfen, wird es zunehmend dringend, daß möglichst viele derjenigen, die der Menschheit dienen wollen, indem sie sich ihrer größten Nöte annehmen, dazu bewegt werden sollten, sich für diese Aufgabe zu qualifizieren.

Es wäre auch sehr günstig, wenn die Öffentlichkeit besser über die allgemeinen Tatsachen dieses Themenkreises informiert wäre. Gegenwärtig geschieht es häufig, daß Unwissenheit, Vorurteil und aktive Opposition – vor allem auf Seiten der Verwandten des Patienten – die Aufgabe von Patient und Therapeut behindern.

Mit einem aufgeklärten Zugang sowohl der Öffentlichkeit als auch der Psychotherapeuten könnte viel unnötiges Leiden verhindert werden. Auf diese Weise würden viele ernsthaft Suchende leichter und schneller das Ziel ihres Strebens erreichen – das Erlangen einer ständig zunehmenden Selbstverwirklichung.

Teil B

Techniken

ÜBERSICHT
ÜBER DIE IN DER PSYCHOSYNTHESIS EINGESETZTEN METHODEN UND TECHNIKEN

I. Eingangstechniken

   Einschätzung und Analyse
   1. Biographie – Autobiographie – Tagebuch
   2. Fragebogen
   3. Assoziation: a) freie b) stimulierte c) Assoziationsreihen
   4. Traumanalyse
   5. Testverfahren
   6. Projektive Techniken
      a) Rorschach b) Thematischer Apperzeptionstest (TAT)
      c) Freies Zeichnen – Modellieren – Musikimprovisation – Freie Bewegung usw.

II. Bewertung – Erhellen und Verstehen der existentiellen Situation, ihrer Probleme und Aufgaben

III. Spezielle Techniken
   (Wegen der großen Schwierigkeiten einer systematischen Klassifikation der Techniken werden sie hier alphabetisch angeordnet.)
   Bibliotherapie
   Bio-Psychosynthesis (Körpertraining, Spiele, rhythmische Bewegung)
   Dis-Identifikation
   Entspannung
   Farbtherapie
   Graphotherapie (Schreiben)
   Handeln »als ob«
   Humor (lächelnde Weisheit)
   Hypnose
   Imagination (Visualisierung) a) reproduktiv b) kreativ
   Inspiration

Introspektion
Intuition
Katharsis
Konzentration a) nach innen b) in Handlungen
Kreativer Ausdruck
Logotherapie
Meditation und Kontemplation
Modell (Ideal) a) der eigenen Person b) äußere Modelle (historische Gestalten etc.)
Musik a) Zuhören b) Spielen
Objektive Beobachtung
Schweigen (inneres)
Spielerische Haltung
Substitution (Methode des Ersetzens)
Suggestion und Autosuggestion (direkt oder indirekt)
Symbole und ihre Nutzung
Synthese von Gegensätzen
Transmutation und Sublimation psychischer Energien (sexueller, kämpferischer usw.)
Überbewußtsein und dessen Bewußtheit
a) Wege und Methoden: ästhetisch – ethisch – verehrend – mystisch – heroisch (durch Handlung) – durch Erleuchtung – rituell
b) Nutzung überbewußter Energien
Wiederholung
Wille und seine Stadien
a) Ziel, Bewertung, Motivation
b) Überlegung
c) Entscheidung
d) Bekräftigung
e) Planung
f) Ausrichtung der Ausführung

IV. Kombinierte Übungen
 1. Gelenkter Tagtraum (rêve eveillé) – symbolische Visualisierung
 2. Imaginationstraining
 3. Hervorrufen und Fördern höherer Gefühle (Friede – Freude – Liebe – Mitleid)
 4. Serien (Gralssage – Dantes »Göttliche Komödie« usw.

V. Persönlicher Einfluß
a) Durch Gegenwart und Beispiel (Katalysator)
b) Beratung

VI. Gruppentechniken
1. Gruppentherapie
2. Psychodrama
3. Gemeinsame Gruppenaktivitäten

VII. Techniken der interindividuellen Psychosynthesis
(Einige der aufgeführten Techniken können auch für die interindividuelle Psychosynthesis gebraucht werden, z. B. Visualisierung, Imaginationstraining, Humor, sowie die Gruppentechniken. Hier werden nur die spezifischen Methoden für interpersonelle und soziale Psychosynthesis erwähnt.)
1. Kameradschaft
2. Kooperation – Teamarbeit – Austausch (sharing)
3. Empathie
4. Wohlwollen
5. Altruistische Liebe
6. Gefühl der Verantwortlichkeit
7. Gute (reale) Beziehungen a) zwischen dem Individuum und der Gruppe b) zwischen Gruppen
8. Dienst
9. Verständnis – Beseitigung von Vorurteilen

EINLEITUNG ZU DEN TECHNIKEN DER PSYCHOSYNTHESIS

Schon gleich zu Beginn dieser Darstellung der Psychosynthesis-Techniken soll darauf hingewiesen werden, wie notwendig es ist, eine Beziehung zwischen den verschiedenen Techniken und dem umfassenden Ziel der Psychosynthesis herzustellen, damit wir dieses Ziel klar vor Augen haben, wenn wir die Techniken anwenden, die nur Instrumente sind und als solche modifiziert werden können.

Wichtig sind vor allem die Prinzipien und das zugrundeliegende Ziel des gesamten Vorgehens. Das eigentliche Ziel der Psychosynthesis ist es, die Energien des Selbst freizusetzen oder sagen wir, dabei behilflich zu sein. Diesem vorgelagert ist das Ziel, dabei zu helfen, die individuellen Teile des persönlichen Selbst oder Ich zu integrieren und eine Synthese herzustellen, um dann auf einer späteren Stufe die Synthese zwischen dem persönlichen Ich und dem (transpersonalen) Selbst herzustellen. Deshalb sollten alle Techniken diesem Ziel untergeordnet sein; sie sind keine statische Sammlung von Hilfsmitteln, sondern können von Therapeuten und Erziehern nach Wunsch gebraucht und modifiziert werden, vorausgesetzt, das Grundziel der Therapie wird im Auge behalten.

Es ist unvermeidbar, daß sich die Techniken überschneiden. So arbeitet z.B. die Bibliotherapie teilweise mit Suggestion, jedoch nicht ausschließlich, denn es können so auch höhere Empfindungen geweckt, die Konzentration gesteigert und Verstandestraining vermittelt werden. Ein anderes Beispiel ist die Musiktherapie: Ihre Wirkung kann teilweise der Suggestion zugeschrieben werden, teilweise der Entwicklung höherer Gefühle und teilweise dem Herbeiführen von Entspannung, je nach dem Zweck, für den sie eingesetzt wird.

Obwohl nun jede Technik spezifisch ist, ein spezifisches Instrument oder Hilfsmittel, bedeutet die Tatsache des Überlappens keine wirkliche Schwierigkeit. Ziel ist nicht eine starre

Trennung oder Systematisierung von Techniken. Ich werde sie aus didaktischen Gründen einzeln aufzählen und beschreiben und dann auf verschiedene Kombinationen einiger dieser Techniken in Übungen hinweisen, wobei jede für einen bestimmten Zweck steht.

Die beste Vorgehensweise ist, die einzelnen Techniken ungefähr in der Reihenfolge vorzustellen, die den Schritten der üblichen Entwicklung einer Psychosynthesis entsprechen (siehe die grundlegende Einführung in Kapitel I, wo nicht nur ein Gesamtüberblick gegeben wird, sondern auch die verschiedenen Stadien einer Psychosynthesis genannt sind.)

Anstatt die etwa vierzig Techniken einzeln vorzustellen, werde ich die verschiedenen Schritte des psychotherapeutisch-psychosynthetischen Prozesses aufzeigen und dabei die Techniken einbringen, die der jeweiligen Stufe entsprechen. Wie wir sehen werden, kann dieselbe Technik oder dieselbe Übung in mehr als einer Stufe Anwendung finden, aber jede Technik wird ausführlich dort vorgestellt, wo sie zuerst eingesetzt werden kann und sollte sie bei einer späteren Stufe noch einmal auftauchen, werden entsprechende Rückverweise gemacht.

Es ist wichtig, schon gleich zu Beginn den Unterschied zwischen »Techniken« und »Übungen« herauszustellen sowie zwischen diesen beiden und »Methoden«.

Eine *Technik* kann als eine spezifisch psychologische Vorgehensweise angesehen werden, die eingesetzt wird, um eine ganz bestimmte Wirkung auf einen bestimmten Aspekt oder eine bestimmte Funktion der Psyche auszuüben.

Eine *Übung* besteht aus einer Kombination oder Folge verschiedener Techniken mit dem Ziel, einen allgemeinen Effekt hervorzubringen. So schließt z.B. die ziemlich einfache Übung zur Erzielung heiterer Gelassenheit (Abschn. 12) den Gebrauch einer Reihe von Techniken ein, wie z.B. Entspannung, rhythmisches Atmen, geistige Konzentration, Visualisierung, kreative Imagination, wobei all diese Techniken vom Willen eingesetzt und gesteuert werden.

Eine *Methode* ist eine Kombination von Techniken und Übungen, die in einer bestimmten Abfolge oder in bestimmtem Wechsel angewendet werden, gemäß einem klar definierten Programm, um das Therapie- oder Erziehungsziel zu erreichen, das als notwendig oder wertvoll angesehen wird.

In der Psychosynthesis liegt der Schwerpunkt auf einer ganzheitlichen oder integrierten Konzeption der Behandlung; das sollte man sich stets vor Augen halten und jede Methode, Übung und Technik sollte dem untergeordnet sein. Die Bedürfnisse nicht nur jedes einzelnen Patienten sondern auch der verschiedenen Phasen einer Behandlung sind jeweils sehr verschieden und manchmal sogar entgegengesetzt. Deshalb kann die Anwendung einer spezifischen Technik oder Übung, die sich in einem Fall oder einer Phase als nützlich erwiesen hat, für andere Personen oder unter anderen Bedingungen unpassend oder sogar gefährlich sein.

Das Folgende ist ein klares Beispiel dafür. Die Übung, die heitere Gelassenheit und innere Klarheit herstellen soll, ist offensichtlich höchst nützlich, um überstarker Spannung, emotionalem Stress und Angst entgegenzuarbeiten, die heutzutage so verbreitet sind. In der Tat, sie sollte eine tägliche Übung der Psychohygiene im modernen Leben bilden. Es wäre jedoch ein großer Fehler, diese oder ähnliche Übungen zu einem zentralen Teil einer Behandlung zu machen und dabei die Anwendung anderer, ganz unterschiedlicher Vorgehensweisen zu vernachlässigen. Wenn diese Übung situationsangemessen eingesetzt wird, kann sie dabei helfen, Hindernisse auf dem Weg zu einer Tiefenanalyse zu beseitigen (wie z.B. *übermäßige* Angst) und kann den Patienten während der unvermeidbaren Krisen und Umwälzungen unterstützen, die durch die Therapie hervorgerufen werden. Aber wenn sie als ein psychologischer »Tranquilizer« (Beruhigungsmittel) eingesetzt wird, kann sie ein falsches Gefühl von Wohlbefinden und Sicherheit hervorrufen und so die Illusion einer Heilung geben, die nur oberflächlich und unzuverlässig wäre, da die wirklich entscheidenden Fragen und Themen ungelöst geblieben sind.

Die gleiche Warnung sollte im Hinblick auf alle anderen Techniken und Methoden gegeben werden. So ist z.B. eine Grundannahme der Psychosynthesis, daß keine rein analytische Behandlung ausreichend ist, um eine echte Integration und Reifung zu bewirken; dazu ist der Einsatz aktiver Techniken und anderer Hilfsmittel erforderlich, die in diesem Handbuch aufgeführt sind. Daraus folgt, daß wir als Therapeuten wohl alle existierenden Techniken voll ausschöpfen und gebrauchen sollen, uns gleichzeitig jedoch ständig bewußt sein müssen, daß Techniken nicht ausreichen und daß, wie L.W. Dobb gewarnt hat, »Techniker dazu neigen, sich in psychologische Waffen zu verlieben, um dann von ihnen korrumpiert zu werden«.

In der Psychosynthesis jedoch kann und – so hoffe ich – wird diese Gefahr vermieden werden; einmal schon durch die Vielfalt und die große Anzahl von Techniken, was verhindert, daß irgendeiner von ihnen übermäßige Aufmerksamkeit geschenkt wird; sodann durch die stetige Verfeinerung und die Anwendung des synthetischen Geistes, durch das ständige Bemühen, das Gesamtbild im Auge zu behalten, die Teile stets mit dem Ganzen in Beziehung zu setzen; und zum letzten durch das Betonen der zentralen, entscheidenden Bedeutung des menschlichen Faktors für Theorie und praktisches Vorgehen, der lebendigen interpersonalen Beziehung zwischen Therapeut und Patient.

(Die meisten der in diesem Handbuch beschriebenen Techniken und Übungen können übrigens auch für die psychosynthetische Selbstverwirklichung angewendet werden sowie für den Erziehungsprozeß, sowohl von Lehrern als auch von Eltern.)

III. ALLGEMEINE EINSCHÄTZUNG UND ERFORSCHUNG DES UNBEWUSSTEN (DIAGNOSE UND EXPLORATION)

Der einleitende Schritt in der Psychosynthesis ist eine gründliche Kenntnis der bewußten und unbewußten Aspekte der Persönlichkeit; darauf wurde im ersten Kapitel »Dynamische Psychologie und Psychosynthesis« hingewiesen. Die Psychoanalyse, bei der das Unbewußte im Mittelpunkt steht, beginnt im allgemeinen mit dessen Erforschung durch ihre spezifischen Techniken – freie Assoziation, Traumdeutung usw. – mit dem Ziel, die ins Unbewußte verdrängten Kräfte freizusetzen. Meiner Meinung nach ist es ratsam, mit einer Bestandsaufnahme und Einschätzung der bewußten Aspekte und Komponenten einer Persönlichkeit zu beginnen, nicht nur, um der allgemeinen Regel zu folgen »vom Bekannten zum Unbekannten«, sondern weil es für jeden, der bewußt leben will, notwendig ist, sich über diese Elemente oder Teile der Persönlichkeit völlig im klaren zu sein – nicht eine verschwommene, passive Art von Bewußtheit, sondern eine wohlerwogene Einschätzung und Wertung, überlegtes Verstehen und vorsichtige Kontrolle dieser Elemente.

Die Unterscheidung zwischen bewußten und unbewußten Komponenten ist übrigens viel weniger scharf als die Psychoanalyse behauptet. Es ist eine *relative* Unterscheidung: es findet eine ständige Osmose statt zwischen dem Bereich oder Feld des Bewußten und des Unbewußten. Darüber hinaus bereitet die Stärkung der bewußten Persönlichkeit diese für eine leichtere Assimilation der unbewußten Aspekte vor. Ein verfrühter Einbruch unbewußter Kräfte bedeutet wirkliche Gefahr für eine unvorbereitete und nicht sehr festgefügte Persönlichkeit.

Die Einschätzung erfordert von seiten des Patienten ein gewisses Ausmaß der Haltung eines Beobachters. Im ersten Stadium nimmt der Patient diese Haltung unbewußt an, durch die Aufgabe selbst daran gebunden oder – während der Sitzungen – mit Hilfe des Therapeuten. Später im Verlauf der Therapie sollte und kann diese Haltung immer bewußter und vollständiger angenommen werden. »Beobachter-Haltung« verstehe ich analog der eines Wissenschaftlers, der ein Experiment mittels seiner Instrumente beobachtet oder wie die Haltung eines Detektivs, der die Szene eines Verbrechens in Augenschein nimmt und die Gegenstände des Raumes, in dem das Verbrechen stattgefunden hat, wahrnimmt.

Dies bedeutet, daß der Patient langsam erkennt, daß seine seelischen Erlebnisse und Funktionen objektiv betrachtet werden können. Es bedeutet auch eine gewisse Disidentifikation des Selbst von den Inhalten der bewußten Persönlichkeit. Das trägt zur Entfaltung einer zunehmenden Selbst-Bewußtheit bei, die Hauptmerkmal des persönlichen »Ich« oder »Selbst« ist.

Diese Disidentifikation wird also nicht nur im Rahmen der Einschätzungsarbeit eingesetzt und entwickelt, sondern dient auch als Technik für das Erlangen reiner Selbst-Bewußtheit, einer klaren Empfindung von Selbst-Identität. Dies bedeutet in gewissem Sinn, daß das »Ich« oder der erreichte Punkt von Selbstbewußtsein die eigenen Schwächen, Fähigkeiten, Schwierigkeiten und Konflikte auf eine möglichst desinteressierte und unemotionale Weise betrachtet (detachment), wobei natürlich deutlich ist, daß wir zwangsläufig emotional betroffen sind, da es ja um uns selbst geht; Stück für Stück mag es uns jedoch gelingen, eine mehr wissenschaftliche Haltung einzunehmen, und Emotionen werden dann ein weniger hinderlicher und ablenkender Faktor.

Denken wir daran, daß die Einschätzung in diesem Stadium sich vor allem auf die vergangene Geschichte bezieht, auf die Biographie des Patienten. Dadurch wird er in die Lage versetzt, seine eigene Lebensgeschichte objektiv zu sehen, ihre Entwicklung zu überdenken und die Kette der Ursachen zu erkennen, die am Werk waren und vielleicht noch immer wirken.

Biographie

Um ein vorläufiges Bild vom Patienten zu erhalten und ihn zugleich in Richtung Introspektion oder Selbstbeobachtung zu lenken, ist es gut, mit der Biographie anzufangen. Manchmal ist eine mündliche Biographie ganz am Anfang der Sitzungen zunächst ausreichend, zusätzlich ist es aber ratsam, eine schriftlich niedergelegte Biographie vom Patienten zu erhalten. Das hat sowohl praktische als auch therapeutische Vorteile: praktische, weil es Zeit und Sitzungen spart; therapeutische, weil es dem Patienten hilft, einen Überblick über sein eigenes Leben zu erstellen. Beim ersten Kontakt mit dem Therapeuten macht der Patient im allgemeinen verschiedene spontane unzusammenhängende biographische Angaben. Dies bietet eine gute Gelegenheit, ihm vorzuschlagen, eine schriftliche Biographie in chronologischer Reihenfolge anzufertigen, als Hilfsmittel, sich selbst besser kennenzulernen und um dem Therapeuten nützliche Informationen zu geben.

Es gibt einen weiteren wichtigen Vorteil qualitativer Art. Beim Schreiben sind bewußte und unbewußte Faktoren zugleich am Werk; deshalb kommt es häufig vor, daß der Patient wohl zunächst das niederschreibt, dessen er sich bewußt ist, daß im weiteren Verlauf aber auch Dinge auftauchen, an die er zuvor nicht gedacht hatte und die ihn manchmal überraschen. Sie tauchen aus unbewußten Schichten auf; metaphorisch gesprochen nimmt ihn das Unbewußte bei der Hand. Die Arten des Auftauchens unbewußter Inhalte sind vielfältig; dazu gehören auch gelegentlich die seltsamen Fälle von automatischem Schreiben. Es besteht häufig ein erstaunlicher qualitativer Unterschied zwischen mündlicher und schriftlicher Ausdrucksweise; es zeigt sich, daß man verschiedene Aspekte der Persönlichkeit zum Ausdruck bringt, je nachdem ob man schreibt oder sich mündlich ausdrückt.

Tagebuch

Wenn möglich, sollte der Patient gebeten werden, während der Therapie ein Tagebuch zu führen. Das ist in zweierlei Hinsicht nützlich: es spart Zeit in den Sitzungen, denn der Therapeut kann das Tagebuch kurz überfliegen; zweitens wegen der verschiedenen Elemente, die im Prozeß des Schreibens auftauchen. Viele Patienten sind offener, wenn sie ohne die Gegenwart des Therapeuten schreiben. Dies geschriebene Tagebuch gibt die dynamische Entwicklung des Befindens des Patienten wieder, den Fluß seines inneren Geschehens in seinem psychologischen Verlauf.

Die Technik des Schreibens ist in verschiedener Hinsicht therapeutisch wertvoll: sie dient 1. der Einschätzung, 2. als Mittel der Selbstdarstellung, 3. als eine Technik des aktiven Trainings in Konzentration, Aufmerksamkeit und Willen.

Eine vollständige Einschätzung umfaßt die folgenden Punkte oder Teile:

1. Den Ursprung verschiedener Persönlichkeitszüge
2. Das Erkennen existierender Komplexe. Es gibt Komplexe, deren sich der Patient oft schmerzlich bewußt ist.
3. Das Erkennen von Polaritäten, Ambivalenzen und Konflikten.
4. Das Erkennen der verschiedenen »Selbste«, gemeint in dem von William James gegebenen Sinne. Wir können sie Sub-Persönlichkeiten nennen.
5. Das Weiterbestehen von Charakterzügen, die früheren psychologischen Altersstufen entsprechen: frühe Kindheit, Stufe des Heranwachsenden und Jugendlichen.

Eine systematische Befragung zu diesen fünf Punkten wird vorgenommen. Der Patient wird z.B. gefragt, welche Züge er seiner Meinung nach von seinem Vater und dessen Familie, seiner Mutter und deren Familie herleitet. Fragen zu jedem der fünf Punkte können von dem Therapeuten im Erstgespräch oder den ersten Sitzungen gestellt werden, oder wenn der Patient es vorzieht zu schreiben, weil er sich so leichter ausdrücken kann oder aus zeitlichen Gründen, kann ihm eine Liste von Fragen vorgelegt werden, die er zu Hause beantwortet.

Ursprung von Charakterzügen

Es ist wertvoll für den Patienten, den Ursprung der psychologischen Kräfte und Qualitäten, mit denen er umgeht, zu kennen. Der Therapeut sollte ihm deshalb erklären, daß Ähnlichkeiten bestehen können zwischen ihm, seinen Eltern und seinen Vorfahren und daß diese Ähnlichkeiten (oder Unähnlichkeiten) eine Auswirkung auf die Familiensituation haben und zudem Teile seiner eigenen psychologischen Struktur ausmachen. Sehr häufig kommen Patienten mit Familienproblemen – der Beziehung zur Familie, der Mutter oder einem Geschwister. Zu wissen, wie ähnlich oder verschieden die Familienmitglieder sind, gibt wichtige Hinweise.

»Ursprung von Charakterzügen« meint im wesentlichen das Auffinden der Charakterzüge der Eltern und ihre Ähnlichkeit mit denen des Patienten. Gerade die Ähnlichkeiten der Charaktere können Konflikte zwischen dem Patienten und einem Elternteil hervorbringen oder dazu führen, daß sie übermäßig aneinander hängen. Der Patient sollte aber auch diejenigen Charakterzüge erkennen, die nicht familiären Ursprungs sind. Es sollte gefragt werden, wo er offensichtliche Unähnlichkeiten mit seiner Familie sieht, oder indirekt, inwieweit er sich von ihnen fern oder unverstanden vorkommt, z.B. künstlerische Neigungen in einer Familie von Geschäftsleuten. Der Ursprung vieler solcher nichtfamiliärer Charakterzüge oder Unvereinbarkeiten kann entweder im allgemeinen Umfeld des Patienten oder in bestimmten Gruppen, denen er angehört, gefunden werden. Einige Züge jedoch haben einen ausschließlich individuellen Ursprung; man findet klar definierte Neigungen oder Charakterzüge, die weder in der Familie, noch im weiteren Lebensbereich des Patienten ihren Ursprung haben. Sie führen zu einer tieferen, mehr individuellen Schicht der Person.

Bewußte Komplexe

Die zweite Frage, das Erkennen von bestehenden und bewußten Komplexen, erfordert zunächst eine Definition des Begriffes »Komplex«. Er wird hier in dem üblichen Sinn gebraucht als eine Ansammlung von psychologischen »Elementen« (ein strittiges Wort) mit starker emotionaler Ladung, die unter bestimmten Umständen zutage tritt; typisches Beispiel hierfür ist der Minderwertigkeitskomplex.

Allgemein kann gesagt werden, daß jede Phobie ein Komplex ist, aber er bildet nicht notwendig ein Problem im Leben dieser Person. Um ein einfaches Beispiel zu wählen: es gibt Menschen, die so sehr mit ihrem Minderwertigkeitskomplex identifiziert sind, daß sie sich nicht mehr dagegen zur Wehr setzen; sie erleben einfach keinen Konflikt, denn sie sind überzeugt, daß sie tatsächlich weniger wert sind als andere.

Die Art und Weise wie sie bewußt akzeptiert haben, daß sie minderwertig sind, kann psychologisch gesehen masochistisch sein. Solche Personen kommen vielleicht zum Therapeuten wegen irgendwelcher psychosomatischer Beschwerden oder einer Phobie, aber wenn sie damit konfrontiert werden, fühlen sie sich vielleicht schuldig, verzweifelt, haben Selbstmitleid usw., aber ohne Konflikt. Dafür wurde der Begriff »Charakterstörung«

benutzt. Dieser Begriff mit seinem statischen, unabänderlichen Klang gibt einen falschen Eindruck, denn in dem Augenblick, wo der Patient darauf aufmerksam gemacht wird, daß er das Opfer eines Konfliktes ist und daß es eine Lösung, einen Ausweg gibt, ergreift er die Gelegenheit, wobei es von therapeutischem Wert ist, daß er das Gefühl hat, es gebe eine Lösung für sein Problem. Dies ist ein anschauliches Beispiel für falsche Identifikation: der Patient ist mit seinem Komplex identifiziert, aber sobald er erkennt, daß es sich um einen Komplex handelt, liegt in dieser Erkenntnis schon der Beginn einer Disidentifikation und ihm kann dann gesagt werden, daß er mit Hilfe der Techniken der Psychosynthesis von seinem Komplex frei werden kann, was ihm Hoffnung gibt.

Häufige Komplexbildungen stellen verschiedenste Arten von sexuellen Komplexen dar; Frauen haben oft den Komplex, häßlich zu sein (der Minderwertigkeitskomplex in seinem ästhetischen Aspekt). Der Vaterkomplex kann sich sowohl positiv als auch negativ manifestieren – als Drang, wie der Vater zu werden oder als Haß gegen den Vater. Häufig ist auch der Eifersuchtskomplex gegenüber dem nachfolgenden Geschwister oder gegenüber dem ersten und bevorzugten Kind.

Stets ist das charakteristische Merkmal eine starke emotionale Besetzung, positiv oder negativ; die »Ladung« ist charakteristisch für einen Komplex, bei dem es ja zentral um psychodynamische Prozesse geht. Wo also hohe emotionale Spannung vorhanden ist, eingebettet in eine Reihe von Vorstellungen oder auf ein Objekt gerichtet, liegt ein Komplex vor.

Polaritäten, Ambivalenzen und Konflikte

Polaritäten und Ambivalenzen müssen von Konflikten unterschieden werden, sie sind nicht das gleiche. »Konflikte« bezeichnet einen Zustand, in welchem der Patient seine Komplexe als solche erkannt hat und sie loswerden möchte, wozu er jedoch ohne Hilfe nicht in der Lage ist. Ambivalenz dagegen ist Schwanken zwischen zwei Extremen – nicht aufgrund des Bemühens, eines der beiden Extreme loszuwerden, sondern einfach als Oszillieren zwischen beiden, zum Beispiel: Liebe und Haß, Minderwertigkeit und Überheblichkeit, Aggressivität und Masochismus, Aktivität und Passivität. Das sind Polaritäten und Ambivalenzen, wie sie spontan auftreten. Ein Konflikt besteht nur dann, wenn ein tatsächlicher Kampf zwischen verschiedenen Teilen der Persönlichkeit stattfindet. Trägheit, Unlust oder Schwierigkeiten zu handeln können oft auf solch eine Situation zurückgeführt werden.

Subpersönlichkeiten

Auf den ersten Blick mag es dem Therapeuten schwierig erscheinen, dem »naiven« Patienten das Konzept der Subpersönlichkeiten vorzustellen. Aber die Praxis hat gezeigt, daß dieses Konzept ohne Schwierigkeiten aufgenommen wird, wenn es in etwa folgender Weise vorgestellt wird: »Ist Ihnen schon aufgefallen, daß Sie sich in verschiedenen Situationen ganz unterschiedlich verhalten, z.B. im Büro oder zu Hause, bei einem geselligen Treffen, in der Einsamkeit, in der Kirche oder als Mitglied einer politischen Partei?« Auf diese Weise werden die Unterschiede, ja sogar Widersprüche im Verhalten leicht erkannt. Es gibt hier zwei klassische Typen: der starke Mann im Büro als Schwächling in seiner Familie, und umgekehrt. Auf diese Weise kann die bewußte Erkenntnis herbeigeführt werden, daß man sich als Sohn anders verhält denn als Ehemann oder Vater. Natürlich sollte erklärt werden, daß diese Unterschiede normal sind, denn jeder von uns hat verschiedene Teilpersönlichkeiten, je nach den Beziehungen, die wir zu anderen Menschen, zur Umgebung, zu Gruppen usw. haben, und wir tun gut daran, uns nicht mit einem dieser »Teilselbste« zu identifizieren, vielmehr zu erkennen, daß es sich hier um Rollen handelt, die wir spielen. Dabei gilt die paradox anmutende Wahrheit: Je weniger wir uns mit einer bestimmten Rolle identifizieren, desto besser spielen wir sie.

Es ist gut, auf dieses Rollenspiel besonderen Nachdruck zu legen. Tatsächlich ist die Rolle ein Endpunkt, nicht der Ausgangspunkt, der vielmehr im völligen Eintauchen in jede Subpersönlichkeit besteht, mit einem gewissen Grad an Bewußtheit in Bezug auf die Inkongruenz der Situation. Das Ziel ist das befreite Selbst, das Ich-Bewußtsein, das *bewußt* verschiedene Rollen spielen kann.

William James hat dieses Konzept von Subpersönlichkeiten behandelt, die er die »verschiedenen Selbste« nannte. Die Funktionen eines Menschen, in dem verschiedene psychologische Züge nicht integriert sind, bilden das, was wir unter Subpersönlichkeit verstehen. Es ist wahrscheinlich besser, das Wort »Rollen« anstelle von »Funktionen« zu verwenden, um semantische Verwirrung zu vermeiden. Der Patient sollte gebeten werden, sich in seinen verschiedenen Rollen zu beschreiben: als Sohn oder Tochter, Ehemann oder Ehefrau, als Vater oder Mutter, in der jeweiligen beruflichen Rolle, und er sollte in diesen Rollen sein jeweiliges Verhalten untersuchen: gegenüber Untergebenen, Vorgesetzten und Gleichgestellten. Weitere Subpersönlichkeiten oder Rollen sind die, welche in den verschiedenen sozialen Gruppen gespielt werden, einschließlich der Kirche oder religiöser Gruppen, der politischen Gruppe oder Partei und andere Rollen, die er im Leben einnimmt oder einnehmen möchte.

Die Organisation der Subpersönlichkeiten ist sehr aufschlußreich und manchmal überraschend, verwirrend oder sogar erschreckend. Man entdeckt, welch verschiedene, oft sogar fast gegensätzliche Eigenschaften sich in den einzelnen Rollen zeigen. Diese Verschiedenartigkeit der Eigenschaften, die um eine Rolle gruppiert sind, rechtfertigt meiner Meinung nach den Gebrauch des Wortes »Subpersönlichkeit«. Menschen wechseln im allgemeinen von einer zur anderen ohne klares Wissen darum, und nur ein dünner Erinnerungsfaden verbindet sie, für alle praktischen Zwecke aber sind sie verschiedene Wesen – sie handeln verschieden, zeigen sehr verschiedene Züge. Deshalb sollte man sich dieser Subpersönlichkeiten klar bewußt werden, denn dies eröffnet ein gewisses Maß an Verstehen dafür, worum es bei der Psychosynthesis geht und wie es möglich ist, diese Subpersönlichkeiten zu einem größeren organischen Ganzen zu vereinigen, ohne irgendwelche wertvollen Züge zu unterdrücken.

Ein weiterer Vorteil ist, daß die Aufhellung der verschiedenen Rollen, Züge usw. die Wirklichkeit des beobachtenden Selbst stärkt. Während und nach dieser Betrachtung der Subpersönlichkeiten stellt man fest, daß das beobachtende Selbst keine von ihnen ist, sondern etwas anderes als sie. Dies ist eine sehr wichtige Erkenntnis und ein weiterer Schlüssel zur erwünschten späteren Psychosynthesis.

Dies ist ähnlich der Unterscheidung, die C.G. Jung zwischen »Ich« und »Persona« vornahm – nur spreche ich von »personae«, dem Plural, was realistischer ist und eher den Tatsachen entspricht – und was Paul Tournier »le personnage« nannte, was der Reihe von Rollen und »la personne«, die dem innersten Selbst entsprechen würden. Charles Baudouin trifft dieselbe Unterscheidung.

Eine endgültige Bestätigung der Existenz von Subpersönlichkeiten kann in der psychiatrischen Literatur gefunden werden; es wird von Fällen alternierender Persönlichkeiten berichtet, sowie auch von mehr als zwei unterschiedlichen Persönlichkeiten. In manchen Fällen fehlt sogar der erwähnte dünne Erinnerungsfaden, der die Subpersönlichkeiten miteinander verbindet, und eine Subpersönlichkeit kann die anderen ignorieren. Einige Fälle sind eingehend untersucht worden, unter anderem von Pierre Janet; auch William James behandelt dieses Thema in seinen *Principles of Psychology* (62 a). Das am genauesten untersuchte Beispiel ist jedoch der von Morton Prince beschriebene »Fall Miss Beauchamp«. Morton Prince hatte einen äußerst objektiven Verstand und sein Bericht ist photographisch genau, mit einem Minimum an Interpretation, so daß sich ein unverfälschtes Bild ergibt. Sein Buch *Die Spaltung der Persönlichkeit* (102) zu lesen ist spannender und handlungsreicher als die meisten Romane. Es beschreibt die Spaltung einer Persönlichkeit erst in zwei, dann drei, dann vier Teile sowie die Kämpfe zwischen der Persönlichkeit und einer Subpersönlichkeit (eine war sich des Verhaltens der anderen Subpersönlichkeiten bewußt und beschrieb und interpretierte die Symbolik).

Eine andere Fallgeschichte von multipler Persönlichkeit, *Evas drei Gesichter* von Thigpen und Cleckley (126), wurde Grundlage eines erfolgreichen Spielfilms.

Solche Fälle sind zwar nicht allzu häufig, aber Seltenheit bedeutet nicht allzuviel, wie die Analogie des Kometen zeigt. Diese haben trotz ihres seltenen Auftretens die Astronomen viel gelehrt, nicht nur über Kometen, sondern über das Universum im allgemeinen. Diese Fälle von Mehrfachpersönlichkeiten stimmen überein mit der Konzeption des (persönlichen) Selbst als Projektion eines höheren Selbst, denn im Falle einer multiplen Persönlichkeit liegt ein Zerfallen in mehrere verschiedene Selbste vor.

Der Fall der Miss Beauchamp zeigt, daß die Vielfalt nur vorübergehend ist und daß sich die »Selbste« wieder vereinen können. Dies veranschaulicht die empirische Realität des personalen Selbst, während die Möglichkeit der Wiedervereinigung die Existenz eines dahinter befindlichen einzigen, höheren (transpersonalen) Selbstes bestätigt.

Einige dieser Fälle zeigen auch parapsychologische Aspekte, wenngleich manchmal (wie im Fall Velida, von Janet beschrieben) keine Spur parapsychologischer Elemente zu finden ist und alles durch Dissoziation und spätere Re-Integration erklärt werden kann. Aber im Fall der Miss Beauchamp unterschied sich eine Subpersönlichkeit, »Sally«, von allen anderen. Sally hatte eine Kraft, welche die anderen nicht besaßen und sie war von der endgültigen Reintegration oder Synthese ausgeschlossen. Sie kam mit Morton Prince überein, sich zurückzuziehen, man weiß nicht, wohin.

Ein anderer Fall, der von W. F. Prince untersucht und eingehend beschrieben wurde, bietet auch Hinweise von parapsychologischem Interesse (103).

Charakterzüge, die früheren psychologischen Altersstufen angehören

Für diesen weiteren Schritt in der Einschätzung sollte der Patient vom Therapeuten darauf vorbereitet werden (durch Erklärungen darüber, was damit erreicht werden soll), bei sich nach fortbestehenden Charakterzügen zu suchen, die vorhergehenden psychologischen Altersstufen angehören: frühe Kindheit, Stufe des Heranwachsenden und Jugendlichen. Diese Selbsterforschung kann während der Sitzung geschehen, wobei es sinnvoll ist, den Patienten so weit wie möglich selbst herausfinden zu lassen, was von seinem gegenwärtigen Fühlen, Denken und Verhalten jenen vorhergehenden Stadien der seelischen Entwicklung entspricht. Natürlich treten im Verlauf der Sitzungen einige dieser Züge spontan auf, und da sie wichtig sind, sollte der Therapeut ständig darauf achten und wann immer sie offensichtlich sind oder erschlossen werden können, sollte die Aufmerksamkeit des Patienten darauf gelenkt werden.

Der Therapeut sollte sich allerdings im klaren sein, daß das Fortbestehen solcher Züge nicht nur ein Merkmal von Patienten ist, sondern in verschiedenem Ausmaß bei jedem Erwachsenen gegeben ist. Einige Hobbies tragen z.B. offensichtlich diesen Charakter. Das Hobby vieler Männer ist die elektrische Eisenbahn. Zuerst kaufen sie eine, unter dem Vorwand, sie ihren Kindern zu schenken, aber dann spielen sie mehr damit als ihre Kinder. Dies ist ein offensichtliches und amüsantes Weiterbestehen von kindlichen Zügen; natürlich gibt es viele andere Spiele, die denselben Charakter tragen und denen sich einige Erwachsene widmen. Es muß betont werden, daß dies nicht notwendig negativ zu sehen ist, daß es sich hier nicht um so etwas wie ein Krankheits-Symptom handelt. Ganz im Gegenteil, es mag seinen angemessenen Platz haben – dazu später mehr, wenn wir von der Psychosynthesis der Altersstufen sprechen.

Fragebogen

Ich stelle jetzt einen Fragebogen vor, der sich in der Praxis für ein erstes grobes psychologisches Profil als nützlich und angemessen erwiesen hat.

Es ist sinnvoll, dieselben Fragen noch einmal zu stellen, z.B. nach einem Monat oder auch noch später. Die Prüfung der Unterschiede zwischen den einzelnen Beantwortungen stellt eine Kontrolle über den Fortschritt der Psychosynthesis dar.

1. Wen betrachten Sie als »Idealmodell«? Welche Männer und Frauen (aus Vergangenheit und Gegenwart) schätzen und bewundern Sie am meisten? Warum?
2. Welches sind Ihre Lieblingsbücher und welche Bücher haben Ihnen am meisten Freude gemacht und welche Ihnen am meisten gegeben? Welche Bücher haben Ihnen geschadet? Auf welche Weise?
3. a) Welche Gedichte und Romane gefallen Ihnen am besten? Warum?
   b) Gefallen Ihnen Bilder oder Skulpturen mehr? Welche davon bewundern Sie am meisten? Warum?
   c) Welche öffentlichen Gebäude, Kirchen und Denkmäler haben Ihre Aufmerksamkeit am meisten angezogen?
   d) Hören Sie gerne Musik und singen Sie gerne? Welches Lied und welches Musikstück gefällt Ihnen am besten?
   e) Was ziehen Sie vor: Theater oder Kino? Welcher Film hat Sie am meisten beeindruckt? Welcher hat Ihnen am meisten Spaß gemacht? Haben irgendwelche Filme schlechten Einfluß auf Sie gehabt? Welche? Wie haben sie Ihnen geschadet?
4. Welche Bedeutung hat Sport für Sie? Welche Spiele und Sportarten interessieren Sie am meisten? Sind Sie auch gern Zuschauer oder ziehen das vor?

5. Wie ist Ihre Haltung Geld gegenüber? Welche Bedeutung hat Reichtum oder Armut für Sie? Welches sind Ihrer Meinung nach die Vorteile oder Nachteile des einen und des anderen?
6. Wie ist Ihre Haltung der Liebe gegenüber? Was verstehen Sie darunter? Wie denken Sie über das andere Geschlecht? Wie ist Ihre Haltung zu Ehe und Kindern?
7. Welche Bedeutung und welchen Wert hat Freundschaft für Sie?
8. Sind Sie ein Individualist oder empfinden Sie familiäre, soziale, nationale oder allgemeinmenschliche Verbundenheit? Was davon empfinden Sie am stärksten?
9. Wie ist Ihre Haltung gegenüber moralischen Prinzipien und Forderungen? Welche Vorstellungen und Empfindungen verbinden Sie mit Pflicht?
10. Welche Ereignisse und welche inneren Zustände bereiten (oder bereiteten) Ihnen am meisten Leid? War Ihre Kindheit traurig oder glücklich? Welche Probleme machen Ihnen am meisten zu schaffen?
11. Welche Ereignisse und welche inneren Zustände bereiten (oder bereiteten) Ihnen am meisten Freude? Welche Vorstellungen und Umstände geben Ihnen die größte Befriedigung? Wie ist Ihre Haltung gegenüber Freude und günstigen Umständen? Glauben Sie, daß Sie Freude und Glück erzielen können? Durch welche Mittel?
12. Wie ist Ihre Haltung dem Leben gegenüber? Welche Bedeutung, welchen Wert und welchen Sinn hat das Leben für Sie? Sind Sie geneigt, optimistisch oder pessimistisch zu sein? Warum?
13. Wie ist Ihre Haltung der Religion gegenüber? Glauben Sie an Gott, an eine geistige Wirklichkeit? Was verstehen Sie darunter? Welche Bedeutung hat Religion in Ihrem Leben?
14. Was brachte Sie dazu, die Bereiche auszuwählen, die Sie studieren oder die Arbeit, die Sie ausüben?
15. Ziehen Sie es vor, auf dem Land zu sein, am Meer oder in der Stadt? Warum?
16. Welche Aspekte inneren Erlebens sind vorherrschend in Ihnen und welche sind Ihnen am liebsten (Gedanken, Vorstellungen, Gefühle, Gebete oder Meditation)?

17. Was hat Ihnen die Schule gegeben oder nicht gegeben? Glauben Sie es sei ratsam, die Methoden und Inhalte zu ändern, die in der Erziehung benutzt werden? Welche und wie?
18. Sind Sie zufrieden mit sich? Glauben Sie, daß Sie sich verbessern können? Wodurch? Würden Sie gerne in dieser Hinsicht beraten?
19. Wie ist Ihre Haltung der älteren Generation gegenüber, allgemein und in Bezug auf Ihre Familie? Gibt es Mißverständnisse und Konflikte? Welcher Art? Wie, denken Sie, könnten oder sollten sie überwunden werden?
20. Haben Sie irgendwelche Ideen oder Vorschläge und Beobachtungen bezüglich der Probleme der jungen Menschen und ihrer Beziehung zu den Erwachsenen?
21. Wie denken Sie über die gegenwärtigen politischen und wirtschaftlichen Verhältnisse der Welt?
22. Wie, denken Sie, ist es möglich, wirklichen und dauerhaften Frieden zwischen den Menschen der Welt zu erzielen?
22. Welches sind Ihrer Meinung nach heute die typischen Menschen in der Welt?
24. Glauben Sie, daß wir tatsächlich am Ende einer Epoche und am Beginn einer neuen sind? Welches sind Ihrer Meinung nach die Zeichen dieser Erneuerung? Welche Charakteristika (geistig, kulturell, sozial, praktisch) wird die neue Epoche möglicherweise haben?

DIE NATUR DES MENSCHEN

Zu Beginn einer Therapie – parallel zur mündlich oder schriftlich gegebenen Autobiographie und der Fragebogenbeantwortung – sollte der Patient Hinweise zur psychologischen Natur des Menschen erhalten. Dies kann geschehen, indem man ihm die ersten Seiten des ersten Kapitels (»Dynamische Psychologie und Psychosynthesis«) vorlegt, einschließlich des Schaubildes, und die dort verwendete Terminologie erläutert. Es tauchen viele Begriffe auf, die von anderen Autoren in ganz verschiedener Bedeutung verwendet werden, z.B. Seele, irrational, unbewußt, Individualität, Persönlichkeit. Allport zählt 50 verschiedene Bedeutungen auf, die dem Wort »Persönlichkeit« beigelegt werden (6). Auch das Wort »Selbst« ist höchst verwirrend. Semantik ist ein neues Wort für eine sehr alte Erkenntnis – die alten chinesischen Weisen, besonders Konfuzius, legten großen Wert auf das, was sie »richtige Bezeichnung« nannten.

Wenn wir einem Patienten die Natur des Menschen erklären, müssen wir uns auch vor der Gefahr der Indoktrination schützen. Wir müssen daran denken, daß wir die Natur des Menschen entsprechend den gegenwärtigen Vorstellungen der Psychosynthesis vorstellen. Dem Patienten muß deutlich gemacht werden, daß es sich bei dem, was er aufnehmen soll, nur um eine Arbeitshypothese handelt. Jeder hat eine Art Philosophie und Psychologie, die im allgemeinen ziemlich undurchdacht, unklar und teilweise irrtümlich ist.

Es bedeutet einen großen Vorteil, ein Bild von der Natur des Menschen vorzustellen, vorausgesetzt, es wird aufgezeigt, daß es sich um eine Arbeitshypothese für die Therapie handelt, ohne daß sich der Patient verpflichtet fühlt, daran als feststehende Wahrheit zu glauben. Später mag er vielleicht seinen eigenen, individuellen Weg finden, sein Selbst-Konzept auszudrücken. Aber für die praktischen Belange der Behandlung müssen wir ein gemeinsames Verständnis des semantischen Bezugsrahmens haben. Manchen Patienten, vor allem gebildeten Menschen, kann das erste Kapitel zum Eigenstudium mitgegeben werden. Anderen erklären wir das Konzept in einfacheren Worten. In allen Fällen wird von dem anschaulichen Bild, dem Schaubild auf Seite 55 Gebrauch gemacht, denn es hat sich in der Praxis als sehr hilfreich erwiesen.

Das Selbst

Vielen, die das erste Mal mit der Psychosynthesis konfrontiert werden, scheint das Konzept der zwei Selbste (ein personales Selbst und ein höheres, transpersonales Selbst) ein Hindernis darzustellen, aber das höhere Selbst kann z.B. zu Beginn der Therapie einfach als eine Hypothese vorgestellt werden, die später verifiziert oder verworfen wird. Bei manchen geben wir den Rat, sich nicht weiter darüber Gedanken zu machen, besonders dann, wenn es nur um eine personale Psychosynthesis geht (nicht um eine spirituelle) und deshalb das Selbst mehr oder weniger im Hintergrund bleibt.

In Fällen, wo der Patient zu der sich anschließenden spirituellen Psychosynthesis fortschreitet, weisen wir darauf hin, daß es ein Empfinden von Selbst-Identität gibt: »Ich bin ich selbst«, daß aber dieses Selbstbewußtsein im allgemeinen wegen seiner vielen Identifikationen verschwommen ist. Deshalb ist ein Prozeß der Disidentifikation hilfreich, um sich der Selbst-Identität bewußt zu werden. Die Besprechung dieses Themas mit dem Patienten kann sehr wohl an diesem Punkt abgebrochen werden und die Fragen des höheren Unbewußten oder Überbewußten und des spirituellen Selbst auf eine spätere Phase der Behandlung verschoben werden. Nur wenn Patienten schon ganz zu Anfang spirituelle oder religiöse Probleme haben, wenden wir uns diesen Fragen bereits in diesem frühen Stadium der Therapie gründlicher zu. Wir nehmen eine pragmatische Haltung ein und versuchen im wesentlichen, den unmittelbaren Bedürfnissen des Patienten gerecht zu werden, ihm auf der Ebene zu begegnen, die ihn im Augenblick am meisten beschäftigt.

Auf diese Weise können wir sicher sein, seine Aufmerksamkeit zu fesseln und die notwendige Beziehung herzustellen. In der Praxis gibt es also kein starres System, sondern ein Eingehen auf die tatsächlichen Bedürfnisse der einmaligen Situation eines jeden Patienten auf jeder Lebensstufe.

Bei der Einführung des Konzepts eines höheren Selbst ist natürlich nicht dieselbe Erklärung für alle Patienten passend, aber mit nur wenig Kenntnis von Hintergrund und Einstellung des Patienten können wir unsere Darstellung leicht entsprechend variieren. Ist jemand religiös, so können wir sagen, daß es sich dabei um einen neutralen psychologischen Begriff handelt, der für »Seele« steht. Agnostikern gegenüber gebrauchen wir ihre Sprache: wir führen die Hypothese ein, daß es ein höheres Zentrum des Menschen gebe und erklären, daß es eine Vielzahl von Hinweisen einer direkten Erfahrung überbewußter Inhalte und des Selbst bei vielen Menschen in West und Ost gibt. Wir können z. B. aus Bucke's Buch über *Die Erfahrung des kosmischen Bewußtseins* (22) zitieren, aus Ouspensky's *Tertium Organum* (98) und allgemein aus der östlichen und westlichen (platonischen) Philosophie. So kann man dem Patienten etwa sagen: Es gibt Zeugnisse einer direkten Bewußtheit der Existenz dieser Realitätsebenen, entweder durch spontane Erleuchtung oder durch Konzentrationsübungen. Später, wenn Sie daran interessiert sind und wenn es die Situation verlangt, werden wir dies eingehender erforschen.

In solcher Weise passen wir unsere Darstellung der Mentalität und Terminologie des Patienten an. Wir übersetzen unsere neutralen Begriffe (wie z.B. »Selbst« oder »Überbewußtsein«) in seine Worte.

Sehr häufig bitten Patienten um eine spezifische Klärung der Qualität des Selbst und der sogenannten höheren Erfahrungen. In solchen Fällen erklären wir einige der Hauptmerkmale. Die wichtigste Qualität ist die Erfahrung von Synthese oder die Verwirklichung von Individualität und Universalität. Der entscheidende Unterschied zwischen dem kleinen Selbst und dem höheren Selbst liegt darin, daß sich das erstere seiner selbst als eines genau unterschiedenen Einzelindividuums klar bewußt ist, und ein Gefühl von Einsamkeit oder Getrenntsein ist manchmal Teil der existentiellen Erfahrung.

Im Gegensatz dazu bedeutet das Erleben des spirituellen Selbst etwas wie Freiheit, Ausweitung, Kommunikation mit anderen Selbsten und mit der Wirklichkeit sowie die Erfahrung von Universalität. Es erlebt sich gleichzeitig als individuell und universal.

Das Selbst wird häufig etwas irreführend als der wesentliche Begriff der Psychosynthesis angesehen und als das Konzept, das Psychosynthesis letztlich von anderen psychotherapeutischen Ansätzen unterscheidet. Wenn dies die zentrale Vorstellung wäre, würde die Psychosynthesis nur versuchen, des Patienten Fähigkeit zu entwickeln, sein Leben um das spirituelle Selbst zu integrieren. Das ist jedoch nur zum Teil richtig, denn auf der persönlichen Ebene hat der psychosynthetische Ansatz für Psychotherapie, Pädagogik und Selbstverwirklichung etwas anderes anzubieten.

Da eine gute personale Psychosynthesis alles ist, was wir für viele Patienten erwarten können, ist die zentral wichtige Vorstellung, um die sich die gesamte personale Psychosynthesis entfaltet, die des Ich oder persönlichen Selbst, als Punkt von Bewußtsein und Selbstbewußtheit, zusammen mit seiner Verwirklichung und dem Gebrauch des ihn leitenden Willens.

Wille

Ich spreche vom Willen als einer Funktion, die in ganz engem Zusammenhang mit dem Selbst steht. In dieser Hinsicht kann man mir vorwerfen, ich würde den Willen im Sinne der Psychologie des 19. Jahrhunderts wieder aufleben lassen, aber dieser beruhte im wesentlichen auf den bewußten Aspekten der Persönlichkeit und vernachlässigte die unbewußten Kräfte, die Freud, Jung und andere betonten.

In der Psychosynthesis ist es wichtig, zwischen dem Wollen zu unterscheiden, das auf unbewußten Motivationen beruht und dem wahren Willen des personalen Selbst.

Ich glaube, daß es so etwas wie einen »unbewußten Willen« des höheren Selbst gibt, einen transpersonalen Willen, der immer bestrebt ist, die Persönlichkeit mit dem allumfassenden Ziel des spirituellen Selbst in Einklang zu bringen. Einer der Zwecke oder Ziele der spirituellen Psychosynthesis ist, diesen »unbewußten Willen« des spirituellen Selbst zu einer bewußten Erfahrung werden zu lassen. Die Unterscheidung zwischen unbewußten Motiven und der völlig selbstbewußten Motivation wird später noch deutlicher gemacht.

Ich ziehe es vor, von einem überbewußten (transpersonalen) Willen zu sprechen und das meint, daß er von einer Ebene aus handelt, der sich das bewußte, personale Selbst nicht bewußt ist. Natürlich kann alles, dessen sich das bewußte Selbst nicht bewußt ist, »un-bewußt« genannt werden, womit dann sowohl der untere, mittlere und höhere Teil des Unbewußten eingeschlossen sind.

Ich finde jedoch, daß es – sofern möglich – besser ist, die Ebene anzuzeigen, von der wir sprechen und deshalb für das höhere Unbewußte den Begriff »Überbewußtsein« zu verwenden, auch wenn wir ihn dabei auf neutrale, beschreibende Art verwenden.

Bewertung

Schon einfach indem wir das Wort »über« benutzen, geben wir ihm einen Wert, nehmen wir an, daß es dem bewußten persönlichen Selbst überlegen ist; hier haben wir ein Problem, das am treffendsten »die Unvermeidbarkeit der Bewertung« genannt werden könnte. Viele Psychologen, die sich dagegen wehren, Wertungen zu akzeptieren, geben dauernd Werturteile ab, wenngleich sie in völliger Unkenntnis dieser Tatsache leben. Sicher ist es besser, das bewußt und mit Bedacht zu tun. So ist zum Beispiel der Unterschied zwischen uns und einem Tonbandgerät der, daß wir im Gespräch nicht Notiz nehmen vom Ticken der Uhr und anderen Geräuschen um uns herum, weil wir sie nicht als wichtig oder relevant einschätzen. Im Gegensatz dazu unterscheidet ein Tonbandgerät nicht; für das Mikrophon sind intelligente und sinnlose Geräusche von gleichem Wert – nur die rein physikalische Intensität wird registriert. Wir haben – glücklicherweise – ständig diese selektive Art der Aufmerksamkeit und das schließt ein Werturteil ein.

In dieser Hinsicht ist es interessant, festzustellen, daß in den letzten Jahren eine zunehmende Zahl von Klinikern angefangen hat, über das Problem der Wertung in der Psychotherapie zu sprechen, von der Beziehung zwischen den Wertvorstellungen des Therapeuten und denen des Patienten, ob und wann es ratsam für den Therapeuten ist, seine eigenen Werte zu enthüllen, wie er dem Patienten zu reiferen Werthaltungen verhelfen kann und so weiter. Die Frage der Wertung ist schlichtweg unvermeidbar und wir müssen uns diesem Problem stellen.

Der fortdauernde Widerstand gegen Werte und deren Leugnung durch viele Psychologen kann, wie ich meine, historisch erklärt werden. Im 18. Jahrhundert gab es feste Systeme sogenannter objektiver Werte, ethische und religiöse, die von außen, kraft Autorität, aufgezwungen wurden, die starr und manchmal sogar unmenschlich waren. Ganz unvermeidbar resultierte daraus eine Revolte gegen solch autoritäre Werte und dogmatische

Theorien und so schwang das Pendel ins andere Extrem. Jetzt ist es an der Zeit, einen Mittelweg zu suchen, empirisch danach zu streben, *relative* Werte zu errichten, die auf lebendigen Kriterien beruhen. Ich bestehe auf dem Adjektiv »relativ«, denn während es hohe ethische und geistige Prinzipien geben mag, so kann ihr Wert in psychologischer Hinsicht nur in Beziehung zum Individuum bestehen, zu seinem Alter, seiner allgemeinen Verfassung und seiner Entwicklungsstufe in der Therapie.

Einschätzung der höheren Aspekte

An diesem Punkt erhebt sich die Frage der Einschätzung des höheren Unbewußten, des Überbewußten, kurz der höheren Aspekte der Persönlichkeit. Sie können gut mit der Kategorie »Weltanschauung« oder »Lebensphilosophie« bezeichnet werden. Jeder – auch der einfache Mensch – hat eine Art Lebensansicht oder Vorstellung vom Leben, die eine Lebensphilosophie genannt werden kann. Manchmal ist dies bewußt, manchmal implizit, aber leicht zu Bewußtsein zu bringen; wir könnten es mit der Freudschen Terminologie »vorbewußt« nennen. Manchmal jedoch ist es relativ unbewußt und kommt nur mit Hilfe von Techniken zur Erforschung des Unbewußten zutage.

Eine Lebensphilosophie beinhaltet unweigerlich eine Reihe von Werten; wir sehen also, daß die Betrachtung von Werten unausweichlich ist. Deshalb kann im Verlauf der Einschätzung des Patienten dieses Thema leicht eingeführt werden – entweder anhand relevanter Antworten auf den Fragebogen oder durch direkte Befragung, wobei die Sprache seiner Bildungsebene angemessen sein sollte und zugleich erklärt wird, daß diese Fragen gestellt werden, damit wir wissen, wie seine Haltung zu diesen allgemein menschlichen Problemen und Angelegenheiten ist. Wir können z.B. fragen: »Was ist Ihrer Meinung nach der Zweck und Sinn des Lebens; ist er individuell, kollektiv, universal? Was sind Ihre ethischen Maßstäbe? Vertreten Sie religiöse Glaubensüberzeugungen und welche?«

Während der Patient antwortet, muß der Therapeut schweigen und während der ganzen Zeit völlig objektiv sein; er darf keine Kommentare abgeben, um den Patienten nicht auf irgendeine Art zu beeinflussen oder einzuengen. Kommentare zu seinen Antworten werden in viel späteren Sitzungen gegeben und wir werden dieses Thema streifen, wenn wir die anderen Stufen der Psychosynthesis besprechen. Diese Fragen zu Anfang dienen lediglich der Information des Therapeuten und das teilen wir dem Patienten mit. Wir versichern ihm, daß wir nicht versuchen werden, ihn auf irgendeine Art zu beeinflussen, daß wir jedoch seine Überzeugungen und Werte kennen müssen, da sie wesentlicher Teil seines Wesens sind und irgendeinen Einfluß auf seine Schwierigkeiten haben mögen. Indem wir es so darstellen, vermeiden wir Hemmungen und Ängste des Patienten.

Es gibt einen spezifischen Test zu diesem Thema, der sich als höchst aufschlußreich erwiesen hat. Ich nenne ihn den »Kosmischen Test«; das heißt, man bringt den Patienten dazu, sich der Großartigkeit und der Unendlichkeit des Raumes und der Zeit des Universums bewußt zu werden. Die Reaktionen variieren, häufig sind jedoch zwei deutlich gegensätzlich. Eine ist ein Gefühl von erdrückender Angst, fast Verzweiflung – eine dramatische Erkenntnis der Kleinheit und Hilflosigkeit des winzigen Individuums in dieser gewaltigen kosmischen Wirklichkeit und Entwicklung. Die andere Reaktion ist ein Gefühl der Erhebung, der Bewußtseinserweiterung und der Verehrung, manchmal sogar der Anbetung und der freudigen Teilhabe an dieser größeren Wirklichkeit, ein Gefühl der Befreiung von der engen Begrenzung des persönlichen Selbst, ein Teilen, eine Kommunion des universalen Lebens. Diese letztere Reaktion ist nicht nur aufschlußreich, sondern auch therapeutisch, denn vor diesem Hintergrund gewinnen die Schwierigkeiten der neurotischen Persönlichkeit ihre angemessene Dimension[8]. Diesen therapeutischen Wert werden wir noch eingehender besprechen, denn der »kosmische Test« ist Teil einer weiteren Technik, die in einem späte-

---

[8] Grundsätzlich kann man von zwei verschiedenen Richtungen innerer Bewegung sprechen, somit zwei verschiedenen therapeutischen Möglichkeiten. Die eine wird hier besonders akzentuiert: es ist eine, die weggeht vom Detail, die sich dis-identifiziert, die größere Zusammenhänge sucht und damit die Relativität und Begrenztheit des kleinen Ich wahrnimmt.
Die andere Richtung ist die der Identifikation, des Hineingehens in die Erlebnisse, auch wenn sie noch so klein und unbedeutend bzw. angsterregend erschein mögen.
Beide Zugänge haben ihren Wert, jedoch sind sie nicht beliebig anwendbar. Hineingehen im falschen Augenblick kann zuviel Angst auslösen, damit Widerstand. Unangemessenes Disidentifizieren kann die Erlebnisse relativieren und mögliche Erfahrungen damit verhindern.

ren Stadium der Psychosynthesis angewandt wird. Auf dieser Anfangsstufe jedoch ist es nur ein Test im Rahmen der Einschätzung; später wird es eine Technik, ein Gefühl für die richtigen Größenordnungen in der Erlebniswelt des Patienten zu vermitteln.

Für diesen »Kosmischen Test« ist eine beliebige Auswahl aus den vielen zur Verfügung stehenden astronomischen Photographien geeignet, besonders einige Bilder der Galaxien, wobei man darauf hinweisen kann, daß sie aus Millionen von Sonnen bestehen und daß diese Galaxien zahllos sind.

Ein spezifischeres und effektiveres Mittel gibt es in Form eines Buches von Kees Boeke, *Kosmische Ansicht – das Universum in vierzig Sprüngen* (20), zuerst in Kurzform im UNESCO-Courier vom Mai 1957 veröffentlicht. Obwohl das Buch eigentlich für Kinder geschrieben wurde, können seine Illustrationen gut auch für Erwachsene benutzt werden.

Wird dieses Material für den Test verwendet, schlagen wir vor, mit Abbildung 9 anzufangen, dem Planeten, und damit den größeren Zusammenhang herauszuarbeiten, den Platz unseres kleinen Planeten im Sonnensystem, in der Milchstraße und im Universum. Während das Bild gezeigt wird, kann gleichzeitig ein kurzer Auszug aus der Beschreibung des Autors vorgelesen werden. Wenn man bei dem letzten Bild der Serie anlangt, kann der Patient gefragt werden: »Was ist Ihre persönliche Reaktion auf dieses Erleben der Unermeßlichkeit des Universums?« Die Reaktionen des Patienten sind manchmal wahrhaft dramatisch, wobei wir natürlich nicht nur auf die verbalen Äußerungen achten, sondern sein gesamtes Verhalten beobachten, auch die subtilen emotionalen Reaktionen.

Später, wenn Boekes Buch im Rahmen der Technik angewendet wird, die das Gefühl für die richtigen Proportionen vermittelt, stellen wir alle Abbildungen von Anfang an vor und lassen danach die Reihe von Bildern folgen, die den Menschen im Verhältnis zu immer kleiner werdenden Objekten zeigt. Mit anderen Worten: zuerst das Verhältnis des Menschen zum Makrokosmos und dann zum Mikrokosmos. Dieses Vorgehen ist sehr aufschlußreich, sehr einfach und schnell.

DIE ERFORSCHUNG DES UNBEWUSSTEN

Assoziationstest

Bei der Erforschung des Unbewußten kommen wir zu psychoanalytischen Techniken im engeren Sinn. Die erste Technik, die eingesetzt wird, ist die Assoziationsmethode, die Reaktion des Patienten auf eine Reihe von Reizwörtern. Mit Modifikationen, auf die ich weiter unten eingehen werde, habe ich Jung's »Hundert Wörter« verwendet, die er zu Beginn seiner psychoanalytischen Praxis entwickelte und über die er in seinen *Diagnostischen Assoziationsstudien* (64 a) berichtet hat. Mit einigen Ergänzungen haben sie sich als sehr fruchtbar erwiesen, wobei »Überblick« etwa im Sinn systematischer Probebohrungen bei der Ölsuche gebraucht wird.

Durch dies Sondieren mit Reizwörtern treten häufig die Hauptkomplexe deutlich zutage und es werden Punkte angezeigt, wo es sich lohnt, tiefer zu gehen.

Beim Studium der Reaktionen des Patienten achten wir vor allem auf die Komplex-Merkmale, Hinweise auf Komplexe. Das erste und aufschlußreichste Symptom ist die Verlängerung der Reaktionszeit, d.h. verzögerte oder gar ausbleibende Antwort. Jung registrierte bei seinen Untersuchen sorgfältig die Reaktionszeit.

Jedoch ist ein kurzes Zögern bei der Beantwortung nicht immer bezeichnend, da es verschiedene Ursachen haben kann; so ist zum Beispiel die Reaktionszeit auf abstrakte Begriffe gewöhnlich etwas länger als auf konkrete und vertraute Worte, die Reaktion auf lange Worte ist oft ein wenig länger als auf kurze Worte und so weiter. Um für den Zweck der Analyse relevant zu sein, muß die Verzögerung deshalb deutlich und damit klar erkennbar sein, ohne daß irgendwelche Messungen nötig wären.

Andere Anzeichen eines Komplexes sind emotionale Reaktionen mit ihren psychosomatischen Symptomen, wie kurzes nervöses Auflachen oder Zeichen der Verlegenheit und – sogar noch aufschlußreicher – das Ausbleiben jeder Reaktion. Das Assoziationsexperiment wird im allgemeinen in zwei Sitzungen mit je 50 Wörtern durchgeführt; bei manchen Patienten mag es jedoch ratsam sein, vier Sitzungen mit je 25 Worten zu wählen. Während einer bestimmten Zeitspanne habe ich damit experimentiert, zu jeder der 50-Worte-Sitzungen noch weitere 10 Wörter hinzuzufügen, von denen drei oder vier eine Beziehung zu möglichen spezifischen Komplexen oder Schwierigkeiten des Patienten hatten und die der Autobiographie oder anderen Techniken der allgemeinen Einschätzung entnommen waren. Die Modifikation, die mir im Augenblick am hilfreichsten scheint, ist der aufeinanderfolgende Gebrauch einer Reihe von Wörtern (meist 20), die ausgewählt wurden, um Reaktionen auszulösen, die den spezifischen vermuteten Komplexen entsprechen oder die weitere Reaktionen hervorbringen und damit andere Komplexe oder unbewußte Inhalte anzeigen, irgendein spirituelles oder seelisches Problem. Diese Technik hat sich als sehr aufschlußreich erwiesen.

Eine allgemeine Anmerkung, die in diesem Zusammenhang wichtig ist, bezieht sich auf die meisten Techniken, die in diesem Handbuch erwähnt werden, ist aber in diesem Stadium von besonderer Bedeutung. Es geht darum, ob der Therapeut die Ergebnisse des Assoziationsexperiments mit dem Patienten diskutiert oder nicht. Auf diese Frage gibt es kein definitives »ja« oder »nein«, denn es handelt sich hier um einen Teil der Techniken, der flexibel gehalten und jedem einzelnen Fall individuell angepaßt werden sollte. Manchmal können die Reaktionen analysiert werden, ohne daß wir dem Patienten offen mitteilen, was wir gefunden haben. Manchmal gehen wir nicht einmal in derselben Sitzung darauf ein; in anderen Fällen erörtern wir die Funde mit dem Patienten und betreten dann sofort das Gebiet der Tiefenpsychologie. Der Weg, der eingeschlagen wird, hängt völlig von den individuellen Charakteristiken des Patienten ab. Es gibt Patienten, die keine Vorstellung von Psychologie haben und andere, die schon verschiedene psychotherapeutische Behandlungen durchgemacht haben. Deshalb muß dieser Teil der Technik entsprechend variiert werden. Es hängt sehr vom psychologischen Typ des Patienten ab, seinem Bildungsniveau und seiner Einstellung zu diesen Dingen.

Als allgemeine Regel kann gesagt werden, daß dem Patienten nur das erzählt werden sollte, was wirklich nützlich und wünschenswert für den therapeutischen Zweck ist; wir sollten nicht der Versuchung einer theoretischen Befragung oder Untersuchung erliegen, die keinerlei Nutzen für den Patienten hätte, vielleicht sogar schädigend ist, die Behandlung unnötig verlängert oder auf Nebengleise führt. Deshalb sind die Erklärungen und Interpretationen, die wir dem Patienten mitteilen, in der Hauptsache solche, die für die nächste Technik oder Stufe der Behandlung notwendig sind.

Träume

Eine der bekanntesten und verbreitetsten Techniken zur Erforschung des Unbewußten ist die Traumerforschung, wie sie von Freud und seinen Schülern entwickelt wurde. Ich will hier keine Diskussion von Freuds System der Traumdeutung beginnen, möchte aber darauf hinweisen, daß Träume zwar tatsächlich Zugang zum Unbewußten gewähren, aber – wie ich oft festgestellt habe – nur zu einem Teil desselben. Bei vielen Personen ist nur ein Teil ihres Unbewußten in der Lage oder daran interessiert, sich in Form von Träumen auszudrücken.

Es gibt viele Arten von Träumen, unterschiedlich in Typus, Qualität und Bedeutung. In meiner Praxis bitte ich die Patienten, ihre Träume eingehend mitzuteilen und ich gebe ihnen die für die Analyse nötigen Anweisungen, aber ich weise entschieden darauf hin, daß Traumdeutung nur eine der Techniken ist und nicht die wichtigste.[9]

---

[9] Heute wird man mit Träumen eher in der Form der Gestalt-Arbeit umgehen, wobei der Traum in der Gegenwart erzählt wird und dann in unmittelbarem Erleben weitergeführt wird. (Siehe z.B. Polster, 101, S. 248-259) Der übliche Gestalt-Ansatz, alle Trauminhalte auf der Subjekt-Stufe zu deuten (d.h. als Ausdruck von Aspekten des Träumers) ist allerdings nicht immer sinnvoll. In der Transpersonalen Psychotherapie wird ein Traum vielfach Ausgangspunkt eines gelenkten Tagtraumes sein.
Insgesamt habe ich den Eindruck, daß die Bedeutung des Traumes für die therapeutische Arbeit zunehmend geringer wird. Nur selten führt die Traumarbeit in Bereiche, die nicht auch sonst erreichbar wären, insbesondere wenn – wie in der Transpersonalen Psychotherapie – zum Teil in der Therapie veränderte Bewußtseinszustände induziert werden.
Ausnahmen sind Träume mit transpersonalen Inhalten, die jedoch meist keiner weiteren Bearbeitung bedürfen.

Projektive Techniken

Wir wollen uns jetzt kurz den Ausdruckstechniken zuwenden, wie etwa freies Zeichnen, freie Bewegung, Tonmodellieren usw. und einigen projektiven Techniken, wie z.b. dem Thematischen Apperzeptionstest (TAT) und dem Rorschachtest. Diese projektiven Techniken werden »Tests« genannt, wurden also eher für diagnostische Zwecke entwickelt, für die differentielle Psychologie (die psychologische »Typen« unterscheidet) als für direkt therapeutische Zwecke. Zwar überschneiden sich beide Möglichkeiten, aber es sind im wesentlichen diagnostische Tests; sie werden deshalb häufiger von Psychologen eingesetzt, die eine »Labor-Mentalität« haben als von solchen mit einer »Therapie-Mentalität«.

Freies Zeichnen, Modellieren mit Ton und Bewegung als aktive Techniken sind mehr Ausdruckstechniken, die natürlich Aufschluß über unbewußte Prozesse geben können und tatsächlich geben, aber mehr als diagnostischen Wert haben. Wir werden uns ihnen später ausführlicher zuwenden, in dem ihnen angemessenen Kontext.[10]

TAT (Thematischer Apperzeptionstest)

Eine Bemerkung zum TAT scheint angebracht, da er weit verbreitet ist. Ich habe ihn benutzt und herausgefunden, daß er die überbewußten Ebenen nicht anspricht. Die TAT-Bilder sind mit der Absicht ausgewählt, die üblichen, bekannten Komplexe zum Vorschein zu bringen, nicht jedoch höheres Streben oder höhere Probleme oder irgendwelches verdrängtes überbewußte Material. Deshalb benutze ich in der Praxis andere Bilder, ausgewählt unter dem Gesichtspunkt, solch höheres Material zum Vorschein zu bringen.

---

[10] Die Arbeit mit kreativen Techniken in der Psychotherapie ist ein Gebiet, das noch sehr in den Anfangsstadien ist. Wichtig sind vor allem geeignete erlebnisaktivierende Methoden, mit dem kreativen Material umzugehen, d.h. es genügt nicht, den Prozeß mit einigen Deutungen zu versehen, wie das vielfach geschieht. So kann z.B. die Verbindung von kreativer Arbeit mit Gestalt-Techniken sehr tiefe Bereiche verfügbar machen. (Vgl. Katharina Martin, 81.)

Zum tatsächlichen Vorgehen während der Therapie: Es ist günstiger, die Anweisungen mit Bedacht vage zu halten und zum Beispiel zu fragen:»Was löst dieses Bild in Ihnen aus? Was fällt Ihnen dazu ein? Lassen Sie Ihrer Vorstellungskraft freies Spiel.« Auf diese Weise verlangen wir nicht direkt eine persönliche Reaktion, denn nach einer bestimmten Geschichte zu fragen, wie beim TAT, mag einen Patienten mit geringer Vorstellungskraft hemmen. Wir versuchen auf diese Weise einen glücklichen Mittelweg zwischen der Ausarbeitung einer Geschichte und einer persönlichen Reaktion zu finden; tatsächlich antworten jedoch einige Patienten persönlich, fast heftig, während andere sich anhand des Materials in eine Art Tagtraum versetzen. Beide Reaktionen sind aufschlußreich.

Katathymes Bilderleben (KB)

Das Katathyme Bilderleben, von Hanscarl Leuner entwickelt und angewendet, ist sowohl eine psychodiagnostische als auch psychotherapeutische Technik. Der Patient läßt sich dabei in einem bequemen Stuhl oder auf einer Couch nieder; er wird gebeten, seine Augen zu schließen und wird mit irgendeiner Methode zur Entspannung angeleitet. Dann soll sich der Patient eine Standardreihe von zwölf symbolischen Situationen vorstellen, die verbal vom Therapeuten eingeführt werden. Die bisher erzielten Ergebnisse in diagnostischer und auch in therapeutischer Hinsicht weisen darauf hin, daß es sich um eine wertvolle Technik handelt.[11]

---

[11] Das Katathyme Bilderleben ist in Deutschland inzwischen recht bekannt; Leuner hat sogar eine eigene therapeutische Vereinigung gegründet (AGKB: Internationale Gesellschaft für Katathymes Bilderleben und imaginative Verfahren in Psychotherapie und Psychologie, Göttingen.)
Nachdem die Orientierung zunächst mehr diagnostisch war, wird heute neben der Vorgabe von Bildern durchaus auch freier mit spontan produzierten Bildern gearbeitet (s. Leuner, 73).
Der Deutungs- und Verständnisrahmen ist jedoch im psychoanalytischen Denken verhaftet, deswegen werden die inneren Bilder meist in regressiver Weise interpretiert und gelenkt. In dem vorgestellten Schema Patient/Klient/Suchender ist dann eine Arbeit nur mit Patienten möglich.
Die innere Bildwelt ist meiner Erfahrung nach jedoch genuin auf transpersonale Erlebnisbereiche hin angelegt (insbesondere sofern die Richtung nach oben und nach unten einbezogen ist). Dieselbe Technik kann dann je nach Persönlichkeit regressive Erlebnisse hervorrufen oder transpersonale. Ich habe selbst miterlebt, wie die Fehlinterpretation transpersonaler Erlebnisse im

Freies Zeichnen

Eine weitere fruchtbare Technik für die Erforschung des Unbewußten ist die des freien Zeichnens. Das ist nicht überraschend, denn Schreiben war ja ursprünglich Zeichnen. Die ältesten Schriften waren Bilderschriften und das Unbewußte, das in gewisser Hinsicht primitive und archaische Züge hat, verwendet eher oder lieber Bildsprache, benutzt Symbole. Abstrakte Worte sind ja meist Symbol für etwas Konkretes. Es ist daher nicht überraschend, daß freies Zeichnen das Unbewußte sozusagen lockt, sich darin frei zum Ausdruck zu bringen. Diese Technik zieht somit unbewußte Inhalte auf die Ebene des Bewußtseins und dient gleichzeitig als aktive Methode der Psychosynthesis. Hier allerdings werden wir uns nur auf die erste Funktion beziehen, unbewußte Inhalte an die Oberfläche zu bringen.

Um freies Zeichnen anzuregen, sagen wir dem Patienen, er solle Papier oder einen Block von recht großem Format und eine Schachtel Farbstifte bereitlegen. Wir fordern ihn auf, sich vor das Papier hinzusetzen mit allen Farbstiften zur Hand; dann soll er einfach anfangen zu spielen, automatisch verschiedene farbige Linien zu zeichnen, »es geschehen lassen« in einer freien, entspannten, verspielten Stimmung und mit Neugier sehen, was geschehen wird. Wir betonen dabei, daß wir keinen Wert auf

---

regressiven Sinne zu einer Blockade des therapeutischen Prozesses und zu schweren Krisen geführt hat.
Deshalb gehören meiner Meinung nach diese Techniken in die Hand eines Therapeuten, der den transpersonalen Erfahrungsbereich einbezieht und ihn selbst beschritten hat. Sonst kann die Anwendung zur Verkürzung der Erfahrung des anderen führen, schlimmstenfalls ihn sogar in destruktive Phasen (bis hin zu Suizidversuchen) führen.
Jedenfalls stellt die Technik des gelenkten Tagtraumes mit den wichtigsten Bestandteil in der heutigen Praxis der Psychosynthesis und der Transpersonalen Psychotherapie insgesamt dar. Bilder vorgeben wird man jedoch nur selten, vor allem als Gruppenübung (so z.B. die Bergbesteigung). Sonst wartet man, bis Bilder spontan entstehen und vertieft diese dann in ermunternder, akzeptierender Weise. Voraussetzung ist, daß sich der Therapeut vom eigenen Erleben her in der jeweiligen »Landschaft« sehr gut auskennt. Starre Symbolinterpretationen sind nicht angebracht, denn die individuelle Spielbreite ist erstaunlich breit. Dennoch sind die geistigen Grundlagen, Dimensionen und Richtungen stets die gleichen.
Einen guten Überblick über die Techniken der inneren Bildwelt gibt Martha Crampton (30 a, b), die Begründerin des kanadischen Psychosynthesis-Instituts (Montreal).

künstlerische Gestaltung legen, nicht auf etwas von ästhetischem Wert aus sind, denn im allgemeinen kommt sofort der Einwand: »Aber ich kann doch nicht zeichnen«, und wir antworten: »Um so besser. Jede akademische Unterweisung oder Übung in künstlerischem Zeichnen wäre ein Nachteil und müßte geradezu verlernt werden. So ist die Tatsache, daß Sie noch ganz unbeeinflußt sind, in diesem Zusammenhang vorteilhaft, es ist ein Vorteil, kein Hindernis.«

So leiten wir den Patienten an, sich nicht vorher zurechtzulegen, was er zeichnen wird, denn das würde einen freien Fluß unbewußten Materials verhindern. Wenn er andererseits jedoch feststellt, daß er beginnt, fast wie automatisch angetrieben zu sein und nur sehr wenig Kontrolle über seine Hand hat, mag es ratsam sein, ihn zu bitten, aufzuhören, wenn wir es z.B. mit jemandem zu tun haben, der zur Dissoziation tendiert. Bevor wir ihn jedoch unterbrechen, sollten wir ihn auffordern, hellwach zu sein und nicht in eine Hypnose oder Halbtrance zu verfallen und eingehend das zu betrachten, was seine Hand getan hat. Ich glaube nämlich, daß eine unabhängige Aktivität des Unbewußten bis zu einem gewissen Grad ein normaler Zustand ist.

Hypnose

Eine andere Technik der Erforschung des Unbewußten, die chronologisch gesehen in der Geschichte der Psychoanalyse die erste war, ist die Hypnose. Bekanntlich fanden Breuer und dann Freud die Ursache bestimmter neurotischer Symptome durch Hypnose heraus – dies war der Beginn der Erforschung und Praxis der Psychoanalyse. In der Hypnose wird das Wachbewußtsein ausgeschaltet; deshalb kann das Unbewußte frei hervorkommen. Aber diese Technik hat große Nachteile; sie tendiert dazu, den Patienten unnötig zu dissoziieren, ihn zu passiv zu machen und zu abhängig vom »Therapeuten-Hypnotiseur« und es macht ihn sehr weitgehend zugänglich für dessen Suggestionen, auch unbewußter Art. Darüber hinaus ist Hypnose meiner Meinung nach (abgesehen von den weiter unten erwähnten Ausnahmen) nicht nötig.

Gewissermaßen mit der Hypnose verbunden ist die Narkoanalyse, die bisher und auch heute noch eine Art Kurzanalyse eingesetzt wird. Auch sie hat ähnliche Nachteile wie die Hypnose. Des-

halb verwenden wir solche Methoden nicht aktiv, aber wir arbeiten mit und ermutigen sogar leichte hypnoide Zustände, die bei tiefer Entspannung auftreten, wobei unbewußtes Material spontan zutage tritt.
Übrigens bin ich nicht dafür, daß Hypnose ganz ausgeschaltet werden sollte. Die Erfahrung hat klar gezeigt, daß sie gut als Anästhetikum verwendet werden kann, in der Zahnarztpraxis und bei kleineren operativen Eingriffen, besonders wenn das Herz oder der sonstige körperliche Zustand des Patienten gegen den Gebrauch herkömmlicher anästhetischer Mittel sprechen oder wenn diese Mittel nur in minimaler Dosis verwendet werden können.
In solchen und ähnlichen Fällen glaube ich, daß die Verwendung von Hypnose nicht nur gerechtfertigt ist, sondern sich als echte Hilfe erweist. Das gleiche gilt für das Ausschalten von störenden Symptomen, wie z.B. ständiges Erbrechen während der ersten Zeit der Schwangerschaft oder zwanghafter Schluckauf.

Gefahren und Schwierigkeiten

Es gibt Gefahren bei der Erforschung des Unbewußten, auf die aufmerksam gemacht werden muß. Die erste und bedeutendste ist das Freisetzen von Impulsen und Gefühlen, die im Unbewußten eingeschlossen waren und die das bewußte Ich überschwemmen können, bevor es bereit und vorbereitet ist, kompetent, sie aufzunehmen, zu kontrollieren und nutzbar zu machen. Es ist die Situation des »Zauberlehrlings«. Erinnern wir uns daran, daß Adler zurecht darauf hingewiesen hat, daß eine Neurose oft ein Abwehrmechanismus oder eine Abwehrstruktur ist, die destruktive, bedrohliche oder auf andere Weise übermächtige Triebe in sicheren Grenzen hält. Deshalb müssen wir beim Versuch, diese Abwehrmechanismen aufzuheben, bereit sein, dem Patienten zu helfen, mit den befreiten Energien fertigzuwerden – ein sehr wichtiger Punkt. Ich bin der Meinung, daß Fälle von Selbstmord oder der Entwicklung psychotischer Zustände auf ein verfrühtes und unkontrolliertes Freisetzen explosiver Impulse und Gefühle aus dem Unbewußten zurückgeführt werden können.[12]

---

[12] Das Vorhandensein solcher Impulse wird man vor dem Hintergrund des Menschenbildes der Humanistischen und Transpersonalen Psychologie an-

Eine weitere Gefahr – weniger ernst, aber auch wichtig – ist das Zunehmen von Dissoziation, das Betonen der Vielfalt und der Trend zur Regression in primitive Stadien, ein Verlieren des Selbst im großen Meer des Unbewußten.

Ein dritter Nachteil kann die exzessive Beschäftigung mit der eigenen Person sein, ein übermäßiges Interesse am Unbewußten, das in übersteigerte Introversion mündet, in morbide Selbstanalyse.

Eine weitere, vierte Gefahr ist die der Exaltation, leidenschaftlicher Erregung. Das Einströmen gewaltiger psychischer Kräfte kann ein Gefühl von Erhabenheit vermitteln, der Macht des persönlichen Selbst, das aufgebaut wird. C. G. Jung nannte das pointiert »psychische Inflation«, die er ausführlich in *Die Beziehung zwischen dem Ich und dem Unbewußten* beschreibt (64 c).

Die häufigen Fälle spontaner Einbrüche und das Überfließen unbewußter Aspekte in die bewußte Persönlichkeit bestätigen die hier erwähnten Gefahren. Sie treten auf in der sogenannten »Manie«, gekennzeichnet durch übersprudelnde unzusammenhängende Ideen, die in den Bewußtseinsstrom fließen und ihrem Gegenteil, der Depression, in der negative Inhalte des Unbewußten das Bewußtseinsfeld anfüllen. In anderer Art geschieht dies auch bei schizophrenen Störungen.

Abgesehen von diesen psychotischen Zuständen sind die Gefahren bei all jenen größer, die parapsychologische Fähigkeiten haben (sensitiv oder medial begabt), wobei das Verschmelzen von Bewußtem und Unbewußtem viel ausgeprägter ist als normalerweise der Fall. Das gilt auch für Künstler, die in gewissem Sinn auf die Inspiration des Unbewußten für ihre Kreativität angewiesen sind, und es gilt auch für einige Mystiker der mehr passiven, negativen Art.

---

ders interpretieren – wenn man tiefer geht, tauchen dahinter in der Regel die bisher verschütteten konstruktiven Kräfte auf.
Mit dem »verfrüht« und »unkontrolliert« in Assagiolis Darstellung stimme ich voll überein – wenn destruktive Prozesse in der Therapie auftreten, so gehen sie stets zu Lasten des Therapeuten; er hat dann in unangemessener Weise mit noch nicht bewußten Aspekten konfrontiert, hat den Prozeß zu stark beschleunigt usw. In einer vorsichtigen, prozeßorientierten Vorgehensweise treten ernsthafte Krisen normalerweise nicht auf.

Fraktionierte Analyse

Vorsichtsmaßreglen müssen getroffen werden, und die Psychosynthesis hat eine ganz bestimmte Weise, einige dieser pathologischen Reaktionen auf die Erforschung des Unbewußten zu vermeiden, insbesondere durch das, was ich »fraktionierte Analyse« nenne, d.h., nicht mit der Analyse des Unbewußten zu beginnen, sondern mit der Erforschung des Bewußten, der Stärkung der bewußten Persönlichkeit und darüber hinaus mit dem Herstellen einer positiven Beziehung zwischen Therapeut und Patient. Deshalb beginnen wir, wie beschrieben, mit der Erforschung des Bewußten. Danach wird die Erforschung des Unbewußten sozusagen »in Raten« vorgenommen, d.h. ein Teil der Sitzung wird einer bestimmten exploratorischen Technik gewidmet, dann wird das unterbrochen und andere Techniken, die sich mit dem Bewußten beschäftigen, werden verschwendet. So ist das Ausmaß der Analyse, der Erforschung des Unbewußten, während der Behandlung relativ beschränkt und es wird darauf geachtet, daß die jeweils vom Unbewußten ins Bewußtsein abgegebene Energiemenge sofort behutsam bearbeitet wird; sie wird kontrolliert, umgewandelt oder in verschiedenen Ausdrucksformen nutzbar gemacht.

Ein weiterer Punkt ist, daß wir keine gründliche, vollständige, erschöpfende Erforschung des Unbewußten anstreben. Ich halte es für die Therapie und die Psychosynthesis nicht für nötig, fast pedantisch in jede kleine Ecke des Unbewußten zu schauen, es völlig zu »reinigen«. Ich meine, daß wir – wie es normale Menschen im allgemeinen tun – ein bestimmtes Maß an nichtanalysiertem unbewußten Material bewahren können, solange es sich ruhig verhält und nicht mit einem normalen Leben und den täglichen Aktivitäten in Konflikt gerät. Wir streben hier keine Perfektion an; dies erklärt das Paradox der kürzeren Zeit, die die Psychosynthesis im Vergleich zur klassischen Psychoanalyse braucht. Nach einem bestimmten Maß von Analyse, ausreichend für die unmittelbare Situation des Patienten, schließen wir vorläufig ab; wenn etwas wirklich Störendes im Unbewußten verblieben ist, wird es sich durch Widerstände und andere Symptome im Verlauf der folgenden Behandlung bemerkbar machen. Wenn sich das Unbewußte wieder in die Offensive begibt, Widerstand oder Symptome produziert, dann beginnen wir eine neue Phase der Analyse, um diese Schwierigkeiten oder den Block zu beseitigen.

Diese Abfolge wird wiederholt, so wie es die Umstände fordern, sogar gegen Ende der Therapie. Ich nehme den praktischen Standpunkt ein: Wenn das Unbewußte stört, muß ihm Aufmerksamkeit geschenkt werden; verhält es sich ruhig, starten wir keine systematische Offensive.

V. PERSONALE PSYCHOSYNTHESIS

1. Katharsis

Wir wenden uns jetzt einer Reihe von Techniken zu, die beitragen, übermäßige Energien in den Griff zu bekommen, die durch die Erforschung des Unbewußten freigesetzt wurden; sie helfen auch dabei, mit einem Übermaß an Emotionen umzugehen, über das viele Menschen verfügen oder das von einem äußeren Stimulus (einer Situation oder Person) hervorgerufen werden kann. Der Katharsis wurde auch in der psychoanalytischen Behandlung viel Bedeutung beigemessen und sie wurde viel eingesetzt; ein berühmtes Beispiel ist der Fall der Anna O., der von Breuer und Freud in den klassischen »Studien über Hysterie« beschrieben wurde. Dieser Fall zeigt eine wichtige Tatsache: nicht die bloße Bewußtmachung von unbewußten Inhalten führte die Heilung herbei (d.h. ein Verschwinden der Symptome), sondern die gleichzeitige emotionale Entladung.

Erneutes Durchleben

Diese grundlegende Technik ist sehr einfach. Sie besteht darin, den Patienten aufzufordern, so realistisch wie möglich die Szene oder Situation wieder durchzuleben, die die emotionale Störung hervorbrachte, wobei die Gefühle eine freie psychosomatische Entladung finden. Dieser Prozeß kann mehrmals wiederholt werden, bis die Intensität des emotionalen Ausbruchs allmählich nachläßt und sich schließlich erschöpft.

Anwendbarkeit und Grenzen dieser Technik sind leicht zu verstehen. Äußerst nützlich ist sie in Fällen eines klar definierten traumatischen Erlebnisses oder auch wenn die Situation des Patienten durch nichtausgelebte emotionale Spannung gekennzeichnet ist. Sie schafft wohl Erleichterung, die einige Symptome beseitigen kann, darf jedoch nicht schon als Heilung betrachtet werden. Sie beseitigt nicht die Ursachen, welche die Symptome hervorbrachten und zur Anhäufung emotionaler Spannung führte.[13]

Die günstigsten Bedingungen für das Einsetzen dieser Technik sind dann gegeben, wenn der Patient auf einer Couch ausgestreckt liegt im Zustand der Entspannung und mit geschlossenen Augen; dann wird er aufgefordert, sich an das Ereignis zu erinnern, nicht wie ein Zuschauer, sondern als Teilnehmer oder lebendig Handelnder. Es ist wichtig, die Erfahrung wirklich erneut zu durchleben, sich genauestens zu erinnern und dabei den freien Fluß der Gefühle zuzulassen, anstatt zu versuchen, sie zu kontrollieren, wie es der Patient vielleicht in der damaligen Situation tat.

Dieser Prozeß kann – technisch gesehen – sehr komplex sein. Es handelt sich um einen Identifikationsprozeß, ein erneutes Durchleben einer Begebenheit, das zusammengesetzt sein kann aus Empfindungen, Worten und Bildern. Deshalb schlagen wir dem Patienten nichts so Spezifisches vor wie etwa, sich die Szene bildhaft vorzustellen oder die Worte wieder zu hören usw. Wir sagen ihm nur »Stellen Sie sich vor, daß Sie wirklich wieder in der Situation sind – daß Sie diese Erfahrung erneut durchleben.« Je nachdem ob der Patient ein visueller oder auditiver Mensch ist, wird er entweder das eine oder das andere hervorheben, aber das ist nicht wichtig. Das Wesentliche besteht darin, daß er sich in die gegebene Situation versetzt; ihn zu auditiven oder visuellen Vorstellungen zu ermuntern, würde seine Aufmerksamkeit von der tatsächlichen Identifikation mit jenem Ereignis ablenken.

Dieselbe Technik – in der Vorstellung ein Ereignis oder eine Situation zu erleben und die dabei auftauchenden Gefühle frei

---

[13] Das »erneute Durchleben« kann als eine Haupttechnik der Gestalt-Therapie angesehen werden, allerdings in einer weniger schematischen, fließenderen Form. Die Aufforderung geht vor allem nicht dahin, den anderen »in die Vergangenheit zu schicken«, wie das die Instruktion des »Wieder-Durchlebens« nahelegt, sondern vielmehr die Vergangenheit als unmittelbar in der Gegenwart lebendig erfahrbar zu machen. Dann ist es ein echtes Arbeiten an den Ursachen, nicht nur – wie in der Beschreibung Assagiolis – Erleichterung schaffendes Ausagieren von traumatischen Erlebnissen. Der Therapeut wird sich daher stets bemühen, zum Schließen »offener Gestalten« anzuregen, denn er weiß z. B., daß nach einer Phase extremen Ausdruckes von Haß (vielleicht zum erstenmal empfunden), etwa gegenüber der Mutter, eine neue und überraschende liebevolle Empfindung zutage treten kann.

sich ausdrücken zu lassen – kann auch zukünftige Ereignisse angewandt werden, vor denen sich die Person vielleicht fürchtet, deren Erwartung Angst auslöst. Da diese Technik jedoch Teil einer komplexeren Übung ist, werden wir sie später ausführlich behandeln.

Verbaler Ausdruck

Eine andere kathartische Technik, die vom Patienten oft spontan gebraucht wird, ist die der verbalen Äußerung. Es ist bekannt, daß jemand, der sich in Gefahr befunden hat – etwa in einem Autounfall oder Flugzeugunglück – eine fast zwanghafte Neigung dazu hat, dieses Ereignis auf dramatische Weise mit starkem Gefühlsausdruck mitzuteilen, und zwar mehrfach. Dies ist ein selbsttherapeutischer Prozeß, denn nach einer gewissen Anzahl von Wiederholungen haben sich die Emotionen entladen – bei jedem Erzählen ein wenig.

Natürlich können auch andere Elemente eine Rolle spielen, die nicht therapeutischer Art sind; die Person kann z.B. das Ereignis benutzen, um die eigene Wichtigkeit zu demonstrieren, um die Aufmerksamkeit anderer auf sich zu ziehen, um sich selbst in den Mittelpunkt zu rücken. Das ändert jedoch nichts an der tatsächlichen Entladung von Emotionen; sogar die Genugtuung, das Interesse anderer auf sich selbst zu lenken, hat dann therapeutische Wirkung. Dies geschieht bei manchen Patienten auch in therapeutischen Sitzungen; sie wiederholen immer und immer wieder die gleichen Klagen, dieselben Ereignisse und Sorgen. Manchmal ist das wertvoll, manchmal muß es jedoch beendet werden, vor allem bei hypochondrischen Patienten, die auf diese Weise Aufmerksamkeit erlangen wollen. Dann ist es auch keine wirkliche emotionale Entladung und häufig zeigen sie auch nicht die psychosomatischen Symptome eines Nachlassens der Gefühle; es handelt sich um eine introvertierte Haltung masochistischer Selbstgefälligkeit mit Drang, Mitleid und Interesse zu erwecken. Die psychologische Wirkung ist hier anders, da die innere Haltung unterschiedlich ist.

Schreiben

Eine andere Technik, Gefühlen auf therapeutische Weise Erleichterung zu verschaffen, ist das Schreiben. Wenn z.B. ein starker Groll gegen jemanden besteht, gerechtfertigt oder nicht, mag der Therapeut dem Klienten vorschlagen: »Setzen Sie sich hin und schreiben Sie einen Brief an diese Person, wobei Sie all Ihren Ärger, Ihre Entrüstung zum Ausdruck bringen und Ihr Recht fordern, ohne irgendetwas zurückzuhalten. Dann geben Sie ihn entweder mir oder verbrennen ihn.«

Diese Technik ist hilfreicher als es scheinen mag, denn sie arbeitet mit dem interessanten Mechanismus der symbolischen Befriedigung. Das Unbewußte ist zufriedengestellt durch diesen symbolischen Akt der Vergeltung in Form von Schreiben. Man sollte sich immer daran erinnern, denn es ist in vielerlei Hinsicht nützlich, emotionale Spannungen zu entladen.

Tagebuch

Eine andere Möglichkeit, Schreiben als emotionale Entlastung einzusetzen, ist das Führen eines Tagebuchs. Einige Kritik, meiner Meinung nach ungerechtfertigt, ist gegen Tagebücher geäußert worden – sie seien nur etwas für sentimentale und müßige Menschen und ermutigten exzessive Introversion; das ist nicht notwendig so. Es ist eine Tatsache, daß viele starke und aktive Menschen Tagebuch geführt haben. Natürlich kann ein Tagebuch verschiedenen Zwecken dienen; hier beziehen wir uns nur auf den Vorteil der ständigen Entladung von Emotionen, die durch aktuelle Situationen ausgelöst werden.

Die Tatsache, daß Emotionen freigesetzt und in gewissem Sinn in dem Tagebuch »akkumuliert« werden, läßt das Problem aufkommen, welche Wirkung solche Niederschriften auf andere haben können. Um es ganz unverblümt zu sagen: diese Wirkungen können regelrecht psychologisch vergiftend sein. Deshalb trägt derjenige eine große Verantwortung, der schriftliche Äußerungen mit solch machtvoller emotionaler Ladung veröffentlicht oder anderen zugänglich macht. Wir kennen ein historisches Beispiel dafür in Goethes *Die Leiden des jungen Werther*. Wie bekannt erlebte der jugendliche Goethe eine leidenschaftlich romantische Phase und verliebte sich in eine verheiratete Frau, von der er nicht hoffen konnte, sie zu heiraten. Nachdem diese Beziehung zerbrach und er entsagte, machte er eine Zeit tiefer Depression durch und hegte Selbstmordgedanken; da er jedoch literarisches Talent besaß, ergoß er in seinen Roman all seinen seelischen Schmerz und sein unerfülltes Verlangen. Das tragische Ergebnis war, daß mehrere junge Männer Selbstmord begingen, nachdem sie den »Werther« lasen. Es ist nicht nötig, die möglichen Rückschlüsse aus diesem Beispiel abzuleiten; es handelt sich auch durchaus nicht um einen isolierten Fall.

Es ist deshalb gut, den Patienten anzuregen, ein Tagebuch zu führen, ihn zu ermutigen, es dem Therapeuten zu zeigen, indem man ihn auf die erwähnten Vorteile aufmerksam macht: die Zeitersparnis in den Sitzungen, das Entstehen eines abgerundeteren Bildes, da er sonst vielleicht wichtige Dinge vergißt, die ihn zwischen den Sitzungen beschäftigen. Darüber hinaus ist es eine Tatsache, daß man beim Schreiben andere Seiten der Persönlichkeit ausdrückt; einige Menschen äußern sich freier und weniger gehemmt, wenn sie über heikle Themen schreiben, als wenn sie mit dem Therapeuten direkt darüber sprechen.

Der Patient wird gebeten, das Tagebuch in Loseblattform zu führen, so daß er dem Therapeuten die neuesten Seiten zu Beginn der Sitzung geben kann. Wenn es nicht zu lang ist, kann es in wenigen Minuten schnell durchgelesen und das Material sofort in dieser Sitzung verwendet werden, sonst kann es später gelesen werden und die Information wird in der folgenden Stunde verwendet.

Muskuläre Entladung

Eine andere Methode der Katharsis, die eigentlich unter die Kategorie der Transmutation fällt, die wir jedoch wegen ihrer Einfachheit hier miteinbeziehen wollen, ist die der muskulären Entladung; sie ist vor allem brauchbar bei aggressiven Impulsen und kann auch eine symbolische Bedeutung haben, die das Unbewußte zufriedenstellt.[14]

---

[14] Wichtiges Grundprinzip in den neo-reichianischen Körpertherapien, z. B. in der Bioenergetik, s. z. B. Alexander Lowen (78). Wichtig ist hierbei, daß der Therapeut die Qualität der dabei aufkommenden Gefühle nicht einseitig festlegt, z.B. auf negative Gefühle (Ärger, Wut) usw.; aus solchen Bewegungen können auch transpersonale Erfahrungen entstehen, die dann mit positiven

In vielen Fällen neurotischer Störungen können Varianten dieser Technik mit gutem Erfolg angewendet werden, vorausgesetzt, der Patient ist in der Lage (oder kann durch den Therapeuten dazu gebracht werden), eine bewußte Haltung gegenüber seinen jeweiligen Handlungen einzunehmen, eine Haltung des Unbeteiligtseins (detachment), sein eigener Zeuge sein, so daß er diese Handlungen gezielt ausführt und wenn irgend möglich mit einem Anflug von Humor. Dies macht im Grunde schon eine »Übung« aus, die verschiedene Techniken in sich vereint; ich möchte dennoch ein typisches Beispiel geben.

Ein junger Mann, Sohn eines Bankdirektors, hatte im Alter von 16 Jahren zwei verschiedene Arten von Symptomen entwickelt. Eines bestand in plötzlichen Wutanfällen, bei denen er die Möbel zuhause zerschlug. Das andere war eine Phobie gegen das Hinausgehen und allein auf der Straße zu gehen. Das letztere Symptom störte ihn besonders; er ärgerte sich, daß er diese Phobie hatte, konnte sie aber nicht überwinden.

Wir begannen die Therapie auf folgende Art. Er hatte gesagt, daß er ganz zu Beginn seiner Wutanfälle möglicherweise noch etwas tun könne, um sie zu kontrollieren, daß er jedoch nach diesem ersten Stadium machtlos sei und seine Wut nicht mehr in der Kontrolle habe. So forderte ich ihn auf, schon vorher einige Dinge zurechtzulegen, die zerbrochen oder zerstört werden konnten – er wählte einige alte Telephonbücher. Als er die ersten Anzeichen seines nächsten Wutanfalls kommen spürte, eilte er zu den Telephonbüchern und versuchte sie in Stücke zu zerreißen, indem er viele Seiten auf einmal nahm, um größere Muskelanstrengung von sich zu fordern; gleichzeitig versuchte er, die humorvolle Seite seines Tuns zu sehen und sich zu erinnern, daß er das tat, um seinem Ärger Luft zu machen. Er wiederholte dies mehrere Male bei aufeinanderfolgenden Wutanfällen, mit sehr gutem Ergebnis. Er zerbrach keine Möbel mehr und nach einigen Malen fing er gegen Ende seiner zerstörerischen Anfälle zu lachen an – sie schienen ihm lächerlich, wie er

---

Erlebnissen (Freude, Glück, Ausweitung/Expansion usw.) einhergehen. Vielfach werden solche Erfahrungen vom Therapeuten unterdrückt bzw. uminterpretiert.

Martha Crampton berichtet übereinstimmend mit meinen eigenen Erfahrungen, daß die bloße Aufforderung, den Körper in beliebiger Weise zu bewegen, sehr schnell zu tiefen Zuständen führt, die entweder regressiv oder transpersonal sind (30 c, S. 28-29).

sagte. Gleichzeitig ließ die Phobie, alleine auszugehen, nach und verschwand schließlich völlig (sie mag eine Form unbewußter Selbstbestrafung gewesen sein, hervorgerufen durch Schuldgefühle). In diesem Fall wurde keine Tiefenanalyse vorgenommen, denn es war nicht notwendig, den Patienten auf den Konflikt aufmerksam zu machen. Für den Therapeuten war es offenkundig, daß es sich hier um den typischen Konflikt zwischen dem Streben nach Unabhängigkeit und der Hemmung dieses Strebens durch einen autoritären Vater handelte. Natürlich sprach ich mit den Eltern und versuchte, sie dazu zu bewegen, ihr Verhalten zu ändern, aber ob sie es nun taten oder nicht, die therapeutische Wirkung dieser Technik auf den Sohn war sehr schnell.

Grenzen und Kontraindikationen

Abschließend sollte auf einen möglichen Nachteil oder sogar eine Gefahr der kathartischen Techniken aufmerksam gemacht werden, besonders der zuerst erwähnten, dem »erneut Durchleben«. Auf manche Menschen mag das Wiederdurchleben einer dramatischen oder traumatischen Szene genau die entgegengesetzte Wirkung der beabsichtigen haben. Eine Art Feedback-Wirkung und erneutes Anwachsen der emotionalen Spannung können anstelle einer Entladung auftreten. Das hängt vom psychologischen Typ des Patienten und seiner Einstellung ab. Es ist jedoch relativ einfach, herauszufinden, wann dies der Fall ist, und dann muß entweder die Technik fallengelassen werden oder sie muß verändert und dem Betreffenden angepaßt werden. Natürlich sollte dem Patienten bewußt gemacht werden, was sich ereignet hat und welche Veränderung vorgenommen wurde. Meist ist dann ratsam, den Einsatz dieser Technik zu verschieben, bis die Persönlichkeit ausreichend organisiert und selbstbewußt genug ist, denn zu einem früheren Zeitpunkt mag das persönliche Selbst noch nicht stark genug sein für eine tiefgehende Analyse und für die Assimilation und Regulation der emotionalen Kräfte, die durch den kathartischen Prozeß freigesetzt werden.

2. Kritische Analyse

Eine andere kathartische Technik ist die der kritischen Analyse. Das Prinzip dieser Technik wurde schon in Kapitel I erwähnt: Kritik und Analyse können in gewissem Maße Gefühle und Empfindungen kontrollieren – in bestimmten Fällen sogar aufheben.

Das Ausmaß der Kontrolle des Verstandes über die Gefühle ist relativ, es variiert in seiner Wirksamkeit je nach Persönlichkeit und psychologischem Typus; aber ein gewisses Maß an Einfluß ist stets gegeben, und dies kann erhöht werden durch bewußten, willentlichen Gebrauch und Training. Der Patient kann und sollte ermutigt werden, seinen Verstand in Form von Beobachtung und Unterscheidung einzusetzen, damit ihm die irrationalen Aspekte seiner Strebungen und Gefühle klar bewußt werden und ebenso die möglichen Nachteile und Gefahren für ihn selbst und andere, wenn sie sich unkontrolliert äußern. Der Sinn für Verantwortung, der solcher Erkenntnis entspringt – oder auch nur die bloße Furcht vor gefährlichen Konsequenzen unkontrollierter emotionaler Ausbrüche – bringen entgegengesetzte Gefühle hervor, wodurch ein elementarer Impuls oder ein starkes Gefühl oft zufriedenstellend oder sogar völlig neutralisiert werden.

Vorgehensweise

Sie können als *unpersönliche Beobachtung* beschrieben werden, die ihrerseits ermöglicht wird durch einen gewissen Grad an Disidentifikation; einige Übung darin ist deshalb nützlich, manchmal kann »Kritische Analyse« sogar als Bestandteil der Technik der Disidentifikation betrachtet werden.

Wenn der Patient in diese Technik eingeführt wird, ist es ratsam, ihm zwei grundlegende Punkte oder Möglichkeiten klar vor Augen zu führen. Erstens: eine Handlung, die einem plötzlichen Impuls, Verlangen oder intensivem Gefühl entspringt, kann sehr oft unerwünschte Wirkungen haben, die man nachträglich bedauert. Zweitens: durch wiederholte Versuche und Anstrengungen sollte er deshalb lernen, zwischen Impuls und Handlung einen Moment der Überlegung einzuschalten, einer verstandesmäßigen Beurteilung der Situation und einer kritischen Analyse seines Impulses, mit dem Versuch, seine Herkunft, seinen Ursprung zu erkennen. Wenn er dann herausfindet, daß er nicht »höheren« Ursprungs ist und daher zu einer Handlung führt, die nicht wünschenswert ist und bedauerliche Konsequenzen haben mag, muß er fortfahren, mit Hilfe dieser klaren, verstandesmäßigen Vorausschau der möglichen Wirkungen den Impuls bewußt zu kontrollieren, jedoch ohne ihn zu unterdrücken.

Es ist wichtig, sich zu vergewissern, daß der Patient die Anweisungen klar verstanden hat und Idee und Zweck dieser Phase verstandesmäßiger Reflexion und Einschätzung begreift; alle seine Fragen sollten sorgfältig beantwortet werden. Der Hinweis auf »Kontrolle ohne Unterdrückung« ist grundlegend; er bildet den Kern dieser Technik. Der entscheidende Unterschied, der auch vom Patienten verstanden werden sollte, ist, daß Unterdrückung dazu neigt, den Impuls wieder zurück ins Unbewußte zu drängen, während Kontrolle weder Furcht noch Verurteilung bedeutet, sondern Herrschaft und Regulation. Mit anderen Worten, Kontrolle erlaubt den Ausdruck, jedoch in harmloser oder nützlicher Form. Kontrolle sichert ein »Beschwichtigen« oder die notwendige Zeit, mit der nächsten Aufgabe fortzufahren, nämlich die Energie des Impulses oder Gefühls nutzbar zu machen. (Ein Nutzbarmachen dieser Energie durch Neuausrichtung oder Transmutation ist Ziel einer Technik, die später besprochen wird.) Kontrolle ist kein Zweck an sich, sondern ein Mittel, um Energien auf ungefährliche Weise zu speichern, bis man auf nützliche oder kreative Art über sie verfügen kann.

Der ganze Prozeß umfaßt vier Stadien:

1. Diese Techniken bewirken eine Bewußtheit gegenüber Impulsen, Empfindungen und Gefühlen, die bisher unbewußt gehalten wurden,
2. die Kontrolle und »Speicherung« dieser Energien,
3. ihre Transformation und Sublimation mit dem Ziel,

4. ihnen schließlich wirkungsvoll und konstruktiv Ausdruck zu verleihen.

Ich möchte hier also noch einmal betonen, daß Psychosynthesis nicht anti-analytisch ist, daß sie eine volle Anerkennung unbewußter Motive und Gefühle einschließt, ja sogar verlangt; aber zusätzlich stellt die Psychosynthesis Techniken bereit, durch welche die befreiten Energien entweder direkt Ausdruck finden – jedoch in regulierter Weise – oder in höhere Energien transformiert werden.

Indikationen und Anwendungsbereich

Der Gebrauch dieser Technik ist immer dann deutlich indiziert, wenn ein Übermaß an affektiven Energien und unerwünschten Impulsen vorhanden ist. Deshalb ist sie nicht nur nützlich, wenn der Überfluß solcher Kräfte durch die Erforschung des Unbewußten freigesetzt wird, sondern auch wenn er konstitutionell ist und dem psychologischen Typus entspricht, wie auch für solche Gefühlsaufwallungen, Reizungen oder Drangzustände, die ihren Ursprung in kollektiven Belastungen oder Einflüssen haben. Ich nehme Bezug auf die Massenpsychologie und die ständigen Suggestionen, die von Zeitungen, Radio, Fernsehen, Reklame usw. ausgeübt werden. Sie bilden eine echte Gefahr, eine ständige Quelle emotionaler Erregung, was sehr gefährlich ist und tatsächlich einen der schlimmsten Aspekte der gegenwärtigen Zivilisation ausmacht. Deshalb ist der Anwendungsbereich dieser Technik der »kritischen Analyse« sehr groß und ihre Nützlichkeit, ja sogar Notwendigkeit, ist offensichtlich.

Grenzen und Kontraindikationen

Wie jede Technik, so kann auch diese übertrieben oder unangemessen angewendet werden. Sie mag eine Belastung oder Hemmung der Handlungsfähigkeit bewirken. Sie kann eine überkritische Haltung entstehen lassen und Kritik an anderen Menschen fördern. Deshalb soll sie nur angewendet werden, wenn es wirklich sinnvoll ist und dann in streng festgelegter Weise. Diese Technik wäre kontraindiziert bei Menschen, die überintellektuell sind und vor allem bei solchen, die von sich aus extrem kritisch sind, denn es würde nur ihren sowieso schon nicht ausbalancierten Zustand intensivieren.

Um einige der Nachteile dieser Technik möglichst gering zu halten oder ganz auszuschalten, ist es gut, den Patienten, besonders emotionale Menschen, zu warnen, die kritische Analyse nicht als Vehikel oder als Projektionsfläche für auf andere gerichtete aggressive Impulse einzusetzen. Dies ist sehr wichtig, denn der Weg des geringsten Widerstandes für sie wäre, ihren Impulsen so Ausdruck zu verleihen, daß die Kritik im Dienst der Impulse stehen würde.

Eine andere Grenze der »Kritischen Analyse« ist folgende: es gibt viele Idealisten, die von ihrem Ideal der Perfektion so eingenommen sind, daß sie fast zu dessen Gefangenen werden und von sich selbst und häufiger noch von anderen Perfektion verlangen; sie kritisieren und betonen alles, was diesem Ideal der Perfektion nicht entspricht, was eventuell ein Gefühl von Frustration, Angst, Verzweiflung oder wiederum exzessiver Kritik aufkommen lassen könnte. Sie begreifen nicht, daß zwischen den gegenwärtigen Bedingungen und dem idealen Ziel viele vermittelnde Schritte liegen und daß es ausreicht, wenn sie in der Lage sind, den nächsten Schritt zu tun oder anderen dazu zu verhelfen. Man könnte dies als Haltung rechter Relativität bezeichnen, als einen weisen Kompromiß zwischen Ideal und gegenwärtiger Realität.

Wenn wir diese Frage in einem noch größeren Zusammenhang betrachten, können wir sagen, daß die Spannung, die durch den Gegensatz zwischen »Vision der Zukunft« und den gegenwärtigen Bedingungen ausgelöst wird, nur dann kreativ sein kann, wenn sie als ein Stimulus zum Handeln betrachtet und genutzt wird, als etwas Gutes und Unvermeidbares. Eine Analogie macht dies vielleicht klarer: Unser Blickfeld sollte sich immer auf einen Bereich vor unseren Füßen erstrecken; es ist schlecht, wenn unsere Sicht auf den Boden unter unseren Füßen eingegrenzt ist, ebenso jedoch kann man auf seinem Weg stolpern und fallen, wenn man die Augen ständig auf den entlegenen Berggipfel gerichtet hält. Das Auge hat die Fähigkeit, seinen Fokus und Aufmerksamkeitspunkt sehr schnell zu verändern, vom unmittelbar nächsten Schritt durch alle dazwischenliegenden bis hinauf zum Berggipfel, dem Ziel, und umgekehrt. In derselben Weise sollte unser geistiges Auge, unser personales Bewußtsein, den ganzen Bereich umfassen, vom naheliegenden bis zum weit entfernten und sich auf den Punkt oder die Entfernung einstellen, die für den jeweiligen Zeitpunkt und die spezifische Situation am günstigsten ist.

In der Praxis gibt es zwei Hauptmethoden, die angewandt werden können: die erste wäre eine Reduktion des Ideals zu einem realistischeren, erreichbareren. Das ist die Methode, die gewöhnlich empfohlen wird. Es besteht jedoch die Gefahr, daß ein hohes Ideal zurechtgestutzt wird und daher die Spannkraft abnimmt und ein ursprünglich idealistisches Ziel preisgegeben wird zugunsten eines leichter erreichbaren materialistischen Zieles. Deshalb ist der zweite Weg vorzuziehen: dem anderen zu helfen, sein Ideal zu definieren, gleichgültig wie hoch es ist, ihm jedoch gleichzeitig zu helfen, ein Teilziel oder Teilideal zu erreichen, das eher verwirklichbar ist; es soll vom Patienten definiert und herauskristallisiert werden und kann dann eventuell verwirklicht werden.

Dies kann in einer Folge von Schritten geschehen. Wenn wir zu Anfang diese Schritte klein halten, nahe genug und einfach zu erreichen, entsteht in dem Patienten ein Gefühl des Erfolges und der Leistung, das einen sehr wichtigen bekräftigenden Wert hat und in gewissem Maß Frustrationen ausschaltet und verringert. Diesem Erreichen eines Vorstellungszieles werden wir später noch genauere Aufmerksamkeit schenken.

3. SELBSTIDENTIFIKATION

Ziel

Der bewußte und gezielte Einsatz der Selbstidentifikation – bzw. Disidentifikation – ist grundlegend für die Psychosynthesis. Er entwickelt sich von einem dynamischen Zentrum aus, auf welchem der gesamte Prozeß des Synthetisierens der psychologischen Vielfalt in eine organische Einheit basiert und bietet ein sehr wirksames Mittel, die verschiedenen Elemente der Persönlichkeit zu kontrollieren. Dies beruht auf einem grundlegenden psychologischen Prinzip, das in Kapitel I angeführt wurde und hier wegen seiner zentralen Bedeutung wiederholt werden soll: »Wir werden beherrscht von allem, womit sich unser Selbst identifiziert. Wir können alles beherrschen und kontrollieren, von dem wir uns disidentifizieren.« (S. 61)

Prinzip

Das Prinzip dieser Technik ist die merkwürdige Tatsache, daß jeder eine bestimmte Art von Selbstidentifikation hat – und dennoch haben nur sehr wenige Menschen je innegehalten und sich gefragt, was das wirklich bedeutet, was es impliziert, wie es bewußter erfahren werden kann und welches die Wirkungen sind. Selbstidentifikation ist ein recht verschwommener Begriff und wir müssen drei verschiedene Bedeutungen unterscheiden.

Die erste Bedeutung – die einzig geläufige und allgemein akzeptierte – besagt, daß sich das Individuum mit dem identifiziert, was ihm das größte Gefühl vom Sein und Lebendigkeit vermittelt, was seinen größten Wert ausmacht und dem er die größte Wichtigkeit beimißt. Diese Art von Selbstidentifikation kann die vorherrschende Funktion oder der Mittelpunkt des Bewußtseins sein und andererseits die wichtigste Rolle oder Funktion, die man im Leben spielt. Eine Frau zum Beispiel, die Schönheitskonkurrenzen mitmacht, identifiziert sich mit ihrem Körper und dessen Schönheit. Dort liegt ihr Mittelpunkt und der Punkt ihrer Selbstidentifikation und sie macht alle Anstrengungen, ihn zu verbessern und zu erhalten. Die Selbstidentifikation eines erfolgreichen Athleten liegt ebenfalls in seinem Körper, jedoch in Bezug auf Muskelkraft und Muskelkontrolle. Andere identifizieren sich mit dem emotionalen Leben, ihrem sogenannten Liebesleben. Eine kleinere Gruppe – die der Intellektuellen – identifiziert sich mit ihrem Verstand, ihrer Geisteskraft, und betrachtet sich im wesentlichen als Denker.

Bei anderen ist die Identifikation mit einer Rolle deutlicher. Viele Frauen finden ihre Selbstidentifikation in ihrer Rolle als Ehefrau und mehr noch als Mutter – sie leben, handeln und betrachten sich nur als Mutter. Diese Art von Selbstidentifikation gibt keine Erfahrung des reinen Selbst; diese »Ichheit« oder das Gefühl einer persönlichen Identität ist dann ganz eng an den Brennpunkt der Bewertung bzw. die Rolle gebunden oder verschwindet sogar ganz darin. Das hat sehr ernste Konsequenzen:

Erstens kennt oder verwirklicht dieser Mensch sich selbst nicht wirklich.
Zweitens schließt die Identifikation mit einem Teil seiner Persönlichkeit die Fähigkeit der Selbstidentifikation mit all den anderen Teilen seiner Persönlichkeit aus oder verringert sie stark und wird deshalb zum Hindernis für die Psychosynthesis.
Drittens (und das trifft sowohl für die Identifikation mit der Rolle als auch der »vorherrschenden Funktion« zu) macht der Lebensprozeß selbst ihr Fortbestehen unmöglich – schöne Frauen altern, athletische Stärke geht verloren, die Mutterrolle wird durch das Erwachsenwerden der Kinder oder deren eventuellen Tod beendet.
All dies kann erste Krisen hervorrufen; der Mensch fühlt sich verloren und dies ist die Tragödie vieler Schicksale, die nicht selten zu der extremen Selbstverneinung des Selbstmordes führen kann.

Die zweite Bedeutung, die man der Selbstidentifikation geben kann, ist die innere Erfahrung reiner Selbst-Bewußtheit, unabhängig von irgendeinem Inhalt oder einer Funktion des Ich im Sinne von »Persönlichkeit«. Merkwürdigerweise ist dies ein Thema, das vernachlässigt wurde, und die Erklärung dafür ist, daß die Erfahrung reiner Selbst-Identität – oder mit anderen Worten die Erfahrung des Selbst, des Ich-Bewußtseins ohne jeden Inhalt – nicht spontan auftritt, sondern das Ergebnis eines bestimmten inneren Erforschens ist. Die es versucht haben, waren in der Lage, einen Zustand reinen Ich-Bewußtseins zu erreichen, der Selbst-Identität, der Verwirklichung der eigenen Person als eines lebendigen Zentrums von Bewußtheit. Dies ist östlichen Psychologen wohlbekannt, denn sie haben Interesse an dieser Erfahrung, schätzen sie und wenden daher Techniken an, die geeignet sind, diesen Zustand zu erreichen.

Die dritte Bedeutung von »Selbstidentifikation« ist die von Verwirklichung des höheren oder spirituellen Selbst. Diese Erfahrung fordert noch weitergehende Techniken; sie unterscheidet sich von der eben beschriebenen Erfahrung des reinen Selbst, ist jedoch nicht völlig losgelöst davon. Wir wollen uns an Kapitel I erinnern, wo gesagt wurde, daß es in Wirklichkeit nicht zwei voneinander unabhängige Selbste gibt. Es gibt nur ein Selbst – aber es gibt sehr verschiedene und unterscheidbare Ebenen der Selbstverwirklichung. Deshalb gibt es zwischen der Selbstidentität der gewöhnlichen, normalen Ebene des Funktionierens und der vollen spirituellen Selbst-Verwirklichung Zwischenstufen oder -ebenen, die immer umfassender, klarer und voller werden.

Die erste Erfahrung des Selbst, des personalen Selbst, als einer Stufe reinen Selbst-Bewußtseins, ist äußerst wichtig. Niemand erfährt sie spontan und dies erklärt das seltsame Phänomen, daß viele Menschen dazu neigen, das eigentliche Wesen ihrer Existenz zu verneinen.

Da wir vom Wesen der *Existenz* sprechen, ist es wichtig, darauf hinzuweisen, daß dies ein zentraler Begriff der Existenzanalyse ist. Viele existentialistische Schriftsteller sprechen und schreiben über »Existenz« und die Bedeutung des Wortes variiert von Autor zu Autor; häufig wechselt die Bedeutung auch bei demselben Autor von »Existenz« als der Gesamtheit der Persönlichkeit plus eine Art geistig-spirituelles Zentrum zu »Existenz« als vom Zentrum der Persönlichkeit oder »Existenz« als dem geistigen Zentrum, als etwas, worauf man sich als das »Wesen der Existenz« beziehen kann.

Es ist wichtig, sich über diese Punkte Klarheit zu verschaffen und mit den spezifischen Techniken zu experimentieren, die es einem erlauben, selbst Erfahrungen zu machen, und dies nicht nur in der Therapeutenrolle, sondern auch durch eigene therapeutische Erfahrungen, denn jemand, der diese Erfahrungen nicht gemacht hat, kann anderen Menschen nicht wirklich helfen, sie zu erlangen.

Diese Erfahrung des Punktes der Selbstbewußtheit auf der Ebene der Persönlichkeit ist der erste Schritt zu einer Erfahrung des Selbst oder in existentialistischen Begriffen, des Wesens der Existenz.

In einem gewissen Ausmaß hat es Beziehung zu dem, was Erik H. Erikson (35) als die Suche nach Selbstidentität bezeichnet. Dieses Problem, sein eigenes Selbst zu finden und zu erleben und aus dem eigenen Zentrum sein Leben auszurichten, ist eine grundlegende Frage unserer Zeit mit ihrer starken Tendenz zur Konformität.

Dies wurde von vielen der existentialistischen Psychologen betont, besonders von jenen, die wir spirituelle Existentialisten nennen könnten. Rollo May hat diese zentrale Frage in seinem Buch *Des Menschen Suchen nach sich selbst* (85) herausgestellt; ebenso Viktor E. Frankl (39) und andere. Deshalb betone ich die Notwendigkeit, daß Therapeuten mit diesen Techniken der Selbstidentifikation experimentieren und sie bei sich selbst und bei ihren Patienten anwenden; sie lernen dann die Anwendungsmöglichkeiten kennen, aber auch einige der Schwierigkeiten, die manche Patienten damit haben, besonders bestimmte an Psychosen grenzende Borderline-Fälle, in denen das Gefühl der Selbstidentität sehr schwach ist und die dennoch vielleicht besonders von dieser Suche profitieren können.

Vorgehensweise

Der Weg zum Erlangen der Selbstidentität im Sinne einer reinen Selbstbewußtheit auf der personalen Ebene ist ein indirekter. Das Selbst ist ständig vorhanden, was fehlt, ist eine direkte Bewußtheit seiner Gegenwart. Deshalb besteht die Technik darin, alle Teilidentifikationen des Selbst auszuschalten. Dieser Vorgang kann in einem Wort zusammengefaßt werden, das früher in der Psychologie sehr häufig benutzt wurde, in letzter Zeit jedoch mehr oder weniger vernachlässigt wurde, nämlich »Introspektion«. Es bedeutet, wie das Wort schon sagt, das innere Auge oder die beobachtende Instanz auf die Welt der psychischen Realität zu richten, der seelischen Ereignisse, deren wir gewahr werden können. Durch Introspektion erreichen wir eine stärker ausgerichtete und klarere Bewußtheit dessen, was William James den »Bewußtseinsstrom« nannte, der ununterbrochen in uns fließt. Es könnte auch die Haltung eines Beobachters genannt werden, eines inneren Beobachters. Die Haltung ist ähnlich oder sogar gleich der eines Naturwissenschaftlers, der objektiv, geduldig und beharrlich ein Naturphänomen beobachtet, das sich in seinem Umkreis abspielt, sei es ein Biologe, der Verhalten und Gewohnheiten der Ameisen beobachtet oder ein Astronom, der einen Stern durch ein Teleskop betrachtet. Wenn wir unsere Beobachtungsfähigkeit nach innen lenken, stellen wir fest, daß es tatsächlich eine innere Welt von Phänomenen gibt, die mindestens so vielfälig und unterschiedlich ist wie die äußere Welt und erleben, daß sie durch die Schulung der Beobachtungsfähigkeit für den Beobachter immer faßbarer wird.

Der erste Beobachtungsbereich sind die vom Körper hervorgebrachten Empfindungen. Es können solche durch die vertrauten fünf Sinne sein oder unvertrautere und unbestimmtere kinästhetische Sensationen. Die ruhige, leidenschaftslose Beobachtung des Flusses dieser Empfindungen läßt uns erkennen, wie flüchtig und vorübergehend viele von ihnen sind und wie schnell sie wechseln – manchmal wird eine durch ihr Gegenteil ersetzt. Das gibt uns die Gewißheit – man kann sagen, demonstriert auf wissenschaftliche Weise – daß das Selbst nicht mit dem Körper identisch ist, nicht die Summe der Sensationen, die er hervorbringt und sozusagen in den Bereich unserer bewußten Wahrnehmung projiziert.

Der zweite Bereich der inneren Wahrnehmung oder Introspektion ist das kaleidoskopische Reich der Gefühlsempfindungen. Diese Inhalte unseres Bewußtseins lassen sich viel schwieriger objektiv und losgelöst beobachten, denn unsere Aufmerksamkeit neigt dazu, sich von den Wellen der schillernden Flut unserer emotionalen Zustände forttragen zu lassen. Aber mit Geduld, Übung und wirklich wissenschaftlicher Haltung und Objektivität können wir uns schulen, unsere eigenen Gefühle und Empfindungen unbeteiligt zu beobachten.

Nach einer bestimmten Zeit der Übung kommen wir zu der Erkenntnis, daß die Gefühle und Empfindungen auch kein notwendiger Bestandteil des Selbst, unseres Selbst, sind, denn sie sind zu unbeständig, veränderlich und flüchtig und zeigen manchmal Ambivalenzen. Hier wird der Einsatz der erwähnten Technik der kritischen Analyse relevant.

Der dritte Bereich der Beobachtung ist das Gebiet der Verstandesaktivitäten, der mentalen Inhalte. Sie sind in gewisser Beziehung einfach zu beobachten, denn sie haben nicht dieselbe Anziehungskraft auf unsere Aufmerksamkeit wie Gefühle und Empfindungen. Andererseits ist es schwieriger, weil subtiler, da die Unterscheidung zwischen Selbst und Verstand zunächst weniger offensichtlich ist. Dennoch gilt auch hier das gleiche Kriterium: die verstandesmäßige (mentale) Aktivität ist zu vielfältig, flüchtig, wechselhaft; manchmal zeigt sie keinerlei Kontinuität und kann mit einem ruhelosen Affen verglichen werden, der von Zweig zu Zweig hüpft. Aber allein die Tatsache, daß das Selbst beobachten kann, Kenntnis nehmen und seine Beobachtungskraft an den Verstandesaktivitäten erproben kann, beweist einen Unterschied zwischen dem Selbst und dem Verstand.

Wir können in Bezug auf mentale Aktivität beobachten, daß sie in unterschiedlichem Ausmaß mit emotionalen Aktivitäten verbunden ist, von rein mentalen abstrakten oder mathematischen Gedanken – fast frei von emotionalem Gehalt bzw. Ober- oder Untertönen, ausgenommen vielleicht die reine Freude, die manchmal von hochqualifizierten Mathematikern verspürt wird – zu der emotional geladenen und dort herstammenden Rationalisierung, wo die Aktivität zwar wesentlich vom Verstand bestimmt zu sein scheint, sie aber dennoch in großem Maße von der emotionalen Ebene her motiviert ist. Wenn es so auch manchmal nicht möglich ist, zwischen den Verstandes- und Gefühlsaspekten des Gedankenganges zu unterscheiden, ist der wichtige Punkt, den wir uns für diese Übung vor Augen halten müssen, daß es einen inneren Beobachter gibt, der diese Abfolge von emotionalen und mentalen Stadien beobachtet und daß dieser Beobachter zu einem gewissen Grad von ihnen losgelöst ist.

In der Tat gibt es ein ständiges Wechselspiel zwischen Körpersensationen, Gefühlen und Verstandesaktivität – die getroffene Unterscheidung ist nur eine Frage der Akzentuierung, der Ausrichtung der Aufmerksamkeit des Beobachters. Wichtig ist vor allem der Unterschied zwischen diesen drei miteinander verbundenen Bereichen seelischer Aktivität und dem Beobachter als solchem.

Diese objektive Beobachtung bringt nun spontan und unvermeidbar ein Gefühl der Disidentifikation von jedem einzelnen dieser seelischen Inhalte und Aktivitäten hervor. Durch den Gegensatz wird die Beständigkeit, die Dauerhaftigkeit des Beobachters erkannt. Dann wird dem Beobachter klar, daß er nicht nur passiv beobachten kann, sondern auch in unterschiedlichem Ausmaß den spontanen Fluß, die Abfolge der verschiedenen psychologischen Stadien beeinflussen kann. Deshalb fühlt er sich anders, ist von diesen Inhalten disidentifiziert.

So kann man also aktiv unterscheiden zwischen den Inhalten des Bewußtseinsfeldes und dessen Zentrum, dem Selbst. Dazu dient die Technik fortschreitender Disidentifikation von den verschiedenen Gruppen oder Schichten von Inhalten – physisch, emotional, mental – wobei Sprache und Terminologie der Ebene des Patienten angeglichen wird. Eine allgemeine Formulierung dieser Technik wird in der folgenden »Übung zur Disidentifikation« gegeben:

4. Übungen zur Disidentifikation

Vorgehensweise

Der erste Schritt ist, mit Überzeugung festzustellen und sich der Tatsache bewußt zu werden: »Ich *habe* einen Körper, aber ich *bin nicht* mein Körper«. Das scheint offensichtlich. Dieser Körper ist etwas Materielles und Wandelbares (es wurde festgestellt, daß sich innerhalb von wenigen Jahren alle Zellen des Körpers erneuern). Dennoch identifizieren wir uns fälschlicherweise ständig mit unserem Körper und schreiben dem »Ich« unsere körperlichen Empfindungen zu. Wir sagen z.B. »Ich bin müde«, – im Grunde ein Irrtum, denn das Ich kann nicht müde sein; *der Körper* ist müde und übermittelt dem Ich ein Gefühl von Müdigkeit. Diese Unterscheidung ist von großer praktischer Bedeutung, denn jedes Mal, wenn wir uns mit einer physischen Empfindung identifizieren, machen wir uns zum Sklaven unseres Körpers.

Der erste Schritt ist vergleichsweise einfach, nicht so jedoch der zweite. Es ist die Erkenntnis: »Ich *habe* ein Gefühlsleben, aber ich *bin nicht* meine Gefühle«. Wenn jemand sagt: »Ich bin gereizt«, »Ich bin zufrieden« oder »Ich bin unzufrieden«, so handelt es sich ebenfalls um einen Fall von falscher Identifikation des Ich mit jenen seelischen Zuständen, die veränderlich sind und oft widersprüchlich. Wenn man sagt: »Ich bin gereizt«, begeht man einen Fehler in der psychologischen Grammatik. Wir sollten stattdessen sagen: »In mir ist ein Zustand der Gereiztheit«.

Der dritte Schritt besteht in der Erkenntnis: »Ich *habe* einen Verstand, aber ich *bin nicht* dieser Verstand«. Gewöhnlich identifizieren wir uns mit unseren Gedanken, aber wenn wir sie analysieren, wenn wir uns beobachten, während wir denken, fällt uns auf, daß der Verstand wie ein Instrument arbeitet. Wir können die logischen oder unlogischen Verbindungen, die Arbeitsweise des Verstandes betrachten, indem wir sie sozusagen von oben anschauen. Das bedeutet, daß wir nicht unsere Gedanken sind.

Sie sind ebenfalls veränderlich: an einem Tag denken wir so, am folgenden Tag vielleicht das Gegenteil. Wir erhalten zahllose Beweise, daß wir nicht unsere Gedanken sind, wenn wir versuchen, sie zu kontrollieren und ihnen eine Richtung zu geben. Wenn wir an etwas Abstraktes oder Langweiliges denken wollen, dann weigert sich unser Verstandesinstrument häufig, uns zu gehorchen; jeder Student, der etwas Langweiliges lernen muß, macht diese Erfahrung. Wenn der Verstand sich auflehnt und undiszipliniert ist, so bedeutet dies: das Ich ist *nicht* der Verstand.

Diese Tatsachen beweisen uns, daß der Körper, die Gefühle und der Verstand Instrumente der Erfahrung, der Wahrnehmnung und des Handelns sind – Instrumente, die wandelbar und nicht von Dauer sind, die jedoch durch das Ich beherrscht, diszipliniert und gezielt eingesetzt werden können, während das Wesen des Ich etwas völlig anderes ist.

Das Ich ist einfach, unveränderlich, konstant und selbst-bewußt. Die Erfahrung des Ich kann folgendermaßen in Worte gefaßt werden: »Ich bin Ich, ein Zentrum reinen Bewußtseins«. Dies mit Überzeugung zu äußern heißt noch nicht, daß man schon die *Erfahrung* des Ich erreicht hat, aber es ist ein Weg, der dahinführt; es ist der Beginn der Herrschaft über unsere seelischen Prozesse und der Schlüssel dazu.

Diese Übung kann auch in der Gruppe durchgeführt werden; dies ist in gewisser Weise sogar einfacher wegen der Hilfe durch die Anleitung und die gegenseitige Stimulierung. Das Ergebnis wird die Teilnehmer ermutigen, diese Übung weiterhin regelmäßig für sich selbst durchzuführen. Sie sollte zu einer täglichen Maßnahme psycho-spiritueller Gesundheit werden. Man sollte den Tag beginnen, indem man zu sich selbst kommt. *Zu sich selbst kommen*: wir wollen über die tiefe Bedeutung dieser Worte nachdenken. Im allgemeinen leben wir »außerhalb« unserer selbst, wir sind überall, nur nicht im »Ich«. Wir werden ständig angezogen, abgelenkt und zerstreut von zahllosen Empfindungen, Eindrükken, Gedanken, Erinnerungen an die Vergangenheit, Plänen für die Zukunft; wir sind überall, nur nicht in unserer Selbst-Bewußtheit, in dem Bewußtsein dessen, was wir in Wirklichkeit sind.

Die Übung kann folgendermaßen durchgeführt werden (in einer Gruppe spricht derjenige, der sie anleitet, ebenfalls in der ersten Person, aber jeder kann das Gesagte auf sich anwenden):

1. Ich bringe meinen Körper in eine bequeme und entspannte Lage, die Augen sind geschlossen. Wenn das geschehen ist, bekräftige ich: Ich *habe* einen Körper, aber ich *bin nicht* mein Körper. Mein Körper mag in unterschiedlicher Verfassung sein, gesund oder krank, er mag ausgeruht oder müde sein, dies hat jedoch nichts mit meinem Selbst zu tun, mit meinem wirklichen Ich. Mein Körper ist mein kostbares Instrument der Erfahrung und des Handelns in der äußeren Welt, aber er ist *nur* ein Instrument. Ich behandle ihn gut, versuche, ihn gesund zu halten, aber er ist nicht mit mir identisch, ist nicht Ich. Ich *habe* einen Körper, aber ich *bin nicht* mein Körper.
2. Ich *habe* Gefühle, aber ich *bin nicht* meine Gefühle. Diese Gefühle sind zahllos, widersprüchlich, wechselhaft und dennoch weiß ich, daß ich stets Ich bleibe, ich selbst, in Zeiten der Hoffnung oder der Verzweiflung, in Freude oder Leid, in Zeiten der Unruhe oder der Ruhe. Da ich meine Gefühle beobachten, verstehen und beurteilen kann, sie zunehmend beherrsche, ihnen eine Richtung gebe und sie gebrauche, ist es offensichtlich, daß sie nicht ich selbst sind. Ich *habe* Gefühl, aber ich *bin nicht* meine Gefühle.
Ich *habe* Verlangen, aber ich *bin nicht* mein Verlangen, das durch innere Impulse und durch äußere Einflüsse erregt wird, das körperlich oder emotional ist. Auch Begierden sind vergänglich und widersprüchlich und unterliegen dem Wechsel von Anziehung und Abstoßung. Ich *habe* Verlangen, aber *ich bin* es nicht.
3. Ich *habe* Verstand, aber ich *bin nicht* mein Verstand. Er ist mehr oder weniger entwickelt und aktiv; er ist undiszipliniert aber lehrbar, er ist ein Organ der Erkenntnis bezüglich der äußeren und inneren Welt, aber das bin nicht ich selbst. Ich *habe* einen Verstand, aber ich *bin nicht* mein Verstand.
4. Nach dieser Disidentifikation des Ich von den Inhalten des Bewußtseins (den Körpersensationen, Gefühlen, Begierden und Gedanken) erkenne und bekräftige ich, daß ich ein Zentrum reiner Selbst-Bewußtheit bin. Ich bin ein Zentrum des Willens und fähig, meine seelischen Prozesse und meinen physischen Körper zu benutzen, zu beherrschen und in bestimmte Richtung zu lenken.

Wenn man diese Übung für einige Zeit durchgeführt hat, kann sie modifiziert werden: die ersten drei Stadien der Disidentifikation werden nur kurz, aber in wirksamer Weise durchlaufen und man leitet dann über zu einer tieferen Betrachtung des vierten Stadiums der Selbstidentifikation, verbunden mit einem inneren Dialog etwa folgender Art:

Was bin ich dann? Was bleibt, wenn ich von meiner Selbstidentität die physischen, emotionalen und mentalen Inhalte meiner Persönlichkeit, meines Ich, wegnehme? Es ist das Wesen meiner Selbst – ein Zentrum reiner Selbst-Bewußtheit und Selbst-Verwirklichung. Es ist der permanente Faktor in dem ständig sich verändernden Fluß meines personalen Lebens. Es ist das, was mir das Gefühl der Existenz gibt, der Dauer, innerer Sicherheit. Ich erkenne und bestätige mich als ein Zentrum reinen Selbst-Bewußtseins.
Ich erkenne, daß dieses Zentrum nicht nur in einer statischen Selbstbewußtheit besteht, sondern auch dynamische Kraft hat; es ist fähig, alle seelischen Prozesse und den physischen Körper zu beobachten, zu beherrschen, zu lenken und einzusetzen.
Ich bin ein Zentrum von Bewußtheit und Kraft.

In der Therapie sollte die Technik der Selbst-Identifikation so früh wie möglich eingesetzt werden, denn wenn der Patient sie anwendet, erleichtert und begünstigt das den Einsatz aller anderen Techniken der Psychosynthesis. Gewöhnlich wird sie schon in den ersten Sitzungen eingeführt; zuerst wird dem Patienten eine einheitliche Beschreibung und Erläuterung gegeben, in der seine Fragen vorweggenommen und beantwortet werden. Dann hat sich als sinnvoll erwiesen, die ganze Übung zu geben, sie laut zu sprechen und die Anwesenheit des Patienten dabei zu ignorieren. Das schaltet mögliche Gegenreaktionen unbewußter oder persönlicher Erregbarkeit des Patienten aus; ein weiterer, tieferer Grund ist, daß sich das »Gefühl« für diese Technik und ihre Realität auf subtile Weise dem Patienten überträgt, wenn der Therapeut sie selbst in intensiver und konzentrierter Weise durchführt. Um die Konzentration zu steigern, ist es für den Therapeuten hilfreich, seine Augen zu schließen und für den Augenblick wirklich seinen Patienten zu vergessen.
Da die Technik der Selbstidentifikation grundlegend ist, nicht nur für die Therapie, sondern auch für die Erziehung und Integration der Persönlichkeit, stellt sie auch eine Abwehrmöglichkeit

gegen den ständigen Strom innerer und äußerer Einflüsse dar, die Identifikation verlangen und versuchen, das Ich zu packen. So kann sie auch als eine tägliche seelische und geistige Psychohygiene aufgefaßt werden. In einer Therapie wird dies noch viel bedeutsamer und ich rate deshalb dem Patienten, sie so häufig wie möglich anzuwenden; einmal am Tag genügt, ist aber ein Minimum. Wie erwähnt sollte sie dem Einsatz der anderen Techniken vorausgehen, denn sie verhilft dem Patienten, diese wirkungsvoller einzusetzen.

Indikationen und Anwendungsbereich

Diese Übung ist für jeden geeignet, außer für Menschen auf einer so tiefen Ebene, daß sie nicht in der Lage sind, diese Technik wirklich zu verstehen oder wenn jemand in solch innerem Gefühlsaufruhr und so abgelenktem Zustand ist, daß er vorübergehend nicht in der Lage ist, sie anzuwenden.

Besonders gut geeignet ist diese Technik für überemotionale Patienten und solche, die sich stark mit einem bestimmten Gefühl oder mit einer Idee, einem Plan oder Handlungstyp identifizieren; unabhängig ob von an sich hohem oder geringem Wert kann dies den Patienten fast im Zustand einer Besessenheit halten. Auch Fanatiker aller Art gehören hierher. Ähnlich verhält es sich bei einer anderen Gruppe, die sich völlig mit einer Rolle identifiziert, sei es die Mutter- oder Vaterrolle oder eine berufliche Rolle und die von ihr so völlig in Besitz genommen werden, daß sie fast kein eigenes individuelles Leben mehr haben. Die Wirkung und die Ergebnisse der Übung sind befreiender Art und sollten es sein. Wer sie erfolgreich anwendet, sagt tatsächlich, daß er ein Gefühl des Friedens erlangt, ein Erleben von erhöhtem Sein sowie die spontane Kontrolle der seelischen Inhalte, mit denen er sich vorher gänzlich identifiziert hatte.

Die Übung ist auch nützlich für überintellektualisierte Menschen, die dazu tendieren, ihren Bewußtseinsmittelpunkt völlig mit ihren Verstandesprozessen zu identifizieren – besonders, wenn sie stolz und eingebildet auf ihre geistigen Fähigkeiten sind und deshalb sozusagen auf dieser Ebene festsitzen. Da solch blasierte Intellektuelle die härteste Nuß für eine Therapie darstellen, kann es für sie therapeutischen Wert haben, zu erfahren, daß ihr Zentrum *nicht* in ihren Verstandesprozessen besteht.

Die gleiche Technik kann in Verbindung mit den verschiedenen Rollen, die man im Leben spielt, eingesetzt werden. Wie erwähnt sind solche Rollen entwickelte Teilpersönlichkeiten, in denen emotionale und mentale Inhalte verbunden sind. Die Technik besteht darin, folgende Aussage zu erinnern und zu bekräftigen: »Ich habe meine Rollen im Leben bisher gespielt, muß und werde sie so gut wie möglich weiterspielen, sei es die des Sohnes, des Vaters, des Ehemannes, des Angestellten, Künstlers oder sonstige Rollen. Aber ich bin nicht nur der Sohn, der Vater, der Künstler; dies sind Rollen, sie sind spezifisch, aber sie sind Teil-Rollen, die ich spiele, einverstanden bin zu spielen und ich schaue mir selbst dabei zu und beobachte, wie ich sie spiele. Ich bin nicht eine von ihnen; ich bin mit dem Selbst identifiziert, ich bin der Direktor des Schauspiels, nicht nur Schauspieler.«

Das erinnert ganz besonders an Äußerungen von Paul Tournier, der in seinem Buch *Krankheit und Lebensprobleme* (128) den wesentlichen Unterschied betont zwischen der inneren »personne« (= Person) und den verschiedenen »personnages« (= Rollen, Teilpersönlichkeiten), die diese innere »Person« in den verschiedenen Lebensumständen spielt. Indes treffe ich eine weitere Unterscheidung zwischen der Person, wie sie von Tournier beschrieben wird und der reinen Selbstidentifikation. Es gibt im Grunde drei verschiedene Identifikationen: eine mit den »personnages« (den Teilpersönlichkeiten), eine mit der Person und die dritte als Punkt reiner Selbst-Bewußtheit.

Die letzte und vielleicht hartnäckigste Identifikation ist die mit dem, was wir als unsere innere Person ansehen, was mehr oder weniger durch alle unsere Rollen fortbesteht, eine Person im etymologischen Sinn des Wortes »persona« (Maske) als der letzten Maske des Selbst. Diese persona oder Person muß abgelegt werden in dem Sinne, daß wir uns nicht länger mit ihr identifizieren und von ihr beschränkt werden. Dies ist wichtig, denn jede Identifikation mit ihr tendiert dazu, uns statisch werden und kristallisieren zu lassen. Es ist eine Art von Vorstellung, Muster oder Modell, deren Gefangener wir leicht werden. Auch diese in gewisser Weise »innerste« Person ist tatsächlich im Prozeß ständigen Wandels und Flusses. Es ist ein ständiges Hineinnehmen von Erfahrungen, die sie verändern und ein Ausfließen von Energien. So ist also auch sie wandelbar, flüchtig, nicht dauerhaft und kann deshalb nicht die reine Selbst-Identität sein, die unverändert durch all dieses Fließen existiert.

Diese Übung der Disidentifikation erhöht das Empfinden des Selbstseins, der Existenz, und man erkennt, daß sie wirklich eine der wesentlichen Techniken dafür ist, zu erfahren, wovon existentialistische Analytiker so viel gesprochen haben – und für dessen Erreichung sie so wenig Techniken entwickelt haben – nämlich das Gefühl der Identität, der Existenz, das Gefühl eines Zentrums in uns, eines Wesenskerns. Hat man dieses Zentrum erfahren, so ist es möglich, die verschiedenen Aspekte, von denen man sich disidentifiziert hat, zur Einheit zu bringen. Man wird also zu einem Selbst, das den Körper, die Gefühlsfunktionen und die Verstandesfähigkeiten als Werkzeuge, als Instrumente benutzt, ähnlich wie ein Auto gewissermaßen eine Verlängerung des Fahrers ist, der aber die Kontrolle hat. Genauso können das Selbst und sein Mechanismen (d.h. Körper, Gefühle und Verstand) eine Einheit formen und dennoch kann das Selbst sich immer bewußt sein, daß es etwas über jeden einzelnen Teil dieses Ganzen Hinausgehendes ist.

Grenzen und Kontraindikationen

Diese Technik hat wenige allgemeine Begrenzungen oder bestimmte Kontraindikationen. Weniger indiziert oder mit Vorsicht zu verwenden ist sie bei Menschen, die an sich schon sehr zu Selbstbeobachtung und Selbstanalyse neigen und die vielleicht zu sehr an der Beobachtung ihrer inneren Welt interessiert sind oder es werden; dies mag sich als angenehmer und weniger anstrengend erweisen als ein aktives Teilnehmen an der äußeren Welt. Deshalb sollte die Übung nicht eingesetzt werden, es sei denn mit einer klaren Warnung an den Patienten, daß ihr Einsatz spezifisch sein muß und beschränkt auf das Ausgleichen der Identifikation mit seiner inneren Welt. Er sollte sie nicht überbetonen oder zu häufig verwenden.

Bei einigen Patienten, vor allem unter Amerikanern, gibt es viel Widerstand dagegen, sich von seinem Körper, seinen Gefühlen und seinen Gedanken zu disidentifizieren und eine tiefe Furcht, dadurch in verschiedene Teile gespalten zu werden. Viele Patienten jedoch lieben die Vorstellung, ein Zentrum in sich selbst zu erfahren, aus dem sie die Kraft und Weisheit schöpfen können, um den Belastungen des modernen Lebens zu widerstehen. Das Leben ist heute – vor allem in den Großstädten – besonders rastlos, so daß die Motivation für diese Übung erhöht wird.

Hingewiesen sei auf den anscheinenden Widerspruch zwischen dem Ziel einer Synthese aller Funktionen um das zentrale Selbst und einer Übung, die eine Disidentifikation von einigen dieser Teile verlangt; wenn wir uns mit einem spezifischen Teil unserer Persönlichkeit identifizieren, schließt das dann nicht Teile aus und läuft deshalb einer Synthese des Ganzen zuwider? Wäre der Patient mit seiner gesamten Persönlichkeit identifiziert, so gälte dieser Einwand, aber er ist ja nur mit einer Facette identifiziert, mit einem Teil – mit bestimmten Vorstellungen und Gefühlen oder der dominierenden Rolle – und genau das bildet den starken Block für die Psychosynthesis. Deshalb müssen wir ihn zunächst von dieser teilweisen, einseitigen Identifikation befreien, um zu einer Synthese zu gelangen.

Bei den Begrenzungen und Kontraindikationen dieser Technik ist es wichtig, bestimmte Gefahren zu berücksichtigen, die bei an Psychose grenzenden Patienten gegeben sein können, besonders wenn es um Depersonalisationszustände geht, d.h. wenn der Patient das Gefühl hat, daß sein Körper nicht zu ihm gehört. Dann kann die zusätzliche Betonung auf »Ich bin nicht mein Körper« diese Spaltung vertiefen und der zugrundeliegenden Idee einer Psychosynthesis zuwiderlaufen. Um das zu vermeiden, sollte deshalb die Betonung auf das letzte Stadium dieser Übung gelegt werden, auf das Erkennen, daß man ein Selbst ist. (»Ich erkenne und bekräftige, daß ich ein Zentrum reiner Selbst-Bewußtheit bin. Ich bin ein Zentrum des Willens und fähig, meine seelischen Prozesse und meinen physischen Körper zu benutzen, zu beherrschen und in bestimmte Richtung zu lenken.«) Dann ergibt sich Disidentifikation als Nebenprodukt dieser Erkenntnis. Ziel und Ergebnis der Übung ist Selbst-Identifikation und das sollte betont werden, wenn sie vorgestellt wird.

Bei Borderline-Fällen ist große Vorsicht geboten, bevor man in Erwägung zieht, eine Psychosynthesis zu versuchen. Solche Patienten können nicht mit dem üblichen Vorgehen einer Psychosynthesis behandelt werden, die ja eine aktive Mitarbeit des Patienten beim Einsatz der Techniken verlangt. Ratsam ist ein therapeutisches Vorgehen, das von allgemeiner Gültigkeit ist, besonders jedoch für Borderline-Fälle und sogar für Psychotiker von Bedeutung ist: zu versuchen, ihnen so viel wie möglich zuzustimmen, so weit wie möglich das zu akzeptieren, was sie sagen oder fühlen und nur zu versuchen, ihnen die wahre Bedeutung und den Sinn ihrer Aussage aufzuzeigen, d.h. es ihnen von einem positiven Blickwinkel aus zu zeigen. Wenn z.B. ein Patient sagt: »Ich fühle, daß ich keinen Körper habe, ich spüre, daß in mir keine Gefühle sind«, so antworten wir: »Nun, das ist zum Teil richtig; natürlich sind Sie nicht Ihr Körper und so gesehen hatten Sie eine Einsicht, die Menschen im allgemeinen nicht haben – nur betrachten Sie es von der negativen Seite anstatt von der positiven. Praktisch gesehen haben Sie sehr wohl einen Körper, denn während Sie leugnen, einen zu haben, benutzen Sie ihn, um Ihren Gefühlen durch den Kehlkopf Ausdruck zu verleihen. Sie sehen also, daß dieses Gefühl nur eine subjektive Empfindung ist. Natürlich haben Sie einen Körper wie jeder andere auch, nur hatten Sie die plötzliche Erkenntnis, daß Sie nicht Ihr Körper sind. Verstehen Sie es also so, daß Sie philosophisch gesehen recht haben, sachlich gesehen Unrecht.«

Diese Art des Zugangs hat sich in vielen Fällen als erfolgreich erwiesen. Der Grundgedanke ist, die Vorstellungen des Patienten nicht sofort als krankhafte Symptome abzustempeln, sondern das Körnchen Wahrheit aufzugreifen, das wirklich in seinen Bemerkungen enthalten ist - nur mißinterpretiert und negativ ausgelegt – und es dann neu zu interpretieren und auszuweiten.

Manche Psychotiker haben oft erstaunliche intuitive Einsichten, die durch falsche Interpretation verzerrt wurden und oft gegen sie selbst oder andere eingesetzt werden. Ein typisches Beispiel dafür ist der Mann, der behauptete, er sei Gott. Er hatte die klare Erkenntnis einer letzten Wahrheit, nur war sie zu groß für ihn und er machte den fatalen Fehler, seine empirische Persönlichkeit mit dieser göttlichen Selbst-Erkenntnis zu verwechseln.

Kombination mit anderen Techniken

Diese Technik kann als einführende Übung angesehen werden, die dazu verhilft, alle anderen Techniken wirkungsvoller einzusetzen.

Es wurde aufgezeigt, daß es bei der Durchführung dieser Technik notwendige Schritte teilweiser Disidentifikation gibt. Es ist also eine Verbindung der Techniken der Selbstidentifikation und der Disidentifikation. Manchmal ist es sogar notwendig, die Reihenfolge zu vertauschen, mit der Selbstidentifikation zu beginnen und die Disidentifikation als notwendigen Schritt zur Selbstidentifikation hinzuzufügen.

Diese Übung könnte mit der Technik der Kritischen Analyse verglichen werden, da es auch um das Beobachten vorbeiziehender emotionaler Zustände geht. Die Kritische Analyse beinhaltet jedoch den aktiven Einsatz des Verstandes und der Urteilsfunktion bei der Bewertung, und indem wir dies aktiv tun, identifizieren wir uns mit unserer kritischen Funktion. Damit unterscheidet sich Ziel und Vorgehensweise der Kritischen Analyse von der Selbstidentifikation.

Im Zusammenhang einer Kombination mit anderen Techniken können wir den von Bugental vorgeschlagenen Test erwägen, den er »Wer bin ich« genannt hat. Er gibt dem Patienten ein Stück Papier und einen Bleistift und bittet ihn, alles niederzuschreiben, was ihm zu der Frage »Wer bin ich?« in den Sinn kommt. Dann wiederholt er die Frage ein zweites Mal und bittet den Patienten erneut, Antworten aufzuschreiben, und schließlich ein drittes Mal. Danach geht er weiter in Form einer Befragung vor. Vielfach wird zuerst eine Antwort gegeben, die in Beziehung zur vorherrschenden Rolle steht, sei es die Rolle der Mutter oder Ehefrau, bei Männern eher die berufliche Rolle und erst das weitere Stellen derselben Fragen lockt manchmal tiefergehende Antworten hervor.

Zwei andere Techniken können hinzugenommen werden um bei der Disidentifikation zu helfen, nämlich »Humor« und »Spiel«. Ihre Nützlichkeit wird zum Teil aus der Bezeichnung deutlich.

5. TECHNIKEN ZUR ENTWICKLUNG DES WILLENS

Für die Behandlung der Techniken des Willens ist eine etwas ausführlichere Einleitung erforderlich, denn der Wille kann wirklich der unbekannte und vernachlässigte Faktor der modernen Psychologie, Psychotherapie und Erziehung genannt werden. Ich möchte nicht versuchen, die Ursachen dieser überraschenden Sachlage zu analysieren – wie etwa die Reaktion auf die frühere Überbetonung des Verbots-Aspektes des Willens oder der große Widerstand gegen eine Schulung des Willens – sondern möchte die Aufmerksamkeit auf das Paradox lenken, daß genau die Tatsache der zentralen Stellung des Willens die Ursache dafür war, daß er nicht beachtet wurde; d.h. der Wille ist die Funktion, die am direktesten mit dem Selbst verbunden ist. Rank ging so weit, zu sagen, daß »der Mensch seine Individualität im Zusammenhang mit seinem Willen erfährt, und das heißt, daß seine persönliche Existenz identisch ist mit seiner Fähigkeit, seinem Willen in der Welt Ausdruck zu verleihen« (zitiert nach Progoff, 104 a, S. 210). Im allgemeinen ist sich ja der Mensch seines Selbst nicht bewußt und folglich kennt er auch nicht die direkte Funktion des Selbst, den Willen.

Es gibt zwei übliche, aber sehr einseitige Vorstellungen vom Willen: einmal die des gewaltsamen Kontrollierens und Verbietens, ähnlich dem Zähmen eines wilden Tieres, dann die eines gewaltsamen Vorwärtsdrängens, wie wenn jemand versucht, sein Auto durch Schieben in Bewegung zu setzen.

Eine genaue Analyse des Willens zeigt verschiedene Phasen oder Stadien, mit denen wir uns jetzt beschäftigen werden; unser allgemeines Ziel und Interesse gilt jedoch der Entwicklung und Schulung des Willens und somit einer wirkungsvollen willensmäßigen Handlung und dem Gebrauch des Willens, d.h. dem gesamten Willen in Aktion.

Es ist deshalb nicht notwendig, eine genaue Vorstellung oder Theorie des Willens zu haben, um ihn schulen zu können, noch ist es nötig zu erörtern, welche der verschiedenen Phasen des Willens wichtiger oder wesentlicher sind. Der Zweck einer Entwicklung des Willens ist offensichtlich, denn der Wille ist notwendig, um eine Entscheidung zu treffen und dann bei ihr zu bleiben, um sich die erforderliche Zeit zu nehmen und die Schwierigkeiten auf sich zu nehmen, wie es für den Gebrauch aller beschriebenen Techniken und der gesamten Psychosynthesis-Arbeit notwendig ist.

Es gibt jedoch einen vorrangigeren und unmittelbareren Zweck der Technik, nämlich *den Willen zur Schulung des Willen*. Pantienten, die sagen, sie hätten keinen Willen, haben ihn durchaus, denn er ist eine direkte Funktion des Selbst, jedoch eine Funktion, die überwiegend latent ist. Solche Menschen müssen lernen, ihr kleines »Kapital« einzusetzen, um es zu stärken und aufzubauen bis zu dem Punkt, wo es zu einer wertvollen Stütze wird, zumindest ausreichend ist für jedes einzelne Stadium der Psychosynthesis, obwohl der Nützlichkeit eines zunehmend starken Willens keine Grenzen gesetzt sind.

Die Stufen des Willens

Wie erwähnt geht es uns um die Schulung des gesamten Willens in all seinen Phasen, genauer, um das Erreichen vollständiger Willenskraft.

1. Die erste Etappe beim Einsetzen des Willens umfaßt:
   a) Ziel, Vorsatz, Absicht
   b) Bewertung
   c) Motivation

Da es um den bewußten Willen geht, ist das erste wesentliche Element das des Vorsatzes oder Ziels, denn ohne ein bewußtes Ziel kann es keinen reinen Willen geben. Nachdem über das Ziel entschieden ist, kommt die Absicht, es zu erreichen und das Hervorrufen der Motivation.

Hier scheint es notwendig, zunächst irgendwelche irrigen Vorstellungen auszuräumen, Psychosynthesis kehre zu der Willensauffassung des 19. Jahrhunderts zurück, welche die wichtigen unbewußt motivierenden Faktoren vernachlässigte. Da sich die Psychosynthesis jedoch aus der Psychoanalyse entwickelt hat, ist deutlich, daß solch ein Ausschuß nicht beabsichtigt ist und daß ich mir der komplexen motivierenden Faktoren voll bewußt bin, die unterhalb der Bewußtseinsebene eine Rolle spielen. Deshalb sollte der Schulung des Willens eine Erforschung des Unbewußten vorausgehen, einschließlich des Aufdeckens der unbewußten Motive und ihrer Rationalisierungen, die sie für das bewußte Ich annehmbar machen. Dies ist einer der wertvollsten Aspekte der Psychoanalyse und wir ziehen ihn beim Prozeß der Psychosynthesis voll in Betracht.

Deshalb besteht die Betrachtung der Motivation zum größten Teil aus dem Aufdecken unbewußter Impulse. Wenn sie jedoch erkannt worden sind, dürfen wir nicht in den Fehler der Psychologie des 18. Jahrhunderts verfallen und diese Impulse verurteilen und unterdrücken. Die Funktion des Willens ist, sie zu gebrauchen und ihre Mitarbeit beim Erreichen des ausgewählten Zieles zu sichern.

Motivation schließt unvermeidlich Wertung mit ein; wie erwähnt ist Wertung unvermeidbar und sogar wichtig. Eine wirkliche Bewertung bedeutet eine Wertskala, die ihrerseits Ausdruck einer Lebensphilosophie oder Weltanschauung ist. Jeder Mensch hat solch eine Philosophie, aber gewöhnlich wurde sie nie formuliert; sie ist verschwommen und oft in sich widersprüchlich. Das Klären, das Sich-Bewußt-Werden der Stellung und Haltung des Selbst zur Welt ist übrigens nach meiner Meinung der fruchtbarste Aspekt der Existenzanalyse. Es ist offensichtlich, daß der Vorsatz oder das Ziel, auf das der Wille gerichtet werden soll, einen hohen positiven Wert haben muß, das, was Lewin eine »positive Valenz« nannte.

2. Der Bewertung folgt das Stadium der Überlegung und des *Abwägens*. In einer spezifischen Situation mag es scheinen, daß es nicht viel zu überlegen geben und daß die Wahl ohne Zögern auf das höchste erkennbare Ziel gerichtet sein sollte; aber so einfach ist es nicht. Das Ziel muß nicht nur einen hohen Wert haben, sondern auch erreichbar sein. Wir können uns sehr hohe Ziele vorstellen, erkennen jedoch, daß sie realistisch gesehen nicht erreichbar sind – zumindest unter den vorhandenen inneren und äußeren Bedingungen, die deshalb stets mitberücksichtigt werden müssen. Auch wenn ein alternatives Ziel weniger hoch sein mag, so ist es vielleicht aus bestimmten Gründen dringender; deshalb wird Weisheit gebraucht bei der Einschätzung der vielen Faktoren einer bestimmten Situation, denn jede von ihnen ist stets einzigartig.

3. Das dritte Stadium beim Gebrauch des Willens ist das der *Entscheidung*. Dies ist ein schwieriger Punkt, denn es geht um Wahl und läuft einer starken menschlichen Neigung entgegen, nämlich »den Kuchen zu behalten und ihn gleichzeitig essen zu wollen«. In psychoanalytischen Begriffen könnte es »dem Lustprinzip folgen« genannt werden, und das ist irrational. Eine überlegte Wahl zu treffen bedeutet jedoch den Gebrauch des Realitätsprinzips, und dies ist ein Prinzip der Relativität, daß man nicht alles haben kann, sondern zwischen Alternativen wählen muß. In älteren psychologischen Schriften über den Willen wird dieser Punkt mit der negativen Terminologie des Entsagens beschrieben, aber es ist viel beser, die Betonung auf den positiven Begriff des Vorziehens zu legen. Wenn wir wählen, wenn wir eine Entscheidung treffen, bedeutet das, etwas vorzuziehen, das wir für wünschenswerter und erreichbarer halten als die anderen Alternativen, die wir verwerfen. Die Schwierigkeit beim Treffen einer freiwilligen Entscheidung ist, daß dem Individuum entweder deutlich oder unbestimmt bewußt wird, daß ein Entschluß Verantwortung bedeutet, daß Entscheidung ein Akt der Freiheit ist, der unweigerlich Verantwortlichkeit miteinschließt. Das merkwürdige Ausweichen von Personen und Gruppen vor der Freiheit wurde unter anderem von Erich Fromm aufgezeigt, also das Ausweichen vor der Verantwortung, wobei die wertvollste menschliche Gabe, der freie Wille, aufgegeben wird.

In diesem Zusammenhang ist es kaum nötig, daran zu erinnern, daß Unentschlossenheit eines der herausragendsten Symptome aller Patienten ist, die in einem depressiven Zustand sind; wir kommen darauf zurück, wenn wir die Grenzen der Schulbarkeit des Willens betrachten.

4. Das vierte Stadium des Willensaktes, das eng auf das der Entscheidung folgen sollte, ist die *Bekräftigung*. Eine wirkungsvolle Bekräftigung schließt verschiedene Faktoren ein: der erste ist Vertrauen – nicht einfach ein »Glauben«, sondern lebendiges, dynamisches Vertrauen, mehr sogar, eine unumstößliche Gewißheit. Wenn dies fehlt, kann dennoch eine Bekräftigung gefällt werden, auf der Grundlage von Gewilltsein oder einer Entscheidung, »es zu versuchen«, das Risiko einzugehen, mit der Geisteshaltung eines mutigen Abenteurers.

Der Akt der Bekräftigung besteht in einem Befehl oder einer Erklärung, die man sich selbst richtet, ein Imperativ also wie das lateinische »fiat« oder »es sei«. Die Intensität oder »psychologi-

sche Ladung« der Bekräftigung entscheidet über Grad und Ausmaß ihrer Wirksamkeit.
In vielen Fällen ist es notwendig, die Bestätigung in bestimmten Abständen zu wiederholen oder vielmehr zu erneuern, um ihre Kraft zu erhöhen und Widerstände zu überwinden. Es ist wichtig, sich der Tatsache bewußt zu sein, daß Bekräftigung manchmal entgegengesetzte Reaktionen provoziert; dies sollte dem Patienten erklärt werden, so daß er nicht überrascht oder entmutigt ist und er dem widerstehen und es überwinden kann – eine Art der Bewältigung ist die erwähnte Erneuerung der Bekräftigung.
5. Das fünfte Stadium der Willensäußerung ist *Planung*, das Organisieren des Handelns entsprechend einem festumrissenen Programm. Dies erfordert eine Vorausschau der verschiedenen Schritte oder Stadien, die zwischen dem Ausgangspunkt und dem schließlichen Ziel liegen. In manchen Fällen ist dieses letzte Ziel natürlich fern, aber es wird mehrere Zwischenziele geben, die stufenweise dorthin führen. Es ist daher notwendig, ein klares, gutorganisiertes Programm der Abfolge der Teilaufgaben zu haben.
Es gibt zwei unterschiedliche Fehler, die es zu vermeiden gilt. Einer besteht darin, die Aufmerksamkeit und die Richtung des Willens so ausschließlich auf das Endziel gerichtet zu halten, daß der Patient dadurch handlungsunfähig wird; der andere, häufigere, liegt darin, sich so sehr für die untergeordneten Ziele und die Mittel zu ihrer Erreichung zu interessieren, sie so zu überschätzen, daß man das eigentliche Ziel aus den Augen verliert oder den Mitteln unangemessene Aufmerksamkeit schenkt.
6. Das sechste Stadium des Willensaktes ist das *Leiten der Durchführung*. Dazu werden zwei der besonderen Eigenschaften des Willens benötigt: erstens die dynamische Kraft des Willens, gerichtete, vorwärtstreibende Energie, und zweitens Beharrlichkeit und Ausdauer. Vollkommener Wille würde ein Maximum an dynamischer Kraft sowie an Ausdauer und Beharrlichkeit in sich vereinen, aber es zeigt sich, daß manche Menschen mehr von der einen Eigenschaft haben als von der anderen. Auch fordern manche Aufgaben vor allem den dynamischen Aspekt, während andere Aufgaben weniger anstrengend sind, sondern sich eher in die Länge ziehen und so mehr die geduldigen und beharrlichen Aspekte des Willens fordern. Deshalb geht es im Einzelfall nicht nur um die Frage, welche Eigenschaft des Willens in einem Men-

schen vorherrscht, sondern auch, welche für eine bestimmte Aufgabe oder ein bestimmtes Ziel mehr gebraucht wird. Bei der Schulung des Willens werden wir jeweils den Akzent auf die weniger ausgeprägte Eigenschaft legen.

Die Dynamik des Willens äußert sich durch Bekräftigung und Befehl, während der beharrliche Aspekt für eine der wirkungsvollsten Techniken des Willens benötigt wird, nämlich dafür, ein klares Vorstellungsbild ständig im Brennpunkt der Aufmerksamkeit zu halten. Die Kraft solcher aufrechterhaltener Bilder ist enorm; mehr darüber bei der Behandlung der Techniken der Visualisation und Imagination.

Eine andere Eigenschaft, die für dieses letzte Stadium der Durchführung gebraucht wird, ist die des Beibehaltens einer Richtung, die Zielgerichtetheit. Was ebenfalls gebraucht wird, ist eine hemmende Eigenschaft im Sinne eines Ausschließens und Verwerfens aller Hindernisse, die sich der Anwendung des Willens bei der Durchführung entgegenstellen könnten.

Vorgehensweise beim Schulen des Willens

Wie erwähnt besteht das erste Ziel bei der Schulung des Willens darin, das individuelle »Kapital« des Patienten, die Ausprägung seines Willens zu vergrößern, also wirksamer zu wollen. Der erste Schritt besteht darin, die Energie der vorhandenen Impulse des Patienten verfügbar zu machen und sie auf das Ziel der Entwicklung des Willens zu richten.

1. Verfügbarmachen der Energien

Die erste unentbehrliche Bedingung für das Erlangen eines starken Willens ist der ernste Entschluß, die dafür notwendige Energie und die Mittel zur Verfügung zu stellen. Wenn das dem Patienten dargelegt wird, mag er einwenden: »Um das tun zu können, brauchte ich einen festen und entschlossenen Willen, und das ist es gerade, was mir fehlt.« Dieser Einwand ist nicht haltbar, denn jeder hat ein bestimmtes Maß an Willen, und auch wenn er nur in einem embryonalen Stadium existieren sollte, reicht er doch aus, einen Anfang zu machen.

Von äußerster Wichtigkeit für den Erfolg ist eine gründliche Vorbereitung, um den ersten Impuls und Anstoß zu geben. Diese

Vorbereitung sollte ein starkes inneres Bedürfnis hervorbringen, den Willen zu entwickeln, der sich in den festen Entschluß umwandelt, alles zu tun, was dafür notwendig ist. Um diesen Bewußtseinszustand zu erreichen, ist die folgende Übung hilfreich; sie kann in der vorliegenden Form dem Patienten vorgestellt werden und auch versuchsweise vom Therapeuten selbst durchgeführt werden.

Übung I, Teil A

Nimm eine bequeme Haltung ein, entspanne die Muskeln.
1. Stell dir so lebhaft wie möglich all die unangenehmen Konsequenzen für dich und für andere vor, die sich als Folge deines unzureichend entwickelten Willens ergeben haben und sich in Zukunft noch ereignen könnten. Prüfe sie sorgfältig, eine nach der anderen, dann fertige eine geschriebene Liste davon an. Erlaube den Gefühlen, die diese Erinnerung und Vorausschau in dir hervorruft, intensiv auf dich einzuwirken: Beschämung, Unzufriedenheit mit dir selbst, das Zurückschrecken vor der Wiederholung solchen Verhaltens und der dringende Wunsch, diesen Zustand zu ändern.
2. Stell dir so lebhaft wie möglich all die Vorteile vor, die eine Schulung deines Willens bringen kann, all den Nutzen und die Befriedigung, die sich daraus für dich und für andere ergeben. Untersuche dies eingehend Punkt für Punkt; formuliere diese Vorstellung klar und schreibe sie nieder. Erlaube den Gefühlen, die durch diese Gedanken in dir ausgelöst werden, dich ganz zu beherrschen: die Freude über die Möglichkeiten, die sich dir eröffnen, das intensive Verlangen, sie zu verwirklichen und der starke Impuls, sofort damit zu beginnen.
3. Stell dir so lebhaft wie möglich vor, du seist von einem starken, beharrlichen Willen beherrscht, sieh dich vor dir, wie du mit festem entschlossenen Schritt gehst, in verschiedenen Situationen mit Entschlußkraft handelst, mit zielgerichteter Absicht, konzentrierten Kräften, Ausdauer und Selbstkontrolle jedem Einschüchterungsversuch widerstehend. Stell dir vor, wie du erfolgreich das gewünschte Ziel erreichst. Suche besonders solche Situationen heraus, in denen es dir bisher nicht gelungen ist, einen ausreichend starken und beharrlichen Willen zu entwickeln und stell dir dann vor, wie du jetzt mit den gewünschten Eigenschaften handelst.

Übung I, Teil B

Wähle Lektüre aus, die besonders dazu geeignet ist, die Gefühle und Entschlüsse, die in Teil A der Übung geweckt wurden, zu verstärken. Es muß Literatur sein, die ermutigend, optimistisch und dynamisch ist, die Selbstvertrauen anregt und zum Handeln anspornt. Lies dabei langsam, mit ungeteilter Aufmerksamkeit, kennzeichne die Passagen, die dich beeindrucken und schreibe die heraus, die am eindrucksvollsten sind und besonders auf deine Lage zuzutreffen scheinen. Man tut gut daran, diese Abschnitte wiederholte Male zu lesen und dabei ihre volle Bedeutung aufzunehmen. Am besten eignen sich für diesen Zweck Biographien hervorragender Persönlichkeiten, mit den besten Eigenschaften eines starken aber konstruktiven Willens oder andere Bücher, die direkt auf das Erwecken der erwünschten inneren Energien abzielen. Nach einiger Zeit solcher Lektüre wirst du den zunehmenden Wunsch verspüren, dich an die Arbeit zu machen. Dies ist der richtige Augenblick für die entschlossene Entscheidung, daß du alle Zeit, Energie und alle Mittel einsetzen wirst, die notwendig sind für die Entwicklung deines Willens.

Ein Wort der Warnung: sprich über diese Sache nicht mit anderen, auch nicht in der lobenswerten Absicht, sie dazu zu bewegen, deinem Beispiel zu folgen. Sprechen tendiert dazu, die Energien zu zerstreuen, die zum Handeln gebraucht und gesammelt werden. Deine Absicht provoziert, wenn sie anderen bekannt wird, leicht skeptische oder zynische Bemerkungen, die Zweifel oder Entmutigung hervorrufen können. Arbeite in der Stille; das kann nicht genug betont werden.

Diese Übung mit ihren zwei Teilen bildet eine Methode mit dem Ziel, andere Impulse in Bewegung zu setzen, um die Energiemenge zu erhöhen, die dem Willen zur Verfügung steht.

Übung II – die Durchführung nutzloser Übungen

Diese Technik bedeutet das Ausführen von Handlungen, die an sich nicht den geringsten Nutzen haben und nur deshalb durchgeführt werden, um den Willen zu schulen. Sie können mit den Muskelübungen in der Gymnastik verglichen werden, die keinen anderen Zweck haben als den, die Muskeln zu entwickeln. Diese Technik wurde zuerst von William James vorgestellt, in seinem Buch *Ansprachen an Lehrer* (62 c): »Halte deine Leistungsfähigkeit in dir lebendig durch eine kleine freiwillige Übung täglich. Das heißt sei systematisch heroisch bei kleinen unwichtigen Dingen, tu alle ein oder zwei Tage etwas nur um seiner Schwierigkeit willen, damit dich die Stunde äußerster Not nicht geschwächt oder ungeübt antrifft, um die Prüfung zu bestehen. Askese dieser Art ist wie eine Versicherung, die jemand für Haus und Besitz zahlt. Im Augenblick nützen ihm die Gebühren nichts und vielleicht hat er nie etwas davon; wenn jedoch ein Feuer ausbricht, wird die Tatsache, daß er sie bezahlt hat, seine Rettung vor dem Ruin sein. Genauso verhält es sich mit dem Mann, der sich täglich an unwichtigen Dingen in der Gewohnheit konzentrierter Aufmerksamkeit, energischer Willenskraft und von Selbstverleugnung geschult hat. Er wird wie eine Festung stehen, wenn alles um ihn her schwankt und seine schwächeren Mitmenschen wie Spreu im Wind herumgewirbelt werden.«

Die gleiche Vorgehensweise wurde von E. Boyd Barrett entwickelt und in seinem Buch *Kraft des Willens* (10) erklärt.

Übung III - Übungen des Willens im täglichen Leben

Eine andere Gruppe von Übungen zur Entwicklung des Willens kann aus zahllosen Gelegenheiten des Alltags abgeleitet werden. Die meisten unserer Tätigkeiten können dazu dienen, denn durch unsere Absicht, unsere innere Haltung und die Art der Durchführung können sie wirkliche Willensübungen werden. Zum Beispiel kann allein das Aufstehen am Morgen zu einer bestimmten Zeit zu einer solchen Übung werden, wenn wir zu diesem Zweck zehn oder fünfzehn Minuten früher aufstehen als gewöhnlich. Auch das morgendliche Anziehen kann dafür Gelegenheit bieten, wenn wir es mit Aufmerksamkeit und Genauigkeit durchführen, schnell, jedoch ohne zu hetzen. Dies ist eine wichtige und wertvolle Fähigkeit, die man im Alltag entwickeln kann: zu lernen, wie man »langsam eilen« kann. Das moderne Leben mit seinen Belastungen und Anforderungen läßt uns das Hetzen leicht zu einer Gewohnheit werden, auch wenn es die Situation gar nicht verlangt - ein Ergebnis der »Massensuggestion«.

Auf langsame Weise zu eilen ist nicht einfach, aber es ist möglich und es ebnet den Weg zu Effektivität und Produktivität ohne Spannung und Erschöpfung. Es ist nicht einfach, weil es von uns fast verlangt, zwei Personen gleichzeitig zu sein: eine, die handelt und eine andere, die gleichzeitig als Beobachter zuschaut; allein dies auszuprobieren ist jedoch schon eine gute Möglichkeit, den Willen zu entwickeln.

Auch im Verlauf des Tages kann man zahlreiche Übungen für die Entwicklung des Willens durchführen, die zugleich bestimmte fehlende Fähigkeiten entwickeln. Zum Beispiel kann man Gelassenheit oder innere Sammlung während der täglichen Arbeit lernen, gleich wie langweilig sie sein mag; oder man kann lernen, seine Ungeduld zu kontrollieren, wenn sich kleinere Schwierigkeiten oder Unannehmlichkeiten in den Weg stellen, z.B. in einem überfüllten Zug oder wenn man darauf wartet, daß eine Tür geöffnet wird, wenn man die Fehler eines Untergebenen bemerkt oder die Ungerechtigkeit eines Vorgesetzten zu spüren bekommt.

Abends haben wir die Möglichkeit zu ähnlich wertvollen Übungen: wir können den Impuls, unserer schlechten Laune Ausdruck zu verleihen, kontrollieren – vielleicht hervorgerufen durch Sorge oder Ärger bei der Arbeit – und gelassen ertragen, was immer sich ereignet, versuchen, irgendwelche Disharmonien zuhause zu bereinigen. Bei Tisch ist eine Übung – gut für die Gesundheit wie für den Willen – die Kontrolle des Wunsches oder Impulses, schnell zu essen und dabei an etwas anderes zu denken, z.B. an die Arbeit. Wir sollten uns dazu bringen, gut zu kauen und unser Essen entspannt und ruhig zu genießen. Am Abend haben wir andere Möglichkeiten der Übung, wie z.B. den Verlockungen von Menschen oder Dingen zu widerstehen, die dazu neigen, uns von den gewählten Aufgaben abzulenken.

Ob bei der Arbeit oder zu Hause, wenn möglich sollten wir aufhören zu arbeiten, wenn wir müde sind; eine kurze Ruhepause, rechtzeitig eingelegt, wenn die Müdigkeit anfängt, ist günstiger als eine lange Erholung, die durch Erschöpfung notwendig wird. Kurze und häufige Ruhepausen wurden in der Industrie eingeführt und haben zu einer erhöhten Arbeitsleistung geführt.

Während dieser Ruhepausen genügen einige Körperübungen oder einige Minuten Entspannung mit geschlossenen Augen. Bei geistiger Ermüdung sind körperliche Übungen meist am wirkungsvollsten, obwohl jeder am besten durch Ausprobieren herausfindet, was für ihn am geeignetsten ist. Einer der Vorteile solch kurzer und häufiger Unterbrechungen ist, daß man nicht Interesse und Antrieb für die anstehende Arbeit verliert und daß man Müdigkeit und nervöse Spannung vermeidet. Ein geordneter Rhythmus in unseren Aktivitäten bringt Harmonie in unser Dasein, und Harmonie ist ein universelles Lebensgesetzt.

Eine gute Übung ist, sich zu einem festgesetzten Zeitpunkt zurückzuziehen und die jeweilige Tätigkeit entschlossen zu unterbrechen, auch wenn es eine interessante Unterhaltung oder Lektüre ist. Es ist vor allem am Anfang schwierig, all diese Übungen gut zu machen und sie alle auf einmal zu versuchen würde leicht zu Entmutigung führen. Deshalb ist es ratsam, nur mit einigen über den Tag verteilt zu beginnen und nach erfolgreicher Durchführung ihre Anzahl zu vergrößern und die Übungen zu variieren. Man sollte sie freudig und mit Interesse ausführen, Erfolg und Mißerfolg zählen und registrieren mit einer Haltung wie bei einem Wettkampf. So wird die Gefahr vermieden, daß das Leben zu starr und mechanisch wird; was sonst ermüdende Pflichten wären, wird so interessant und abwechslungsreich; auch werden alle, mit denen wir zusammen sind, ohne es zu wissen zu unseren Mitarbeitern. Ein dogmatischer Vorgesetzter etwa oder ein anspruchsvoller Partner werden Hilfsmittel, an denen unser Wille – der Wille nach guten menschlichen Beziehungen – seine Kraft und Fähigkeit entwickeln kann. Wenn das Essen verzögert serviert wird, gibt uns das Gelegenheit, unsere Geduld und Gelassenheit zu üben. Redselige Freunde geben uns die Möglichkeit, unsere Äußerungen zu kontrollieren; sie lehren uns die Kunst der höflichen aber bestimmten Weigerung, an unnötigen Gesprächen teilzunehmen. »Nein« sagen zu können ist eine schwierige aber sinnvolle Fähigkeit.

Übung IV – Körperliche Übungen zur Schulung des Willens

Körperliche Übungen stellen eine sehr wirksame Technik dar, wenn sie mit der Absicht und dem Ziel eingesetzt werden, den Willen zu entwickeln; denn, wie der französische Schriftsteller Gillet es ausdrückte: »Gymnastik ist die Grundschule des Willens und ein Modell für die Schulung des Geistes.« Tatsächlich ist jede körperliche Bewegung ein Willensakt, ein Befehl, der dem Körper gegeben wird und die gezielte Wiederholung solcher Handlungen übt und stärkt den Willen. Es entwickelt sich das Bewußtsein physischer Kraft, eine schnellere Blutzirkulation, ein Gefühl der Wärme und Beweglichkeit der Glieder und ihre schnelle Reaktion; all dies bringt ein Gefühl von Stärke hervor, von Entscheidungskraft, von Beherrschung, und das hebt die Kraft des

Willens und entwickelt seine Energie. Dazu ist jedoch nötig, sie mit dem ausschließlichen Ziel oder zumindest mit dem Hauptziel durchzuführen, den Willen zu trainieren.

Solche Übungen müssen mit Genauigkeit und Aufmerksamkeit durchgeführt werden; sie dürfen nicht zu heftig sein oder zu sehr schwächen; jede Bewegung sollte mit Lebendigkeit und Entschlossenheit durchgeführt werden. Am besten geeignet sind Übungen oder Sportarten, die nicht heftigen oder aufregenden Charakters sind, sondern vielmehr Ausdauer, Ruhe, Geschicklichkeit und Mut verlangen, Unterbrechungen erlauben und eine Vielfalt von Bewegungen einschließen.

Viele Sportarten im Freien – wie Golf oder Tennis, Schlittschuhlaufen, Wandern oder Bergsteigen – sind besonders geeignet für die Schulung des Willens; wo das jedoch nicht möglich ist, können geeignete, ausgewählte Körperübungen auch zu Hause im Zimmer durchgeführt werden.[15]

2. Kommentare zu den Übungen

Eine mögliche Schwierigkeit ist, daß Menschen mit sehr wenig Willenskraft am Anfang eine Übung vielleicht ein oder zweimal durchführen und sie dann wieder aufgeben. Es kann sehr schwierig sein, einen Patienten zu einer kontinuierlichen Anwendung zu motivieren, denn um die Übung zur Willensschulung wirksam ausführen zu können, muß man bereits ein gewisses Maß an Willen haben, mit dem man anfangen kann.

In solchen Fällen scheinen sich die von Baudouin vorgestellten Techniken zu eignen, indem wir versuchen, die Mitarbeit anderer Impulse zu erreichen, die vielleicht einen stärkeren Anreiz bieten als der reine Wille. Solche Impulse müssen natürlich nicht notwendig einem höheren Bereich angehören, sie sind dann ein Beispiel für die Verwendung sogenannter »tieferer« oder »primitiver« Impulse und Antriebe für einen höheren Zweck. Stolz, Eitelkeit, das Verlangen zu gefallen (bei positiver Übertragung), können für diesen Zweck aktiviert werden. Auch noch einfachere Anreize, wie Lob oder reale Belohnung sind sehr wirksam. Ich

---

[15] Neben dem Einsatz solcher Sportarten, die heute zunehmend als bewußtseinssteigernde und bewußtseins-erweiternde Methoden eingesetzt werden (s. z. B. Gallwey, 42, M. Murphy, 93, Spino, 116) sind hier auch Körperübungen verschiedener Systeme zu nennen, so z. B. Feldenkrais (36), Eutonie (Gerda Alexander, 4), T'ai chi (z. B. Kauz, 65) usw.

fand, daß der beste Anreiz der Spieltrieb ist, die sportliche Haltung eines Wettkampfes mit sich selbst. Das erfordert eine gewisse Fähigkeit der Disidentifikation, denn dabei »spielt« das Selbst mit seinen Subpersönlichkeiten und Impulsen, nimmt die Sache nicht zu ernst und versucht, das Spiel zu gewinnen wie ein guter Sportler. Wenn man für das Spiel selbst Interesse gewinnt, wenn es interessant und unterhaltend ist, wird kein Widerstand oder aktive Opposition geweckt, wie es eine aufzwingende Haltung des willentlichen Auferlegens hervorbringen würde.

Keinen Widerstand oder Auflehnung im Unbewußten oder in anderen Bereichen der Persönlichkeit zu erregen, ist eine allgemeine Vorsichtsmaßregel, die für alle Techniken zutrifft, besonders aber beim Einsatz von Techniken für die Entfaltung des Willens. Eine Methode, sich dagegen zu schützen, ist, die Technik nicht zu ernsthaft, noch auf eine pedantische Weise anzuwenden oder eine, die das Unbewußte verärgert. Stattdessen muß das Ziel sein, die Mitarbeit des Unbewußten dadurch zu gewinnen, daß es erheitert und interessiert wird – und das ist die spezifische Haltung des Spiels. Diesen Faktor sollten übrigens besonders Lehrer vor Augen haben, die Psychosynthesis-Methoden verwenden.

Eine spielerische Haltung lenkt nicht im geringsten von der Wirksamkeit einer Technik ab, sondern schaltet die Gegenströmungen von Widerständen und Auflehnung aus.

3. Probleme der praktischen Anwendung

Das grundlegende Problem bei der Willensschulung ist die Erzielung eines Gleichgewichts zwischen den verschiedenen Aspekten oder Stadien des Willens. Zunächst einmal muß sich der Patient der gegenwärtigen Situation bewußt werden. Dann schlägt der Therapeut dem Patienten einen Handlungsplan vor, mit dessen Hilfe das gewünschte Gleichgewicht oder die Harmonisierung erreicht werden kann; ist dieser akzeptiert, so werden die verschiedenen Techniken in der richtigen Reihenfolge vermittelt, damit das Ziel erreicht werden kann. Der Handlungsplan und die besonderen Techniken sind je nach den verschiedenen Stadien des Willens verschieden, manchmal fast gegensätzlich.

Die erste Stufe – die des klaren Zieles – ist bei vielen Patienten sehr schwach ausgeprägt. Auch finden wir häufig einen starken persönlichen Willen, der im Dienste der vorherrschenden Impulse steht; dies mag erklären, warum so häufig der persönliche Wille als nicht existent angesehen wird – er ist oft maskiert durch einen dominierenden Impuls.

In der Psychologie ist der Versuch gemacht worden, den Begriff des Willens als unnötig ganz auszuschalten und Entscheidungen als das Ergebnis widerstreitender Kräfte meist emotionalen Charakters anzusehen. Dies ist die deterministische Vorstellung eines Kräfteparallelogramms, ein Freudsches Konzept. Es stimmt jedoch nicht mit der menschlichen Erfahrung überein und bei der Schulung des Willens haben wir den Beweis, daß der Wille von den Impulsen unterschieden und abgetrennt, ja ihnen sogar entgegengestellt werden kann.

Modell oder Analogie eines Kräfteparallelogramms sind zu grob. Zunächst einmal stellt der Wille oder das vollendete Selbst eine ursprüngliche, unabhängige Energie dar, die mit den Impulsen und Antrieben im Wettstreit steht; er kann aber auch Organisator oder Koordinator der Impulse sein, indem er sie sozusagen von einer anderen Ebene oder Dimension her einsetzt. Der Wille kann daher, wenn er befreit wird, eine übergeordnete Kraft sein – wenn er sich nicht herunterziehen läßt auf die Ebene der widerstreitenden Impulse.

Sofern die schwächste Phase des Willens die des bewußten Ziels und der Überlegung ist, muß eine Technik eingesetzt werden, die den Patienten zuerst auf seine Mängel und Hindernisse aufmerksam macht und ihm hilft, seine Situation bewußt einzuschätzen, um eine klare Vorstellung vom Leben und von Wertmaßstäben zu bekommen. Auf dieser Grundlage helfen wir ihm, ein Ziel zu finden oder zu wählen und überlegen dann mit ihm den Weg, der dazu eingeschlagen werden muß.

Wenn es der Patient im dritten Stadium, der Entscheidung, trotz der zufriedenstellenden Entwicklung der ersten Phase schwierig findet, sich zu entscheiden, müssen wir die Gründe dafür herausfinden. Es mag an der Unlust liegen, sich Alternativen zu stellen und eine von ihnen auszuwählen, was natürlich bedeutet, die anderen aufzugeben. Letzteres mag schwierig sein für einen Menschen mit starkem Willen, der nicht den geringsten Verzicht akzeptiert und der alle Möglichkeiten haben will; das ist typisch für den starken Willen egoistischer Menschen – es liegt also eine Überentwicklung des antreibenden Willens und eine Unterentwicklung der Überlegung und Entscheidung vor.

Die fünfte Phase des Planens und Organisierens ist ebenfalls eine, in der ein Mangel oder eine Unterentwicklung bei Menschen auftauchen kann, die sonst in der Lage sind, schnelle Entscheidungen zu treffen oder den dynamischen Willen einzusetzen. Manchmal sind sie sich ihrer selbst zu sicher, in anderen Fällen sind sie ungeduldig mit der notwendigerweise langsamen, sorgfältigen Planung, die eine Betrachtung aller Elemente der Situation und ein Gefühl für Verständnis und Weisheit miteinschließt. Sie neigen dazu, einen Plan auszuführen, bevor er richtig im Detail durchdacht ist; oder noch schlimmer, sie eilen wie außer sich auf ihr Ziel zu, ohne Berücksichtigung von Hindernissen einer Zeitplanung, realistischer Einschätzung der Situation, Bedenken der Reaktion anderer Menschen usw. So scheitern sie oft an den Reaktionen, die sie unvorsichtigerweise in anderen auslösen. Die Maßnahme ist klar: sie müssen durch die aktive Zusammenarbeit mit dem Therapeuten geschult werden, den Wert und die Notwendigkeit dieser Phase zu erkennen.

Wir greifen also während der Sitzung ein Ziel auf, das der Patient für sich ausgewählt hat und helfen ihm dann, alle Schritte durchzudenken, die notwendig wären, dieses Ziel zu erreichen. Um ein bekanntes Beispiel zu nennen: ein junges unausgebildetes Mädchen kommt zu einer Beratung und sagt etwa: »Ich will Filmschauspielerin werden, ich will meine Familie verlassen und nach Hollywood gehen.« Natürlich lehnt man ihr Ziel nicht ab, sondern sagt sinngemäß: »In Ordnung, wir wollen das planen; wir wollen schauen, was dein Ziel alles beinhaltet. Du möchtest, daß dir dieses Ziel gelingt, deshalb wollen wir einen Plan entwerfen, um es zu erreichen.« Wenn wir mit einer Haltung der Zusammenarbeit und des Gewährens reagieren, wird sie bald erkennen, was ihr Ziel und ihr Wunsch bedeutet und wieviele schwierige Schritte bewältigt werden müssen.

Für die sechste Phase, das Leiten der Durchführung, werden – wie wir gesehen haben – einige wichtige Fähigkeiten des Willens verlangt, wie klare und ausdauernde geistige Vorstellung des Zieles, Gerichtetheit, dynamische Kraft, Ausdauer und Selbstbeschränkung, wobei jede dieser Komponenten für sich noch nicht für eine erfolgreiche Durchführung ausreichen mag. Unter »Selbstbeschränkung« ist die Bereitschaft und Fähigkeit gemeint, zumindest für eine gewisse Zeit andere Ziele und Pläne auszuschalten.

Besondere Vorsicht bezüglich dieses Stadiums der Entscheidung ist bei depressiven Patienten geboten; mehr dazu unter »Grenzen und Kontraindikationen«.

Indikationen und Anwendungsbereich

Die Anwendung dieser Technik bei schwachem oder ungenügend entwickeltem Willen ist offensichtlich und bedarf keiner Erläuterung, es muß aber deutlich betont werden, daß diese Technik des Willens nicht generell angewendet werden kann.
  Die spezifischen Indikationen und Anwendungsbereiche basieren auf einer Analyse des vorhandenen Willens, denn der Wille hat ja verschiedene Phasen; es ist durchaus möglich und taucht in der Praxis sogar häufig auf, daß eine Phase weiter entwickelt oder sogar überentwickelt ist und eine andere schwach ausgeprägt ist oder fast fehlt. Deshalb ist zunächst einmal nötig, festzustellen, welche der fünf Phasen des Willens die meiste oder besondere Schulung braucht. Es gibt Menschen, deren Willen schnell und entschlossen ist, sie haben jedoch nicht die Ausdauer, durchzuhalten. Für andere ist die Phase der Entscheidung die schwierigste, während nach getroffener Entscheidung die anderen Aspekte ihres Willens angemessen und ausreichend entwickelt sind. Deshalb ist ein differenziertes Training des Willens nötig und ein Erkennen, welche seiner Komponenten besonderer Entwicklung bedürfen.

Grenzen und Kontraindikationen

Es gibt viele Menschen, die einen überentwickelten persönlichen Willen haben, der gewöhnlich auf Selbstbehauptung und das Beherrschen anderer Menschen gerichtet ist. Man könnte sie »Adlersche Fälle« nennen, denn Alfred Adler hat diesen Typus gut beschrieben, wenn er ihn auch meiner Meinung nach übertrieben und überbetont hat, im Sinne einer alles abdeckenden Interpretation oder Erklärung. Trotzdem, typisch Adlersche Fälle gibt es nicht selten und dann ist jede weitere Entwicklung des persönlichen Willens kontraindiziert.
  Abgesehen von diesen Fällen können bei bestimmten Patienten einige Phasen des Willens überentwickelt sein. Besonders gefährlich ist dies bei dem dynamischen Aspekt des Willens, der nachteilige und sogar destruktive Wirkung haben kann, besonders für andere. Es gibt drei Wege, diese Gefahren und Hindernisse zu verringern oder auszuschalten:

Erstens das Schaffen eines Gleichgewichts, d. h. Ausbildung einer gleichmäßigen, harmonischen Entwicklung aller erwähnten Phasen des Willens.
Zweitens – und wichtiger noch – die Entwicklung anderer Funktionen, die die Willensfunktion kontrollieren und ausgleichen können. Gemeint sind hauptsächlich die Gefühlsfunktionen in ihren höheren Aspekten, d. h. die Entwicklung humanitärer Liebe, von Mitgefühl, von liebevollem Verstehen des anderen und die Entwicklung des ethischen Empfindens, des Gefühls der Verantwortung bezüglich der Wirkung, die man auf andere Menschen hat. Die höchste Ausformung davon ist die Haltung des Nichtverletzens (buddhistisch ahimsa).
Der dritte und höchste Weg, der teilweise den zweiten einschließt, ist das Erwecken und Tätigwerden des spirituellen (transpersonalen) Willens, verbunden mit der Verwirklichung des spirituellen Selbst.[16] Dies kontrolliert und gebraucht den personalen Willen in nichtverletzender, sogar konstruktiver Weise und befreit ihn von der häufigen Ausbeutung durch vorherrschende Impulse. Gewöhnlich ist der Wille der Sklave eines oder mehrerer persönlicher Antriebe. Hier ist es zuerst notwendig, eine Disidentifikation des personalen Selbst von diesen Impulsen zu erreichen und dann den personalen Willen dem spirituellen Willen zu überantworten, oder umgekehrt, der transpersonale Wille, das spirituelle Selbst, nimmt Besitz vom personalen Willen und setzt ihn ein.

Es gibt einen Unterschied, der nicht immer erkannt wird, nämlich zwischen dem voll erwachten transpersonalen Willen und dem Gehorsam des personalen Willens höheren Empfindungen gegenüber. Für viele Patienten kann das letztere in einem bestimmten Stadium der Behandlung der Weg des geringsten Widerstands sein, das heißt es gibt einen Transfer, eine Übertragung emotionaler Energie, die den Willen von einer niedrigeren zu einer höheren Ebene motiviert; es bleibt aber dennoch eine emotional motivierende Kraft, wenngleich mit konstruktiverer Richtung. Ziel der Psychosynthesis ist jedoch das erstere, das Herstellen einer direkten Beziehung zum spirituellen Willen, zum Selbst. Es bedeutet das Entwickeln eines konstruktiven, star-

---

[16] Vgl. Roberto Assagioli: *The Act of Will* (8): Der transpersonale Wille, S. 106 ff. Die Überbetonung des personalen Willens in dieser Darstellung wird dort relativiert.

ken, beharrlichen und weisen Willens – dem Wesen nach eher ein Zusammenfließen der tiefsten menschlichen Energien, des Willens und der Liebe, so daß dann ein »liebender Wille« wirkt.

Das eben verwandte Wort »Zusammenfließen« könnte durch »organisch koordiniertes Funktionieren« ersetzt werden, d. h. es ist eine funktionale Einheit und nicht eine wirkliche Verschmelzung im wörtlichen Sinn, ähnlich wie es die funktionale Einheit körperlicher Elemente oder Organe gibt, die dennoch anatomisch und physiologisch unterscheidbar bleiben.

Bei der Schulung und beim Einsatz des Willens gibt es eine klare Begrenzung für die Anwendung der dritten Phase, der Entscheidung. Bekanntlich ist Unentschlossenheit eines der häufigsten Symptome von Menschen in depressivem Zustand, die sich »in einer Phase äußerster Ebbe psychischer Spannung« befinden, um mit Janet zu sprechen. In solchen Fällen wäre es ein therapeutischer Irrtum, sie zu Entscheidungen zu drängen, denn das würde in ihnen starke Ängste hervorrufen; sie sind im Augenblick wirklich nicht in der Lage, eigene Entscheidungen zu fällen. Sie dorthin zu drängen, würde ihnen ein Gefühl von Versagen und Frustration vermitteln, das ihren depressiven Zustand und ihr Gefühl von Minderwertigkeit nur noch verschlimmern würde. Bei solchen Patienten hat man während der depressiven Phase die Pflicht, sie so gut wie möglich von Entscheidungen zu entlasten. Das beste Mittel ist, ihnen zu erklären, daß dieses Stadium der Depression vorübergehend ist und daß sie jede bedeutsame Entscheidung solange verschieben sollten. Das ist sehr wichtig, denn in diesem Stadium treffen solche Menschen häufig Entscheidungen, die sie später bedauern – wie den Verkauf eines Besitztums oder von Aktien zu einem niedrigeren Preis aufgrund von Panik oder Pessimismus.

Die andere Alternative ist, die Entscheidungen *mit ihnen* zu treffen, nicht *für sie* – ihnen zu geben, was ihnen fehlt und mit ihnen durch die übrigen Stadien des Willensvorganges zu gehen (besonders das der Überlegung) und sie mit den für eine Entscheidung noch fehlenden Elementen zu versehen.

Kombination mit anderen Techniken

Der Wille ist zwangsläufig mit der aktiven Durchführung aller anderen Techniken der Psychosynthesis verbunden und umgekehrt entwickelt die Durchführung einer jeden Technik indirekt den Willen.

Das wirft die wichtige Frage auf, wann im Verlauf der Therapie die direkte Schulung des Willens einsetzen sollte. Bei Menschen mit einem sehr schwachen Willen ist es am besten, damit gleich anzufangen und so Enttäuschungen zu vermeiden, aber man kann das tun, ohne den Willen überhaupt zu erwähnen, indem man sie ermutigt, die verschiedenen aktiven Techniken, die ihren Symptomen und ihren Bedürfnissen entsprechen, anzuwenden. Wenn sie durch die Anwendung dieser Übungen, ohne es zu wissen, ihren Willen bis zu dem erforderlichen Punkt entwickelt haben, kann der Therapeut das unmittelbare Schulen des Willens einführen. Wir haben so die paradoxe Situation, daß die gezielte Schulung des Willens umso später einsetzt, je schwächer er ausgeprägt ist.

6. Techniken für Schulung und Gebrauch der Imagination (Lebhafte Vorstellungskraft)

Ziel

Imagination ist eine Funktion, die in sich selbst zu einem gewissen Grad synthetisch ist, da sie auf mehreren Ebenen gleichzeitig arbeiten kann: auf der Ebene der Empfindungen, der Gefühle, des Denkens und der Intuition. Sie beinhaltet alle verschiedenen Arten von Vorstellungen, wie Visualisierung – das Hervorrufen visueller Bilder – auditive, taktile, kinästhetische Imagination usw.

Die Imagination in dem konkreten Sinn des Hervorrufens und Gestaltens von Bildern (lt. imago) ist eine der wichtigsten und spontan wirkenden Funktionen der menschlichen Psyche, sowohl in den bewußten als auch unbewußten Aspekten oder Ebenen. Deshalb muß mit kontrolliert werden, wenn sie zu stark oder diffus entwickelt ist, sie muß geschult werden, wenn sie schwach ist. Die Psychosynthesis ist in besonderem Maße an der Regulierung, Entwicklung und Verwendung der Imagination interessiert, da dies einer der besten Wege zur Synthese der verschiedenen Funktionen ist.

Prinzip

In der Praxis spielen sich die entscheidenden Dinge zwischen Willen und Imagination ab. Das erinnert an die Äußerung von Coué, daß bei einem Konflikt zwischen Wille und Imagination die Imagination gewinnt. Dies drückt auf paradoxe Weise und ausgehend von der Erfahrung ein großes und wichtiges Gesetz des seelischen Lebens aus, das von Charles Baudouin in seinem wertvollen Buch *Suggestion und Autosuggestion* (12 c) mit wissenschaftlichen Begriffen beschrieben und erläutert wurde.

Das grundlegende Faktum und Gesetz auf diesem Gebiet wurde folgendermaßen formuliert: »Jedes Bild hat in sich selbst eine vorwärtsdrängende Kraft«, oder: »Vorstellungen und seelische Bilder tendieren dazu, die physischen Zustände und die äußeren Handlungen hervorzurufen, die ihnen entsprechen«. Es ist kaum nötig, hier Beispiele für die unglaubliche Kraft von Bildern zu geben, denn viele Autoren haben sich mit diesem Thema befaßt; wahrscheinlich war Théodule Ribot mit seinen klassischen Aufsätzen zur Imagination der erste, der dies systematisch getan hat (107).

Nicht nur Psychologen, auch Werbefachleute sind sich der motorischen Kraft der Vorstellung oder dessen, was sie vager als »Suggestion« bezeichnen, deutlich bewußt und setzen sie reichlich oder eher überreichlich und sehr gekonnt ein. Es scheint höchste Zeit, daß dieses Gesetz für höhere und konstruktivere Ziele eingesetzt wird und es sollte voll für die Psychosynthesis genutzt werden.

Wir werden einzeln die verschiedenen Techniken des Hervorbringens, Schulens und des Gebrauchs der Imagination betrachten, das heißt, die Techniken der Visualisierung, des Hervorbringens von auditiven Sinneseindrücken (Gehörseindrücke), sowie anderer Empfindungen, wie taktiler (Tastsinn), geschmacklicher, olfaktorischer (Geruchssinn) und kinästhetischer (Muskel- bzw. Bewegungssinn).

a) Techniken der Visualisierung (bildhafte Vorstellungen)

Ziel

Das allgemeine Ziel der Imagination wurde schon besprochen. Die große Bedeutung und der hohe Wert der Visualisierung besteht darin, daß sie das notwendige vorbereitende Training für andere wichtige Techniken darstellt und deren Ziele fördert. So setzt z.B. die klare Vorstellung eines Idealmodells oder Idealbildes die Fähigkeit der Visualisierung voraus. Wir sollten daher zu Beginn einer Therapie dem Patienten die verschiedenen Anwendungsmöglichkeiten dieser Technik erklären, z.B. daß sie wesentlich ist für ein klares Bild von dem »Idealmodell«, dem Ziel der Psychosynthesis.

Visualisierung hilft sehr bei der ersten Schulung der Konzentration und ist die geeignete Technik dafür. Weiterhin ist sie nützlich beim Gebrauch des Willens oder besser gesagt, sie verlangt den Einsatz des Willens, einige der beschriebenen Imaginations-Übungen (s. »Vorgehensweise«) bilden eine Gruppe der sogenannten »nutzlosen Übungen«, die als Willensübungen beschrieben wurden.

Ein anderes Ziel der Visualisierung ist, einen Ansatz oder Anreiz für die kreative Imagination zu bieten, und schließlich macht sie einen wirksamen Gebrauch der Visualisierung von Symbolen möglich, die besonders behandelt wird, wenn wir auf Techniken des Gebrauchs von Symbolen eingehen.

Prinzip

Bei den Prinzipien der Imagination wurde das fundamentale Gesetz erwähnt, daß jedem Bild eine vorwärtsdrängende Kraft innewohnt. Wir erweitern dies jetzt: daß jede Bewegung zuerst als Vorstelllung vorhanden sein muß, bevor sie ausgeführt werden kann.

Der Klarheit halber sollten wir zwischen reproduktiver und kreativer Imagination unterscheiden. Es ist ein grundlegender Unterschied zwischen dem bewußten Hervorbringen (Visualisieren) eines vorher ausgewählten Bildes und der imaginativen Funktion, die spontan und kreativ ist, meist auf unbewußten Ebenen abläuft und dann dem Bewußtsein das Produkt oder Ergebnis seiner Aktivität präsentiert.

Im ersten Fall können wir bewußt und überlegt ein Bild oder Bilder dessen hervorbringen, was wir schon einmal gesehen haben; hier geht es also um reproduktive Imagination. Wir können auch bewußt ein Bild von etwas hervorrufen, was wir nie gesehen haben, das wohl Elemente enthält, die wir kennen, aber in einer neuen Kombination; in gewisser Weise also eine Art Neuschöpfung. Aber bei diesen Arten von evokativer Imagination handelt es sich um das bewußte Erschaffen eines statischen Bildes. Deshalb ist es eine Schöpfung ganz anderer Art als die *spontane* kreative Funktion, von der wir später sprechen werden.

Der wesentliche Unterschied ist, daß es sich bei der evokativen Imagination um einen bewußten Prozeß handelt, der überlegt durchgeführt wird, während das andere eine spontane Funktion der kreativen Imagination ist, obwohl auch hier der Ausgangspunkt die Evokation (also das bewußte Sich-Vorstellen) eines Symbols sein kann. Interessant ist, daß es viel einfacher ist, ein sogar komplexes Bild von etwas hervorzubringen, das wir wiederholt gesehen haben (z.B. die Front einer Kathedrale mit ihren komplizierten Details) als ein neues Bild zu entwerfen, und sei es noch so einfach.

Vorgehensweise

Ich möchte eine sehr einfache Übung beschreiben, so wie sie als Instruktion gegeben werden könnte.

Stell dir zuerst die Umgebung vor, nämlich ein Klassenzimmer mit einer grauen oder mattschwarzen Tafel. Dann stell dir vor, daß auf der Mitte der Tafel eine Zahl auftaucht, sagen wir die Zahl fünf, wie mit weißer Kreide geschrieben, ziemlich groß und gut erkennbar. Stell dir diese Zahl lebhaft vor deinem inneren Auge vor, d.h. behalte das Bild der Fünf lebendig und stetig im Bereich deiner bewußten Aufmerksamkeit; dann stell dir zur rechten der Fünf die Zahl zwei vor.
Jetzt hast du zwei Zahlen, eine Fünf und eine Zwei, was zweiundfünfzig ergibt. Verweile eine gewisse Zeit bei der bildhaften Vorstellung dieser Zahl, dann stell dir nach einer gewissen Zeit die Zahl vier vor, rechts von der Zwei.
Jetzt hast du drei Zahlen, geschrieben mit weißer Kreide: fünf, zwei und vier - das ergibt die Zahl fünfhundertvierundzwanzig. Verweile eine gewisse Zeit bei dieser Zahl.
Fahre fort, neue Zahlen hinzuzufügen, bis du nicht mehr in der Lage bist, das Bild der Zahl zu halten, die sich aus den Ziffern ergibt.

Das Ergebnis solch einer Übung ist sehr interessant und im allgemeinen eher enttäuschend. Wenn wir zuerst die Beschreibung lesen, scheint es eine sehr einfache Sache zu sein. Aber sie hat eine täuschende Leichtigkeit in ihrer Einfachheit, denn wenn wir sie ausprobieren, stellen wir fest, daß sie nicht im geringsten einfach ist. Die Zahlen scheinen die schlimme Eigenschaft zu haben, zu verschwinden oder Größe und Farbe zu wechseln oder sich in phantastische Formen zu verwandeln und sogar in unserem Bewußtsein herumzutanzen. Wir müssen sie wieder und wieder neu formen. Diese enttäuschende Erfahrung ist sehr informativ und nützlich. Sie demonstriert uns auf anschauliche Weise, wie wenig wir wirklich unsere seelischen Funktionen kontrollieren - in diesem Fall Imagination und Konzentration - und zeigt uns, wie schwach und wirkungslos der Wille beim Ausüben solcher Kontrolle ist.

Diese Übung gibt uns auch wichtigen Aufschluß über verschiedene Aspekte unserer seelischen Funktionsweise; so haben manche mehr Erfolg, wenn sie die Augen schließen, andere mit offenen Augen; manche können sich die Zahlen sehr schnell vorstellen, sie ändern sich oder verschwinden jedoch fast ebenso schnell; andere haben stattdessen Schwierigkeiten, die Form einer Zahl zu bilden und hervorzurufen, wenn das jedoch geschehen ist, bleibt die Zahl mit geringer oder ohne jede Anstrengung.

Die Tatsache, ob man besser mit offenen oder geschlossenen Augen visualisieren kann, sagt etwas über den psychologischen Typus der Extraversion oder Introversion aus. Ich fand, daß extravertierte Menschen sich besser mit geschlossenen Augen etwas vorstellen können, denn die offenen Augen neigen dazu, Instrumente ihrer nach außen gerichteten Interessen zu sein. Deshalb sind sie mit geschlossenen Augen sozusagen gezwungen, sich nach innen zu richten. Im Gegensatz dazu haben die Introvertierten mehr Schwierigkeiten bei geschlossenen Augen, da ihr Interesse schon nach innen gerichtet ist, so daß alle möglichen anderen Bilder oder Prozesse das Interesse an den Zahlen verdrängen. Die Augen offen zu halten verringert jedoch in gewissem Maß die Aufmerksamkeit, die auf die innere Welt gerichtet ist.

Wie Jung aufgezeigt hat, kann jemand sowohl introvertiert als auch extravertiert sein, je nach den verschiedenen Ebenen seiner seelischen Funktionen, z.B. introvertiert in den Gefühlsfunktionen, aber extravertiert in den Denkfunktionen usw. Bei dieser Übung geht es vor allem um die Ebene der Sinnesempfindungen, denn sie ist mit der Wahrnehmung verbunden; daher gilt das Gesagte besonders für Extra- oder Introvertierte auf der Ebene der Sinnesempfindungen.

Was die Schnelligkeit im Gegensatz zur Beständigkeit des vorgestellten Bildes angeht, können wir auch daraus bestimmte diagnostische Schlüsse ziehen, besonders in Bezug auf das, was manche Psychologen das jeweilige Vorherrschen von Primär- und Sekundärfunktionen nennen. Bei denjenigen, die schnell visualisieren können, deren Vorstellungsbilder jedoch nicht bleiben, herrschen die Primärfunktionen vor. Ich verstehe übrigens unter Primärfunktion nicht den von Freud getroffenen Unterschied zwischen den Primärfunktionen des Es und den Sekundärfunktionen des Ich, sondern meine die Unterscheidung, die Otto

Gross und andere Psychologen zwischen Primär- und Sekundärfunktionen vorgenommen haben.

In einfachen Begriffen erklärt ist es der Unterschied zwischen jemandem, der schneller aber auch oberflächlicher auf einen Stimulus reagiert und einem anderen, der langsam oder anscheinend überhaupt nicht reagiert; aber der Stimulus stößt einen Prozeß unbewußter Aktivitäten an, die manchmal später die Bewußtseinsschwelle überschreiten.

Ein anderer Aspekt, der bei dieser Übung berücksichtigt werden muß, ist der Umfang des Aufmerksamkeitsfeldes. Das wird angezeigt durch die Anzahl der Zahlen, die man gleichzeitig visualisieren kann.

Schließlich muß auch der Grad an Lebhaftigkeit in Betracht gezogen werden; dies entspräche der Intensität des Lichtes im Bereich unserer bewußten Aufmerksamkeit.

Der Wert dieser Übung besteht unter anderem darin, daß sie uns die Messung jeder Verbesserung ermöglicht, die sich aus dem Training der Vorstellungskraft ergibt. Hierbei ist Verbesserung wichtiger als die Anfangsfähigkeit, denn letztere hängt großenteils davon ab, ob der Betreffende ein visueller Typ ist oder nicht. Das Ausmaß der Verbesserung ist nicht nur bezüglich der Vorstellungskraft selbst bedeutsam, sondern auch in Bezug auf andere Funktionen, die bei dieser Übung eine Rolle spielen, wie Konzentration, Aufmerksamkeit und Wille.

Ein weiterer Vorteil ist, daß dem Patienten seine Fortschritte gezeigt werden – eine wesentliche Bekräftigung seiner Motivation, noch mehr Anstrengung aufzubringen.

Eine zweite Übung bringt einen weiteren Faktor ins Spiel, den der Farbe. Nachdem der Patient einige Fertigkeit bei der einfacheren Übung mit den Zahlen auf der Tafel erlangt hat, bitten wir ihn, sich zweidimensionale und farbige geometrische Formen vorzustellen, z.B. ein blaues Dreieck, einen gelben Kreis oder ein grünes Quadrat. Damit verfolgen wir zunächst einmal die Absicht, den Unterschied zwischen dem Vorstellungsvermögen bei Formen und Farben festzustellen – und wir finden tatsächlich einen klaren Unterschied: einige können das Bild des Umrisses oder der Form halten, haben jedoch Schwierigkeiten, sich die Farbe zu vergegenwärtigen und konstant zu halten oder umgekehrt. Die theoretische Seite dieser Erscheinung soll nicht näher betrachtet werden, das ginge über die Absicht dieser Schrift hinaus; aber es wird doch nahegelegt, daß die Vorstellung der Form mehr mit der mentalen, mit der Denkfunktion verknüpft ist und die der Farbe mit der emotionalen Funktion. Diese einfache Übung arbeitet also einen bedeutenden Unterschied heraus – einen, der auch in der Kunst angetroffen werden kann. Zum Beispiel legt die Toscanische Schule der Malerei die Betonung auf die Form, die Farben sind nicht so ausgeprägt. Im Gegensatz dazu liegt die Betonung der Venezianischen Schule auf sehr starken und intensiven Farben.

Der zweite Nutzen dieser Übung besteht darin, daß sie auf den Gebrauch der Symbole vorbereitet, also auf die Technik der Symbolverwendung. Dort wird von oft komplizierten Formen und auch von Farben viel Gebrauch gemacht.

Eine dritte Reihe von Übungen der Visualisierung könnte man »mentale Photographie« nennen. Der Patient wird dabei gebeten, für kurze Zeit – im allgemeinen eine Minute lang – ein Bild zu betrachten, wie z.B. eine Bildpostkarte, ein Diagramm oder mathematische oder chemische Formeln. Dann soll er die Augen schließen und sich dieses Bild vor Augen rufen, um dann eine detaillierte und vollständige Beschreibung davon zu geben. Auch diese Technik hat mehrere Vorteile. Einmal kann sie einen numerischen Maßstab darstellen für die anfängliche Fähigkeit der Visualisierung und deren fortschreitende Verbesserung, nämlich anhand der Anzahl von Details, die richtig wiedergegeben werden gegenüber der Zahl der nicht richtig beschriebenen oder – was häufig passiert – der erfundenen. Die zweite Variable ist die Länge der Darbietung, die notwendig ist, um eine lebendige Vorstellung des Bildes zu bekommen, so daß man es später genau visualisieren kann. Eine andere Variable von eher theoretischem als therapeutischem Wert ist der Zeitraum, über den hinweg das Bild erinnert wird: man kann das herausfinden, indem man nach einer bestimmten Zeit fragt, ob sich der Patient noch an das Bild erinnern kann.

Abgesehen von diesen Variablen, die wir den Maßstab des Fortschritts nennen könnten, hat diese Übung einen spezifischen praktischen Nutzen durch ihre Kombination mit zwei anderen Techniken: denen der Beobachtung und des Erinnerns. Es ist unnötig zu betonen, welche Bedeutung dies hat beim Erstellen eines klaren visuellen Bildes von etwas, das erinnert werden muß – besonders im Falle von komplizierten algebraischen oder chemischen Formeln. Wenn das Bild recht kompliziert ist oder wenn die Beobachtungsfähigkeit – die Konzentration und Visualisierung mit einschließt – bei jemandem schwach ausgeprägt ist, sollte man ihn die Betrachtung eine halbe Minute lang wiederholen lassen, manchmal sogar ein drittes Mal, wieder für eine halbe Minute.

Dies ist eine wertvolle Technik für viele Patienten, die sehr geringen Kontakt mit der physischen Welt haben, denn es schult sie, die Außenwelt oder Teile davon wahrzunehmen und bringt sie wieder mit ihr in Verbindung. Sie ist auch wertvoll für Menschen, bei denen die Sinnesfunktion nicht gut entwickelt ist und die dazu neigen, zu sehr auf einer verstandesmäßigen Ebene zu leben.

Eine besonders nützliche Übung dieser Art wird von Rudyard Kipling in seinem Buch *Kim* beschrieben: Eine Reihe verschiedener Gegenstände wird auf ein Tablett gelegt, es werden etwa 30 Sekunden gegeben, sie anzuschauen und danach wird das Tablett weggestellt oder zugedeckt. Der Betreffende wird dann gebeten, zu beschreiben, was er gesehen hat. Dies ist im wesentlichen eine Beobachtungstechnik und ist als solche bekannt; sie kann aber auch als eine Technik der Visualisierung verwendet werden, wenn der Betreffende gebeten wird, seine Augen zu schließen und sich die Gegenstände, die er gesehen hat, bildhaft vorzustellen.

Indikationen und Anwendungsbereich

Die meisten Indikationen wurden schon im Zusammenhang mit der Nützlichkeit der Visualisierung erwähnt. Wir können ergänzen, daß es bei diesen Übungen trotz ihres eher passiven Charakters einen ständigen Energiefluß von unterschiedlicher Stärke gibt, und das muß berücksichtigt werden; man sollte dabei das allgemeine Prinzip berücksichtigen, keine Aktivität oder Funktion zu unterdrücken. Diese Übung dient dazu, Kontrolle über die imaginative Funktion zu lehren, ohne sie gewaltsam zu kontrollieren oder zu unterdrücken. Deshalb wird gelernt, die Imagination nach Belieben zu gebrauchen und wieder abschalten zu können, um ihr eine gewisse Ausdrucksmöglichkeit zu geben, jedoch nur zu geeigneter Zeit und mit einem bestimmten Ziel.

Besondere Indikationen wären notwendig, wenn der Realitätssinn unzureichend ist oder zu fluktuieren neigt, ebenso wenn die Gedächtnisfunktion sozusagen unkontrolliert ist: überimaginative Menschen, bei denen der Fluß der Energien viel zu stark ist.

Grenzen und Kontraindikationen

Die Grenzen und Kontraindikationen sind nicht hervorstechend. Einmal ist es ein übertriebenes, exzessives Interesse an der Technik selbst, ohne daß sie für den Zweck einer Psychosynthesis eingesetzt wird. Zum Beispiel könnten bestimmte zwanghafte Personen diese Technik dazu gebrauchen oder besser mißbrauchen, um aus ihr ein Ritual zu machen, das sich weiterhin ihrer chronischen Symptomatik bedient. Auf der anderen Seite hat die Visualisierung bestimmter geometrischer Formen (die theoretisch die ritualistische Tendenz mancher extremer Zwangsneurotiker verstärken müßte) auch schon gegenteilige Effekte gehabt, da mit dieser Methode eine Sache durch eine andere ersetzt wird. Sie ersetzt ein egozentrisches Gefühl durch ein unpersönliches, objektives Ziel; sozusagen ein Fall therapeutischer Substitution. Wir müssen als Therapeut nur darauf achten, daß der Ersatz nicht zum Symptom wird.

Kombination mit anderen Techniken

Wie schon erwähnt ist diese Technik auf natürliche Weise – man kann sagen unvermeidlich – mit anderen Techniken verbunden und für sie von Nutzen, z.B. den Techniken der Konzentration, des Willens, der Beobachtung und des Erinnerungsvermögens. Sie kann auch als eine Vorbereitung auf die Technik des gelenkten Tagtraums (rêve eveillé nach Robert Desoille) sowie der komplexeren Übungen in Symbolbetrachtung angesehen werden, die später beschrieben werden.

b) Techniken der auditiven Evokation
   (Hervorrufen von Gehörseindrücken)

Ziel

Das allgemeine Ziel auditiver Evokation ist natürlich das gleiche wie bei der Schulung der visuellen Evokation; sie hat jedoch auch spezifische Verwendungsmöglichkeiten, die unter den Indikationen aufgeführt sind. Auch bildet sie eine nützliche und manchmal notwendige Vorbereitung und Schulung für die Nutzbarmachung der Kraft des Tons und der Musik in der Technik der Musiktherapie.

Prinzip

Auch hier handelt es sich im allgemeinen um das gleiche, wie bei der visuellen Evokation; ich möchte nur hinzufügen, daß es hier eine spezifische Qualität und psychologische Wirkung gibt, die noch nicht ausreichend methodisch studiert wurde. Dies ist ein großes Forschungsfeld, das sehr fruchtbar sein könnte.

Vorgehensweise

Es gibt zwei Hauptgruppen von »auditiven Bildern« (Hörbildern), wie wir sie nenen könnten, wenn wir dem Wort »Bild« eine über das Visuelle hinausgehende Bedeutung geben. Die erste Gruppe ist die der Klänge und Geräusche der Natur. So kann man etwa die Instruktion geben: »Versuche, dir den Klang des Meeres vorzustellen, der Wellen, die sich an den Felsen brechen. Versuche, den ganzen Vorgang zu erleben, das Herankommen der Wellen, den Zusammenprall des Wassers mit den Felsen und dann die ganz anderen Klänge, wenn das Wasser zurückweicht.«

Ein ganz anderes Beispiel ist, sich den Klang eines Wasserfalls vorzustellen. Dies ist ein stetiges Geräusch, verglichen mit den Wellen. Eine andere Möglichkeit kann das Rauschen des Windes im Wald sein usw.

Dabei stellt sich die Frage, ob jemand ein auditiver oder visueller Typ ist. Oft werden mit der auditiven Evokation auch spontan visuelle Bilder hervorgebracht – die Betreffenden sehen, wie sich die Wellen an den Felsen brechen, sie sehen den Wasserfall usw. Das kann ein anderes Vorgehen notwendig machen. In manchen Fällen bitten wir den Patienten, seine visuellen Bilder so gut wie möglich auszuschalten und seine Aufmerksamkeit auf die rein auditiven Komponenten der Evokation zu konzentrieren. In anderen Fällen lassen wir es zu und schlagen vor, beide Eindrücke zu beachten und einzuschätzen, welches von beiden aktiver, welches leichter vorstellbar ist als das andere. Gewöhnlich ist das Visuelle stärker als das Auditive.

Wenn es um die Entscheidung geht, die Konzentration nur auf das Hören zu lenken und das Visuelle auszuschalten oder beides gleichzeitig zuzulassen, verwende ich in der Praxis meist beide Methoden nacheinander, denn ihr Prinzip und Ziel ist recht verschieden. Beim Ausschließen der visuellen Bilder liegt die Betonung auf der Konzentration, der Kontrolle seelischer Prozesse, auf Deutlichkeit und Aufmerksamkeit. Bei der anderen dagegen ist das Ziel eine neutralere Beobachtung dessen, was sich in einem abspielt und das Feststellen der spontanen Merkmale und Prozesse der seelischen Funktionen.

Bei beiden Methoden kann die Übung für das Hervorbringen und Entwickeln des »Ich-Bewußtseins« nützlich sein, da es jeweils das wollende Selbst ist, das sich dazu entschließt, entweder bestimmte seelische Prozesse aus dem Bereich des Bewußtseins auszuschalten oder das den Fluß sowohl der visuellen als auch der auditiven Vorstellungen beobachtet, wie es bei der zweiten Methode der Fall ist.

Die zweite große Gruppe der »auditiven Bilder« sind die von Menschen hervorgebrachten Klänge, insbesondere was wir Musik nennen. Hier müssen wir unterscheiden zwischen der direkten Wirkung des Klangs als solchem und dem Einfluß einer Kombination von Klängen. Die Klangkombination, die wir Musik nennen, muß daher analysiert und nach ihren verschiedenen Bestandteilen unterschieden werden. Einer ist der Rhythmus, ein zweiter die Melodie, ein dritter die Harmonie (die Akkorde) und ein vierter die Klangqualität (Klangfarbe) eines bestimmten Instruments.

Beim Hervorrufen von Klangbildern nun kann die Betonung auf jede der Komponenten gesondert gelegt werden. Wir können den Patienten auffordern, sich einen bestimmten Rhythmus vorzustellen, eine bestimmte Melodie zu evozieren, einen Akkord oder die besondere Klangfarbe von Geige, Klavier oder Cello. Jede dieser Möglichkeiten hat ein anderes Ziel, eine andere Wirkung und Indikation. Die Fähigkeit, sich solche Klangbilder vorzustellen, ist sehr unterschiedlich und hier ist der Typus von besonderer Bedeutung. Es gibt Menschen, die sich mit erstaunlicher Leichtigkeit Klänge vorstellen können, während es für andere sehr schwierig ist. Die individuellen Unterschiede scheinen hier größer zu sein als bei visuellen Bildern.

Diese Technik eignet sich vor allem für jemanden, der eine musikalische Laufbahn eingeschlagen hat – für Musiker, Sänger und besonders für Komponisten, für die ein leichtes Hervorbringen von Klangbildern behilflich sein kann, sie vor dem Verlieren eines inspirierenden Motivs zu bewahren. Gleichermaßen ist diese Technik für Vortragende geeignet.

Es kann hier nicht näher auf die – bewußten oder unbewußten – psychischen und psychosomatischen Wirkungen dieser Technik oder ihre Anwendung bei der Hypnose eingegangen werden. Es soll nur noch einmal die Bedeutung der Evokation einfacher Klangbilder hervorgehoben werden, vor allem um Gewandheit in dieser Technik zu erreichen und sie später in Kombination mit anderen einzusetzen.

Eine andere Übung – in der modernen Welt besonders nützlich – ist das genaue Gegenteil, nämlich das Ausschließen von Geräuschen, besonders von Lärm, aus unserem Bewußtsein. Das ist nicht einfach, kann aber durch allmähliches systematisches Training erreicht werden. Stelle zum Beispiel neben den Patienten eine Uhr, die laut tickt und gib ihm die Anweisung, auf dieses Ticken ungefähr zehn oder zwanzig Sekunden zu hören und dann auf ein bestimmtes Zeichen diesen Eindruck auszuklammern und ihn im Bewußtsein durch andere Inhalte zu ersetzen. Es ist einfacher, diesen Austausch durch Inhalte aus anderen Sinnesbereichen zu erzielen, aber auch die lebhafte Vorstellung einer Melodie, von Musik, kann den Einfluß der äußeren unwichtigen Sinneswahrnehmung (das Ticken der Uhr) unterdrücken. Genauso kann man es mit Geräuschen machen, die von der Straße durch das Fenster dringen oder mit dem Schreien eines Kindes im Nebenraum usw.

Übrigens muß man sich fragen, welche Wirkung der ständig zunehmende Verkehrslärm auf unbewußter Ebene hat. Bei vielen Menschen bewirkt er mit Sicherheit Spannungen und kann ungünstige Wirkungen haben und dennoch gibt es Tausende, denen Lärm nicht nur nichts ausmacht, sondern die ihn aktiv hervorbringen und der Stille vorziehen. Das gilt vor allem für die jungen Menschen, die vielfach Geräusche zu genießen scheinen, z.B. das Bedürfnis nach dem Hintergrund eines laut spielenden Radios haben und davon unbeeinträchtigt zu sein scheinen, sogar beim Lernen.

Eine andere Art von vorgestellten Klangbildern sind die Glocken einer Dorfkirche. Sie scheinen eine nostalgische, beruhigende und harmonisierende Wirkung zu haben und sind besonders hilfreich für Menschen, die in der Stadt leben.

Es kann auch wertvoll sein, den Patienten aufzufordern, sich den Unterschied zwischen einem Sänger und einer Sängerin vorzustellen, mehr noch, die jeweils unterschiedliche Klangqualität bei einer Sopran- und einer Altstimme oder zwischen einem Tenor und einem Bariton. Sie unterscheiden sich nicht nur in ihrer Klangqualität, sondern haben auch symbolischen Wert, da sie verschiedene psychologische Charakteristika repräsentieren. Man könnte sie tatsächlich zu der Kategorie der Visualisierung von Symbolen zählen.

Es gibt eine andere Technik, parallel der zuvor als »mentale Photographie« beschriebenen, die man »auditives Registrieren« nennen kann. Bei dieser Übung fordern wir den anderen auf, sich ein kurzes Musikstück anzuhören und dann sofort danach zu versuchen, es in der Vorstellung wiederzuhören. Ziel, Vorgehensweise und Wirkungen entsprechen denen der »mentalen Photographie«. Auf diese Weise ist es möglich, einige der Gefühle, die man während des tatsächlichen Hörens erlebt hat, wieder hervorzurufen und erneut zu durchleben.

Ein anderes Beispiel: wir sitzen entspannt in einem Garten und lauschen dem Singen der Vögel. Wenn sie aufhören, schließen wir die Augen und versuchen, ihren Gesang noch einmal zu hören. Ähnlich wie bei den Kirchenglocken ist diese auditive Erinnerung besonders hilfreich für Menschen, die mitten in der Stadt leben; es bringt ihnen ein Gefühl für die lebendige Natur und einen Kontakt mit ihr zurück.

Indikationen und Anwendungsbereich

Im allgemeinen gilt hier dasselbe wie für die Visualisierung; da jedoch auditive Vorstellungen eine stärkere und intensivere Wirkung auf den Gefühlszustand haben, ist die Anwendung umfassender in bezug auf die Kontrolle wie auch das Auslösen emotionaler Zustände und Gefühle positiver Art.

Paradoxerweise ist diese Technik der auditiven Evokation bei zwei extremen Gruppen besonders angezeigt: bei Menschen mit mangelhafter und solchen mit übermäßiger auditiver Fähigkeit. Bei ungenügender Ausprägung hilft die Technik, diese Funktion zu entwickeln, um sie in der Therapie oder auch sonst gebrauchen zu können. Im Gegensatz dazu dient sie bei exzessiver auditiver Sensibilität dazu, diese Funktion zu kontrollieren, ohne sie zu unterdrücken. Genau wie beim Visuellen kann diese Funktion nicht unterdrückt, wohl aber kontrolliert und reguliert werden durch diese aktive systematische Evokation des Willens, wobei die gewählten auditiven Evokationen die unwillkürlichen und manchmal nicht konstruktiven oder schädlichen auditiven Einflüsse ersetzen.

Bei bestimmten Patienten, besonders Neurotikern, gibt es einen hohen Grad von Empfindlichkeit gegenüber Geräuschen oder gar Lärm. Dann verwenden wir zuerst eine Übung, die sie darin trainiert, ihre Aufmerksamkeit vom Lärm abzuziehen anstatt mit Ärger darauf zu reagieren, der nur ihre Aufmerksamkeit auf den Lärm erhöht. Dann folgt die Methode der Substitution: der Versuch, lebhaft in der Vorstellung einen angenehmen Klang von Musik hervorzurufen, die an die Stelle des objektiven Lärms von außen tritt. Entspannungsübungen sind ebenfalls hilfreich, denn auch ohne Instruktion bemerkt der Patient die Geräusche während der Entspannung weniger. Das ist paradox, denn in der Ruhe der Entspannung sollte er sie eigentlich noch stärker empfinden; aber die emotionale Reaktion auf Geräusche verringert sich in dem Maße, wie sich das Interesse den positiven Ergebnissen der Entspannung zuwendet.

Ich möchte betonen, daß dies keinesfalls die Notwendigkeit beseitigt, sich um die zugrundeliegenden Ursachen zu kümmern, um die neurotische Motivation der Probleme, für die erhöhte auditive Sensibilität nur ein Symptom ist.

Grenzen und Kontraindikation

Es gibt eine wichtige und ernste Kontraindikation: Diese Technik muß vermieden werden, wenn der Patient dazu neigt, innere Stimmen zu hören, wenn also abgespaltene Teile seiner Persönlichkeit oder unbewußte Subpersönlichkeiten so autonom werden, daß sie zum Patienten »sprechen«, der sie im allgemeinen irrtümlich für einen äußeren Einfluß hält. In solchen Fällen sollte die Aufmerksamkeit des Patienten von allen Arten des nach innen Hörens oder auditiver Evokation abgelenkt werden, ja sogar von nach außen gerichtetem Hören. Seine Aufmerksamkeit sollte durch die anderen Sinne auf die äußere Welt gelenkt werden, besonders durch visuelle Wahrnehmung in Verbindung mit Berührung, Geschmack und Geruch.

Eine Begrenzung durch die Technik selbst ist die häufige Unfähigkeit zu auditiver Evokation; es fällt dann schwer, diese Übung durchzuführen, auch wenn sie besonders indiziert wäre; obwohl das ideale Ziel der Psychosynthesis die volle Entwicklung jeder Funktion ist, wäre dies in vielen Fällen unrealistisch und sollte nicht zum Hauptziel werden. Man kann »da sein«, kann fühlen und kreativ leben, obwohl einige Funktionen mangelhaft entwickelt sind, z.B. die auditive Funktion.

Kombination mit anderen Techniken

Diese Technik kann, wie auch die Visualisierung, mit der Schulung des Willens, der Aufmerksamkeit, der Konzentration, der Beobachtung usw. verbunden werden. Sie kann ein besonders wirksames Element beim Gebrauch von Symbolen sein, ebenso beim »Idealmodell« der Persönlichkeit, einer integrierten, einheitlichen Persönlichkeit, die wir später erörtern werden.

c) Techniken der imaginativen Evokation
anderer Sinneswahrnehmungen

Es gibt vier weitere Arten der Sinneswahrnehmung, die imaginativ hervorgerufen werden können: taktile (Tastsinn), geschmackliche, olfaktorische (Geruchssinn) und kinästehtische (Muskel- bzw. Bewegungssinn). Der Einfachheit und Kürze wegen werden die vier Arten gleichzeitig behandelt, denn unsere allgemeinen Beobachtungen gelten für sie alle; es folgen besondere Kommentare zu jeder einzelnen.

Ziel

Das allgemeine Ziel ist dasselbe wie das der Visualisierung, mit der spezifischen Indikation, daß kinästhetische Evokation eine nützliche Vorbereitung ist für alle physischen Übungen im Zusammenhang mit Bio-Psychosynthesis (Körpertherapie). Besonders Muskelempfindungen, das Gefühl der Entspannung oder Spannung der Muskeln ist wichtig für ein erfolgreiches Durchführen der Entspannungsübungen und um Muskelgeschicklichkeit zu erlangen. Geruchsevokationen (z.B. das sich Vergegenwärtigen eines Parfüms) sind nützliche Vorbereitungen für einige der späteren Symbolübungen. Im Gegensatz dazu haben Geschmacks- und taktile Evokationen keinen anderen Zweck als das bloße technische Training von Aufmerksamkeit, Beobachtung usw., wie bei den allgemeinen Zielen der Visualisierung.

Prinzip

Im großen und ganzen liegen die gleichen Prinzipien wie bei der Visualisierung zugrunde. Man kann hinzufügen, daß ein Kombinieren visueller Evokation mit Empfindungen der übrigen Sinne die gewünschte Wirkung verstärkt. So ist die Übung, jede einzelne Sinneswahrnehmung für sich hervorzurufen, nur vorbereitend für ihre spätere Zusammenfassung.

Die Hinzunahme von kinästethischen, geschmacklichen und olfaktorischen Empfindungen ist dazu angetan, einer visuellen Vorstellung oder auditiven Szene erhöhte Lebendigkeit zu verleihen. Auch zeigt das Ausmaß, in dem solche Empfindungen spontan während der Visualisierung einer Szene oder eines Bildes auftauchen, den Wirklichkeitscharakter dieser Erfahrung an. Bei Übungen der symbolischen Visualisierung befähigt uns das, abzuschätzen, bis zu welchem Grad der Patient tatsächlich die Szenen erlebt, die er visualisiert oder ob er nur leicht und auf einer oberflächlichen Ebene durch die Übung geht.

Vorgehensweise

Auch die Vorgehensweise gleicht derjenigen, die für visuelle und auditive Evokationen verwendet wird; im allgemeinen sind die taktilen, geschmacklichen, olfaktorischen und kinästhetischen Vorstellungen jedoch schwächer und so kann ihr Hervorbringen erleichtert werden, indem man den Patienten diesen Sinneseindruck tatsächlich erfahren läßt und er unmittelbar darauf versucht, ihn in der Vorstellung hervorzurufen, genau wie bei der mentalen Photographie. Zum Beispiel:

Für *taktile* Empfindungen fordert man den Patienten auf, seine Hand über ein kaltes Glas zu führen, oder über ein Fell, oder sagen wir den Rücken einer Katze zu streicheln und sofort danach zu versuchen, das in der Vorstellung zu tun, immer und immer wieder, bis die Fähigkeit der taktilen Empfindung entwickelt ist.

Bei *Geschmacksempfindungen* haben Menschen, deren Aufmerksamkeit sehr auf Essen und Trinken gerichtet ist, keine Schwierigkeiten, entsprechende sensorische Bilder hervorzurufen. Sonst geben wir ein kaltes Getränk mit einem prägnanten Geschmack oder warmen Tee oder Kaffee. Hier gibt es, wie beim taktilen Experiment, eine Verknüpfung zwischen geschmacklichen und Temperaturempfindungen.

Ähnlich für die *Geruchsempfindungen:* wir geben ein Parfüm zu riechen oder besser noch, einen natürlichen Geruch, wie den einer Rose oder einer anderen Blume mit starkem Duft und dann nehmen wir den Stimulus weg und fordern den Patienten auf, diesen Prozeß in der Vorstellung zu wiederholen und sich so lebhaft wie möglich die besondere Geruchsqualität vorzustellen.

Kinästhetische Empfindungen, die konstruktiv angewendet werden können, sind diejenigen mit aktivem Charakter; d.h. Wissen um die richtige Muskelspannung, nicht zu viel und nicht zu wenig. Es gibt eine richtige und harmonische Spannung der Muskeln für jede beliebige Handlung, die ein allgemeines subjektives Gefühl des Angemessenen vermittelt und der Bereitschaft, diese Handlung durchzuführen. Sie wird wahrscheinlich unbewußt von allen Athleten und Sportlern erzielt, wenn sie jedoch bewußt hergestellt wird, ist sie wirkungsvoller. Es gibt eine Art »muskulärer Antizipation« oder die Vorstellung der kinästhetischen Empfindungen, die eine bestimmte Handlung begleiten werden.

Auch eine sozusagen »negative« kinästhetische Empfindung kann nützlich sein als Übung der Entspannung, bei der man nutzbringend die Empfindungen des Gehenlassens von muskulärer und nervöser Spannung hervorrufen kann.

Indikationen und Anwendungsbereich

Die allgemeine Indikation und nützlichste Verwendung findet diese Technik bei Menschen, die sich ihres Körpers nur unzureichend bewußt sind, die also z.B. ganz auf ihr Gefühlsleben konzentriert sind oder, wie bei manchen Intellektuellen, auf ihre Verstandesaktivitäten und dabei das Gefühl für den Wert oder sogar für die Wirklichkeit des physischen Körpers verlieren.

Andererseits eignet sie sich auch für solche, die eine widersprüchliche oder verurteilende Haltung ihrem Körper gegenüber einnehmen – bei bestimmten Neurosen ein bekanntes Phänomen.

Der Wert des Wiederherstellens eines Körperbewußtseins mit Hilfe dieser Techniken der imaginativen Evokation liegt in der Tatsache, daß es sozusagen »von oben her« geschieht, durch das personale Selbst, das überlegt und aktiv die Kontrolle der physischen Ausdrucksmöglichkeiten übernimmt. Es bedeutet nicht, daß man zum Gefangenen des Körpers wird und die Aufmerksamkeit gegen den eigenen Willen auf den Körper gelenkt wird, sondern im Gegenteil: es ist der persönliche Wille, der zuerst auf die Ausdrucksinstrumente der körperlichen Welt achtet und sie dann kontrolliert.

Eine andere nützliche Übung in taktilem Empfinden ist das Fühlen von Druck. Wir fordern den anderen auf, sich des Drucks bewußt zu werden, den das Armband seiner Uhr verursacht und in der Vorstellung zu versuchen, dieser Empfindung um das ganze Handgelenk zu folgen. In vielen Fällen wird diese Übung als sehr schwierig empfunden, da man vielleicht ein gewisses Ausmaß an Druck an einer Stelle des Handgelenks spürt, aber nur sehr wenig an anderen Punkten. Im allgemeinen ist ein Wissen um Muskelverspannung ein nützlicher Schutz gegen Anspannung, die sich oft während der Arbeit oder anderen Tätigkeiten einstellt. Untersuchungen haben gezeigt, daß ein bestimmtes Ausmaß an Spannung bei geistiger Arbeit wertvoll ist, aber zu viel verbraucht unnötig Energie und kann zu Kopfschmerzen oder sogar Muskelkrämpfen führen.

Aus diesem Grund ist es für geistig Arbeitende nützlich, jede Stunde eine kurze Entspannung einzulegen; kurz, damit die notwendige und angemessene geistige Spannung nicht verloren geht und dennoch der Körper von übermäßiger Spannung befreit wird. Die Art der Entspannung hängt von der jeweiligen körperlichen Verfassung ab: ist man sehr müde, legt man sich hin, wenn nicht, steht man auf und geht herum. Beides sollte mit tiefer Atmung geschehen; solche Entspannung sollte jedoch nicht länger als fünf Minuten dauern. Sie bildet eine nützliche Unterbrechung, die dazu verhilft, einen bei der Arbeit zu halten; man kommt sozusagen wieder »zu Atem« – wer angespannt ist, entspannt sich, wer träge wurde, wird zu mehr Aktivität angeregt.

Ein Gefühl für Muskelspannung zu entwickeln, ist vor allem für solche Menschen nützlich, die chronisch angespannt sind, sich dessen aber nicht bewußt sind. Deshalb ist es eine ausgezeichnete Vorbereitung und ein Anreiz für Entspannungsübungen, dem Patienten zunächst einmal dabei zu helfen, jene Teile seines Körpers zu erkennen, die zu stark angespannt sind. Viele Neurotiker spüren relativ wenig davon, wie verspannt sie sind und streiten oft überhaupt ab, daß sie angespannt sind. Deshalb sollte der Therapeut den Patienten während der Sitzung genau beobachten und wenn er bestimmte Spannungen bemerkt, mag es oft nützlich sein, zu unterbrechen und den Patienten zu fragen, ob er sich angespannt fühlt; wenn er es verneint, bitten wir ihn, seine Aufmerksamkeit behutsam auf Teile seines Körpers zu lenken, die wir als verspannt wahrgenommen haben, so daß er sich dessen, was sich auf der Muskelebene abspielt, bewußt werden kann.

Eine andere Möglichkeit, dem Patienten seine Spannungen bewußt zu machen, geschieht bei liegender Haltung; die Aufforderung, sich auf eine Couch zu legen, sollte jedoch geschehen, ohne das Einnehmen einer entspannten Haltung zu betonen. Wenn er einige Minuten gelegen hat und zu ruhen glaubt, faßt man sein Handgelenk, hebt den Arm an und läßt ihn dann ohne Ankündigung fallen. Gewöhnlich fällt er nicht frei, wie ein Gewicht, sondern mehr oder weniger langsam. Dann kann man erklären: »Wie Sie sehen, sind Sie nicht entspannt. Wenn Sie es wären, würde Ihr Arm frei durch sein Eigengewicht fallen, tatsächlich hat ihn jedoch eine Muskelverspannung davon abgehalten.« Das dient dann als Einleitung zu einer Entspannungsübung. Am Ende dieser Übung wiederholt man das Armheben und diesmal fällt er gewöhnlich wie ein Gewicht; andernfalls ist das ein Zeichen, daß dem Patienten die Entspannung nicht oder nur teilweise gelungen ist.

Das eben erwähnte Hervorrufen von taktilen Empfindungen durch Streicheln eines Fells ist von besonderem Nutzen, denn die taktilen Empfindungen von Fell sind – zumindest auf einer unbewußten Ebene – eng mit Gefühlen der Wärme und des engen Kontakts verbunden, die wir in unserer frühen Kindheit empfangen haben oder haben sollten. Dieses Gefühl der Wärme und Nähe ist es, aus dem wir unsere grundlegende Sicherheit beziehen. Klopfer (69) hat sehr einfallsreich einige der Interpretationen der Rorschachtafeln aus diesem Grundkonzept bezogen und betrachtet Reaktionen auf Hell-Dunkel (Textur) als bezeichnend für die Art und Weise wie jemand auf nahen Kontakt reagiert, ob und inwieweit seine Beziehungsangst gelöst wurde oder ungelöst blieb, verdrängt oder verleugnet wurde. Deshalb ist es sehr interessant und aufschlußreich, einen Patienten zu bitten, seine subjektiven Reaktionen zu schildern, während er ein Stück Fell streichelt oder dabei frei zu assoziieren. Bedeutsam ist auch, ob diese Nähe des Kontakts etwas ist, auf das der Patient unbefangen eingeht, ob er sich dem überläßt oder sich dagegen auflehnt, versucht, sie zu vermeiden oder zu verneinen oder dadurch beunruhigt wird.

Grenzen und Kontraindikationen

Es gibt eine klare Kontraindikation, die ernsthaft in Betracht gezogen werden sollte. Sie betrifft all diejenigen, die schon dazu neigen, ihren körperlichen Empfindungen übermäßige Aufmerksamkeit zu schenken und sie als interessant oder wichtig anzusehen und die deshalb in derselben Weise auf ihre imaginativen Hervorbringungen reagieren würden. In ausgeprägter Form ist das bei hypochondrischen Menschen der Fall. In gewisser Weise allerdings sind wir alle Hypochondre, wenn auch in schwacher Ausprägung, neigen dazu, körperlichen Empfindungen zu viel Aufmerksamkeit zu schenken.

Dieselbe Kontraindikation gilt übrigens für das Autogene Training von Schultz; es tendiert dazu, physische Empfindungen zu sehr zu betonen und kann dann sogar schädlich werden.

Deshalb sollte man sich beim Gebrauch dieser Techniken ihre begrenzten Einsatzmöglichkeiten klar vor Augen halten und ebenso, daß das Selbst die Kraft hat, willentlich Vorstellungen von Empfindungen jeder Art hervorzurufen oder aufzulösen. Dann ist ihr Einsatz konstruktiv; er sollte aber zeitlich begrenzt sein, denn es sind doch sekundäre Techniken, den eigentlichen Psychosynthesis-Übungen untergeordnet; wohl nützlich für sie, für sich allein genommen jedoch ohne wirklichen Wert.

Ich möchte erneut den Wert der negativen Aspekte dieser Übung betonen, d.h. der Fähigkeit, willentlich Empfindungen auszuschalten.

Diese Technik kann folgendermaßen vertieft werden: Stell dir eine kinästhetische oder andere Empfindung fünf Sekunden lang vor und schalte sie dann fünf Sekunden lang aus dem Bewußtsein aus; rufe diese Vorstellung wieder zurück und schließe sie dann wieder vom Bewußtsein aus und wiederhole diesen Vorgang drei oder vier Mal.

Durch Experimentieren kann man herausfinden, welches die richtige Zeit für jeden einzelnen ist; so mag jemand einen langsameren Rhythmus brauchen, vielleicht zehn statt fünf Sekunden. Der Wert dieser Übung liegt in der Entwicklung der Fähigkeit, willentlich jeden Bewußtseinsinhalt hervorbringen oder ausschalten zu können.

Ich möchte vorschlagen, daß Therapeuten selbst mit diesen Techniken experimentieren – es wird ihnen nützliche Erfahrung für den Umgang mit den Patienten bringen, denn wir können nicht wirkliche Therapeuten sein, wenn wir nicht mit jeder einzelnen Psychosynthesis-Übung Erfahrungen gesammelt haben. Ideal wäre es, sich einer Lehr-Psychosynthesis zu unterziehen; wenn das jedoch aus praktischen Gründen nicht möglich ist, sollte ein Therapeut wirklich ernsthafte Anstrengungen mit einer Selbst-Psychosynthesis machen. Ein Schritt in diese Richtung wäre, bestimmte Übungen oder Techniken, die wir den Patienten durchzuführen bitten, entweder vorher oder gleichzeitig mit ihm ebenfalls anzuwenden. Dieses Vorgehen hat mehrere Vorteile. Die Tatsache, daß der Therapeut die Übung auch durchführt, mag für den Patienten anregend wirken und hilfreich sein, entweder auf suggestive Weise oder durch eine direkte (»osmotische« oder »telepathische«) Wirkung.

Kombination mit anderen Techniken

Die natürlichste und nützlichste Kombination ist die mit der Technik der Bio-Psychosynthesis (Körperarbeit), die alle aktiven Körper-Techniken einschließt. Eine andere hilfreiche Kombination ist die mit dem Gebrauch von Symbolen; die Verbindung des Evozierens mehrerer Empfindungen der verschiedenen Sinne erhöht unmittelbar die dynamische Wirkung des verwendeten Symbols. Allgemeinere Verbindungen wurden schon erwähnt: mit Konzentration, mit Bewußtheit des Selbst als einer richtungsgebenden und wollenden Instanz und natürlich die direkte Beziehung dieser evokativen Technik zum »Autogenen Training« von Schultz.

7. Plan der Psychosynthesis

Nach der Einschätzung der bewußten Aspekte der Persönlichkeit und der Erforschung des Unbewußten – in jedem Fall nach dem Einsatz einiger Techniken zur Vorbereitung, wie der Schulung des Willens und der Übungen der Selbstidentifikation und der Visualisierung – kommt der richtige Moment für ein endgültiges Planen der Ebene der Psychosynthesis, die erreicht werden soll. Zuerst muß der Therapeut diesen Plan überlegen und organisieren. Dann muß er entscheiden, wieviel davon zum gegebenen Zeitpunkt dem Patienten vermittelt werden kann. Das wird sehr unterschiedlich sein, je nach Herkunft des Patienten, seinem Befinden und den Schwierigkeiten, unter denen er leidet. Deshalb gibt es keine feste Regel, außer daß im allgemeinen das *Ziel* dem Patienten klar mitgeteilt werden kann. Es ist gut, daß er so früh wie möglich ein klares Bild seiner selbst bekommt, wie er sein kann und vielleicht einmal sein wird, wenn die Psychosynthesis erreicht wurde; mit anderen Worten das »Idealbild«, wie ich es nenne, dem er sich allmählich angleicht.

Wir wollen zuerst den Plan aufgreifen, den der Therapeut für seinen eigenen Gebrauch herstellt. Er sieht die Anwendung des allgemeinen Musters einer Psychosynthesis-Behandlung auf den spezifischen Fall; nicht nur entsprechend der Diagnose des Patienten, seiner intellektuellen und Bildungsebene, sondern auch unter Berücksichtigung anderer Faktoren, die nichts mit rein medizinischen, psychologischen und wissenschaftlichen Aspekten der Behandlung zu tun haben, wie etwa dem Bestimmen des Zeitraums, den die Therapie umfassen kann, der Häufigkeit der Sitzungen und den familiären Hintergründen des Patienten. Auch wenn diese Faktoren außerhalb der Struktur der Psychosynthesis liegen, so drängen sie sich doch in der Realität in manchmal störender Weise auf und müssen beim Planen berücksichtigt werden. Um genauer zu sein: eine vom wissenschaftlichen und idealen therapeutischen Standpunkt aus vollständige

Psychosynthesis ist wegen der erwähnten persönlichen Begrenzungen sehr selten zu erreichen. Deshalb sollte der Plan an die angegebenen Umstände angepaßt werden und eine der Aufgaben des Therapeuten ist, zu erkennen, was für eine angemessene Behandlung des Patienten wesentlich ist, welche Techniken dementsprechend wirklich notwendig sind und welche ohne Nachteile weggelassen werden können.

Einer der praktischen Aspekte bei der Zusammenstellung eines Plans und bei der Entscheidung über realistische Ziele, die vom Patienten im Verlauf der Therapie erreicht werden sollten, ist der Umfang, in dem der Patient in der Lage ist, Nutzen aus der Therapie zu ziehen. In dieser Hinsicht unterscheiden sich Patienten sehr stark in ihren intellektuellen und emotionalen Reaktionen und diese müssen mitberücksichtigt werden.

Bei der Betrachtung der praktischen Begrenzungen sollte man überlegen, welche Techniken dem Patienten vermittelt werden könnten, so daß er, wenn die Sitzungen aus finanziellen oder sonstigen Gründen beendet werden müssen, wenigstens – wenn auch in begrenzter Weise – selbst weitermachen kann. Dazu muß die Technik gefahrlos sein, wenn sie alleine angewendet wird und der Patient muß eine Stufe der Entwicklung erreicht haben, die ihm ermöglicht, solche Techniken ohne Schaden für sich oder andere einzusetzen.

Ich möchte betonen, daß es ein Grundprinzip der Psychosynthesis ist, den Patienten Techniken zu lehren und ihn anzuregen und zu ermutigen, sie so früh und so oft wie möglich anzuwenden. Ich halte die Psychosynthesis-Behandlung für eine Therapieform, die über ihre unmittelbar therapeutische Nützlichkeit hinausgeht und dem Patienten ein dynamisches Konzept des seelischen Lebens aufzeigt, mit seinen unbegrenzten Möglichkeiten der Entwicklung und Selbstverwirklichung. Deshalb lautet am Ende der Behandlung die Instruktion an den Patienten folgendermaßen: »Sie haben die Nützlichkeit der Psychosynthesis erfahren. Fahren Sie also fort und praktizieren Sie sie ständig, um ein Wiederauftauchen Ihrer Schwierigkeiten zu verhindern und für ein volleres, reicheres Leben und eine fortschreitende Selbstverwirklichung.«

Nachdem der Therapeut zuerst einen Entwurf des Behandlungsplans aufgestellt hat, kommt er zum zweiten Teil, der Frage, wann er ihn dem Patienten vorstellen wird und wieviel davon. Der Vorteil einer möglichst frühen Präsentierung liegt darin, daß es ihm ein klares Bild der kommenden Stadien der Therapie gibt und er auf den Gebrauch der Technik des »Idealbildes« vorbereitet wird. Man muß vorsichtig sein, dem Patienten ein nicht zu umfangreiches Programm vorzulegen, denn das könnte entmutigend wirken. Hier kann keine allgemeine Regel aufgestellt werden und der Therapeut muß abwägen, wieviel der Patient aufnehmen kann, um noch eine positive Haltung dem Plan gegenüber zu behalten.

Ein anderes Programm des Planes ist, daß er endgültig genug und doch zugleich veränderbar ist, denn man kann sich in jeder Hinsicht irren. Ich würde deshalb raten, ihn schon so definitiv wie möglich zu machen, wegen der Dynamik und suggestiven und kreativen Wirkung eines klaren Bildes; man sollte jedoch genauso bereit sein, ihn jederzeit zu verändern, sogar mehrfach, wenn ein guter und ausreichender Grund auftaucht. Auch sollte der Plan selbst dynamischen Charakter haben; der Therapeut sollte also ein klares Bild des Zieles haben, aber auch der Teilpläne der verschiedenen Zwischenstufen, die umgeformt und modifiziert werden können, je nach den neuen Elementen, die durch die Dynamik der Behandlung selbst auftauchen.

8. TECHNIKEN DES IDEALBILDES (IDEALMODELL)

Ziel

In dieser Technik wird die formende, kreative und dynamische Kraft von Bildern verwendet, besonders von visuellen Bildern, mit denen wir uns im Abschnitt über »Visualisierung« beschäftigt haben. Hier wird der kreative Aspekt der Vorstellungskraft betont, in dem Sinne, daß Imagination auf mentaler und emotionaler Ebene etwas hervorbringt, worauf dann das, was man sich vorgestellt und visualisiert hat, nach außen hin ausgedrückt wird.

In der Therapie ist es ein Prozeß, in dem ein realistisches, erreichbares »Modell« an die Stelle von anderen tritt, die nicht diese Eigenschaften haben. Wir müssen uns darüber klar werden, daß jeder von uns verschiedene Bilder seines Ich oder seiner Persönlichkeit in sich trägt. Solche Vorstellungen sind nicht nur unterschiedlich nach Art, Ursprung und Lebendigkeit, sondern sie stehen auch in ständigem Konflikt miteinander.

Bevor wir uns mit dem Idealbild beschäftigen (dem Bild von dem, was man werden kann), also dem eigentlichen Ziel dieser Technik, könnten wir folgendermaßen die Vielfalt der Bilder klassifizieren, die unsere Erkenntnis dessen, was wir im Augenblick wirklich sind, verhindern oder verschleiern.

1. Was wir zu sein glauben. Diese Vorstellungen können in zwei Klassen eingeteilt werden: solche, in denen wir uns über- bzw. unterschätzen.
2. Was wir gerne wären. Hierzu gehören alle idealisierten, unerreichbaren Vorstellungen, die sehr gut von Karen Horney beschrieben wurden.
3. Was wir andere gerne glauben machen würden, daß wir sind. Es gibt hier verschiedene Bilder für jede unserer wichtigen Beziehungen.

Auf den ersten Blick scheinen das alle Arten von Selbstbildern zu sein, aber es gibt drei weitere Gruppen, die wichtig und manchmal übermächtig sind.

4. Die Bilder und Vorstellungen, die andere auf uns projizieren, d. h. die Vorstellungen dessen, was andere glauben, daß wir sind.
5. Vorstellungen oder Bilder, die sich andere davon machen, wie sie gerne möchten, daß wir sind.
6. Bilder, die andere in uns hervorrufen und produzieren, d. h. Bilder von uns, die von anderen evoziert wurden.

Ich möchte den letzten Punkt erklären, da er etwas unklar ist. Bei der vierten und fünften Gruppe handelt es sich um jene Bilder, die auf uns projiziert werden, deren sozusagen »fremden« Ursprung wir jedoch erkennen, die wir nicht akzeptieren und manchmal sehr übelnehmen. Dagegen handelt es sich bei der sechsten Gruppe um Vorstellungen, bei denen es anderen gelingt, daß wir sie akzeptieren und die deshalb äußerst schädlich sein können.

7. Schließlich gibt es das Bild von dem, was wir werden können. Dies bildet das Ziel der Technik.

Bevor wir mit dem Patienten an einem Idealbild arbeiten, müssen wir ihm zuerst all diese Vorstellungen bewußt machen, die miteinander in Konflikt stehen mögen und von denen einige weitgehend unbewußt sind. Das weist auf einen wichtigen Aspekt der Analyse hin: nicht so sehr nach Traumata oder kleinen Begebenheiten in der Vergangenheit zu suchen, sondern nach der dramatischen Situation der Gegenwart. Es ist die gegenwärtige existentielle Situation des Patienten, der diese widerstreitenden Subpersönlichkeiten, Modelle und Idealvorstellungen in sich hat und nicht weiß, wie er mit ihnen umgehen soll. Eine Betrachtung der verschiedenen vorhandenen und miteinander in Konflikt stehenden Modelle (einige Psychologen nennen sie »Selbstbilder« oder »Selbstkonzepte«) kann ein reicher und sehr wertvoller Teil der therapeutischen Arbeit sein.

Prinzip

Der Hauptpunkt des zugrundeliegenden Prinzips wurde schon bei der Diskussion der Imaginationstechnik erwähnt, nämlich das Einsetzen und Ausnützen des psychologischen Gesetzes, daß jedes Bild ein vorwärtsdrängendes Element hat, das zur Umsetzung in Handlung tendiert. Dieses Gesetz wurde von einem Pionier der modernen Psychologie, Théodule Ribot, Anfang des Jahrhunderts formuliert. Zuerst muß das Vorbild statisch sein und sich dann »in Bewegung manifestieren«. Die Stadien sind: erstens die Idee, die zum Ideal wird, wenn sie als wünschenswert angesehen wird und als Form und Funktion Ausdruck findet, wenn sie eifrig verfolgt wird. Diese Definition kann die semantische Verwirrung beseitigen, die bezüglich des Wortes »Ideal« entstanden ist. Der häufige falsche Beiklang von Undurchführbarkeit oder Unwirklichkeit sollte einen nicht davon abhalten, die Bezeichnung »Ideal« zu verwenden, wenn wir vom »Idealbild« sprechen.

Diese Stadien von Idee – Ideal – Form – Funktion können mit wissenschaftlichen oder industriellen Plänen verglichen werden, die der Herstellung funktionierender Modelle vorausgehen; Ähnlichkeit besteht auch zur Feldtheorie der Gestaltpsychologie.

Vorgehensweise

Es gibt nicht nur ein einzelnes Idealbild, sondern mehrere mit verschiedenen Kennzeichen, wie man bei ihrer Beschreibung feststellen wird. Es gibt eines, das unbewußt von den meisten Menschen ständig benutzt wird, ein externales oder indirektes Bild. Es ist die unbewußte oder bewußte Nachahmung eines menschlichen Vorbildes – jemand, der repräsentiert, was als wünschenswert gilt, Bewunderung weckt oder ein Ideal darstellt. Das gehört zum Bereich der »Heldenverehrung«, wie man gewöhnlich sagt, denn Verehrung oder Bewunderung rufen spontan und natürlich den Impuls zur Nachahmung hervor. Über den Wert und die Wirksamkeit dieser Technik hat sich Thomas Carlyle redegewandt in seinem Buch *Über Helden und Heldenverehrung* (26) geäußert. Hierher gehören auch Plutarchs *Biographien* (Vitae), eine Sammlung von Helden-Bildern und *Repräsentative Menschen* von Ralph Waldo Emerson (34). Heldenverehrung, in der Vergangenheit häufig, wurde unglücklicherweise in der heutigen Zeit durch »Idol-Verehrung« ersetzt – als »Idol« bezeichnen wir unbedeutendere Vorbilder, wie die von Filmstars oder Sportlern, erfolgreichen Geschäftsleuten (ganz unabhängig von ihrem Charakter und ihrem moralischen Format) usw.

Manchmal ist das äußere Modell weniger ehrgeizig und unrealistisch, ein bestimmter Mensch, den wir bewundern und dem wir deshalb gerne gleichen möchten. Vielleicht waren solche Fälle in der Vergangenheit häufiger als heute: eine Person der eigenen Familie – Vater, Mutter oder ein anderer nahestehender Erwachsener, nicht selten der Lehrer. In der Therapie kann der Einfluß des Therapeuten als dynamisches ideales Vorbild sowohl konstruktiv als auch destruktiv in der therapeutischen Beziehung eingesetzt werden.

Um diese Technik einzusetzen, muß man zunächst unrealistische und wertlose Vorbilder aufgeben. Aber auch wenn ein Vorbild gut und hilfreich ist, gibt es zwei Gefahren, die vermieden werden müssen, damit sein Einfluß wirklich konstruktiv sein kann. Es sollte keine passive oder zu starke Nachahmung sein, denn niemand sollte genau wie ein anderer werden. Einige der hervorragenden Eigenschaften des Vorbildes können introjiziert werden, aber nicht die gesamten Persönlichkeitsmerkmale.

Die zweite Gefahr, die vermieden werden sollte, ist persönliches Verhaftetsein an den Menschen, der das Vorbild darstellt. Es sollte ein Vorbild sein und keine lebendige Person. Es sollte eine Idee, ein Bild sein, die introjiziert werden und nicht persönliche Zuneigung zu demjenigen, der zu diesem Vorbild inspiriert hat. Am Anfang werden diese beiden durchaus zu Recht verbunden, allmählich aber sollte der Prozeß des Introjizierens stattfinden, damit die affektiven Bande zu der Person gelöst werden und das Vorbild eine Dynamik bekommt, eine innere, kreative Struktur.

Wie können wir nun praktisch gesehen dem Patienten helfen, ein unrealistisches oder wertloses Vorbild aufzugeben?

Der erste Schritt, den man die aggressive Methode nennen könnte, ist, das wertlose Vorbild zu entlarven: die Wirklichkeit hinter der attraktiven Maske zu zeigen, z.B. bei einem bezaubernden Filmstar, indem man all die menschlichen Schwächen aufzeigt und sich dabei auf biographische Daten stützt, um das Unglück und die Frustration eines solchen Menschen zu enthüllen. Dasselbe kann bei dem »Ideal des animalischen Mannes« geschehen, d.h. dem Mann, der sich ausschließlich mit seinem physischen Körper identifiziert.

Der Therapeut braucht eine direkte Intervention und das Entlarven solcher Idole nicht zu fürchten, besonders nicht in diesem analytischen Stadium der Behandlung, das nicht darauf ausgerichtet ist, den Patienten in eine bestimmte Richtung zu leiten, sondern darauf, ihn von Hemmnissen zu befreien, die ihn hindern, sein besseres, wahres Selbst zu werden. Wir müssen sehr vorsichtig sein, den Patienten nicht entsprechend unserem eigenen Ideal zu beeinflussen, aber jede aktive Hilfe ist wertvoll, die ihn von Begrenzungen befreit und den vielen Arten von Bildern, die ihn in Fesseln halten.

Das Entlarven des »Hollywood-Star-Ideals« z.B. – indem man mit Hilfe von objektiven biographischen Details die harten Fakten hinter der Fassade aufzeigt ist keineswegs ein Ratgeben. Es ist eine aktive Intervention des Therapeuten, nicht ein Ratschlag im strengen Sinn des Wortes, denn es gibt nicht an, in welche Richtung der Patient jetzt gehen soll, sondern zeigt ihm, was unmögliche oder gefährliche Seitenpfade sind, die zu gehen er veranlaßt werden könnte.

Wir kommen jetzt zum bewußten und indirekten Einsatz der Technik des Idealbildes, bei der sich der Patient lebhaft vorstellt, er besitze die Eigenschaften, die er in sich entwickeln und aufbauen möchte. Es ist ein sehr klar definiertes Bild, nicht ein allgemeines Modell der Vollkommenheit, einer vollständigen Psychosynthesis, sondern ein Modell, das den nächsten und dringlichsten Schritt darstellt, das Entwickeln bisher unentwickelter seelischer Funktionen; dabei konzentriert man sich auf eine einzelne Eigenschaft oder eine kleine Gruppe von Eigenschaften oder Fähigkeiten, die der Patient am meisten braucht, um eine weitere Stufe seiner Psychosynthesis zu erreichen und fortzusetzen. Er wird aufgefordert, sich vorzustellen, daß er diese spezifischen Eigenschaften besitzt und wie er diese seelische Funktion benutzt. Die Vorstellung sollte so lebhaft und lebendig wie möglich sein. Der Patient wird darin geschult, sich in einer bestimmten Situation zu sehen, in der er die benötigte Eigenschaft willentlich ausdrückt und in Handlung umsetzt.

Mit Hilfe des Therapeuten kann eine Art »Dramatisierung« entworfen werden, in der sich der Patient als Handelnder sieht und verschiedene Rollen spielt. Wenn zum Beispiel jede Rolle persönliche Beziehungen einschließt, können wir dem Patienten vorschlagen, sich eine Szene vorzustellen, die jeder der Rollen, Funktionen oder Subpersönlichkeiten entspricht, in der er z.B.

erfolgreich und zufriedenstellend die Rolle des Sohnes, Ehemanns oder Vaters spielt oder eine berufliche oder soziale Rolle usw. Indem er eine bestimmte Rolle spielt, bringt der Patient allein durch die Vorstellung, sie erfolgreich zu spielen, diejenigen Fähigkeiten zur Entfaltung, die bis dahin noch nicht genügend entwickelt waren. Dies wird tatsächlich zu einer Psychodrama-Spieltechnik in der Vorstellung, und wenn sie gut durchgeführt wird, hat sie viele, wenn nicht alle Vorteile eines tatsächlichen Psychodrama, ohne dessen praktische Schwierigkeiten bei der Durchführung.

Da es in jeder Phase der Therapie eine Reihe von Funktionen und Eigenschaften gibt, die wir für eine Weiterentwicklung auswählen können, stellt sich die Frage, wie wir dem Patienten helfen, eine bestimmte Funktion oder Eigenschaft auszuwählen, auf die er sich konzentrieren kann. Dies steht in Zusammenhang mit dem Stadium der Planung. Dabei einigen sich Therapeut und Patient darauf, welcher Teil des Programms zuerst in Angriff genommen wird und das schließt die Auswahl der Funktionen oder Eigenschaften ein, die durch die Technik des Modellentwerfens und des Darstellens entwickelt werden sollen.

Wie wird nun diese Technik dem Patienten vorgestellt? So einfach wie möglich, denn fast jeder ist in der Lage, sie zu verstehen, wenn sie in einfachen, klaren Worten dargestellt wird. Wir erklären zunächst Ziel und Prinzip der Technik. Wir versichern, daß sie sehr wirksam ist, wenn sie richtig angewendet wird und dann entwerfen wir mit dem Patienten einen Plan, das Modell. Häufig ist es eine Zusammenarbeit, wobei der Therapeut versuchsweise die Umrisse des Modells zeichnet und fragt, ob es so akzeptabel sei; oder er schlägt dem Patienten vor, die Skizze zu modifizieren und besonders, sie konkreter auszufüllen. Der Patient beginnt dann noch in derselben Sitzung, ein Modell zu entwerfen, mit der aktiven Hilfe des Therapeuten, der ihm versichert, daß er mit ihm und für ihn ebenfalls an diesem Modell baut. Wie gesagt ist diese aktive Zusammenarbeit ermutigend, anregend, wenn nicht gar beeinflussend.

Im allgemeinen ist es vorzuziehen, diese Technik mit geschlossenen Augen durchzuführen. Ich ziehe es vor, wenn der Patient sitzt und nicht liegt, da dies keine analytische Technik ist, um unbewußte Elemente hervorzubringen, sondern eher eine bewußte Technik des Aufbauens von etwas, das einem zweckmäßig erscheint, wobei das Ich oder Selbst die Kontrolle hat. Im allgemeinen beschränke ich die Couch auf analytische Vorgehensweisen und Entspannungsübungen; die ganze sonstige Behandlung wird durchgeführt, während der Patient mehr oder weniger vor dem Therapeuten oder seitlich von ihm sitzt. Das schafft eine normalere Situation für interpersonelle Beziehungen und ist günstig für einen schnellen Austausch zwischen Patient und Therapeut; auch hat es den Vorteil, passive, halb traumähnliche Zustände auszuschalten und den Patienten daran zu erinnern, daß ein Tätigwerden seines bewußten Selbst, das den Willen einsetzt, gefordert ist.

Die Zeit, die dieser Übung im Verlauf einer Sitzung eingeräumt wird, hängt von der Fähigkeit des Patienten ab, ihr ungeteilte Konzentration zu schenken. Im allgemeinen liegt die Betonung auf der Lebhaftigkeit und Intensität der visuellen Evokation und nicht auf ihrer Dauer, denn ein sehr lebendiges Bild kann eine sofortige Wirkung haben, prägt sich, wie ein Photo auf dem Film, sofort in die formbaren Aspekte des Unbewußten ein. Es ist eine lebendige, kurze Evokation und es ist nützlich, sie häufig zu wiederholen, d.h. wir fordern den Patienten auf, sie selbst mindestens einmal am Tag durchzuführen und auch einigemale in der Sitzung. Diese Evokation einer bestimmten Form des Idealmodells sollte im Grunde während des gesamten Lebens andauern, wobei das Modell in Abständen verändert wird, um nacheinander verschiedene notwendige Funktionen zu entfalten.

Wie wird nun das gewünschte Modell in Handlung umgesetzt? Mit anderen Worten, wie können wir dem Patienten behilflich sein, Bilder in konkrete Wirklichkeit zu übersetzen, ihm helfen, das Gewünschte in tatsächlich verändertes Verhalten umzusetzen?

Der erste Schritt erfordert den aktiven Willen des Patienten, unterstützt durch den Therapeuten. Der Therapeut kann sagen: »Jetzt sehen Sie, daß Sie in der Vorstellung diese Rolle spielen können und das Modell ohne große Schwierigkeiten sein können. Das zeigt, daß der Boden bereitet ist. Jetzt gehen Sie weiter – erleben und durchleben Sie dies wiederholt in der Vorstellung und dann versuchen Sie, es in Wirklichkeit zu tun; Sie haben gute Aussichten auf Erfolg.« Manchmal füge ich hinzu: »Was Ihnen außerdem noch helfen kann, ist, sich nicht so sehr um das Ergebnis zu kümmern. Versuchen Sie es einfach, machen Sie das Experiment in einer nichts erwartenden Haltung. Wenn es diesmal nicht gelingt, dann das nächste Mal.« Dieses Experimentieren kann auch modifiziert werden. Wenn der Patient z.B. ein Künstler ist, ein Musiker etwa, können wir sagen: »Versuchen Sie einfach, Ihre Vorstellung vor einer kleinen Gruppe von Freunden aufzuführen und schauen Sie, was passiert; wenn Sie dann herausgefunden haben, daß es möglich ist, wiederholen Sie die Aufführung vor einem größeren Publikum.« Die Faktoren dieses Übersetzungsvorganges von Modell in Handlung sind also ein aktiver Wille, eine experimentierende losgelöste Einstellung und wenn möglich eine spielerische Haltung, so daß der Betreffende immer den größten Teil seines Interesses auf das Experiment selbst konzentrieren kann und nicht auf die praktischen Resultate.

In einem etwas fortgeschrittenen Stadium schlagen wir einen weitergehenden Gebrauch dieser Technik vor, nämlich die Technik des allgemeinen Modells, des Vorbilds einer gesamten neu zur Einheit gebrachten Persönlichkeit. Das erfordert natürlich ein vorhergehendes Training und da es komplexer ist, verlangt es etwas mehr Zeit für die Visualisierung. Der Patient wird aufgefordert, sich selbst als ein neues, ganzheitlich handelndes, selbstaktualisiertes Wesen zu sehen, mit dem Ziel und Lohn einer vollständigen (immer relativ gesehen) Psychosynthesis. Das schließt ein, daß er sich integriert fühlt, befreit von seinen Symptomen und den hervorstechenden Mängeln, harmonisiert in seinen verschiedenen Funktionen, wobei die verschiedenen Rollen, die er zu spielen hat, nicht untereinander in Konflikt stehen, sondern zusammenwirken in einem vielseitigen, reichen Leben.

Dies ist ein allgemeines Modell, das allgemeine Muster einer selbstaktualisierten Persönlichkeit. Jeder Patient kann es in Zusammenarbeit mit dem Therapeuten definitiver werden lassen, natürlich innerhalb der Grenzen seiner Möglichkeiten.

Indikationen und Anwendungsbereich

Indikation und Anwendung dieser Technik sind sehr umfassend. In allen Lebenswegen sieht man die Wichtigkeit, ja sogar die Notwendigkeit eines klaren Planes, des Vorbereitens von exakten Entwürfen und sogar von genauen Modellen dessen, was man schaffen oder aufbauen will. Genau die gleiche Notwendigkeit besteht für psychologische oder psychosynthetische Ziele und die gleiche Vorgehensweise kann und sollte ausgiebig angewendet werden. Auch hier zählen klares Planen und eine definitive

Struktur zu den Hauptelementen des Erfolgs. Deshalb sollte alle erforderliche Zeit, Aufmerksamkeit und Konzentration dieser wesentlichen und oft vernachlässigten Phase der Therapie und Psychosynthesis, der Erziehung und Selbstverwirklichung gewidmet werden.

Mit anderen Worten, diese Technik gilt praktisch für jede Psychosynthesis und für alle Patienten, denn sie ist ein notwendiges Stadium jeden psychotherapeutischen Vorgehens.

Grenzen und Kontraindikationen

Trotz der genannten »universalen« Indikation gibt es eine wichtige Kontraindikation dieser Technik, nicht in dem Sinne, daß sie überhaupt nicht eingesetzt wird, sondern dahingehend, daß sie nur nach oder im letzten Stadium einer anderen Technik angewendet werden kann. Bei diesen durchaus häufigen Fällen sind – mehr oder weniger bewußt – Impulse oder Haltungen vorhanden, die in direktem Gegensatz zu dem Modell oder der Struktur stehen, die visualisiert und dann verwirklicht werden sollen. Wenn also diese, man könnte sagen, Gegenströmung vorhanden ist, wäre es ein Fehler, zu versuchen, dem Patienten das Idealbild oder -muster aufzuzwingen, ihm sozusagen überzustülpen. Das Ergebnis wäre entweder eine Verdrängung ins Unbewußte, mit der bekannten schädlichen Wirkung oder ein Wecken aktiver Opposition, die den Erfolg der Technik unmöglich oder sehr schwierig machen würde.

Beispiele wären, wenn ein Mensch intensive Furcht vor dem Ausführen einer Handlung hat, etwa ein Student vor dem Examen, ein Schauspieler oder ein Sänger vor einer öffentlichen Aufführung, ein Angestellter vor einem Gespräch mit seinem Chef. In all diesen Fällen, wo die Gefühle intensiv sind, wäre es nicht möglich, sich immer wieder ein perfektes Verhalten vorzustellen und Furcht und Angst zu unterdrücken. Das gleiche gilt, wenn sich jemand das Ideal einer liebevollen Haltung gegenüber einem Menschen oder einer Gruppe vorstellt, wenn in ihm starke feindselige oder aggressive Impulse gegen diese Menschen vorhanden sind. In solchen Fällen geht der Technik der Einsatz einer anderen voraus, die auch für sich genommen großen Wert hat. Es ist die Technik des imaginativen Trainings und der Desensibilisierung (Abschnitt 13).

Zuerst ist also nötig, daß der Patient sich mit einigen seiner Fehler und unerwünschten Eigenschaften in der Situation vorstellt, die er fürchtet oder vermeidet; das ist notwendig, um ein Bewußtsein für jene Elemente zu erzeugen, die durchgearbeitet werden müßten, bevor die wünschenswerten Verhaltensmuster eingeführt und bekräftigt werden können. Um genauer zu sein, der Patient muß sich erst in der gegebenen Situation vorstellen und dann, wenn spontane Gefühle der Furcht oder des Ärgers aufkommen, soll er versuchen, sie nicht zu bekämpfen. Das ist der wichtige Punkt: sie nicht zu bekämpfen, sondern zuzulassen und zu erfahren. Und das muß immer wieder getan werden, bis es genügt, denn indem er dies tut, setzt eine spontane – nicht erzwungene – Befreiung von einer, sagen wir »seelischen Allergie« ein und nach einer ausreichenden Wiederholung wird sich der Patient ohne jede Anstrengung frei von negativen Gefühlen erleben. Dann ist er in der Lage, die Technik des Idealmodells wirksam durchzuführen.

Dies bestätigt eine der wesentlichen Vorgehensweisen der allgemeinen Psychosynthesis, d.h. eine passende Aufeinanderfolge und Kombination der besten Elemente psychoanalytischer Vorgehensweise und der aktiven Techniken. Bisher hat man sie leider meist getrennt übernommen.

Das angeführte Beispiel zeigt, wie eine aktive Technik der Imagination und Visualisierung für analytische Zwecke eingesetzt werden kann, um Elemente ins Bewußtsein zu bringen, die bis dahin nicht völlig akzeptiert wurden und deshalb teilweise unterdrückt waren.

Die Technik der Visualisierung dient zuerst dem Entdecken dieser Impulse und Neigungen, dann wird sie wirksam als Katharsis und Eliminierung, und drittens verhilft sie zur aktiven Entwicklung der entgegengesetzten Tendenzen. Wenn wir nur mit der positiven Richtung anfingen, würden wir die Situation nicht wirklich therapeutisch angehen. Das erklärt die wichtige Lücke, die auftritt, wenn nur die positiven Aspekte betont werden und die negativen Aspekte des menschlichen Wesens vergessen und vernachlässigt werden. Das rechtfertigt teilweise die Ablehnung mancher Kreise gegenüber einem oberflächlich-optimistischen Rat, der den »Seelenfrieden« herstellen soll.[17]

Wichtig ist, daß wir in der Vorstellung mit den negativen Aspekten umgehen müssen, bevor wir wirklich das weitergehende erwünschte Gute uns aneignen können, auch wenn das gewünschte Gute uns gegenwärtig ist, bevor die negativen Aspekte in unser Bewußtsein gelangen. Dabei erkennen wir die Schwierigkeit, die vielen Patienten erfahren, wenn wir sie auffordern, sich im Besitz von positiven oder sogenannten »konstruktiven« Eigenschaften vorzustellen. Ein Teil von ihnen – der bessere Teil sozusagen – würde gern das Gute erreichen oder es zumindest mehr zum Ausdruck bringen, aber nachdem sie diese Übung des Idealbildes ein oder zwei Mal durchgeführt haben, geben sie es auf. Wenn das passiert, so zeigt es, daß bestimmte Kräfte in diesem Menschen gegen die konstruktiven Tendenzen arbeiten; mit diesen Widerständen muß man umgehen.

Kombination mit anderen Techniken

Eine besondere Kombination ist die mit der Planung, denn ein konkreter Plan – nicht abstraktes allgemeines Planen – schließt einen klaren anschaulichen Entwurf dessen ein, was erreicht werden soll.

Eine andere spezielle Kombination ist die eben erwähnte mit der Technik des aktiven imaginativen Trainings. Eigentlich gibt es bei dieser Kombination zwei Phasen. In der ersten wird mit dem Patienten das Planen durchgeführt, in der zweiten die Visualisierung erwünschter Eigenschaften und Situationen. Die Visualisierung kann bestimmte Widerstände hervorrufen; aber auch

---

[17] Die Bedeutung »negativer« Erlebnisse und Erfahrungen in der Therapie kann nicht genug betont werden. Wichtig ist jedoch, zwischen »negativ« im wertfreien Sinne und negativer Bewertung zu trennen, die durchgängig destruktive Auswirkungen hat. Leider ist unsere Sprache in hohem Maße negativ bewertend – so ist das Wort »negativ« selbst negativ besetzt.
Als günstig ist eine Haltung anzusehen, die »Schmerz« und »Freude« (als Prototyp negativer bzw. positiver Erfahrung) als menschliche Grunderfahrungen ansieht. Fortschreiten in der Therapie bedeutet intensiveres Erleben, das sich als tieferer Schmerz oder größere Freude auswirkt, je nachdem ob gerade eine negative oder positive Erfahrung gemacht wird. Ein Hauptgrund, in der Entwicklung nicht weiterzugehen, liegt darin, daß die meisten Menschen nicht bereit sind, den Preis stärker empfundenen Schmerzes neben vertiefter Freude zu bezahlen.
Andererseits darf man nicht in das andere Extrem verfallen und zunächst bevorzugt negative Erlebnisse verstärken; das dient allenfalls dazu, dem Therapeuten eine langwährende Therapie zu verschaffen. Vielmehr gilt es ganz besonders am Anfang, jedes auftretende positive Gefühl aufzugreifen und zu vertiefen. Den Schmerz muß man nicht suchen, er kommt von selbst.

ohne Widerstände kann es nützlich sein, den Patienten dazu zu veranlassen, sich in bestimmten Situationen vorzustellen, z.B. zusammen mit seinen Eltern oder Kindern oder seinem Partner und auch bei der Arbeit; das kann bestimmte negative Reaktionen hervorrufen, auf die man zum Teil mit der Technik des Imaginativen Trainings eingehen kann, bevor man wieder zur vorhergehenden Stufe, dem Modell eines erwünschten Zieles, zurückkehrt. Die Techniken sind also nicht notwendigerweise nach verschiedenen Stufen getrennt, wie etwa: Jetzt konzentriere ich mich auf Planung, jetzt auf die Visualisierung von Situationen, die vielleicht negative, vielleicht aber auch positive Reaktionen hervorbringen. Es ist eine Art fließender Kombination aller Stufen, so daß der Patient von verschiedenen Stellen aus weitergeht. Die Bewußtheit und Klärung eines verwirklichbaren Zieles nimmt zu und er wird sich jener Aspekte seines Selbst mehr bewußt, vor denen er sich fürchtet, so daß er sie akzeptieren und besser in sich aufnehmen kann, denn ihr konstruktiver Aspekt wird ebenfalls verstärkt.

Dies ist eine spezifische Vorgehensweise der Psychosynthesis: ein Hin- und Herbewegen zwischen verschiedenen Stadien und der Gebrauch verschiedener Techniken. Es ist eine fraktionierte Psychotherapie oder ein partielles Einsetzen einer Technik und dann ein Weitergehen zu einer anderen; dann wieder zurück zu einer weiterführenden Stufe im Einsatz der vorherigen Technik. In dieser fließenden Art zu arbeiten scheint auf den ersten Blick die Ordnung zu fehlen, sie gehorcht jedoch tatsächlich einer höheren Ordnung organischer Entwicklung.[18]

Eine andere Vorgehensweise in der Psychosynthesis ist, nicht nur verbales Material zu verwenden, sondern auch imaginatives, bildhaft vorgestelltes. Jeder Therapeut, der wirklich Erfahrungen mit diesem Prozeß sammeln konnte, beginnt zu erkennen, daß er es hier mit einer sehr machtvollen Technik zu tun hat, die gerade wegen ihrer Wirksamkeit sowohl Möglichkeiten als auch Gefahren mit sich bringt und für die man ganz besonders vorbereitet sein muß. Nur Therapeuten, die mit ihrem eigenen unbewußten

---

[18] Für den prozeßorientierten Therapeuten ist diese Ordnung im Prozeß des Erlebens selbst wahrnehmbar und aufzeigbar. Eine Fülle von Ausdrucksqualitäten geben ganz verläßliche Hinweise, ob jemand »im Prozeß« ist oder nicht, jede Störung des Prozesses durch unangemessene Intervention wird unmittelbar angezeigt und ist sofort korrigierbar.

Material in Eintracht leben, zumindest aber sich relativ wohl fühlen damit, können mit ähnlichen Prozessen beim Patienten vertraut sein, ohne dem Geschehen eine rigide Struktur aufzuerlegen.

Das führt uns wieder zu dem Punkt, der nicht genug betont werden kann: die gründliche psychosynthetische Vorbereitung des Therapeuten selbst. Was die Gefahrenpunkte angeht, so erinnere ich an die von C. G. Jung gut beschriebene Invasion des Bewußten durch starke Bilder aus dem Unbewußten, besonders der tieferen Schichten, die er »kollektives Unbewußtes« nennt und die archetypische Bilder enthalten.

9. TECHNIKEN DER SYMBOLVERWENDUNG

Ziel

Das Ziel dieser Technik ist, die starken und bei weitem noch nicht erkannten Kräfte von Symbolen in der Dynamik des Seelenlebens zu nutzen. Symbole werden ständig von jedem benutzt, aber gewöhnlich unbewußt und oft in nicht konstruktiver oder sogar schädlicher Weise. Deshalb ist eine der dringendsten Notwendigkeiten von Therapie (und Erziehung) das Erkennen des Wesens und der Kraft von Symbolen, das Stadium der vielen Gruppen und Arten von Symbolen und ihre systematische Verwendung für die Zwecke der Therapie, der Erziehung und Selbstverwirklichung.

Abgesehen von dieser allgemeinen, man könnte fast sagen universellen Funktion der Symbole im menschlichen Leben gibt es einen spezifischen Zweck ihrer Verwendung bei der Psychosynthesis, denn es gibt Symbole, die von besonders psychosynthetisch integrierendem Wert sind und deshalb direkt dem Ziel dienen, eine Psychosynthesis zu bewirken, sowohl beim Individuum als auch bei einer Gruppe.

Prinzip

Das Prinzip der Verwendung von Symbolen basiert auf ihrem Wesen und ihrer Funktion oder besser ihren Funktionen. Wir wollen Symbole zunächst vom psychodynamischen Standpunkt aus betrachten.

Ihre urprüngliche und grundlegende dynamische Funktion ist die, Akkumulator zu sein und wie bei elektrischen Akkumulatoren als Speicher und Erhalter einer dynamischen psychischen Ladung oder Kraft zu dienen. Ihre zweite, besonders wichtige Funktion ist die eines Transformators (Umwandlers) psychischer

Energien, eine dritte die als Konduktor (Leiter) oder Kanal psychischer Energien. Von einem qualitativen Standpunkt aus können Symbole als Bilder oder Zeichen vielfältiger psychischer Realitäten betrachtet werden.

Symbole als Akkumulatoren, Transformatoren und Konduktoren psychischer Energien und Symbole als Integratoren haben äußerst wichtige und nützliche therapeutische und erzieherische Funktionen, auch in Bezug auf psychodynamische Prozesse, denn Integration ist eine Funktion von Energie, besonders die Funktion von dem, was Syntropie genannt wird, im Gegensatz zur Entropie.

Syntropie bedeutet das Erhöhen der Spannung und Kraft psychischer und auch biologischer Energie. In gewissem Sinn ist es ein vollständiges System des Sammelns, Speicherns, Transformierens und schließlich Einsetzens von Energien. Die normale Abfolge der psychodynamischen Wirkungsweise eines Symbols ist, daß es psychische Energien anzieht und speichert, danach transformiert und sie dann für verschiedene Zwecke einsetzt – besonders für den wichtigen Zweck der Integration.

Wenn wir uns wieder dem qualitativen Wesen und dem Wert der Symbole zuwenden, ist es wichtig, sich so klar wie möglich über die Beziehung zu werden, die zwischen dem Symbol und der Realität, die es repräsentiert, besteht. Diese Beziehung basiert hauptsächlich, wenn nicht ausschließlich auf Analogie. Analogie, könnten wir sagen, ist eine wichtige psychologische Verbindung oder Beziehung zwischen äußeren und inneren Realitäten. Analogie kann mißbraucht werden oder auf übertriebene und unrealistische Weise eingesetzt werden, und das ist oft geschehen. So war es besonders im Mittelalter, und dies hat eine Reaktion hervorgerufen, eine Entwertung und sogar eine Zurückweisung von Analogien vor allem in der Wissenschaft. Da es sich jedoch um eine normale und wirklich grundlegende psychische Aktivität handelt, war das Ergebnis das sprichwörtliche »Ausschütten des Kindes mit dem Bade«, der Verzicht auf einen wertvollen Erkenntnisweg.

Eine der Möglichkeiten, Analogie systematisch einzusetzen, ist der Versuch, neue und ungewöhnliche Beziehungen zu finden und Hypothesen oder Betrachtungsweisen zu entwickeln, die man vorher nicht hatte. Es ist eine Methode voll reicher Möglichkeiten für Kreativität, nicht nur im künstlerischen Sinn und von einer humanistischen Sichtweise, sondern auch von wissenschaftlichem Standpunkt aus. Natürlich muß dem ein systematischer Einsatz analytischen Denkens folgen, um den Wert der Analogie zu erkunden.

Man kann die Analogie einsetzen, um neue und frische Ansichten zu fast jedem Thema zu bekommen. Das kann systematisch durchgeführt werden, mit reichen Ergebnissen, sofern man sich nicht vom Prozeß mit fortreißen läßt. Es ist mit dem Teil des kreativen Prozesses verbunden, den man das Lockerungs-Stadium nennen könnte, wenn man dem Unbewußten erlaubt, neue und kreative Beziehungen zu knüpfen; diesem muß ein Prozeß der Festigung folgen, des Abwägens und analytischen Denkens. Dies gehört in den Bereich kreativer Techniken und kann hier nicht ausführlicher behandelt werden.

Um es jedoch mit anderen Worten auszudrücken: jede wissenschaftliche Hypothese und jedes wissenschaftliche Modell ist in Wirklichkeit ein Symbol, das auf einer Analogie beruht und die besten Wissenschaftler unserer Zeit sind sich dessen wohl bewußt. Analogie ist ihrer Funktion und ihrem Wesen nach heuristisch und gibt ein relatives, nicht ein »exaktes« Bild der Wirklichkeit, das wir sowieso nie haben können.

Die mögliche und wünschenswerte Integration der verschiedenen Wissensbereiche mit Hilfe der Analogie-Methode und den Methoden der Verifikation, Systematisierung und Einverleibung des Wissens verläuft parallel der zwischen Intuition und Intellekt. Tatsächlich ist Intuition unter anderem ein Organ für das Entdecken von Analogien.

Die Wirkung und Unvermeidlichkeit – wenn man solch ein Wort verwenden kann – von Symbolen kommt dann lebhaft zu Bewußtsein, wenn man unmittelbar erkennt, daß alle Worte Symbole sind. Sie sind sozusagen stenographische, verdichtete Symbole. Dies wird klar am Beispiel zweier Worte, die viel in Psychologie und Religion verwendet werden: »anima« (Seele) und »spirituell« (geistig). »Anima« kommt vom griechischen »anemos«, Wind[19]. Es ist interessant, festzustellen, daß »spirituell« die gleiche symbolische Bedeutung hat; es kommt vom lateinischen »spiritus«, das ursprünglich »Atem« oder »Wind« bedeutet.

---

[19] Die Wurzel ist *an* = atmen, wie im Sanskrit *âtman* = Selbst mit derselben Wurzel.
Im Jungschen System ist anima bzw. animus Bezeichnung für das »Seelenbild«, den komplementär-geschlechtlichen Anteil der Psyche.

Ein Teil des Prinzips der Symbolverwendung ist es, die Symbole wiederzubeleben, die dynamischen Möglichkeiten von Worten und Bildern zu erkennen, die normalerweise in ihrer Oberflächenbedeutung genommen werden, anstatt die Funktion zu haben, die dahinter verborgenen Wirklichkeiten zu beschwören. Das universale Prinzip von Symbolen wurde von Goethe in seiner berühmten Verszeile am Ende des Faust zusammengefaßt: Alles Vergängliche ist nur ein Gleichnis.

Ein anderer Aspekt des Prinzips der Symbolverwendung ist ihre Wirkung auf das Unbewußte. Symbole können visualisiert werden, und das setzt unbewußte seelische Prozesse in Gang. Dies ist ein wirksames Mittel für die Transformation des Unbewußten. Sich mit logischen Begriffen an das Unbewußte zu wenden ist nicht besonders wirksam. Um es zu erreichen (wie auch bei dem Versuch, eine Person zu erreichen) müssen wir dessen eigene Terminologie verwenden. Man sollte versuchen, die Ausdrucksweise zu verwenden, deren sich das Unbewußte normalerweise bedient, nämlich in Symbolen.

Neben der Tatsache, daß Symbole in sich selbst einen integrierenden Wert haben – also innerhalb des Unbewußten integrierend wirken – erreicht die Technik der bewußten Visualisierung von Symbolen eine weitergehende Integration zwischen den bewußten und unbewußten Elementen der Persönlichkeit und zu einem gewissen Ausmaß zwischen dem logischen Verstand und den unbewußten alogischen Aspekten der Person. C. G. Jung sagt, daß Symbole Umformer psychischer Energie sind. Dies mag zutreffen nicht nur als Metapher, sondern bezogen auf tatsächliche seelische Energien. Wir sollten deshalb das Ergebnis beobachten, das die Darbietung bestimmter Symbole auf das Unbewußte unserer Patienten hat, um dann zu sehen, ob das Ingangsetzen bestimmter unbewußter Kräfte eine Transformation der äußeren Persönlichkeit hervorbringt.

Vorgehensweise

Die Vorgehensweise der Symbolverwendung basiert auf der Kenntnis und dem Gebrauch von drei Verwendungsarten und sieben Gruppen von Symbolen. Die drei Verwendungsarten sind folgende:

1. Vorstellen, Anbieten oder Nahelegen der Verwendung eines bestimmten Symbols aus den ersten sechs Symbolgruppen.
2. Fördern und Nutzen des Erscheinens von spontanen Symbolen im Verlauf einer Behandlung, ein Vorgang, der von C. G. Jung vielfach eingesetzt wurde.
3. Eine Zwischenlösung, die von Desoille entwickelt wurde, der in seiner Methode des gelenkten Tagtraums zuerst ein Symbol vorschlägt, vor allem das Hinauf- oder Hinuntersteigen, und dann den Patienten dazu frei seine eigenen ergänzenden Symbole entfalten läßt. Wenn diese Methode so gekonnt eingesetzt wird wie bei Desoille, kann sie zu sehr guten therapeutischen Ergebnissen führen.

Diese drei Arten können alternativ eingesetzt werden und der erfahrene Therapeut wird sie alle ausprobieren und dann den Schwerpunkt auf diejenige legen, die sich jeweils als die fruchtbarste herausstellt.

Die Symbole, die dem Patienten vorgestellt werden können, kann man in sieben Hauptkategorien einteilen. Da dies eine pragmatische Klassifikation ist, werden einige Symbole in mehr als einer Kategorie aufgeführt. Im allgemeinen werden dem Patienten nur solche Symbole vorgestellt, die einen positiven Wert für die Psychosynthesis haben und sie sind deshalb hier aufgeführt; viele negative Symbole werden schon spontan im Verlauf der analytischen Phase der Behandlung aufgetaucht sein.

1. Natursymbole
Dazu gehören: Luft, Erde, Feuer, Wasser; Himmel, Sterne, Sonne, Mond. Zu den wichtigsten Natursymbolen gehören Berg (und die damit verbundene Technik des Aufsteigens), Meer, Bach, Fluß, See, Teich, Wind, Wolken, Regen, Nebel; Höhle, Baum, Flammen und Feuer, Weizen, Samen, Blumen (Rose, Lotus, Sonnenblume usw.); Edelsteine, Diamant und verschiedene Symbole, die zum Licht gehören (einschließlich Sonnenaufgang und Sonnenuntergang, Sonnenstrahlen/ Lichtstrahlen) und Dunkelheit (einschließlich Schatten).
2. Tiersymbole
Löwe, Tiger, Schlange, Bär, Wolf, Stier, Ziege, Hirsch, Fisch Raupe-Puppe-Schmetterling (als Symbole der Transformation), Vögel (Adler, Taube etc.); zahme Tiere (Pferd, Elefant, Hund, Katze usw.) und das Ei.

3. Menschliche Symbole
   a) allgemeine Symbole: Vater, Mutter, Großvater, Großmutter, Sohn, Tochter, Schwester, Bruder; Kind, weiser alter Mann, Magier, König, Königin, Prinz, Prinzessin, Ritter, Lehrer; das menschliche Herz, die menschliche Hand, das Auge; Geburt, Wachstum, Tod und Auferstehung.
   b) moderne menschliche Symbole: dazu gehören der Bergsteiger, der Entdecker (mitsamt dem Raumfahrer), der Pionier und Vorkämpfer, der wissenschaftliche Forscher (Physiker, Chemiker usw.), der Autofahrer, der Pilot, der Radio- oder Fernsehtechniker, der Elektroingenieur usw.
4. Menschengemachte Symbole
   Brücke, Kanal, Stausee, Tunnel, Fahne, Brunnen, Leuchtturm, Kerze, Straße, Weg, Wand/Mauer, Tür, Haus, Schloß, Treppe, Leiter, Spiegel, Schachtel, Schwert usw.
5. Religiöse und mythologische Symbole
   a) Universale und westliche religiöse Symbole: Gott, Christus, die Heilige Mutter, Engel, der Teufel, die Heiligen, Priester, Mönch, Nonne, Auferstehung, Hölle, Fegefeuer, Himmel, der Gral, Tempel, Kirche, Kapelle, das Kreuz.
   b) Östliche Symbole: Brahma, Vischnu, Schiva, der Buddha usw.
   c) Mythologische Symbole: Heidnische Götter, Göttinnen und Helden: Apollo, die Musen (Symbole der Künste und Wissenschaften), die drei Grazien (Symbole der Weiblichkeit im verfeinerten Sinn), Venus, Diana (Symbol der Frau, die ihre Weiblichkeit ablehnt), Orpheus, Dionysos, Herkules, Vulkan, Pluto, Saturn, Mars, Merkur, Jupiter, Wotan, Siegfried, Brunhilde, Walhalla, die Nibelungen, die Walküren usw.
6. Abstrakte Symbole
   a) Zahlen: Im pythagoräischen Sinn von psychologischer Bedeutung – z.B. die Zahl eins als Symbol für Einheit, zwei für Polarität, drei für Wechselwirkung usw.
   b) Geometrische Symbole
   Zweidimensional: Punkt, Kreis, Kreuz (verschiedene Formen, wie das mathematische Pluszeichen, das längliche christliche Kreuz, das St. Andreas-Kreuz oder Multiplikationszeichen), das gleichschenklige Dreieck, das Quadrat, der Rhombus, der Stern (fünfzackig, sechszackig usw.).
   Dreidimensional: Kugel, Kegel, Würfel, die aufsteigende Spirale usw.

7. Individuelle und spontane Symbole
Sie treten während der Behandlung auf oder spontan, in Träumen, Tagträumen usw.

Natürlich können nicht all die zahlreichen Symbole bei einem Patienten eingesetzt werden und sollen es auch nicht. Das würde Monate, wenn nicht Jahre dauern und ist ganz und gar nicht notwendig für therapeutische Zwecke. Einige Gruppen von Symbolen eignen sich besser und sind anregender als andere, je nach Menschentyp, den Umständen, dem kulturellen Hintergrund, dem Alter; eine der Aufgaben des Therapeuten ist, herauszufinden, welche sich – offensichtlich oder nach einigen Stichproben – als die nützlichsten und fruchtbarsten für therapeutische Zwecke herausstellen. Auch sollten in verschiedenen Stadien der Behandlung verschiedene Gruppen von Symbolen eingesetzt werden.

Wie stellen wir nun die verschiedenen Symbole dem Patienten vor?

Es gibt hauptsächlich drei Wege: erstens, indem man einfach das Symbol nennt oder eine kurze Beschreibung davon gibt; zweitens durch Betrachtung, d.h. man legt dem Patienten eine Zeichnung oder ein Bild des betreffenden Symbols vor; und drittens durch Visualisierung, d.h. indem man den Patienten auffordert, sich ein inneres Bild des Symbols vorzustellen, es zu evozieren. Diese letzte Vorgehensweise wird bei dynamischen Symbolen gebraucht, d.h. bei Symbolen der Handlung, die eine Veränderung erfahren und durch verschiedene Stadien hindurchgehen.

Die erste Vorgehensweise, das Nennen oder Beschreiben, ist für sehr einfache Symbole ausreichend, z.B. für geometrische Symbole. Sie eignet sich auch gut für menschliche Symbole von universalem Charakter, wie z.B. Vater, Mutter, Kind usw. Sie sollten allgemeine Symbole bleiben, d.h. wir weisen auf ihre psychologische Bedeutung hin und erklären, daß sie nicht in Beziehung zu einer persönlichen Vorstellung gesetzt werden sollen, die auf verschiedene Art nachteilig beeinflussen könnte.

Betrachtung, die zweite Methode, wird bei komplizierteren Symbolen eingesetzt, z.B. Symbole einer Landschaft oder andere, die zahlreiche Details haben, so daß es zu langwierig wäre, sie zu beschreiben oder zu schwierig für einige Patienten, sie sich aktiv vorzustellen.

Wenn man bei der Einführung eines Symbols den Patienten bittet, ein bestimmtes Symbol zu zeichnen, ist dies eine sehr gute Methode und wirkt sich sehr vorteilhaft aus, sofern sich nicht jemand durch die Aufforderung zu zeichnen gehemmt fühlt. Bei vielen Patienten ist das so, aber sie können lernen, diesen Widerstand zu überwinden, indem wir ihnen versichern, daß der künstlerische Wert keine Beachtung findet, noch irgendwelche ästetischen Überlegungen angestellt werden und daß es sich um ein rein psychologisches Dokument handelt.

Die Zeit, die der Patient zum Zeichnen braucht, kann während der Sitzung sinnvoller für etwas anderes verwendet werden und in vielen Fällen ermutige ich die Patienten, zu Hause zu zeichnen. Die Technik des Freien Zeichnens wird auch für andere Zwecke eingesetzt – z.B. zum Zweck des Ausdrucks und der Katharsis. Wenn ein Patient sich im freien Ausdruck durch Zeichnen geübt hat, dann ist für eine weitere Stufe, die Technik der Symbolverwendung, der Weg schon bereitet.

Theoretisch gibt es einen Unterschied zwischen statischen und dynamischen Symbolen, aber – wie das oft der Fall ist – in der Praxis bleibt diese klar abgrenzende theoretische Klassifikation nicht bestehen und hat keine Relevanz. Oft passiert es zum Beispiel, daß ein vorgeschlagenes statisches Symbol spontan eine Dynamik annimmt und sich unter dem inneren Auge des Patienten verändert, sogar gegen seinen Willen. In vielen solchen Fällen ermutigt man die autonome freie Entfaltung des Symbols.

In anderen Fällen geben wir dahingehend Anweisungen, daß es sich um ein dynamisches Symbol handelt, d.h. eine Handlung in der Zeitdimension darstellen und entfalten sollte. Ein sehr einfaches Beispiel dafür, das eine besondere therapeutische Bedeutung und Nützlichkeit hat, ist das geduldige Aufknüpfen eines Knotens; die Bedeutung ist offensichtlich.

Ein anderes bezeichnendes Beispiel ist das Bauen eines Hauses oder besser noch eines Tempels. Dieses Symbol existiert häufig im kollektiven Unbewußten und ist bedeutsam und wirkungsvoll. Ein menschliches dynamisches Symbol, das voller Bedeutung ist und wirkliche Umwandlung bewirken kann, ist das des Erwachens: der Übergang vom Schlaf- zum Wachbewußtsein – und Wachbewußtsein hat verschiedene Grade von Klarheit, von Aufnahmevermögen und Einsicht. Dieses vielfach verwendete Symbol hat im Osten ganz besondere Bedeutung – so bedeutet der Name »Buddha« »der Erwachte«.

Einige dynamische Symbole, die verschiedene Stadien haben, stellen tatsächlich eine ganze psychologische Übung dar; Beispiele werden bei den Techniken der spirituellen Psychosynthesis gegeben.

Indikationen und Anwendungsbereich

Wegen ihrer Wichtigkeit und Nützlichkeit kann und sollte diese Technik – mit ganz wenigen Ausnahmen – in jedem Fall angewendet werden; aber das große Problem bei der Verwendung von Symbolen ist die spezifische Indikation für jede Gruppe von Patienten und für jedes Stadium der Behandlung.

Eine allgemeine Indikation ist natürlich, daß die Auswahl eines Symbols dem jeweiligen Problem oder der Aufgabe des Patienten angemessen sein sollte. Dabei spielt die Erfahrung des Therapeuten eine wichtige Rolle, mehr noch aber seine Intuition.

Einige Symbole (z.B. Brücke oder Berg) zeigen eine klare Beziehung zu den Problemen des Patienten; einige menschliche Symbole lassen klar erkennen, daß sie zu bestimmten interpersonalen Problemen passen. Eine vollständige Diskussion der Indikation würde ein eigenes Buch füllen und kann hier nicht geleistet werden; aber auch eine noch so detaillierte Erläuterung kann nie an die Stelle der Intuition und der psychologischen Einsicht des Therapeuten treten. Hier zeigt sich eine klare Indikation für den Therapeuten; es ist für ihn sehr nützlich, wenn er für sich selbst die Standardsymbole verwendet hat, zumindest aber eines oder zwei jeder Kategorie.

Es gibt eine Gruppe von Symbolen, die eine besonders aktuelle Indikation haben, nämlich die Reihe der modernen menschlichen Symbole, die schon aufgeführt wurden. Von einem bestimmten Standpunkt aus haben sie den Nachteil, zu prosaisch und nüchtern zu scheinen, tatsächlich sind sie es aber nicht. Es ist interessant zu beobachten, wie diese nüchternen Symbole die Vorstellungskraft von Jugendlichen und Heranwachsenden viel mehr anregen als die sogenannten »imaginativen« Symbole. Junge Menschen identifizieren sich leicht, oft spontan, mit den modernen »Helden«, wie dem Pilot, dem Raumfahrer. Sie wecken etwas sehr Lebendiges in ihnen, eine Art Vorbild; sie sind Symbole des Wagemuts, des Abenteuers – manchmal der Flucht aus dem Alltag. Deshalb befriedigen sie fundamentale Bedürfnisse, die mit besonderer Intensität in der jetzigen jungen Generation auftreten.

Einige dieser modernen Symbole haben einen anderen großen Vorteil: sie arbeiten klar die richtige Beziehung zwischen Mensch und Maschine heraus – der Mensch als Erbauer, Kontrolleur und Beherrscher der Maschine. Der Autofahrer ist Herr seines Fahrzeuges; er wählt zuerst sein Ziel, plant die Reiseroute und macht dann vom bequemen Fahrersitz aus mit geringer körperlicher Anstrengung das Auto zu einem gehorsamen, wirksamen Instrument, sein Ziel zu erreichen. Diese Beziehung kann leicht introjiziert werden, d. h. das Auto kann als Symbol des Körpers betrachtet und »erlebt« werden, sogar als Symbol der ganzen Persönlichkeit, die vom bewußten Selbst durch intelligentes Planen und seinen Willen zu einem Instrument für das Erreichen seiner Ziele, Pläne und Absichten gemacht werden kann.

Der Einsatz der modernen Technik für therapeutische Zwecke umfaßt ein weites Anwendungsfeld und ist noch ganz am Anfang. In zukünftigen Therapiemethoden werden vielleicht spezielle Kurzfilme gezeigt, um bestimmte symbolische Szenen darzustellen, auf die der Patient dann reagieren und sich damit identifizieren kann.

Tiersymbole können diagnostisch verwendet werden, um herauszufinden, mit welchem bestimmten Tier sich jemand identifiziert, sie lassen sich aber auch als ein Mittel einsetzen, um bestimmte notwendige psychologische Charakterzüge wachzurufen. Die Technik von Hanscarl Leuner z.B., einen Patienten aufzufordern, sich in einer Wiese vorzustellen, zum Waldrand hinschauend und darauf wartend, daß ein Tier herauskommt, macht es möglich, daß die Wahl des Tieres vom Unbewußten des Patienten getroffen wird. Aus dieser Wahl können bestimmte psychologische Charakteristika vermutet werden, repräsentiert durch die Eigenschaften, die im allgemeinen mit diesem Tier verbunden werden.

Anstelle des erwähnten Symbols des Autos können wir für einige Personen das Pferd wählen. Dies ist ein noch stärker evozierendes Symbol, denn es enthält die Stufen eines wilden Pferdes, seiner Zähmung, dann seinem Einsatz und der richtigen gefühlsmäßigen Beziehung zwischen Mensch und Tier: all diese Stufen symbolisieren, wie man den physischen Körper richtig behandelt, ihn beherrscht, ohne ihn zu mißhandeln oder zu verdammen. Dies ist mit köstlichem Humor vom Hl. Franziscus angedeutet worden, wenn er von seinem Körper liebevoll als »Bruder Esel« spricht.

Das Thema des Symbols »Feuer« oder »Flamme« ist so verlokkend und unermeßlich, daß man dadurch verführt werden kann, sich in die verzauberte Welt des Symbolismus zu verstricken; insgesamt ist im Zusammenhang der Symbolverwendung noch sehr viel Forschungsarbeit nötig.

Feuer ist eines der ältesten und wirkungsvollsten Symbole. Das legt übrigens nahe, der Liste mythologischer Symbole Prometheus hinzuzufügen, der das Feuer vom Himmel stahl. Auf rein menschlicher Ebene ist es ein Symbol der Wärme, des Schutzes vor Kälte, der Verteidigung gegen wilde Tiere. Es ist auch ein Symbol für Transformationsprozesse – des Kochens, der Verwandlung und Reinigung roher Materialien und Elemente; deshalb ist es ein wichtiges chemisches Symbol im Zusammenhang von Transmutation und Sublimation. Weiterhin ist es ein Symbol der Zerstörung und Gefahr; und schließlich ist es eines der reinsten, wenn nicht das reinste Symbol des Geistigen, sowohl des Geistes (des Spirituellen) im Menschen, der aufsteigt zum universalen Geist, als auch »des Feuers, das vom Himmel fällt«.

Ein anderes sehr wichtiges Symbol ist das des menschlichen Herzens. Eine nützliche Art, dieses Symbol zu verwenden, ist, den anderen aufzufordern, sich ein riesiges Herz vorzustellen, größer als er selbst, mit einer Tür darin. Dann wird er aufgefordert, die Tür zu öffnen und in das Herz hineinzugehen. Was er dort findet, ist bei jedem verschieden. Aber der tatsächliche Nutzen dieses Symboles als einer Technik ist bedingt durch die Fähigkeit des Therapeuten, damit umzugehen. Es ist eine Technik, die nicht auf mechanische routinierte Art durchgeführt werden kann, um tatsächlich wirksam zu sein, denn der Therapeut muß Schritt für Schritt intuitiv entscheiden, was seine Aufgabe beim Führen durch die imaginative Szene ist. Hier bewegt sich der Therapeut sozusagen auf Messers Schneide zwischen einer zu passiven Haltung einerseits und zu starker Beeinflussung durch hinweisen auf Bilder andererseits. Er sollte nur ein Minimum an Bildern vorschlagen, das dem Unbewußten hilft, weiteres Bildmaterial hervorzubringen.

Eine andere vielfältige Technik der Symbolverwendung benutzt das Symbol der Tür. Die Tür kann den Eingang zu einem neuen Leben oder Lebensabschnitt darstellen; eine der Möglichkeiten, sie zu verwenden, ist die Aufforderung, sich eine Tür vorzustellen, manchmal eine Tür in einer hohen Mauer oder in einem Haus, je nach der Situation, und sich auf dieser Tür ein Wort vorzustellen. Manchmal mag die Wahl des Wortes dem Patienten überlassen werden, besonders zu analytischen Zwecken, und hat dann symbolische Bedeutung für diesen Abschnitt der Therapie. In anderen Fällen kann das Wort vom Therapeuten vorgeschlagen werden, z.B. Furcht, Sorge, Angst oder Zweifel usw., in anderen Stadien der Therapie positive Worte wie Hoffnung, Friede oder Liebe – die Möglichkeiten sind endlos. Der Patient wird dann gebeten, die Tür zu öffnen, und was auf der anderen Seite der Tür vorgefunden wird, hat manchmal sehr tiefe Bedeutung.

Eine sehr gute Beschreibung der Verwendung solcher Symbole wird in dem wertvollen Artikel von Robert Gerard über »Symbolische Visualisierung« (45) gegeben.

Eine andere Symbolgruppe ist die der Kindheitssymbole. Sie sind sehr interessant und können bei erfahrener Verwendung unter folgendem Gesichtspunkt sehr hilfreich sein: sie beziehen sich auf ein Stadium des Patienten, das vor der Störung liegt und ihn so mit seinen normalen Bereichen verbindet, die gegenwärtig verborgen oder überschwemmt sind durch die eingebrochene Störung. Es sollte deshalb ein Symbol sein, mit dessen Hilfe der Therapeut mit den normalen Teilen der Persönlichkeit Kontakt aufnehmen und sie betonen und ermutigen kann.

Mauz diskutiert den Einsatz von Symbolen in der Psychotherapie, um positive Gefühle hervorzubringen *(Der psychotische Mensch in der Psychotherapie,* 84). Er verwandte Bilder aus der frühen Kindheit, die positive Gefühle hervorrufen würden, wie z.B. Heiligabend und Weihnachten, ein Karussell und fliegende Luftballons, ein Umzug bei einem Fest, ein Fluß bei Sonnenaufgang, ein Kinderlied usw. Er betont, daß der Therapeut diese Themen so gut wie möglich auf den Patienten beziehen sollte, indem er dessen Worte benutzt und Bilder aus seiner Biographie. Damit stellt diese Technik nicht nur den Einsatz von Symbolen, sondern ganzer Symbolszenen dar und bedeutet tatsächlich eine Erweiterung der Symbolverwendung.

Hier möchte ich eine allgemeine Bemerkung zur Wirkungsweise und den Ergebnissen der Symbole anschließen. Zusätzlich zu den eben erwähnten Symbolen, die einen öffnenden Effekt oder klärende und positiv anregende Wirkung haben, gibt es viele Symbole, die eine Brücke zwischen personaler und spiritueller (transpersonaler) Psychosynthesis bilden. In der Praxis gibt es natürlich keine scharfe Trennung und auch bei der Verwendung der eben erwähnten Symbole haben bestimmte Aspekte des Verfahrens in sich selbst eine brückenbildende Wirkung. Um genauer zu sein: es gibt zwei Hauptwege, um zu einer spirituellen Psychosynthesis zu gelangen. Den einen könnte man den plötzlichen, dramatischen Weg nennen, wie in Fällen religiöser Konversion oder in Form von plötzlicher Erleuchtung und Erwachen, eine Technik, die auf extreme Weise im Zen-Buddhismus angewendet wird. Aber in vielen – gegenwärtig vielleicht in den meisten – Fällen gibt es stattdessen eine allmähliche Entwicklung von der integrierten Persönlichkeit zum Einschließen überbewußter Elemente, ein allmähliches Sich-Annähern des personalen Ich-Bewußtseins an das spirituelle, transpersonale Selbst, von der Selbstidentität im persönlichen Sinn zur spirituellen Verwirklichung. Deshalb ist der bevorzugte und im allgemeinen zu empfehlende Weg, den zu gehen wir behilflich sind, ein allmähliches Vorwärtsgehen, das – in Therapie und Erziehung – viele offensichtliche Vorteile bietet. Der Gebrauch von Symbolen setzt oft spontan diese Entwicklung von einer persönlichen Psychosynthesis zu wenigstens dem Beginn einer spirituellen Psychosynthesis in Gang – das sollte man sich unbedingt vor Augen halten. Später, wenn wir uns mit der spirituellen Psychosynthesis beschäftigen, werden wir von den Symbolen des Selbst und anderen Symbolen sprechen, die nur oder überwiegend spirituelle Bedeutung und Wirkung haben.

Grenzen und Kontraindikationen

So paradox es klingen mag – kontraindiziert oder zumindest mit großer Vorsicht und innerhalb bestimmter Grenzen zu verwenden ist diese Technik bei Menschen, für die Symbolik den Weg des geringsten Widerstandes darstellt, die spontan – vielleicht sogar im Übermaß – Symbole hervorbringen. Der Grund liegt darin, daß in diesen Fällen Symbole eine Flucht vor der Wirklichkeit darstellen, einen Ersatz für das normale Leben, für das Funktionieren im Alltag. Dies ist auffällig bei einer bestimmten Gruppe von Psychotikern, die (wie z.B. C. G. Jung festgestellt hat) äußerst interessante kosmologische und kosmische Symbole hervorbringen, die von großer theoretischer Bedeutung, aber von geringem therapeutischem Wert sind. Dies gilt ebenso, nur weniger stark, für viele introvertierte Psychoneurotiker. Deshalb muß in solchen Fällen die Technik mit Umsicht eingesetzt werden; ein Symbol sollte dann stets als eine Brücke zur äußeren Realität verwendet werden und nicht als Möglichkeit, das Interesse und die Aufmerksamkeit in der inneren Welt der Phantasie zu halten.

Die Grenzen der Methode finden sich bei Menschen, die den eben erwähnten genau entgegengesetzt sind. Es ist schwierig, diese Methode anzuwenden und sie zeigt geringe Resultate bei extrem Extravertierten oder sehr intellektuellen Menschen, die in ihrer bewußten Persönlichkeit eine sehr objektive Haltung einnehmen und wenig oder gar keinen Zugang zu ihrem Unbewußten haben. Sie mögen keine Symbole oder sind zumindest nicht davon angesprochen; sie können auf mechanische Weise die vorgeschlagene Technik oder Übung mühelos durchführen, aber ihr Interesse wird nicht gefesselt. Das Symbol führt zu keinem Ergebnis, wegen der bestehenden Trennung zwischen der bewußten Persönlichkeit, die nach außen blickt und dem Unbewußten, das unausgedrückt bleibt. Dann kann diese Technik erst in einem späteren Stadium der Behandlung versucht werden, wenn das Übermaß an Extraversion ausgeglichen wurde und ein gewisser Grad von Kommunikation zwischen bewußten und unbewußten Aktivitäten hergestellt worden ist.

Ähnliches gilt auch für sehr rigide, zwanghafte Persönlichkeiten, die oft sehr geringe symbolische Aktivität haben; dennoch kann gerade für sie diese Technik besonders nützlich sein, um ihre Rigidität sozusagen aufzulockern. Aber auch hier zeigt sich nur Erfolg, wenn andere Brücken geschlagen worden sind, zum Beispiel die Förderung der unentwickelten oder schwächer ausgeprägten Funktionen von Gefühlen, Empfindungen und der allgemeinen Vorstellungskraft, um dann ihre Anwendung speziell im Bereich der Symbole zu ermutigen. Das gleiche gilt für Überintellektuelle, die stolz sind auf ihre verstandesmäßige Klugheit; beim Gebrauch dieser Technik sind sie blockiert oder blocken ab.

Bei Grenzfällen zur Psychose (Borderline-Fällen) muß diese Technik mit großer Vorsicht eingesetzt werden. So können auch offensichtlich harmlose Symbole plötzlich einen bedrohlichen Aspekt annehmen.

Dies bringt uns ganz allgemein zu dem Problem, dem der Therapeut gegenübersteht, wenn er aus den vielen verfügbaren

Techniken die Wahl trifft. Es besteht die Gefahr, daß er sich vom Technischen zu sehr ablenken läßt, durch theoretische Interessen, ein Perfektions-Ideal, statt nahe an der unmittelbar praktischen und humanitären Aufgabe der Therapie zu bleiben, nämlich den Patienten zu einer ganzheitlichen Persönlichkeit werden zu lassen.

Kombination mit anderen Techniken

Es scheint nicht notwendig, die verschiedenen Kombinationen mit anderen Techniken zu beschreiben, denn diese ergeben sich von selbst aus der Beschreibung der Übungen, in denen Symbole verwendet werden und bilden einen zentralen Teil der Übung.

V. SPIRITUELLE (TRANSPERSONALE) PSYCHOSYNTHESIS

10. Einleitung

Die vorhergehenden Kapitel beschäftigen sich mit den Techniken, die zum Erlangen einer personalen Psychosynthesis führen. Dies ist für viele Patienten ein sehr wünschenswertes und recht zufriedenstellendes Ergebnis, das sie zu harmonischen Persönlichkeiten macht, die in sich selbst stimmig sind und eingepaßt in die Gemeinschaft, zu der sie gehören und in der sie eine nützliche Rolle einnehmen.

Aber es gab immer Menschen, die mit solch einem »normalen« Ergebnis nicht zufrieden waren und nicht sein konnten, wie wertvoll es auch anderen erschien. Für sie muß es eine andere Lösung geben, eine weitergespannte und höhere Art der Psychosynthesis – die spirituelle (transpersonale) Psychosynthesis.

In engem Zusammenhang mit diesem Thema stehen die Hinweise von vielen Seiten auf ein Interesse und eine allgemeinere Neigung – oder sollten wir sagen ein tastendes Suchen – nach der Verwirklichung und Akzeptierung jenes Bereiches oder der Bewußtseinsebene, die wir »spirituell« (transpersonal) nennen.

Zunächst muß die Bedeutung der Worte »spirituell« bzw. »geistig« geklärt werden, mit der diese auf den folgenden Seiten verwendet werden. Das schließt die allgemein wichtige und nur selten klar erkannte Unterscheidung zwischen »überbewußten« Erfahrungen und Funktionen und dem spirituellen Selbst ein.

Da eine wissenschaftliche Methode vom Bekannten zum Unbekannten fortschreiten muß und besonders von Tatsachen und direkter Erfahrung zu der Formulierung und Interpretation dessen, was beobachtet und erfahren wurde, will ich nicht schon am Anfang versuchen, zu definieren oder zu diskutieren, was »Geist« (das Spirituelle) seinem Wesen nach sein mag, sondern werde mit dem Tatbestand spiritueller Erfahrungen und spirituellen Bewußtseins anfangen. So müssen wir z.B. nicht das eigentliche Wesen der Elektrizität kennen, um sie in all ihren Anwendungsformen einzusetzen und zu verwenden, genausowenig wie wir das letztliche Wesen des Menschen oder die theoretischen Probleme aller körperlichen oder seelischen Prozesse und Funktionen lösen müssen, um sie für therapeutische oder pädagogische Zwecke einzusetzen.

Ich möchte daher meine Neutralität solchen »letzten« Problemen gegenüber betonen, denn unser Anliegen ist die Konzentration auf die lebendige psychologische Erfahrung und auf psychologische Tatsachen, die durch die Erforschung des Unbewußten aufgefunden werden. Dies ist eine realistische Haltung und eine im besten und wahrsten Sinne pragmatische Einstellung. Aber dieser Pragmatismus sollte gerechterweise auch die Erfahrung von Menschen einschließen, die weitergehende und tiefere Erkenntnismöglichkeiten haben als der Durchschnittsmensch – mit anderen Worten, wir sollten nicht die Erfahrung dessen, was wir »überbewußt« nennen, ausklammern. Was von verschiedenster Seite als »spirituell« bezeichnet wurde, entspricht zu einem großen Teil dem, was man empirisch mit »überbewußt« bezeichnen kann, also jene Funktionen, die im allgemeinen bei einem Durchschnittsmensch nicht aktiv sind.

Was Psychosynthesis von anderen Versuchen eines Verstehens psychologischer Zusammenhänge unterscheidet, ist die Haltung, die sie gegenüber der Existenz eines spirituellen Selbst und des Überbewußten einnimmt. Ich halte das Spirituelle für genauso grundlegend wie den materiellen Teil des Menschen oder wie die instinktiven Energien. Ich versuche nicht, der Psychologie eine philosophische, theologische oder metaphysische Haltung aufzuzwingen, schließe jedoch als unentbehrlich in die Erforschung der psychologischen Tatsache all jene Fakten mit ein, die in Beziehung zu einem höheren Streben im Menschen stehen können, die ihn sich entwickeln lassen, hin zu einer umfassenderen Verwirklichung seiner spirituellen Natur. Diese Position bekräftigt, daß all die höheren Erscheinungsformen der menschlichen Seele, wie kreative Imagination, Intuition, höhere Strebungen, Genie usw. Tatsachen sind, so wirklich und so wichtig wie die bedingten Reflexe und deshalb der Forschung und Therapie ebenso wissenschaftlich zugänglich wie bedingte Reflexe.

Ich akzeptiere die Vorstellung, daß spirituelle Impulse und Strebungen genauso wirklich, grundlegend und fundamental sind wie sexuelle und aggressive Impulse; sie sollten nicht auf

Sublimation oder pathologische Störungen der sexuellen und aggressiven Komponenten der Persönlichkeit reduziert werden, auch wenn in vielen neurotischen Fällen solche Elemente natürlich vorhanden sind.[20]

Was sich, wie ich hoffe, im Verlauf der Jahre entwickeln wird – ich beanspruche sicher nicht, daß es schon jetzt erreicht wurde – ist eine Wissenschaft vom Selbst, seinen Energien und Äußerungsformen, den Möglichkeiten, mit diesen Energien in Kontakt zu kommen, sie freizusetzen und für konstruktive und therapeutische Arbeit zu nutzen.

Im jetzigen Stadium haben wir keine wissenschaftlichen Instrumente, die es uns ermöglichen, diese Energien direkt zu messen; wir müssen uns daher im wesentlichen auf eine phänomenologische Position stützen, dergestalt, daß wir uns auf die Erfahrung selbst beziehen; ich hoffe, daß früher oder später – vielleicht nicht zu meinen Lebzeiten – die Wissenschaft dieses Problem auf einer strengen »Energie«-Basis in Angriff nehmen wird.[21] Selbst wenn

---

[20] Die Vertreter der Humanistischen und Transpersonalen Psychologie betrachten aggressive Impulse keineswegs als »wirklich, grundlegend und fundamental«. »Destruktivität, Sadismus, Grausamkeit, Bosheit usw. scheinen nicht inhärent zu sein, sondern eher heftige Reaktionen und Frustrationen unserer inhärenten Bedürfnisse, Emotionen und Fähigkeiten darzustellen.« (Maslow, 83 f., S. 21).
Sie gehen also aus von einer einheitlichen, vorwärtsdrängenden Kraft, einer Art lebendiger Energie, die konstruktiver Natur ist, aber meist schon sehr früh verbogen und gehemmt wird, wodurch sie eine destruktive Richtung annehmen kann. Vor dem Menschenbild der Transpersonalen Psychologie ist diese Kraft eine genuin spirituelle Energie, die sich nur in den verschiedenen Seinsebenen verschieden manifestiert. Deutlich wird das im engen Zusammenhang von Sexualität und Spiritualität – pointiert ließe sich sagen, daß vor dieser Konzeption Sexualität meist als Ersatzbefriedigung für Religion steht. Vor diesem Hintergrund gewinnt der indische Tantrismus neue Aktualität.

[21] Dies wird von Elmer und Alyce Green versucht, die sich mit dieser Energie-Konzeption tatsächlich »jenseits von Biofeedback« bewegen (*Beyond Biofeedback* ist der Titel ihres Buches).
Vor diesem Hintergrund ist die bisher unaufhebbar erscheinende Dichotomie Geist-Materie auflösbar. »Im 21. Jahrhundert wird es jedes Schulkind für selbstverständlich halten, daß Geist und Materie etwas gemeinsam haben«, vermuten die Greens (47, S. 26).
Wie sehr die Gesetze der Materie geistigen Gesetzen ähneln, wenn man nur weit genug in deren Wesen vorstößt, zeigt Fritjof Capra in seinem Buch *Tao der Physik* überzeugend auf (24).

die Wissenschaft jedoch in der Lage wäre, diese Energien innerhalb der menschlichen Struktur zu messen – einschließlich der emotionalen, mentalen (verstandesmäßigen) und spirituellen (geistigen) Energien – so würde dies die Untersuchung der Erfahrungen selbst nicht weniger wichtig machen. So wie das Studium der Neurophysiologie, der elektro-chemischen Vorgänge, sehr wichtig ist, aber nicht den psychologischen Zugang der Erforschung der Empfindungen und Gefühle ersetzt, in derselben Weise sollte die Wissenschaft vom Selbst sich auf zwei Ebenen weiterentwickeln: einer, die ganz im Bereich von Energie angesiedelt ist und die vielleicht zu genialen Physikern, den Einsteins der Zukunft führt und der anderen Ebene des psychologischen, erfahrungsgemäßen Zugangs.

Hier nun scheint es ratsam zu erklären, in welchem Sinne Psychosynthesis gegenüber Religion und Philosophie neutral ist.

Zunächst muß klar festgestellt werden, daß »neutral« nicht »indifferent« bedeutet. Religion kann auf zwei verschiedenen Ebenen betrachtet werden:

1. Die »existentielle religiöse oder spirituelle Erfahrung«, d.h. die direkte Erfahrung spiritueller Realitäten. Diese wurden von Religionsstiftern erkannt, von Mystikern, einigen Philosophen und in unterschiedlichem Ausmaß von vielen Menschen.

2. Die theologischen oder metaphysischen Formulierungen solcher Erfahrungen und die Institutionen, die in den verschiedenen Zeiten und Kulturen gegründet wurden, um der Mehrheit der Menschen, die nicht diese direkte Erfahrung hatten, ihre Früchte und Ergebnisse zu vermitteln. Weiterhin die Methoden, Formen und Rituale, durch welche allen Menschen geholfen werden soll – indirekt – an der »Offenbarung« teilzuhaben.

Aus einem anderen Blickwinkel betont der französische Philosoph Henri Bergson in seinem Buch *Die beiden Quellen der Moral und Religion* (15) den Unterschied zwischen statischer und dynamischer Religion.

Psychosynthesis bestätigt definitiv die *Wirklichkeit* spiritueller Erfahrungen, das Bestehen höherer Werte und einer noetischen oder noologischen Dimension, wie Viktor Frankl den spirituellen Kern des Menschen nennt.[22]

Ihre Neutralität bezieht sich ausschließlich auf die zweite Ebene, die der Formulierungen und der Institutionen. Sie schätzt, respektiert und anerkennt sogar die Notwendigkeit solcher Formulierungen und Institutionen; ihr Ziel ist jedoch, zu direkter Erfahrung zu verhelfen.

Zunächst einmal bietet sie ihre Unterstützung jenen an, die keinen religiösen Glauben haben noch irgendwelche klaren philosophischen Vorstellungen. Denen, die sich weigern, die bestehenden historischen Formulierungen zu akzeptieren, bietet die Psychosynthesis Methoden und Techniken, die zu einer spirituellen Verwirklichung führen.

Aber wer einen lebendigen Glauben hat, einer Kirche angehört oder Anhänger einer philosophischen Schule ist, hat keinen Grund, die Psychosynthesis zu fürchten. Sie versucht nicht, sich in seine Haltung einzumischen oder sie zu verändern; im Gegenteil, sie kann dazu verhelfen, einen besseren Gebrauch von den Methoden und Lehren der eigenen Religion zu machen. Darüberhinaus kann die Psychosynthesis zu verstehen helfen, daß dieselben Erfahrungen in verschiedenen Formulierungen und Symbolen Ausdruck finden können und so dazu verhelfen, Formulierungen, die den eigenen nicht genau gleichen, zu verstehen und ihnen gegenüber aufgeschlossen zu sein. Das kann sogar so weit gehen, daß sie in die Lage versetzt werden, die Möglichkeit einer »Psychosynthesis der Religionen« zu sehen; das ist nicht gleichbedeutend mit dem Schaffen einer einzigen Religion und dem Abschaffen der bestehenden, sondern bedeutet, daß ein Verstehen und eine Wertschätzung unter den verschiedenen religiösen Konfessionen entwickelt werden kann und einige Bereiche der Zusammenarbeit errichtet werden können.

---

[22] Von griechisch *nous* = Verstand. Die eigentliche Entsprechung zum lateinischen *spiritus* wäre allerdings *pneuma* = Geist (ursprünglich, wie auch *spiritus* = Atem, Wind). Es müßte also stattdessen »pneumatische Dimension« heißen. *Nous* entspricht dagegen lt. *mens*, also = mental, verstandesmäßig. Tatsächlich hat auch im Bezugsrahmen der logotherapeutischen Terminologie »spirituell« keine primär religiöse Bedeutung, sondern bezieht sich auf die spezifisch menschlichen (also personalen) Dimensionen. So herrscht in der Logotherapie deutlich eine terminologische Unschärfe, die nicht klar zwischen personalem Bereich (körperliche, emotionale und mentale Ebene) und den höheren (spirituellen, transpersonalen) Dimensionen, dem Geistigen im eigentlichen Sinne, unterscheidet.

Diese Tendenz hin zur Synthese ist bereits offensichtlich und wird immer deutlicher; Psychosynthesis bringt nur ihren eigenen Beitrag dazu.

Ein wichtiger Standpunkt der Psychosynthesis ist, daß alle sogenannten höheren oder spirituellen Bewußtseinszustände und die parapsychologischen Erfahrungen allein deshalb Tatsachen sind, weil sie Realität beeinflussen – innere Realität und äußeres Verhalten. Ich stimme Goethes gut pragmatischer Aussage zu: »Wirklichkeit ist, was wirkt«; und soweit diese Phänomene – ob sie als spirituell, mystisch oder parapsychologisch bezeichnet werden – die innere Realität und das äußere Verhalten eines Menschen verändern, sind sie real und müssen von jedem in Betracht gezogen werden, der eine wirklich wissenschaftliche Einstellung hat, aufgeschlossen ist und nicht dem verhängnisvollen Irrtum unterliegt, Wissenschaft sei auf Quantitatives beschränkt. Es sei betont, daß weder die Psychologie noch andere Wissenschaften sich allein auf quantitative Messungen stützen; es gibt Konzepte, Erfahrungen und qualitative Realisierungen, die ebenso sicher und gut demonstrierbar und deshalb genauso wissenschaftlich sind wie qualitative Vorgehensweisen.

Das wirft die prinzipielle Frage auf, was wissenschaftlich ist. Grundlegend für die wissenschaftliche Methode ist systematisches Vorgehen, d.h. zuerst die Tatsachen und Erfahrungen objektiv zu beobachten und zu beschreiben und dann korrekt über ihre Bedeutung, ihr Wesen, ihre Wirkungen, Konsequenzen und eventuelle Verwendung nachzudenken. Deshalb ist derjenige ein wirklich wissenschaftlicher Geist, dessen Verstand präzise arbeitet, der alle Sophismen, alle Rationalisierungen und möglichen Fehlerquellen bei der Verstandestätigkeit vermeidet (wie z.B. persönliche Ergänzungen, die Begrenzungen einer bestimmten philosophischen Schule, unberechtigte Verallgemeinerungen etc.). Letzteres sind einige der »Idole« (Trugbilder, Täuschungen), die Francis Bacon erwähnt und die es sicher verdienen, nicht nur erforscht zu werden, sondern die man bei der wissenschaftlichen Arbeit ständig vor Augen haben sollte. Nicht der Gegenstand macht eine Forschung wissenschaftlich, sondern die Art und Weise, mit der ein Thema behandelt wird.

Ein weiterer Faktor hat bei der wissenschaftlichen Haltung große Bedeutung; einige der besten Wissenschaftler haben dies entweder spontan oder gezielt eingesetzt. Ich meine das Anerkennen der schöpferischen Rolle solcher seelischer Funktionen wie der Imagination, der Intuition und Kreativität für die wissenschaftliche Forschung, bei der Erläuterung und der Koordination von Daten und ihrer Interpretation. Hier wollen wir jedoch den Gebrauch dieser Funktionen beiseite lassen und uns streng an Tatsachen halten, d.h. an Erfahrungen und verifizierbare Ergebnisse der Anwendung psycho-spiritueller Techniken. Wir sollten anerkennen, daß wir uns bis jetzt noch auf einer exploratorischen Stufe befinden, wo wir uns einen Überblick über das Gebiet verschaffen, im Stadium einer versuchsweisen Erforschung, der Beschreibung von Ergebnissen und Berichten über die Anwendung aktiver Methoden der Verifizierung und Weiterentwicklung. Wir sind noch nicht auf der Stufe der »Theorienbildung«. Ein großer Teil der Forschung ist ohne jede Theorienbildung notwendig, um dem eigentlichen wissenschaftlichen Ziel und Zweck der Psychosynthesis treu bleiben zu können.

a) Die Erforschung des Überbewußten

Eine grundlegende Prämisse oder Annahme ist, daß es zusätzlich zu jenen Teilen des Unbewußten, die ich das tiefere und mittlere Unbewußte genannt habe, einschließlich des kollektiven Unbewußten, einen anderen großen Bereich unseres inneren Daseins gibt, der zum größten Teil von der psychologischen Wissenschaft vernachlässigt wurde, obwohl sein Wesen und sein Wert für den Menschen eine hohe Qualität haben. Der Grund für ein solches merkwürdiges Vernachlässigen würde für sich selbst ein Stück interessanter Psychoanalyse bedeuten und viel Licht auf die Psychologie der Psychologen werfen. Dieser höhere Bereich war zu allen Zeiten bekannt, und in den letzten Jahrzehnten haben einige mutige Forscher damit begonnen, ihn auf wissenschaftliche Weise zu erforschen und damit die Grundlage für das zu legen, was Frankl treffend »Höhenpsychologie« nannte (39 c).

Bevor wir uns diesem Thema zuwenden, ist es vielleicht nötig, eine klare Unterscheidung zu treffen, um eine häufige Verwechslung zu vermeiden, nämlich die zwischen den Bereichen des »höheren Unbewußten« (oder Überbewußten) und dem, was »Überbewußtsein« genannt wurde, was aber besser »eine höhere Stufe der Bewußtheit« oder »spirituelles Bewußtsein« genannt werden sollte.

Das zeigt den wichtigen, aber selten klar erkannten Unterschied auf, der zwischen »überbewußten« Erfahrungen und Aktivitäten und dem spirituellen Selbst besteht. Inhalte des höheren Unbewußten (oder Überbewußten) können zugänglich werden, bevor ein Bewußtsein des höheren (spirituellen, transpersonalen) Selbst gegeben ist; es gibt viele Menschen, die eine bewußte Erfahrung von Tatsachen oder Vorgängen hatten, die im allgemeinen überbewußt sind (dem höheren Unbewußten angehören), also gewöhnlich nicht in den Bereich des Bewußtseins vordringen. Diese überbewußten bzw. überpersönlichen (transpersonalen) Dimensionen können spontan unerwartete, manchmal unerwünschte Einbrüche in das Bewußtseinsfeld vornehmen, parallel zu oder in gewisser Weise umgekehrt zu den Einbrüchen von Impulsen oder Kräften aus den Bereichen des (persönlichen oder außerpersönlichen) Unter-Bewußtseins.

Es ist notwendig, dieses überbewußte, aber bisher unbewußte Material von dem zu unterscheiden, das von den tieferen Ebenen des Unterbewußten kommen kann. Es scheint, daß in einigen der extremen Fälle von Einbrüchen aus den überbewußten Ebenen das auftauchende Material fertig ausgeformt ist und sehr wenig Verbindung mit vorhergehenden Erfahrungen hat. Es ist nicht etwas, was üblicherweise aus dem tieferen Unbewußten hervorkommt, als Ergebnis von verdrängten Inhalten, die freigesetzt werden; es ist etwas Neues und wie erwähnt hat es manchmal wenig Beziehung zu vorhergehenden personalen Erfahrungen des Betreffenden.

Das Überbewußte unterscheidet sich also seiner Qualität nach vom Unter-bewußten; allerdings gibt es auch gemeinsame Kennzeichen des gesamten (höheren und tieferen) Unbewußten.

In Begriffen von Energie gesehen können wir das Überbewußte als Energie ansehen, die eine höhere Schwingung hat als das Unterbewußte, das tiefere Unbewußte. Man kann sagen, daß die Psychodynamik und ihre Gesetze und teilweise die davon abgeleiteten Methoden für alle drei Ebenen des Unbewußten dieselben sind. Der Unterschied – und er ist sehr real – besteht in dem, was speziell für das Überbewußte ist, im Sinne bestimmter *Werte*, denn Wertungen sind unvermeidbar – eine Feststellung, die heute in der Psychologie zunehmend erkannt wird. Es wäre leicht und vielleicht amüsant zu zeigen, wie viele implizierte, unbewußte, unerkannte Wertungen in vielen der sogenannten rein objektiven und beschreibenden Abhandlungen von Psychologen enthalten sind.[23] Mir scheint es wirklich wissenschaftlicher zu sein, zuzugestehen, daß die Funktion der Wertung eine natürliche, notwendige und nützliche Aktivität der menschlichen Psyche ist.

Bei der genaueren Betrachtung der Werte, die das Überbewußte charakterisieren und die sich von jenen des tieferen und mittleren Unbewußten unterscheiden, beginnen wir mit der Untersuchung von spontanen Phänomenen und schreiten dann zu denjenigen fort, die experimentell erfaßt, hervorgebracht oder aktiviert werden können.

Die spontanen Manifestationen werden von einer Minderheit von Menschen veranschaulicht, die allgemein als »Genies« bezeichnet werden. Diese sind vergleichsweise selten, aber die Seltenheit eines Phänomens spiegelt nicht seine Realität. Das Auftreten eines Kometen ist im Vergleich zur ständigen Anwesenheit der Sterne und Galaxien sehr selten und doch sind Kometen genauso kosmische Tatsachen wie ein immer vorhandener Stern. Das Studium des Genies kann zu einem wissenschaftlichen Verständnis des Überbewußten führen.

Interessant und wichtig ist die Unterscheidung zwischen zwei Gruppen von Genies. Es gibt natürlich Zwischenstadien, aber aus Gründen der Klarheit möchte ich die beiden klar unterscheidbaren Hauptgruppen beschreiben:

Die erste Gruppe ist die der großen Universalgenies, die eine umfassende expansive Selbstverwirklichung zeigen, die vielfältige überlegene Fähigkeit haben und erfolgreiche Beweise ihrer Größe erbracht haben durch kreative Tätigkeit auf verschiedenen Gebieten. Pythagoras, Platon, Dante, Leonardo da Vinci, Einstein sind herausragende Beispiele. Diese Genies haben eine mehr oder weniger ständige Selbstverwirklichung erreicht mit einer Vielfalt von Ausdrucksmöglichkeiten; sie sind eingepaßt und haben ein inneres und äußeres Gleichgewicht erlangt. Sie können auf folgende Art in einem Diagramm dargestellt werden:

---

[23] Charles T. Tart hat die wichtigsten, vielfach unausgesprochenen Grundannahmen der orthodoxen westlichen Psychologie zusammengestellt und mit den spirituellen Lehren und Systemen verglichen (Tart, 124 b, Kap. 2).

Diagramm I

1. Das tiefere Unbewußte
2. Das mittlere Unbewußte } das Unter-bewußte
3. Das höhere Unbewußte oder Über-bewußte
4. Das Bewußtseinsfeld
5. Das »Ich« oder bewußte Selbst
6. Das höhere (transpersonale) Selbst
7. Das kollektive Unbewußte

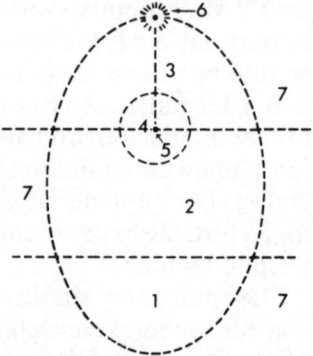

1 und 2 stellen das Unter-bewußte dar; der untere Teil (1) das tiefere Unbewußte, der mittlere Teil (2) das mittlere Unbewußte. Der obere Teil (3) bezeichnet das Über-bewußte. Tatsächlich ist es durchaus möglich, auch wenn wir im Augenblick noch keinen wissenschaftlichen Beweis haben, daß die verschiedenen unbewußten Ebenen wirklich verschiedenen Energiefeldern entsprechen, die sich gegenseitig durchdringen, die man jedoch fast nicht in einem zweidimensionalen Diagramm darstellen könnte. [24]

Die Stellung von 4 und 5 im Diagramm zeigt, daß das bewußte personale Zentrum zu einem gewissen Grad angehoben ist und die Grenze zwischen Unterbewußtem und Überbewußtem erreicht hat, so daß der Bereich des Bewußtseins zu einem gewissen Grad in die überbewußte Ebene eingedrungen ist. Dieser Zustand ist nicht absolut konstant, aber recht stabil in demselben Ausmaß, in dem das Bewußtsein des normalen Menschen als stabil bezeichnet werden kann.

2. Die zweite Gruppe von Genies umfaßt diejenigen, die eine außergewöhnliche Begabung in einer bestimmten Richtung haben. Durch diese Begabung bringen sie Werke hervor (im allgemeinen Werke der Kunst, Literatur oder Musik), die eine außergewöhnlich hohe Qualität haben, aber ihre Persönlichkeit ist nicht überdurchschnittlich; in manchen Fällen ist sie sogar unterdurchschnittlich, im Sinne von schlecht angepaßt, in vieler Hinsicht unreif und auf einer Stufe der Persönlichkeitsentwicklung verblieben, die einem Heranwachsenden entspricht.

---

[24] Vgl. den von Elmer und Alyce Green unternommenen Versuch einer Darstellung (C. 4.: Die Geist-Feld-Theorie) und das Schaubild auf S. 314).

Hierfür gibt es viele Beispiele; ein herausragendes ist Mozart, der komponierte – oder vielmehr, um wissenschaftlich genau zu sein, durch dessen Nervensystem eine Fülle ausgezeichneter Musik übertragen wurde – als er erst wenige Jahre alt war und der während seines ganzen kurzen Lebens Musik von hoher Qualität übermittelte, wobei er offen zugab, daß er nicht wisse, woher diese Musik komme oder wie sie geschaffen wurde, daß er sie in sich höre oder fühle und sie nur niederschreiben müsse.

Dieser Prozeß kann beschrieben werden als ein Hinabsteigen, ein Eindringen und Durchdringen oder »In-Besitz-Nehmen« des Bewußtseinsfeldes durch die Wirkung psychischer Funktionen, die auf einer Ebene außerhalb und über der normalen bewußten Persönlichkeit aktiv sind.

Diese zweite Gruppe von genialer Produktivität kann auch leicht mit Hilfe eines Diagramms dargestellt werden.

Diagramm II

1. Das tiefere Unbewußte
2. Das mittlere Unbewußte } das Unter-bewußte
3. Das höhere Unbewußte oder Über-bewußte
4. Das Bewußtseinsfeld
5. Das »Ich« oder bewußte Selbst
6. Das höhere (transpersonale) Selbst
7. Das kollektive Unbewußte
8. Inhalte des Überbewußten

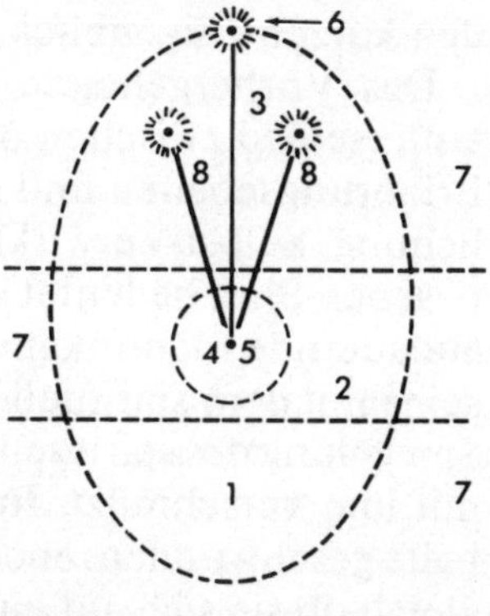

Die Sterne (8) auf der Ebene 3 zeigen Aktivitäten (z.B. kreative literarische oder musikalische Tätigkeit), die ihr Ergebnis in den Bereich des normalen Bewußtseins der Persönlichkeit projizieren, in ein Gebiet, das auf dieser Ebene bleibt. Die Projektion geschieht in das Ich oder personale Selbst, das praktisch unverändert bleibt und lediglich – manchmal überrascht und verwirrt – die neuen und unerwarteten Inhalte oder Ergebnisse von etwas, das in ihm arbeitet, aufnimmt.

Es gibt Menschen, die zeitweise – entweder spontan oder durch ständige innere Übung in Gebet oder Meditation – ihr Bewußtsein nach oben lenken können, entlang einer bestimmten Richtschnur, entsprechend ihrer Art und Weise, sich auf überbewußte Ebenen hin zu entwickeln; sie kommen dem spirituellen Selbst manchmal sehr nahe. Aber dies ist ein vorübergehender Zustand, er dauert nicht an und nach solch intensiven inneren Erlebnissen fallen sie wieder auf ihre normale Ebene zurück.

Auch während einer intensiven Konzentration auf abstrakte Gedanken kann das vorkommen, wie es hervorragende Mathematiker, Physiker usw. erleben, und in solchen Augenblicken erhalten sie oft wirklich intuitive blitzartige Einsichten, die sie dann in verständliche mathematische Begriffe umsetzen.

Zu demselben allgemeinen Erfahrungsbereich gehören zwei andere Arten der Erfahrung: ästhetische Erlebnisse, die auf ihrem Höhepunkt eine Art Ekstase und überbewußte Verwirklichung auslösen und jene anderen Erfahrungen in Augenblicken der Gefahr, wie im Krieg oder bei bestimmten Phasen des Bergsteigens, die den Menschen – statt ihn vor Furcht zu lähmen – zu heroischen Handlungen antreiben. Das wurde als »Erhöhung des Daseins« beschrieben, als wirklich überbewußte Erfahrung für den kurzen Augenblick, den die Situation andauert.

Das Vorhergehende unterstreicht und erklärt indirekt den Unterschied zwischen dem Sich-Bewußt-Werden überbewußter Erfahrungsebenen und Inhalte sowie der reinen Selbst-Verwirklichung. Selbst-Verwirklichung in diesem spezifischen, klarumrissenen Sinn bedeutet eine kurzzeitige oder mehr oder weniger andauernde Identifikation oder Verschmelzung des Ich-Bewußtseins mit dem spirituellen Selbst, wobei das Ich-Bewußtsein, die Spiegelung des spirituellen Selbst, sich mit diesem wieder vereint, mit ihm verschmilzt. In diesen Fällen sind alle Bewußtseinsinhalte geschwunden, ebenso alles, was die Persönlichkeit darstellt, gleich ob sie sich auf einer »normalen« Ebene befindet oder die Synthese erfahren hat, also überbewußte oder spirituelle Ebenen des Lebens und der Erfahrung einschließt; es gibt dann nur die reine, intensive Erfahrung des Selbst. Dies wurde schon im Zusammenhang der Disidentifikations-Übung beschrieben.

b) Symbole der spirituellen Psychosynthesis

Wir kommen jetzt zu den spezifischen Anwendungsformen der Technik der Symbolverwendung mit dem Ziel der Verwirklichung des spirituellen Selbst. Dieser Prozeß ist notwendigerweise ein indirekter, denn jedes Symbol stellt einen Vermittler dar; dazu sind Symbole besonders geeignet und für manche Menschen notwendig, denn es ist sehr schwierig, einen Bewußtseinszustand direkt zu erkennen, der dem gewöhnlichen Bewußtsein – wenn auch fälschlicherweise – abstrakt erscheint, an faßbaren Qualitäten mangelnd.

Dies ist ein Paradox, denn das spirituelle Selbst ist die stärkste Realität, das wirkliche Wesen unseres Seins. Wegen dieser Schwierigkeit ist die Zuhilfenahme von Symbolen besonders angezeigt.

Es gibt zwei Hauptgruppen von Symbolen, die dazu verwendet werden können, auf das spirituelle Selbst hinzuweisen oder es zu evozieren.

1. Die erste Gruppe setzt sich aus abstrakten oder geometrischen und Natur-Symbolen zusammen. Das allererste ist das Symbol der Sonne; ihm gleicht der Stern sowie die Flamme eines Feuers. Eines der Natursymbole ist die Rose, die z.B. von den persischen Mystikern und den Minnesängern des Mittelalters verwendet wurde sowie von Dante in seiner *Göttlichen Komödie*. Im Fernen Osten, besonders in Indien, wird anstelle der Rose oft die Lotusblume als spirituelles Symbol verwendet, manchmal die Lotusblüte mit einem Juwel in der Mitte.

Abstrakte geometrische Symbole werden häufig mit dem Symbol von Sonne und Stern kombiniert; z.B. die Visualisierung eines gleichschenkligen Dreiecks, das die drei Aspekte der Persönlichkeit repräsentiert – physisch, emotional, mental – und über der Spitze des Dreiecks mit einem Strahlenkranz eine Sonne oder ein Stern, das Selbst symbolisierend. Dies ist ein sehr geeignetes Symbol, um den Prozeß zu veranschaulichen, in welchem das spirituelle Selbst auf die wiederhergestellte oder neugebildete Persönlichkeit einwirkt, sie durchdringt.

2. Die zweite Gruppe von Symbolen für das Erreichen des spirituellen Selbst hat mehr oder weniger personifizierten Charakter. In dieser Gruppe finden wir Engel, den Inneren Christus (im mystischen Sinn), den inneren Krieger, den alten Weisen und den inneren Meister oder Lehrer. Das letzte Symbol, der innere Lehrer, ist besonders nützlich, denn es ist Instrument einer wichtigen und nützlichen Technik zur Herstellung einer Beziehung zwischen dem persönlichen Selbst und dem spirituellen Selbst. Es handelt sich dabei um die Technik des Inneren Dialogs.

Die Auswahl der Symbole wird natürlich von dem jeweiligen philosophischen und religiösen – oder nicht-religiösen – Hintergrund bestimmt. Religiöse Symbole wie z.B. der Innere Christus wären offensichtlich bedeutungslos für einen Atheisten oder Agnostiker und in solchen Fällen wäre ein Symbol wie der innere Lehrer oder ein bestimmtes Natur- oder geometrisches Symbol angezeigt.

c) Die Technik des Dialogs

Bei der Einführung dieser Technik wird der Betreffende aufgefordert, sich lebhaft vorzustellen, er sei in irgendeiner schwierigen Lage, habe ein bestimmtes persönliches oder zwischenmenschliches Problem, von dem er den Eindruck hat, es könne nicht mit den üblichen rationalen Mitteln der bewußten Persönlichkeit gelöst werden. Wir weisen dann auf folgendes hin: wenn es einen weisen Mann gäbe, einen Lehrer, der die spirituelle und psychologische Kompetenz hätte, das Problem mit ihm zu besprechen und ihm die richtige Antwort zu geben, dann würde er sicher beträchtliche Mühe auf sich nehmen, ein Gespräch mit diesem Lehrer zu erlangen und seinen weisen Rat zu erhalten. Der Patient stimmt dem gewöhnlich zu und wir erklären ihm dann, daß es einen weisen Lehrer in ihm selbst gibt – sein spirituelles Selbst, das sein Problem, seine Krise, seine Verwirrung schon kennt. Auch wenn er keine äußere Reise unternehmen muß, um den Lehrer zu erreichen, so ist es doch notwendig, eine innere Reise durchzuführen, genauer gesagt einen Aufstieg zu den verschiedenen Ebenen der bewußten und überbewußten Psyche zu machen, um sich diesem inneren Lehrer zu nähern, das Problem zu äußern und ganz realistisch zu dem vorgestellten Lehrer zu sprechen, als sei er eine lebendige Person, und wie in einer alltäglichen Unterhaltung auf seine Antwort zu warten.

Manchmal kommt die Antwort sofort und spontan, sie wird klar empfangen und kommt mit Autorität und ohne jeden Zweifel. Das geschieht jedoch nur in den günstigeren Fällen, denn manchmal scheint es überhaupt keine Antwort zu geben. Dies sollte kein Grund zur Entmutigung sein, manchmal verspätet sich die Antwort und kommt in einem unerwarteten Moment, wenn man nicht nach ihr Ausschau hält und vielleicht mit anderen Angelegenheiten beschäftigt ist – eine Bedingung, die das Empfangen von Mitteilungen zu erleichtern scheint, denn starke Erwartung und Anspannung können ein Hindernis für die Aufnahmefähigkeit darstellen.

Es gibt auch indirektere und verwirrende Möglichkeiten, Antwort auf das Problem zu bekommen. Der Prozeß oder Ablauf dieser Übermittlung ist schwer verständlich und für viele ist sein Vorhandensein nicht erkennbar oder akzeptierbar. Er umfaßt offensichtlich die gesamte Gestalt des Lebens eines Menschen und das subtile unbewußte Wechselspiel zwischen ihm und seiner Umgebung. Es ist jedoch nicht notwendig, den Mechanismus des Übermittelns zu kennen – Tatsache ist, daß manchmal die Antwort anscheinend spontan durch eine dritte Person oder durch ein Buch oder andere Lektüre oder durch die Entwicklung der Umstände selbst gegeben wird. Das sollte nicht allzusehr überraschen und mag die Tatsache anzeigen, daß erleuchtende Eindrücke oder psychische Kommunikation uns fortwährend erreichen, auch wenn sie nicht bewußt gesucht werden. Wir sind es, die die vielen und unterschiedlichen »Signale« nicht erkennen. Jedoch hilft es uns, eine Frage zu formulieren und uns in einem Zustand allgemeiner Erwartung zu befinden, das aufzunehmen und zu erkennen, was sonst verborgen bleiben würde.

Bei dieser Technik des inneren Dialogs sollten wir die Betonung auf den Dialog selbst legen, mehr als auf den »Lehrer«; die Erfahrung zeigt, daß tatsächlich für den Betreffenden die Antwort, der Dialog von Interesse ist und nicht der Weg oder die Mittel, ihn zu erreichen.

Hier möchte ich Martin Buber (21) erwähnen, der ausführlich über die Wichtigkeit des Dialogs geschrieben hat, sowohl des vertikalen mit Gott als auch des Dialogs zwischen Menschen. Er betont ganz richtig den Unterschied zwischen menschlichen und in gewissem Sinne spirituellen Beziehungen und solchen, die zwischen dem »Ich« und dem »Es« hergestellt werden, wobei unter dem »Es« alles das verstanden wird, was objektiv, natürlich, technisch oder mental ist, und er zeigt auf, daß eine große Verfehlung des modernen Menschen darin besteht, seinen Mitmenschen als »Es« zu behandeln und nicht als »Du«. Darin hat Buber völlig recht und er hat auf einen sehr wichtigen Mangel der heutigen Beziehungen hingewiesen. Ich muß jedoch anmerken, daß Buber – wie es häufig geschieht, da es eine Eigenschaft des menschlichen Wesens ist – manchmal übertreibt und die Dialog-Situation überbetont, indem er so weit geht zu behaupten, daß diese Beziehung die wahre und einzige Realität sei, daß es keine Realität im Individuum alleine noch auch in Gott alleine gebe, daß die Beziehung der primäre Faktor sei und daß man weder sich selbst noch Gott von der lebendigen Beziehung abtrennen könne. Er macht die Beziehung zur Realität und die beiden Teilnehmer am Dialog sind relativ und sekundär, und darin geht er meiner Meinung nach zu weit. Die Wahrheit in dieser Überzeichnung ist, daß im realen Leben immer eine Beziehung gegenwärtig ist, ob sie bemerkt wird oder nicht, ob bewußt oder unbewußt. Das Individuum ist niemals völlig allein und Gott (oder die spirituelle Wirklichkeit) ist niemals nur rein transzendent, sondern immer in einer lebendigen Beziehung mit der Manifestation. Das ist nicht das gleiche, wie zu behaupten, die Beziehung *sei* die Realität.

Von den personifizierten Symbolen des spirituellen Selbst verwenden wir das des Inneren Christus, wenn jemand den christlichen Symbolen relativ offen gegenübersteht und berücksichtigen dabei zugleich die allgemeine Regel, so viel wie möglich die eigene Terminologie des anderen zu verwenden, in Bezug auf den gesamten Bereich seiner Glaubenseinstellungen und Vorlieben. Wie schon erwähnt ist es bei Atheisten möglich, abstrakte, geometrische oder Natur-Symbole zu verwenden oder das des inneren Lehrers, ohne eine mühsame Diskussion darüber anzufangen, ob es eine Gottheit gibt oder nicht. Heutzutage ist es in der überwiegenden Zahl der Fälle besser, sich an den empirischen Zugang zu den Techniken und an die tatsächlichen Ergebnisse zu halten und jede philosophische oder religiöse Frage auszuschalten.

Von frommen Christen, die eine gewisse Neigung zum Mystischen haben, wird das Symbol des Inneren Christus bereitwillig aufgenommen; häufig ist es ihnen keineswegs neu, da viele christliche Mystiker oder Schriftsteller es verwendet haben, und man lenkt die Aufmerksamkeit des Patienten nur auf die spezifische Verwendung des Symbols in Verbindung mit seiner eigenen spirituellen Psychosynthesis. Bei vielen Menschen bedeutet das ein Wiederaufnehmen und Erneuern einer früheren Erfahrung.

Man kann noch ergänzen, daß die Vorstellung des Inneren Christus bei vielen Christen nicht immer klar umrissen ist. Es gibt bei ihnen eine gewisse Verwirrung zwischen dem Inneren Christus im genauen engen Sinn einer Personifikation des Selbst und dem biblischen Christus als dem Weltvorbild und Sohn Gottes, der sich von innen an ihre Seelen wendet. Bei diesen Menschen ist es aus praktischen Gründen nicht immer notwendig oder sogar nicht ratsam, die Unterscheidung scharf zu ziehen. Wenn das Symbol seine Wirkung hat, ist das die Hauptsache.

In Verbindung damit lenken wir die Aufmerksamkeit auf das berühmte Werk *Die Nachfolge Christi* (De imitatione Christi), das Thomas von Kempen zugeschrieben wird. Ohne zu versuchen, irgendeine religiöse oder theologische Meinung oder ein Urteil darüber abzugeben, scheinen die ersten drei Bücher der »Nachfolge Christi« von rein psychologischem Standpunkt aus deutlich ein Dialog zwischen einer suchenden Persönlichkeit und dem Selbst als dem Inneren Christus zu sein.

Nicht vergessen sollte man, daß bei der spirituellen Psychosynthesis die mystische Erfahrung kein Ziel an sich ist, vielmehr geht es um den sehr praktischen Zweck, mehr Kreativität zu gewinnen und eine größere Fähigkeit, auf einem bestimmten Gebiet mehr von sich zu geben.

Einige semantische Beobachtungen zu »mystisch« scheinen hier nützlich; dieses Wort wird sowohl in positiver als auch in negativer Bedeutung sehr ungenau verwendet. »Mystisch« im guten und wirklich religiösen Sinn bedeutet die Vereinigung der Liebe mit Gott, ein Zustand spiritueller Ekstase, begleitet von Seligkeit, Selbstvergessenheit und dem Vergessen aller äußeren Realität und Umgebung. Dies ist die mystische Erfahrung als solche, aber sie ist begrenzt und was immer sie für einen Wert haben mag, so ist es nur eine Stufe oder eine Episode, nicht nur bei der spirituellen Psychosynthesis, sondern auch in der Entwicklung des wahren, vollkommenen Christen. Viele christliche Lehrer haben mit Recht darauf hingewiesen, daß das mystische Erlebnis nicht ein Ziel in sich selbst ist, sondern daß der Mensch aus ihm die Energie, den Enthusiasmus und den Anreiz ziehen muß, um zurück in die Welt zu kommen und Gott und seinen Mitmenschen zu dienen. So hat die mystische Erfahrung zwar einen positiven Wert, ist aber kein Ziel in sich selbst, ist nur Teil der Erfahrung eines spirituellen Lebens.

Es gibt viele Wege zu einem lebendigen Kontakt mit dem Selbst, die überhaupt keine mystische Qualität haben, wenn mystisch in dem erwähnten präzisen Sinn verstanden wird. Der Dialog zwischen dem spirituellen Selbst und der Persönlichkeit kann ohne jede emotionale Erhöhung verlaufen; er kann sich auf einer klar verstandesmäßigen Ebene abspielen, in gewisser Weise unpersönlich, objektiv und deshalb unemotional. Dies sollte man klar vor Augen haben, besonders bei der Behandlung von Patienten, die keine starke orthodoxe religiöse Überzeugung oder Zugehörigkeit haben.

d) Übungen zur spirituellen Psychosynthesis

Ich stelle hier drei Übungen vor, von denen jede verschiedene Techniken umfaßt, die sich in der Praxis als besonders wirkungsvoll erwiesen haben, sowohl bei der Therapie als auch bei der Selbstverwirklichung. Es sind:
1. Übung zur Gralssage
2. Übung nach Dantes »Göttlicher Komödie«
3. Übung zum Erblühen einer Rose

1. Übung zur Gralssage

Diese Übung kann einzeln durchgeführt werden, sie ist aber besonders wirkungsvoll als Gruppenübung für eine Psychosynthesis innerhalb der Gruppe. Ich werde deshalb ihre Verwendung in der Gruppe aufzeigen.

Bei jedem Treffen – im allgemeinen wöchentlich – beschreibt der Gruppenleiter oder Therapeut eine Reihe von Symbolen und ihre Bedeutung, die im Text zu Wagners Opern »Lohengrin«, »Parsifal« und verschiedenen Büchern über die Gralssage und die Gralsritter zu finden sind. Jedesmal, wenn ein Symbol beschrieben und seine Bedeutung erklärt wird, werden Ausschnitte aus Wagnermusik gespielt, die zum Thema passen; danach wird die Gruppe aufgefordert, über das Symbol nachzudenken, um seine Bedeutung zu erfassen.

Jedes Mitglied wird gebeten, das Symbol sozusagen zu introjizieren, sich mit ihm zu identifizieren. So geht es bei dem ersten Gruppentreffen z.B. um die Identifikation mit Titurel und in der Folge mit jeder der Charakteren in den folgenden symbolischen Szenen der Oper. Die Gruppenmitglieder werden auch ermutigt, mit diesem Symbol praktische Experimente in ihrem täglichen Leben zu machen, es in Gedanken gegenwärtig zu halten und darauf zu achten, wieviel davon sie in ihrem täglichen Leben einbringen können. Sie werden auch aufgefordert, irgendwelche Vorstellungen oder Erfahrungen, die sie im Zusammenhang mit dem Symbol hatten, aufzuschreiben und beim nächsten Treffen in die Gruppendiskussion mit einzubringen.

Dies ist ein relativ neues Experiment mit der Verwendung von Symbolen, das dazu angetan ist, ein lebhaftes Interesse am gesamten Vorgehen anzuregen. Es wird vorgeschlagen, die folgenden Symbolreihen während einer Gruppenübung vorzustellen:

1. Woche: Titurel, als Symbol eines Menschen, der unzufrieden ist mit all den Sorgen der Existenz und der sich deshalb entscheidet, die Welt, mit der er identifiziert war, zu verlassen. Er macht sich auf, um den Gipfel eines Berges zu besteigen und tut dies beharrlich und mutig, bis er den Gipfel erreicht.

Dies ist die Anwendung der Technik des Aufsteigens. Sie kann interpretiert (und angewendet) werden als der Aufstieg des Bewußtseinszentrums von der normalen, gewöhnlichen Ebene der Bewußtheit zu immer höheren Ebenen, danach strebend, überbewußte Bereiche zu erreichen und sich dem spirituellen Selbst zu nähern. In einem umfassenderen Sinn bedeutet es den gesamten Prozeß des Aufsteigens im Verlauf der Therapie oder der Phase der Selbstverwirklichung.

2. Woche: Die Nachtwache. Titurel verbringt die Nacht im Gebet auf dem Gipfel des Berges und bittet um Inspiration. Sein Knien unter dem Himmel ist ein Symbol der Anrufung.

Hier handelt es sich um den Einsatz der Techniken der Konzentration, Versenkung, Anrufung und Stille – der höheren, aktiven Introversion.

3. Woche: Die Antwort auf Titurels Anrufung. Ein Lichtpunkt erscheint am Himmel, dann eine Schar von Engeln. Während dieses Symbol der Gruppe vorgestellt wird, kann die Ouvertüre zu »Lohengrin« gespielt werden. Ein Engel bringt den Kelch (den Gral der Legende, das Symbol der Liebe) und einer den Speer (das Symbol der Macht und des Willens).

In einem allgemeineren Sinn ist der Kelch ein wohlbekanntes Symbol für den weiblichen, der Speer für den männlichen Aspekt, und es ist bedeutungsvoll, daß der Engel Titurel beide bringt und damit andeutet, daß er – und später die anderen Ritter – von beiden Gebrauchen machen muß; so wird symbolisiert, daß sie eine Synthese zwischen Liebe und Willen in sich selbst herstellen müssen.

4. Woche: Die Gründung des Ritterordens; Titurel findet und wählt seine Mitarbeiter und bildet die Gruppe.

Dies ist ein Symbol für interindividuelle Psychosynthesis. In Zusammenarbeit bauen die Ritter die Burg und den Tempel; auch hier wieder steht die Burg für den Aspekt der Kraft und ist Symbol der Macht, während der Tempel ein Symbol für den religiösen Aspekt der Liebe ist, der Platz der Kommunion mit dem Geist. In der Legende wird die Burg gebaut, um das gesamte Gebiet, den Wohnort der Ritter, gegen feindliche Angriffe zu verteidigen, während sie im Tempel Kelch und Speer aufbewahren und ihre Zeremonien abhalten. Die Burg repräsentiert den menschlichen Aspekt und den Kontakt mit der äußeren Welt, der Tempel stellt das innere Leben und die Quelle der Inspiration für äußere Aktivitäten dar.

5. Woche: Das Leben der Gruppe von Rittern in der Gemeinschaft, die sie geschaffen haben; das erfolgreiche Funktionieren des Ordens, der die Gruppen-Psychosynthesis symbolisiert, Bruderschaft, Freundschaft, Gruppenzusammenarbeit.

Daß Gruppenharmonie und -zusammenarbeit ein äußerst schwieriges Unterfangen ist – nicht nur wegen der verschiedenen Individualitäten und dem möglichen Zusammenprall psychologischer Typen und Temperamente, sondern auch wegen störender Einflüsse von außen – wird von Wagner sehr dramatisch und wirkungsvoll in seinem »Parisfal« zum Ausdruck gebracht. Hier baut der Zauberer Klingsor, der wegen seiner moralischen Unwürdigkeit aus dem Orden ausgestoßen worden war, eine andere Burg in nicht großer Entfernung vom Gralstempel; da er zornig ist über seine Zurückweisung, versucht er, das Werk der Gralsritter zu zerstören und macht Kundry zu seinem Werkzeug. Er weist sie an, die Gralsritter in Versuchung zu führen, besonders Titurel, der in diesem Stadium der Legende das Oberhaupt des Ordens ist. Titurel erliegt Kundrys Versuchung und Klingsor bringt ihm eine Wunde bei, die nicht heilen wird. Titurel ist so daran gehindert, seine Aufgaben als Oberhaupt des Ordens zu erfüllen, nämlich das Ritual durchzuführen.

6. Woche: Die Mission des Gralsordens in der Welt. Die Bitte der Menschen von der Ebene um Hilfe; das Hinabsteigen der Ritter vom Berg in die Ebene, um des selbstlosen Zieles willen, der Menschheit zu dienen.

Dieser Apell aus der Ebene ist das Hauptthema von Wagners »Lohengrin«. Elsa, ungerechterweise um ihr Königtum von Brabant beraubt, betet zu Gott und bittet um Hilfe. Die Bitte erreicht die Gralsburg und Lohengrin steigt herab in die Ebene, um ihr zu helfen und es gelingt ihm schließlich, sie wieder in ihr Königreich einzusetzen. Das Hinabsteigen in die Ebene stellt ein sehr wichtiges Prinzip der spirituellen Psychosynthesis dar, nämlich, daß die Verwirklichung des spirituellen Selbst nicht zum Zwecke des Zurückziehens geschieht, sondern mit dem Ziel, fähig zu sein, einen wirksameren Dienst in der menschlichen Welt leisten zu können.

Dies ist ein wichtiger Punkt, der immer wieder hervorgehoben werden muß. Es gibt keine Teilung, keine Trennung zwischen innerem und äußerem, zwischen spirituellem und weltlichem Leben. In der Psychosynthesis sollte ein dynamisches Ausbalanzieren von beidem gegeben sein, eine weise Hin- und Herbewegung.

7. Woche: Die Ritter kehren, nachdem sie ihre Mission des Dienstes in der Welt erfüllt haben, zur Burg zurück und finden sich in ihren ritualistischen Zermonien zusammen. Bei der Zeremonie erscheint eine weiße Taube und der Speer schwebt über dem Kelch.

Dies ist symbolisch für das erneute Anfüllen mit spiritueller Energie, das periodisch notwendig ist für einen wirksameren Dienst. Die Gralsritter kommunizieren als Gruppe; nachdem sie für das kommende Jahr des Dienstes mit neuer Energie »aufgeladen« worden sind, nehmen sie wieder Abschied und lassen eine Kerngruppe zurück, die immer in der Burg bleibt und dort die Aufgaben des Gemeinschaftslebens erfüllt.

2. Übung zu Dantes *Göttlicher Komödie*

Dantes *Göttliche Komödie* ist ein einmaliges Zeugnis menschlichen Genies, in bestimmter Hinsicht nur mit Goethes *Faust* vergleichbar. Einer der einzigartigen Züge ist, daß Dante mit voller Bewußtheit Symbolik einsetzte, denn in seiner theoretischen Abhandlung *Il Convivio* (Das Gastmahl) stellt er klar fest, daß es vier verschiedene Bedeutungen der *Göttlichen Komödie* gibt. Die erste ist die wörtliche Bedeutung. Die zweite ist allegorisch, d.h. symbolisch, jedoch eine Symbolik, die menschlicher und poetischer Art ist; er gibt dafür ein Beispiel aus der Mythologie. Die dritte Bedeutung ist die moralische, die auf einer höheren Ebene liegt als die allegorische. Aber es gibt eine vierte und noch höhere Bedeutung, die er anagogisch, d.h. nach oben führend nennt.

Die zentrale symbolische Bedeutung der *Göttlichen Komödie* ist ein wundervolles Bild einer vollständigen Psychosynthesis. Der erste Teil – die Pilgerfahrt durch die Hölle – steht für die analytische Untersuchung des tieferen Unbewußten. Der zweite Teil – der Aufstieg auf den Berg des Purgatoriums – beschreibt den Prozeß der moralischen Reinigung und des allmählichen Ansteigens der Bewußtseinsebene durch Verwendung aktiver Techniken. Der dritte Teil – der Besuch im Paradies oder Himmel – schildert in unübertroffener Weise die verschiedenen Stadien überbewußter Verwirklichung, bis hin zur abschließenden Vision des Universalen Geistes, von Gott selbst, in dem Liebe und Wille verschmelzen.

Dies ist der wesentliche Gehalt, aber es gibt auch eine Fülle weiterer Symbolik. Zum Beispiel: Zu Beginn befindet sich Dante in einem dunklen Wald und ist verzweifelt. Dann sieht er einen von der Sonne beschienenen Hügel und trifft den lateinischen Dichter Vergil, der in der Dichtung die menschliche Vernunft symbolisiert. Dante schickt sich an, den Hügel zu ersteigen, aber drei wilde Tiere, die das unerlöste Unbewußte darstellen, versperren den Weg. Vergil erklärt ihm dann, daß er den Hügel nicht direkt besteigen kann, sondern zuerst die Pilgerfahrt durch die Hölle antreten, d.h. eine Tiefenanalyse durchmachen muß und er führt Dante auf diesen Pilgerpfad, hilft ihm und ermutigt ihn und erklärt ihm die verschiedenen Phasen des Prozesses. Vergil begleitet Dante während des ganzen Aufstiegs auf den Berg des Purgatoriums. Als Dante jedoch den Gipfel erreicht hat, verschwindet Vergil; d.h. die menschliche Vernunft hat ihre Funktion erfüllt und kann nicht mehr weiter gehen.

Dann wird Beatrice, die göttliche Weisheit repräsentiert, zur Führerin und nur sie ist in der Lage, ihn in die Bereiche des Überbewußten zu führen.

Das Hauptthema oder Leitmotiv von Dantes *Göttlicher Komödie* ist das eines anfänglichen Abstiegs und dann eines doppelten Aufstiegs – der Aufstieg auf den Berg des Purgatoriums und dann durch die verschiedenen Himmel des Paradieses. Dies zeigt interessante Parallelen zu einer modernen Methode der Psychotherapie, die auf der gleichen Thematik des Abstiegs und Aufstiegs beruht, nämlich des »gelenkten Tagtraums« (rêve eveillé) von Desoille (32). Bei dieser Methode wird der Patient aufgefordert, sich vorzustellen, wie er auf den Gipfel eines Berges steigt – und in manchen Fällen auch weiter hinauf in den Himmel zu gehen, wobei irgendwelche vorgestellten Mittel benutzt werden, wie z.B. ein Lichtstrahl oder eine Wolke.

Er wird auch aufgefordert, sich ein Hinabsteigen in die Tiefe des Meeres vorzustellen oder in eine Höhle, die tief in der Erde liegt. Desoille fand, daß die Bilder, die während des Abstiegs hervorgerufen werden, mit der nicht annehmbaren oder bedrohlichen Macht des Unbewußten in Beziehung stehen und auch mit bestimmten Komplexen und Bildern, die mit Elternfiguren zu tun haben, mit denen negative Emotionen verbunden sind. Im Gegensatz dazu werden beim Aufstieg auf den Berg positive und konstruktive Gefühle hervorgerufen; auch neu erfahrene Gefühle der Liebe und der Weisheit werden oft durch diese Technik hervorgerufen.[25]

Sie wird auch als Methode der Sublimation angesehen, da es möglich ist, einige der Bilder, auf die man in der Tiefe der Erde oder des Meeres gestoßen ist, zu nehmen und symbolisch an die Oberfläche zu bringen, sie zu betrachten und dann mit dem Besteigen des Berges weiterzugehen. Ein Beispiel ist die Fallgeschichte, die von Robert Gerard (45) berichtet wird, in der sein Patient einem Tintenfisch auf dem Meeresgrund begegnete, der ihn zu verschlingen drohte. Der Patient wurde jedoch aufgefordert, sich vorzustellen, wie er nach oben zur Oberfläche geht und den Tintenfisch mit sich nimmt. Beim Erreichen der Oberfläche verwandelte sich der Tintenfisch zur Überraschung des Patienten in das Gesicht seiner Mutter. Der Patient war so in der Lage, unmittelbar zu erleben, wie verschlingend und besitzergreifend

---

[25] Diese Bilder erfahren vor dem Hintergrund transpersonaler Erfahrung eine völlig neue Deutung. Dies gilt insbesondere für die Richtung nach unten, die keineswegs auf eine Konfrontation mit regressiven und negativen Aspekten beschränkt ist. Aufsteigen und Absteigen bzw. Sich-Sinkenlassen sind komplementär aufeinander bezogen, so wie die Polaritäten aktiv-passiv, männlich-weiblich, hell-dunkel usw. Ein Grundprinzip transpersonaler Arbeit besteht darin, in zwei Richtungen gleichzeitig zu arbeiten. Doch ist dies ein Bereich, der sich nur über persönliche Erfahrung erschließt.

seine Mutter war, die ihn auf diese Weise mit Identitätsverlust bedrohte.

Dann wurde, was nicht in allen Fällen möglich ist, der Patient aufgefordert, den Berg in Begleitung seiner Mutter zu ersteigen. Während er immer höher mit ihr stieg, begann er, sie in einem anderen Licht zu sehen, als ein menschliches Wesen von eigenem Recht, als eine Person, die sowohl Qualitäten als auch Grenzen hat und die unter schwierigen Umständen gekämpft hat. Sie war nicht länger bedrohlich für ihn. Beim Erreichen des Gipfels empfand er das erste Mal ein tiefes Mitgefühl für seine Mutter. Diese Erfahrung trug zu einer deutlichen Verbesserung seines affektiven Lebens bei.

Wenn wir uns wieder Dantes *Göttlicher Komödie* und der auf ihr basierenden Übung zuwenden, sollten wir betonen, daß sie nur mit kompetenten Personen durchgeführt werden sollte, d.h. bei ausreichendem kulturellem Hintergrund und spirituellem Horizont. Solche Patienten fordern wir auf, die Dichtung sorgfältig im Lichte der vier Bedeutungen und ihrer Symbolik zu lesen und zu versuchen, sich mit Dante zu identifizieren. Wir fordern sie auf, regelmäßig zu berichten und die Ergebnisse zu besprechen und ermutigen sie, nach weitergehenden Erklärungen der tieferen Bedeutung zu fragen. Für diejenigen, die diese schwierige Aufgabe nicht selbst in Angriff nehmen können, mag es nötig sein, die Dichtung in die verschiedenen Stufen des Abstiegs und des Aufstigs zu unterteilen, die dann abwechselnd eingesetzt werden können.

Diese Übung kann auch als Gruppenübung verwendet werden und diese Methode wird wahrscheinlich an Bedeutung zunehmen, wenn die allgemeinen Prinzipien und Grundübungen der Psychosynthesis bekannter werden und allgemeiner angewendet werden.

3. Übung zum Erblühen einer Rose

Die Blume wurde im Osten und Westen als ein Symbol für die Seele, für das spirituelle Selbst, das Göttliche, angesehen und eingesetzt. China übernahm das Bild der »Goldenen Blüte«, während Indien und Tibet den Lotus aufnahm (im Aussehen ähnlich einer Wasserlilie), der seine Wurzeln in der Erde hat, den Stiel im Wasser und die Blütenblätter in der Luft, wo er sich unter den

Sonnenstrahlen öffnet. In Persien und Europa wurde die Rose vielfach verwendet. Beispiele können in den Rosenromanen der Troubadoure gefunden werden, der mystischen Rose, die hervorragend von Dante im »Paradies« (Canto XXIII) beschrieben wird und der Rose als Zentrum des Kreuzes, die das Symbol mancher religiöser Orden darstellt. Gewöhnlich ist es die bereits offene Blume, die als Symbol des Geistes dient, und obwohl dies eine statische Wiedergabe ist, kann ihre Visualisierung sehr stimulierend und evozierend sein. Aber noch wirkungsvoller für das Anregen psychospiritueller Prozesse ist die dynamische Visualisierung der Blume, d.h. ihr Übergang und ihre Entwicklung von einer geschlossenen Knospe zur vollgeöffneten Blüte.

Solch ein dynamisches Symbol, das die Vorstellung von Entwicklung vermittelt, entspricht einer tiefen Realität, einem grundlegenden Lebensgesetz, das sowohl die Funktion des menschlichen Geistes beherrscht als auch den Prozeß der Natur.

Unser spirituelles Sein, das Selbst, unser wesentlichster und wirklichster Teil, ist verhüllt, begrenzt und »eingeschlossen« erstens durch den physischen Körper mit seinen Sinneseindrücken, dann durch die Vielfalt der Gefühle und verschiedenen Impulse (Furcht, Wünsche, Anziehung und Abstoßung) und schließlich durch ruhelose Aktivität des Verstandes. Die Befreiung des Bewußtseins von den Fesseln ist eine unabdingbare Vorbedingung für die Enthüllung des spirituellen Zentrums. Die Instanz, das zu erreichen – und dies gilt sowohl für die Natur als auch für das Reich des Geistigen – ist die wundervolle und geheimnisvolle Tätigkeit der intrinsischen (biologischen und psychologischen) Vitalität oder »Lebendigkeit«, die mit unwiderstehlichem Druck von innen her arbeitet. Deshalb wurde dem Prinzip des Wachstums, der Entwicklung, der Evolution in Psychologie und Pädagogik so viel Aufmerksamkeit geschenkt und dieses Prinzip wird in Zukunft zunehmend angewendet werden. Es ist die Begründung einer der wirksamsten Methoden der Psychosynthesis und bildet die Grundlagen der folgenden Übung.

Vorgehensweise

Ich gebe die Übung hier so wieder, wie sie einem einzelnen oder einer Gruppe vorgestellt wird:

Wir wollen uns vorstellen, daß wir einen Rosenstrauch betrachten. Wir sehen vor uns einen Stiel mit Blättern und einer Rosenknospe. Die Knospe ist grün, denn die Kelchblätter sind geschlossen, aber ganz an der Spitze kann man einen rosenfarbenen Punkt sehen. Wir wollen uns das lebhaft vorstellen, indem wir das Bild in den Mittelpunkt unseres Bewußtseins rücken.

Jetzt beginnt eine langsame Bewegung. Die Kelchblätter fangen an, sich ganz allmählich zu entfalten, drehen ihre Spitzen nach außen und enthüllen rosenfarbene Blütenblätter, die noch geschlossen sind. Die Kelchblätter öffnen sich weiterhin, bis wir die ganze zarte Knospe sehen können.

Jetzt folgen entsprechend die Blütenblätter und öffnen sich langsam, bis eine voll aufgeblühte, entfaltete Rose zu sehen ist. Nun versuchen wir, den Duft der Rose zu riechen und ihren charakteristischen und unverwechselbaren Geruch in ins aufzunehmen; so zart, süß und lieblich. Wir riechen ihn mit großer Freude. (Vielleicht erinnert man sich daran, daß die religiöse Sprache häufig den Geruch als Symbol eingesetzt hat, z.B. »der Geruch der Heiligkeit«, auch wird bei vielen religiösen Zeremonien Räucherwerk verwendet.)

Erweitern wir jetzt unsere Visualisierung und schließen den ganzen Rosenstrauch ein; wir stellen uns die Lebenskraft vor, die von den Wurzeln zu der Blume aufsteigt und den Vorgang des Öffnens bewirkt.

Schließlich wollen wir uns mit der Rose selbst identifizieren oder genauer, wir wollen sie in uns hineinnehmen. Symbolisch *sind* wir diese Blume, diese Rose. Dasselbe Leben, welches das Universum belebt und das Wunder der Rose bewirkt hat, bringt in uns ein ähnliches, sogar größeres Wunder hervor – das Erwecken und die Entfaltung unseres spirituellen Seins und dessen, was davon ausstrahlt.

Durch diese Übung können wir wirksam das innere »Blühen« unterstützen.

Anmerkungen

Die Ergebnisse bei Patienten waren je nach den verschiedenen Fällen sehr unterschiedlich; aber manchmal standen sie in keinem Verhältnis zur Einfachheit der Übung. Bei manchen

Patienten hat sich eine wirkliche Selbstverwirklichung entfaltet und ein Erwecken von bisher latenten inneren Qualitäten, die sicherlich den Heilungsprozeß beschleunigten.

Die Wirksamkeit der Übung hängt von der Fähigkeit ab, die Rose zu introjizieren, das Gefühl dieses lebendigen Symbols zu erfahren, so daß es kreativ in uns arbeitet. Es besteht eine tiefe Übereinstimmung zwischen dem Prozeß der Entfaltung einer Pflanze und dem, was in unserem Inneren geschieht. Hier könnte man – und manchen Patienten gegenüber ist es angebracht, dies zu tun – ausführlich über das Geheimnis der Selbstverwirklichung sprechen, über Aktualisierung und die Betrachtungsweise der »gewöhnlichen« Persönlichkeit als »Samenkorn« dessen, was man werden kann.

Es gibt auch Elemente des Widerstandes, des Zweifels, des Schwankens usw.; deshalb wird der Patient ermutigt, frei von seinen spontanen Reaktionen zu berichten und dann werden diese wieder und wieder analysiert, bis sie aufgelöst sind und das Blühen und Entfalten sich frei und ungehindert ereignen kann.

Es gibt andere Übungen, analog den drei beschriebenen, die eine Abfolge von Bildern einschließen und verschiedene Techniken miteinander verbinden, z.B. die Übung der Visualisierung und Introjektion des »Weizenzyklus«: von der winzigen Saat über all die Zwischenstufen bis hin zu einem Laib Brot; z.B. das Pflügen und Düngen des Bodens, das Aussähen der Saat; die Wirkung der Sonne und des Regens; die Saat wächst zu einer Pflanze heran, reift, blüht und bildet das Korn; das Reifen, Ernten, Lagern und Mahlen des Korns und schließlich das Zubereiten des Brotes, das als Nahrung in lebendige organische Substanz umgewandelt wird, um den menschlichen Körper zu erhalten.

Eine weitere Übung basiert auf dem Wachstum von Samen, der von Bäumen stammt; sein Wachstum und Reifungsprozeß gehört auch zu dieser Reihe von symbolischen Übungen.

Der Symbolgehalt dieser Übungen ist offensichtlich und sie können mit all der Ausdruckskraft eingesetzt werden, die sie für den Prozeß der Psychosynthesis enthalten. Sie eignen sich für eher objektive und praktische Menschen. Sie verhelfen auch dazu, die Symbolik in der Natur und in natürlichen Prozessen zu entdecken.

Ich möchte hier noch ein allgemeines Wort der Vorsicht äußern über die individuelle Bedeutung, die Symbole für verschiedene Menschen haben.

Symbole können und sollten nicht eine einheitliche Interpretation haben – dasselbe Symbol kann für verschiedene Menschen sehr verschiedene und sogar gegensätzliche Dinge bedeuten; besonders gilt das für Patienten mit schweren seelischen Störungen. Ich möchte deshalb die wichtige Warnung vor ungerechtfertigten Verallgemeinerungen wiederholen sowie vor Interpretationen, die auf in der Vorstellung des Therapeuten festgelegten Bedeutungen bestimmter Symbole beruhen.

11. Techniken für den Gebrauch der Intuition

Ich gehe hier davon aus, daß Intuition als eine unabhängige und spezifische psychologische Funktion existiert. Sie wurde von C. G. Jung als irrationale Funktion bezeichnet; um seine eigenen Worte zu benutzen: »Dieser Begriff kennzeichnet nicht etwas im Gegensatz zur Vernunft, sondern etwas, das außerhalb des Bereiches der Vernunft liegt.«

Wir werden Intuition vor allem in Bezug auf ihre kognitive Funktion betrachten, als seelisches Organ oder Mittel, die Wirklichkeit zu erfassen. Es ist eine synthetische Funktion in dem Sinn, daß sie die Gesamtheit einer gegebenen Situation oder psychologischen Realität erfaßt. Sie geht nicht von den Teilen zum Ganzen – wie der analytische Verstand – sondern erfaßt die Gesamtheit direkt in ihrer lebendigen Existenz. Da sie eine normale Funktion der menschlichen Psyche ist, wird sie vor allem dadurch aktiviert, daß verschiedene Hindernisse ausgeschaltet werden, die ihre Aktivität behindern.

Intuition ist eine der am wenigsten erkannten und geschätzten Funktionen und deshalb eine der unterdrückten und unterentwickelten. Sie wird unterdrückt durch einen Mechanismus, der dem der Verdrängung unbewußter Impulse gleicht, aber im allgemeinen ist die Motivation eine andere. Unterdrückung der Intuition geschieht durch Nicht-Erkennen, Abwertung, Vernachlässigung oder Mangel an Verbindung mit anderen seelischen Funktionen. Was den letzten Punkt angeht, so schließt ein wirklicher kognitiver Prozeß nicht nur die Funktion der Intuition als solche ein, sondern auch ihre intelligente Aufnahme, Interpretation und Eingliederung in das bisherige Wissen.

Es ist notwendig, eine klare Unterscheidung zwischen sogenannter alltäglicher Intuition und wirklicher spiritueller Intuition zu treffen. So liegt Intuition, wie sie von Bergson beschrieben wird, überwiegend auf den persönlichen Ebenen, während Intuition, wie Plotin sie meint, rein spirituell ist. Nach Jung ist Intuition auf beiden dieser Ebenen angesiedelt und für unseren gegenwärtigen praktischen und daher beschränkten Zweck werden wir die Jungsche Haltung einnehmen und von Intuition im wesentlichen als einer Funktion sprechen, die auf verschiedenen Ebenen aktiv sein und deshalb verschiedene Aspekte annehmen kann, aber dennoch im wesentlichen dieselbe bleibt.

Ziel

Das Ziel bei der Aktivierung der Intuition ist, eine wertvolle Funktion zugänglich zu machen, die im allgemeinen latent und ungenutzt bleibt, wodurch die Persönlichkeit in ihrer Entwicklung unvollständig bleibt. Ein anderer Zweck ist, ein Instrument zu bieten, mit dessen Hilfe man die Realität erkennen und sich ihr nähern kann, sowie ein Mittel für zwischenmenschliche Beziehungen durch intuitives Verstehen anderer Menschen. Ein weiterer Zweck ist, bei der Unterscheidung zwischen echter und falscher oder angeblicher Intuition zu helfen, die entweder sentimentale Verallgemeinerungen oder imaginative Vorstellungen darstellt, ohne Begründung in der Wirklichkeit.

Prinzip

Wie bei jeder anderen Funktion ist Intuition eine seelische Erfahrung. Jeder, der empfindet, hat Gefühle; er erfährt als unmittelbaren Inhalt seines Bewußtseins die Empfindung oder das Gefühl und fragt nicht nach einem Beweis seiner Existenz oder Realität. Dasselbe gilt auch für die Funktion des Denkens; es gibt Menschen von einfacher psychologischer Entwicklung, die nie im eigentlichen Sinne »denken«; und dennoch gibt es das Denken. Dieselbe Beweisführung gilt für Intuition. Jeder, der intuitiv ist, der spontan und natürlich die Intuition verwendet, erfährt, was sie ist, ohne daß er eine Erklärung oder einen Nachweis braucht.

Die wesentliche Unterscheidung zwischen Erkennen mit Hilfe von Intuition und Erkennen mittels Denk- oder Gefühlsfunktionen sind die folgenden Charakteristiken der Intuition: sie ist unmittelbar und direkt, nicht mittelbar und fortschreitend, wie das Denken; sie ist synthetisch oder ganzheitlich, also ein sofortiges Erfassen des Ganzen, man könnte sagen einer Gestalt, und nicht ein Erfassen verschiedener Teile, die später zusammengesetzt werden, um ein Ganzes zu bilden. Intuition in ihrer reinsten Erscheinungsform ist ohne jedes Gefühl, in der üblichen Bedeutung dessen, was Emotionen ausmacht, nämlich einer warmen Reaktion der Persönlichkeit, im allgemeinen entweder positiv oder negativ gegenüber dem wahrgenommenen Objekt. Intuition, wie auch andere seelische Funktionen, kann aktiviert werden, indem man dem allgemeinen Gesetz folgt, daß Aufmerksamkeit und Interesse ihr Auftreten fördert. Es wurde behauptet, daß Aufmerksamkeit eine nährende Kraft hat; sie hat auch eine konzentrierende Kraft. Man könnte sogar sagen, daß sie eine evokative Kraft hat; Aufmerksamkeit schließt auch Wertschätzung mit ein und deshalb Wertung.

Vorgehensweise

Der erste Schritt hat verneinenden Charakter: die vorübergehende Kontrolle oder Ausschaltung anderer Funktionen aus dem Bewußtseinsfeld, die im allgemeinen spontane und ungehinderte Aktivität haben. Ständig drängen Empfindungen aus der äußeren Welt oder aus dem Körper ins Bewußtsein, ebenso emotionale Reaktionen, und oft ist der Verstand überaktiv und undiszipliniert. All dies behindert, füllt das Bewußtseinsfeld und macht das Aufnehmen oder Erkennen von Intuitionen unmöglich oder schwierig. Deshalb ist eine Art »seelischer Reinigung« des Bewußtseinsfeldes nötig, um – bildhaft gesagt – sicherzustellen, daß der Projektionsschirm klar und weiß ist. Das ermöglicht einem, sein Bewußtsein jener Wahrheit oder jenem Teilbereich der Wirklichkeit zu öffnen oder dannach zu greifen, mit dem man für die Lösung eines menschlichen oder unpersönlichen Erkenntisproblems in Kontakt zu kommen versucht.

Dann ist die zweite Stufe möglich, in der man ruhig auf das Ergebnis der Annäherung wartet, dieses sich Näherns, das in erfolgreichen Fällen zu einem Kontakt und sogar einer Identifikation mit der Erfahrung von Wirklichkeit oder Wahrheit wird, nach der man gesucht hat.

In diesem Prozeß betonen wir die notwendige Kooperation des Willen; bei jeder Technik gibt es einen «deus ex machina», eine Gottheit hinter der Maschine, und das ist der Wille. Genau wie im ersten Teil das Beruhigen oder Reinigen des Bewußtseins eine bewußte und aktive Handlung des Willens ist, so ist der Wille im zweiten Teil, dem des entspannten und ruhigen Wartens, weiterhin tätig, wenn auch in subtilerer Weise, mehr im Hintergrund. Das ist so, weil der Wille weiterhin gebraucht wird, um eine Haltung des Entspanntseins und der Ruhe zu erhalten, die nicht nur rein passiv ist; metaphorisch gesehen steht er als Wächter an der Tür des Bewußtseins, um Eindringlinge fernzuhalten.

Um den Unterschied zwischen dem Willensvorgang im ersten und zweiten Stadium noch weiter zu klären, könnten wir sagen, daß im ersten der Wille das, was den Bewußtseinsraum besetzt, aktiv entfernt, während er auf der zweiten Stufe nur Wache an der Tür hält, damit kein ungebetener Eindringling eintreten kann.

Eine Charakteristik der Intuition ist, daß sie flüchtig ist und merkwürdigerweise sehr leicht vergessen wird, trotz der Tatsache, daß sie sehr lebendig ist, wenn sie ins Bewußtsein eintritt und der Betreffende nicht glaubt, daß er sie leicht vergessen kann oder wird. Man kann solche Intuitionen mit einem verirrten Vogel vergleichen, der in ein Zimmer fliegt, schnell eine Runde dreht und nach wenigen Sekunden wieder aus dem Fenster fliegt. Die praktische Schlußfolgerung aus dieser Flüchtigkeit ist, unsere Intuitionen sofort niederzuschreiben, umso mehr, wenn wir an die verzerrende Wirkung der Zeit auf all unsere Erinnerung denken. Auch ist es ein korrektes wissenschaftliches Vorgehen, sofort und mit großer Genauigkeit die mutmaßliche Intuition niederzuschreiben, um sie später nachprüfen zu können.

Als Vorbereitung für die Verwendung der Technik mit Patienten ist zunächst eine Bestandsaufnahme nötig, in der wir den Patienten fragen, ob er jemals Intuitionen hatte und wenn ja, ob er sie verläßlich fand oder nicht; wie die Reaktionen auf seine Intuitionen waren, d.h. ob er sie überschätzt oder sich wegen seiner angeblichen intuitiven Fähigkeiten überlegen fühlt. Je nach der Reaktion des Patienten wird der Einstieg entsprechend verändert. Wenn die Tatsache oder Möglichkeit der Intuition bezweifelt wird, muß ihr Wert betont und müssen Beispiele gegeben werden; im Fall der Überbewertung muß der Unterschied zwischen Intuition und »Ahnungen« oder Flucht in die Phantasie erklärt und betont werden.

Wenn der Patient in einem frühen Stadium der Therapie intuitive Erlebnisse erzählt, dann ist das eine deutliche Möglichkeit, dieses Thema sofort aufzunehmen. Zeigt er dagegen keine Hinweise intuitiver Aktivität, so ist es besser, das Behandeln dieser recht subtilen und schwierigen Angelegenheit aufzuschieben, bis die Behandlung es verlangt, im allgemeinen in einem recht späten Stadium.

Indikationen und Anwendungsbereich

Die allgemeine Anwendung gilt für Fälle, wo der Patient danach sucht, Verstehen im umfassendsten psychologischen Sinne zu erreichen. Nur durch Intuition kommt man zu einem wahren Verstehen der eigenen Person und anderer. Wann immer man ein wirkliches Verstehen des Wesens einer spezifischen Qualität eines Menschen, einer Gruppe oder einer menschlichen Beziehung erreichen möchte, ist der Gebrauch der Intuition angezeigt und sogar notwendig.

Ein allgemeiner Anwendungsbereich ergibt sich bei der Wertung, denn verläßliche Wertung ist häufig das Ergebnis intuitiver Wahrnehmung des Wesens oder Ziels einer Person, Handlung oder Situation. Dann muß, wie bei jeder anderen Form der Intuition, diese Wertung mit Hilfe anderer Funktionen, wie z.B. der kritischen Analyse, überprüft und untersucht werden; man kann jedoch sagen, daß Intuition ein spezifisches Organ der seelischen Funktion des Verstehens und echter Wertung ist.

Ein anderer großer Anwendungsbereich liegt auf wissenschaftlichem Gebiet. Auch dort kann Intuition dazu verwendet werden, sich der Wahrheit auf synthetische Weise zu nähern, einer Wahrheit, die umfassenden oder allgemeinen Wert hat – wie z.B. ein Prinzip oder Gesetz.

Was spezifische Indikationen angeht, so ist da zuerst der Psychotherapeut selbst. Ich kann mir keinen echten und erfolgreichen Therapeuten vorstellen, der nicht die Fähigkeit der Intuition entwickelt hat und sie einsetzt. Aus diesem Grund sollte dieser Technik bei jeder Lehr-Psychosynthesis besondere Aufmerksamkeit geschenkt werden. Natürlich gilt dies für Erzieher nicht weniger als für Therapeuten. Was die Erziehung angeht, so haben Kinder und Heranwachsende häufig eine sehr aktive Intuition, da sie nicht kontrolliert und gestört wird durch die Überaktivität anderer Funktionen. Deshalb sollte bei der Erziehung Intuition auf einer frühen Stufe behandelt werden.

Am dringendsten bedürfen intellektuelle oder überintellektuelle Menschen der Aktivierung der Intuition; d.h. diejenigen, die einen aktiven oder überaktiven Verstand haben, ganz besonders jedoch solche Menschen, die sich mit ihrem Verstand identifizieren und stolz sind auf ihre Intelligenz. Solche Intellektuellen haben häufig eine sehr einseitige Entwicklung durchgemacht und haben einen großen Bedarf an Psychosynthesis allgemein und an der Aktivierung der anderen Funktionen, die – wie erwähnt – sehr häufig unterentwickelt bleiben. Sogar die Empfindungsfunktionen können von Intellektualität beeinträchtigt sein und die Gefühlsfunktion wird manchmal verschämt unterdrückt, wobei der Wille praktisch nicht existent ist, ein Mangel, den wir übrigens bei der Mehrzahl der Menschen finden.

Im Gegensatz dazu gibt es Persönlichkeiten – besonders Frauen – wo die Intuition aktiv ist, aber auf eine »rohe« undifferenzierte Art und Weise; in technischem Sinne »unrein«. In solchen Fällen wäre die Indikation, sie zu verfeinern, zu klären und von heterogenen Elementen zu trennen.

Grenzen und Kontraindikationen

Eine Begrenzung, die auch auf alle anderen Techniken und den Einsatz aller anderen Funktionen zutrifft, ist, daß der isolierte Einsatz jeder beliebigen Funktion nur zu begrenzten und einseitigen Ergebnissen führen kann. Nur durch Zusammenarbeit und synthetische Verwendung aller menschlichen Funktionen kann – im Denken oder Handeln – Erfolg erzielt werden. Deshalb sollte Intuition, so wertvoll sie auch sein mag, gleichzeitig mit anderen seelischen Funktionen verwendet werden.

Kontraindikationen sind gegeben, wenn jemand zu sehr dazu neigt, von Ahnungen erfaßt und beeindruckt zu werden, von imaginativen Arten angeblicher Erkenntnis und wenn die Verstandesfähigkeiten nicht ausreichen, die notwendige Unterscheidung zu treffen und die feine Fähigkeit zu entwickeln, zwischen wahren und falschen Intuitionen zu unterscheiden. In solchen Fällen sollte die Entwicklung der Intuition auf einen Zeitpunkt verschoben werden, wo die anderen komplementären und ergänzenden Funktionen entwickelt worden sind. Hier kommt natürlich die Notwendigkeit hinzu, fähig zu sein, die Verläßlichkeit einer Intuition einzuschätzen und zu wissen, wie man das tun kann.

Kombination mit anderen Techniken

Die wichtigste Kombination ist die mit einer kontrollierten mentalen Aktivität und mentalem Unterscheidungsvermögen. Um eine Analogie zu verwenden: es ist eine notwendige und schwierige Ehe, oft stürmisch und manchmal mit Scheidung endend. Viele Menschen ziehen eine solche Verbindung nicht einmal in Betracht; sie sind zufrieden, entweder nur die Intuition oder nur den Intellekt zu gebrauchen. Aber auch wenn der Versuch einer Verbindung unternommen wird, gibt es verschiedene Schwierigkeiten. Manchmal ist die eine Seite zu befehlend, wertet die andere ab und hält sie in Abhängigkeit – mit all den Schattenseiten von Unterdrückung und offener oder versteckter Rebellion. In anderen Fällen gibt es ein Schwanken, einen Kampf zwischen den beiden, bei dem zeitweise der eine oder andere überhand gewinnt.

Viele Intellektuelle sind zu einem gewissen Grad beängstigt, wenn eine Intuition in ihren Gedankenablauf eindringt; sie sind mißtrauisch und behandeln sie sehr vorsichtig; bewußt oder unbewußt unterdrücken sie sie in den meisten Fällen.

Um es direkter zu formulieren: bei der richtigen Beziehung zwischen Intuition und Verstand ist Intuition der kreative Zugang zur Wirklichkeit. Intellekt hat erstens die wertvolle und notwendige Funktion, die Ergebnisse der Intuition zu interpretieren, d.h. zu übersetzen, in akzeptable verstandesmäßige Begriffe zu verbalisieren; zweitens, ihre Verläßlichkeit zu prüfen und drittens, sie in den Bereich des schon akzeptierten Wissens einzupassen und aufzunehmen. Diese Funktionen sind die rechtmäßige Aktivität des Verstandes, ohne daß er versucht, sich Funktionen anzumaßen, die nicht in seinen Bereich gehören. Ein wirklich gutes Zusammenspiel zwischen beiden kann harmonisch in einem aufeinanderfolgenden Rhythmus stattfinden: intuitive Einsicht, Interpretation, weitere Einsicht und ihre Interpretation usw.

Eine der Techniken, die hier eine Rolle spielen, ist die Anwendung des Willens, um die Gefühle in einem ruhigen Zustand zu halten. Besonders günstig für die Aufnahmebereitschaft gegenüber Intuitionen ist, wenn man in einem Zustand emotionaler Ruhe ist und nicht übermäßig gefühlsmäßig beteiligt; um dies zu erreichen, kann die Übung der Disidentifikation hilfreich sein. Auch die folgende Übung, die dem Evozieren heiterer Gelassenheit dient, ist besonders dafür einzusetzen.

12. Übung zur Erzielung heiterer Gelassenheit und innerer Klarheit

1. Nimm die körperliche Haltung der Gelassenheit an; entspanne alle Muskeln und nervöse Spannungen; atme langsam und rhythmisch; bringe mit einem Lächeln heitere Gelassenheit auf deinem Gesicht zum Ausdruck. (Man kann sich dabei unterstützen, indem man entweder in einen Spiegel schaut oder sich mit diesem Ausdruck bildhaft vorstellt.)
2. Denke über heitere Gelasssenheit nach; erkenne ihren Wert, ihren Nutzen, besonders in unserem hektischen modernen Leben. Preise sie, verlange nach ihr.
3. Evoziere heitere Gelassenheit und innere Klarheit direkt; versuche sie zu fühlen, mit Hilfe der Wiederholung des Wortes oder eines passenden Satzes, einer suggestiven Redewendung oder eines Mottos, z.B.: »Sowohl Handeln als auch Nicht-Handeln haben in dir Raum; dein Körper ist bewegt, dein Verstand ruhig, deine Seele ist klar wie ein Gebirgssee.«
4. Stell dich in Situationen vor, die dazu neigen, dich aufzuregen oder zu irritieren, zum Beispiel mitten in einer aufgeregten Menge, oder in Anwesenheit einer feindseligen Person, oder einem schwierigen Problem gegenüberstehend, oder verpflichtet, viele Dinge schnell zu erledigen, oder in Gefahr – sieh und fühle dich ruhig und heiter.
5. Verpflichte dich, während des ganzen Tages heiter und gelassen zu sein, was auch immer geschieht, ein lebendiges Beispiel heiterer Ruhe zu sein, Gelassenheit auszustrahlen.

Anmerkung: Dieselbe Vorgehensweise kann verwendet werden, um jede andere seelische Qualität zu entwickeln und hervorzurufen, wie Mut, Entscheidungskraft, Geduld usw.

VI. INTERPERSONALE PSYCHOSYNTHESIS

13. TECHNIKEN DER INTERPERSONALEN BEZIEHUNG

Ziel

Das Ziel dieser Technik ist, den Patienten zu befähigen, gegenüber anderen Menschen die richtige innere Haltung zu erlangen und erfolgreich beabsichtigte Handlungen auszuführen, die sich auf andere beziehen.

Dies geschieht in zwei Stufen: die erste ist, die bewußten oder unbewußten Hindernisse auszuräumen, die eine Verwirklichung jener angemessenen inneren Haltung blockieren. Das schließt die Entwicklung von wünschenswerten Haltungen nicht nur anderen Menschen, sondern auch sich selbst gegenüber ein. Das zweite Stadium ist ein allmähliches Üben zum Entwickeln einer Leichtigkeit bei zwischenmenschlichen Beziehungen.

Prinzip

Das Prinzip der ersten Stufe, der Beseitigung von Hindernissen, gleicht dem Prinzip der Katharsis-Technik; die Eliminierung geschieht durch den Ausdruck emotionaler Ladungen, die im Unbewußten und/oder im Bewußtsein existieren. Dies mag etwas mehr als einfache Katharsis einschließen, nämlich ein Verstehen negativer Gefühle usw.

Das Prinzip der zweiten Stufe ist das der kreativen Wirkung imaginativer Visualisierung und der Evokation positiver Bilder. Diese schaffen ein »Vorbild« und erwecken Impulse hin zur erfolgreichen Handlung.

Vorgehensweise

Die Vorgehensweise kann am besten durch die Beschreibung der Anwendung dieser Technik bei einem einfacheren Fall erklärt werden, d.h. wie sie eine Handlung und ihre Durchführung vorbereitet und ermöglicht, die schwierig scheint und die Furcht und Angst aufkommen läßt.

Zunächst wird der Patient aufgefordert, so genau und ausführlich wie möglich eine verbale Beschreibung der durchzuführenden Handlung zu geben.

Nehmen wir als Beispiel eine mündliche Prüfung. Der Student wird aufgefordert, das Gebäude und den Raum zu beschreiben, wo das Examen stattfinden wird und so viele Einzelheiten wie möglich über den Prüfer zu geben, über das Thema der Prüfung, die möglichen Fragen usw.

Nachdem der Patient diese Beschreibung gegeben hat, wird er aufgefordert, sich bequem hinzulegen. Dann wird mit Unterstützung des Therapeuten eine Entspannungsübung durchgeführt (wie die eben beschriebene, Abschnitt 12). Wenn ein gewisser Grad an Entspannung erreicht ist, wiederholt der Therapeut die Beschreibung der Prüfung vollständig und realistisch, zusammen mit der Instruktion, sich lebhaft die Szene vorzustellen, als würde er tatsächlich an ihr teilnehmen. Weiterhin wird dem Patienten gesagt, er solle seinen Reaktionen erlauben, frei herauszukommen, ohne irgendeine Hemmung, d.h. alle die Reaktionen, die durch das imaginative Durchleben der Prüfung hervorgerufen werden, wie zum Beispiel die subjektiven emotionalen Zustände, die begleitenden psychosomatischen Reaktionen wie Zittern, Schwitzen usw. Dies wirkt als Katharsis.

Dieses Vorgehen muß dann in weiteren Sitzungen wiederholt werden. Häufig sind in der zweiten Sitzung die Reaktionen noch genauso intensiv wie in der ersten, aber mit fortlaufenden Wiederholungen werden sie immer weniger stark, bis sie spontan verschwinden oder sehr schwach werden. Das schließt das erste Stadium der Technik ab, das man »imaginative Desensibilisierung« nennen könnte; jetzt ist der Zeitpunkt gekommen, wo der Patient ermutigt werden kann, sich tatsächlich der vorher gefürchteten Prüfung zu stellen.

Dieses zweite Stadium könnte »Visualisierung der erwünschten Haltung und erfolgreiche Durchführung« genannt werden. Jedoch geschieht dies häufig von selbst, denn bei den letzten Wiederholungen des ersten Stadiums fühlt der Patient vielleicht spontan, daß er schon die richtige Haltung erlangt hat, d.h. in seiner Vorstellung kann er jetzt die Prüfung ruhig, zuversichtlich und ohne irgendwelche emotionalen Reaktionen erleben. Wenn sich das spontan einstellt, ist es ein Beweis, daß die negativen Gefühle wirklich beseitigt wurden.

Diese Vorgehensweise mit ihren zwei Stufen kann modifiziert oder an andere Situationen angepaßt werden, wie zum Beispiel die Beziehungen mit Eltern oder Vorgesetzten, die vielleicht nicht gerade Furcht, aber doch Ärger und Aggressivität hervorrufen können.

Es ist besonders nützlich, den Patienten aufzufordern, sich in allen verschiedenen Arten von interpersonalen Beziehungen vorzustellen, mit Eltern, Personen des anderen Geschlechts usw. In diesen Fällen ist es ratsam, daß der Patient sich auf eine Couch legt, um das freie Hervorkommen der verschiedensten Gefühle zu ermöglichen; erst nachdem dies in einer Folge von Sitzungen wiederholt erfahren wurde, fordern wir den Patienten auf, eine sitzende Haltung einzunehmen und sich spezifischer die erwünschte Haltung und Beziehung vorzustellen.

Ein Beispiel: Es geht um eine Patientin, die Schwierigkeiten in ihrer Beziehung zu den Eltern hat.

Ich veranlaßte sie, sich vergangene Szenen mit ihnen vorzustellen und erneut zu durchleben und zum ersten Mal in ihrem Erwachsenendasein erfuhr sie voll den Zorn und Haß, den sie zur Zeit jener lang zurückliegenden Ereignisse hatte. Erst nachdem diese wiederholt in der Vorstellung durchlebt worden waren, gingen wir zur nächsten Stufe über und sie stellte sich die mögliche »Haltung der Liebe« ihren Eltern gegenüber vor.

Es gibt viele Menschen, die scheinbar normal und seelisch gesund sind, die sich dennoch in Beziehung zu anderen Menschen unbehaglich fühlen und deshalb eine Distanz zwischen sich und andere legen. Auch hier wieder ist es notwendig, daß sie noch einmal die oft unbewußten Ängste und andere feindliche Gefühle durchleben, die Grundlage der Schwierigkeiten in ihren persönlichen Beziehungen sind, bevor sie aufgefordert werden können, sich in enger vertrauter Beziehung von Wärme und Zuneigung mit anderen Menschen zu sehen.

Indikationen und Anwendungsbereich

Indikation und Anwendungsbereich ergeben sich aus dem bisher Gesagten; sie sind sehr weitläufig und umfassen drei Hauptgruppen von Situationen:

1. Das Ausführen schwieriger oder gefürchteter Handlungen.
2. Die Verwirklichung harmonischer zwischenmenschlicher Beziehungen und anderer komplexerer Arten sozialen Verhaltens.
3. Die Entwicklung von Bewußtheit der Einstellung zu sich selbst und ihre Veränderung zu konstruktiveren und realistischeren Haltungen.

Die Wirkungen dieser Technik sind sehr günstig; die Menschen erhalten oft ein neues und freudiges Gefühl von Freiheit, von Unabhängigkeit und Beherrschung von Situationen, Aufgaben und Beziehungen.

Grenzen und Kontraindikationen

Es gibt eigentlich keine bestimmten und ernsthaften Kontraindikationen, vorausgesetzt, der Therapeut sorgt im Stadium des freien Hervorkommens von Reaktionen aus dem Unbewußten dafür, daß die bewußte Persönlichkeit des Patienten nicht von einem unkontrollierten Einströmen anderer unbewußter verdrängter Inhalte überschwemmt wird, die durch dieses Öffnen freigesetzt werden. Solche unbewußten Inhalte haben ihren Ursprung in den tieferen Schichten des Unbewußten, sogar in dem sogenannten »kollektiven Unbewußten«. Wie C. G. Jung aufgezeigt hat, kann das eine wirkliche Gefahr sein und viele von uns hatten Gelegenheit, dies während unserer therapeutischen Erfahrung zu bestätigen.

Der beste Schutz gegen diese Gefahr, besonders bei Grenzfällen zur Psychose, liegt darin, die Technik erst nach einer Konsolidierung der bewußten Persönlichkeit einzusetzen und erst nachdem der Patient eine Bewußtheit der Gesetze und Abläufe des seelischen Lebens erlangt hat.

Es ist auch möglich – wie von Desoille in seiner Technik des »gelenkten Tagtraums« beschrieben – daß der Therapeut bestimmte schützende Bilder suggeriert; er kann auch weniger bedrohliche Bilder einführen, wenn er den Eindruck hat, daß der Patient vielleicht durch unbewußtes Material überwältigt werden könnte.

Kombination mit anderen Techniken

Diese Technik läßt sich gut mit allen analytischen Vorgehensweisen kombinieren oder im Wechsel einsetzen, zum Beispiel mit der Katharsis. Sie steht auch in engem Zusammenhang mit der imaginativen Evokation eines idealen Vorbilds und ist in gewissem Sinne vorbereitend dafür.

14. Die Technik Henri Baruks für die Beziehung zwischen Therapeut und Patient

In seinem *Lehrbuch der Psychiatrie* (11c) beschreibt Henri Baruk seine Haupttechnik bei der Behandlung psychiatrischer und psychoneurotischer Patienten. Er betont eine Reihe von Techniken, die die Haltung des Therapeuten betreffen, seine Vorbereitung und seine Beziehung zu seinen Patienten.

Die erste und allgemeine Aufgabe des Therapeuten ist, den umfassenden Einfluß zu erkennen, den seine Persönlichkeit – er als Mensch – auf den Patienten ausübt. Dies geschieht spontan, natürlich und unvermeidlich, aber er geht dann von diesem spontanen und unbewußten Einfluß zu einem zunehmend bewußten und direkten über. Darüber hinaus eliminiert er jene Aspekte des Einflusses, die nachteilig sein könnten oder ein Hindernis bei der Behandlung darstellen und verstärkt – oder entwickelt, wenn nicht vorhanden – bestimmte mögliche Einflüsse, die unmittelbar konstruktiv und hilfreich bei der Behandlung sind.

Dieser Punkt wurde auch von anderen Therapeuten behandelt, z.B. von Alfonse Maeder (80 e) und dem deutschen Psychotherapeuten Tochtermann (*Der Arzt als Arznei,* 127).

Baruks spezifische Technik basiert auf seiner grundlegenden Auffassung, daß bei jedem Patienten, einschließlich der ernsten psychiatrischen Fälle, hinter der pathologischen Fassade von Symptomen und Gestörtheiten ein Aspekt ist, der unberührt bleibt und dessen Kennzeichen moralisches Gewissen ist. In mehreren seiner Bücher hat er zufriedenstellende Beweise für die Realität seiner Auffassung geliefert (11a). Baruk wendet sich in seiner Therapie entsprechend den gesunden Aspekten des Patienten zu, besonders seinem moralischen Gewissen. Er setzt dieses Vorgehen mit einem Wort gleich, das er selbst geschaffen hat: »Chitamnie«, das in seiner Interpretation »die Methode des Vertrauens« bedeutet, nämlich dem Patienten zu vertrauen.

Dies war und ist für mich von besonderem Interesse, denn viele Jahre lang habe ich eine ähnliche Technik verwendet, zu der ich unabhängig von Baruk gekommen bin. Mein Schwerpunkt liegt jedoch nicht so sehr auf dem moralischen Gewissen, sondern besteht in der Haltung, sich an den besseren Teil des Patienten zu wenden, mit dem gleichen Geist des Vertrauens, der Zuversicht und Wertschätzung des Patienten, die Baruk erwähnt. Meine Erfahrung damit, dem Patienten zu vertrauen und ihm Vertrauen entgegenzubringen, hat sehr erfreuliche Ergebnisse gehabt, ganz besonders in ernsten Situationen, wie bei Selbstmordversuchen. In solchen Fällen wäre das übliche Verhalten, sich abzusichern und den Patienten in eine Institution einzuweisen; im Gegensatz dazu habe ich jedoch den Patienten dann so angesprochen:

> Sie wissen um den ernsten Charakter Ihrer Handlung. Professionelles Vorgehen und in gewissem Sinn sogar meine Pflicht würden erfordern, Sie zu Ihrem eigenen Schutz in eine Institution einzuweisen. Es gibt jedoch eine Alternative, die ich Ihnen anbieten möchte: wenn Sie mir Ihr Ehrenwort geben, für einen festgesetzten Zeitraum (im allgemeinen sage ich einen Monat, in schwierigeren Fällen eine Woche) keinen weiteren Selbstmordversuch zu begehen, bin ich bereit, mit Ihnen eine intensive psychotherapeutische Behandlung zu beginnen. Seien Sie sich der ernsten Konsequenzen für Sie selbst und indirekt für mich klar, wenn Sie während dieses Zeitraumes einen weiteren Selbstmordversuch begehen. Wenn Sie also das Gefühl haben, genügend Kontrolle zu haben, um mir aufrichtig Ihr Wort zu geben, in diesem kurzen Zeitraum keinen weiteren Selbstmordversuch mehr zu unternehmen, dann bin ich bereit, dieses Risiko auf mich zu nehmen. Am Ende dieses Zeitraums werden Sie genug über Psychotherapie und die allgemeinen Möglichkeiten dieser Behandlung wissen, um selbst beurteilen zu können, ob Sie bereit und gewillt sind, weiterzumachen und Ihr Versprechen zu erneuern oder, wenn nicht, freiwillig in eine Institution zu gehen. Dort kann meine Behandlung fortgesetzt werden, aber Sie werden äußeren Schutz gegen Ihre selbstzerstörerische Impulse haben.

In jedem Fall, in dem ich diese Methode eingesetzt habe, waren die Ergebnisse positiv. Während solcher Perioden war die Behandlung natürlich sehr intensiv und die Sitzungen fanden täglich oder alle zwei Tage statt.[26]

---
[26] Die vielfach herrschende Angst von Therapeuten vor Suizidversuchen ihrer Patienten scheint mir weitgehend Ausdruck der eigenen Todesfurcht zu sein.

Dieses Thema der psychotherapeutischen Beziehung ist grundlegend für die Psychotherapie und wir haben dieses Thema nur gestreift; es erforderte ein intensives Studium und die Entwicklung einer Reihe von Techniken, die dem Therapeuten bei der Entfaltung eines angemessenen inneren Handelns helfen würden. Es ist deutlich, daß in dieser Hinsicht die Persönlichkeit des Therapeuten einer der wichtigsten Faktoren ist.

Auch Carl R. Rogers betont stark die Bedeutung des Vertrauens in die Fähigkeit des Patienten, bestimmte positive und konstruktive Kräfte aufzustellen, an die sich Rogers wendet. Ich stimme jedoch nicht in allem mit ihm bei seinem nichtdirektiven Ansatz überein, da ich den Eindruck habe, daß aktive Techniken notwenig sind, wenn der Therapeut mit mehr als nur einfachen Beratungssituationen konfrontiert ist.[27] Ich glaube, daß die Rolle

---

Wenn sich der Therapeut den Todesgedanken des Patienten nicht öffnen kann, nimmt er sich und dem anderen eine wesentliche Kraftquelle. Man kann den Wunsch zu sterben unmittelbar als Sehnsucht nach transpersonalen Erfahrungen verstehen und akzentuieren. Der Übergang vom personalen zum transpersonalen Bereich ist stets mit einem Durchleben des eigenen (personalen) Todes verbunden. Das Buch der Greens (47) enthält über dieses Thema so viel, wie sich eben darüber sagen läßt.

Bei wirklicher Suizidgefahr mag es auch helfen, auf die mutmaßlichen Erfahrungen beim Sterben zu sprechen zu kommen, wie sie etwa in den Berichten »beinahe Gestorbener« in erstaunlicher Gleichförmigkeit vorliegen. So kann man z. B. das Buch von Moody (88) zu lesen geben.

Die Frage, ob der Nachweis eines persönlichen Überlebens des Todes erbracht werden kann, ist hierbei von geringer Bedeutung; entscheidend sind vielmehr die Auswirkungen auf das Leben. So ist Angst vor dem Sterben nichts anderes als Angst vor dem Leben, mehr allerdings vor den transpersonalen Aspekten des Lebens als den personalen. Lebensbejahung ist ohne Todesbejahung nicht denkbar.

Da im Grunde jeder Patient mit der Frage seiner Existenz, von Leben oder Tod also, konfrontiert ist, kann eigentlich erfolgreiche Therapie nur dann möglich sein, wenn der Therapeut sehr viel über den Tod weiß und seinem eigenen Sterben gegenüber ohne jede Angst ist. Sonst geschieht, was ich vielfach bei der Supervision therapeutischer Gespräche erlebt habe, daß nämlich schon sehr frühzeitig der Therapeut dieses Thema vom Tisch wischt und damit sehr enge Grenzen für die Therapie setzt.

[27] Dieses häufige Mißverständnis des klientzentrierten Ansatzes als »nichtdirektiv« beruht darauf, daß nur die erste Phase (ca. 1940-50) berücksichtigt wird. Im folgenden wird zunehmend die starke Bedeutung des Lenkungsfaktors betont, in der jüngsten, erlebnisorientierten Entwicklung treten aktive (»erlebnisaktivierende«) Methoden immer mehr in den Mittelpunkt (s. dazu Hart, 55, oder Pavel, 99).

des aktiven Beraters eine normale konstruktive Rolle in zwischenmenschlichen Beziehungen ist. Sie sollte eine Rolle sein, die der eines »weise führenden Vaters« entspricht, der durch Vorbild und das Beantworten von spontanen Fragen Vertrauen und Respekt gewonnen hat. Die Rolle des Vaters ist es, die Führung so zu gestalten, daß viel Versuch und Irrtum oder sogar ernste Fehler vermieden werden können, um so den Weg zur angestrebten Selbstausrichtung und Selbstverwirklichung zu verkürzen und leichter zu machen.

Wenn wir noch einmal auf die Methoden von Henri Baruk Bezug nehmen, so können wir beobachten, daß der moralische Sinn oder das Gewissen eines der direkten Kennzeichen des spirituellen Selbst sind, wenn auch nicht das einzige. Ich glaube deshalb, daß der Therapeut, wenn er sich an die bessere und höhere Natur des Patienten wendet, wohl den moralischen Aspekt voll berücksichtigt, sich aber nicht auf dieses moralische Gefühl beschränken sollte; er sollte erkennen, wie ratsam es ist, auch die anderen Aspekte und Aktivitäten einer spirituellen und überbewußten Natur anzusprechen.

Es gibt eine Grenze für diese Technik bei Psychosen und psychiatrischen Fällen. Dies wird deutlich bei Baruks Beschreibung bestimmter Fälle und den Auswirkungen seiner Technik. Sie erfordert ein hohes Maß nicht nur an Geduld, Aufmerksamkeit und Interesse auf seiten des Therapeuten, sondern auch viel Zeit. Deshalb ist es notwendig, daß nicht nur der Therapeut diese Haltung des Vertrauens annimmt, sondern auch alle anderen, die im Verlauf der Behandlung mit diesem Patienten umgehen. Auch sie sollten angewiesen werden, diese Haltung einzunehmen, um nicht wieder zunichte zu machen, was der Therapeut zu erreichen versucht; darüberhinaus sollten sie aufgefordert werden, aktiv mit ihm zusammenzuarbeiten, zu helfen, eine Atmosphäre des Vertrauens um den Patienten zu schaffen. Deshalb ist alle Zeit gut verbracht, die der Therapeut darauf verwendet, dieses Ziel zu erreichen, indem er die Familienmitglieder und Krankenschwestern oder Pfleger unterweist. Das Training von Krankenschwestern und Hilfskräften dient dann allen Patienten, mit denen der Therapeut im weiteren Verlauf zu tun haben wird. Dies wird zunehmend anerkannt, besonders in Amerika unter dem Begriff »therapeutische Gemeinschaft«.

Es gibt einen Punkt, der vielleicht der Klärung bedarf – nämlich daß es verschiedene Ebenen des moralischen Gewissens gibt und daß es sehr wichtig ist, zwischen ihnen zu unterscheiden. Auf der einen Seite ist da das moralische Gewissen, das Freud ausführlich unter der Beziehung »Überich« erörtert hat; es ist zu einem großen Teil aus elterlichen Ge- und Verboten introjiziert. Diese Art von Gewissen ist sozusagen auf der Ebene der Persönlichkeit und es ist mit sehr starken affektiven Ladungen der Furcht vor Konsequenzen, etwas falsch zu machen verknüpft. Ihm haftet eine Rigidität an, eine gewisse fast kindliche Art von »Schwarz-Weiß-Moral«.

Im Gegensatz dazu ist das moralische Gewissen, das dem spirituellen Selbst entspringt, ganz anders. Es ist eine weise, liebevolle Art eines moralischen Gewissens; es ist nicht streng und folgt in gewissem Ausmaß dem Prinzip, das in den Worten von Christus so gut ausgedrückt ist: »Liebe deinen Nächsten wie dich selbst.« Das bedeutet: Liebe dich selbst mit einem echten Wissen und Verstehen der Probleme der Persönlichkeit; deshalb ist diese Art des Gewissens nicht rigide, und indem sie über bestimmte Verhaltensregeln hinausgeht, hat sie eine gewisse Qualität von Universalität der Werte.

Diese Unterscheidung ist sehr wichtig und man muß sie sich gut vergegenwärtigen, um repressiven Moralismus zu vermeiden, gegen den die Psychoanalyse und die ganze moderne Welt reagiert haben, manchmal auf heftige und extreme Weise. Man kann jedoch in der Persönlichkeit die elementare Manifestation einer höheren, wahren, echten spirituellen Moral finden, die von Baruk mit Recht herausgestellt wurde. Es ist der Gerechtigkeitssinn. Baruk sagt, daß sogar in den am stärksten beeinträchtigten Patienten ein Sinn für Gerechtigkeit weiterbesteht.

Viele gewalttätige Patienten sind voller Zorn über wirkliche oder angebliche Ungerechtigkeit, die ihnen zugefügt wurden, auch wenn sie nur ganz geringfügig sind, da sie symbolhaft für die Ungerechtigkeit stehen, die ihnen in der Vergangenheit zugefügt worden sind. Baruk untersucht bei solchen Patienten besonders eingehend diesen Punkt von Gerechtigkeit oder Unrecht, mit – wie es scheint – sehr guten Ergebnissen. Er hat dieses Thema intensiv studiert und einen Test für den Gerechtigkeitssinn entwickelt, den er – mit einem hebräischen Wort – Tsedek-Test nennt (11 b).

15. EINIGE ALLGEMEINE ANMERKUNGEN ZU DEN TECHNIKEN

Ich möchte wiederholen, was zu Beginn gesagt wurde, daß dies nur einleitende Bemerkungen zu den Techniken der Psychosynthesis sind, erste Annäherungen, die in der Praxis eingesetzt und geprüft werden sollten. Ich freue mich über jeden Kommentar, Bericht, jede Verfeinerung, Ergänzung und Erfahrungen mit bestimmten Fällen und werde jede Mitarbeit dieser Art herzlich willkommen heißen.

Ich wurde gefragt, ob ich Statistiken liefern könne, die die Ergebnisse der Anwendung dieser Techniken erfassen. Ich bin der Meinung, daß es schwierig wäre und von zweifelhaftem Wert, Statistiken dieser Art zusammenzutragen, aus folgenden Gründen:

1. Die Behandlung jedes Patienten erfordert eine Kombination und ein Verändern von Techniken entsprechend den spezifischen Merkmalen und Bedürfnissen jedes Einzelnen.
2. Jeder Patient wird eher vom Standpunkt seiner spezifischen individuellen Konstitutuon und Situation aus betrachtet, befragt und behandelt, denn als Mitglied einer bestimmten Gruppe.

Mit anderen Worten, ich ziele mehr darauf ab, eine Einschätzung durchzuführen (wie anfangs aufgezeigt) als Standard-Diagnosen. Tatsächlich finden wir oft beim selben Patienten Symptome, die allgemein unter verschiedenen psychiatrischen Bezeichnungen zugeordnet werden, wie die unterschiedliche Kombination von psychosomatischen Störungen, neurotischen Symptomen, sexuellen Schwierigkeiten usw.

Was die Ergebnisse betrifft, so wurden die besten bei der Heilung von psychosomatischen Störungen und Phobien erreicht.

Eine andere Tatsache, die ich bestätigt fand, ist, daß der Erfolg einer Behandlung viel mehr mit dem Grad der aktiven Zusammenarbeit von seiten des Patienten positiv korreliert als mit der Art und Intensität seiner Symptome. Das erklärt das paradoxe

Ergebnis, daß in manchen Fällen ernsthaftere Beschwerden auf eine Behandlung stärker ansprechen als weniger ernsthafte. Das erstere mag im Patienten einen stärkeren Anreiz hervorbringen, die Forderungen, die eine Behandlung mit sich bringt, zu akzeptieren und auf sie einzugehen.

Aus diesem Grund habe ich den Eindruck, daß Forschung nutzbringend auf ein intensives Studium und die Behandlung einer vergleichsweisen kleinen Zahl von Fällen gerichtet werden könnte – deren Ergebnis detaillierte und gründlich erörterte Fallgeschichten wären – als auf eine mehr allgemeine Behandlung einer großen Zahl von Fällen, die für statistische Zwecke benötigt werden.

Ich möchte noch einmal anregen, daß Therapeuten es interessant und bereichernd finden werden, mit sich selbst mit diesen Techniken zu experimentieren, vor oder gleichzeitig mit ihrem Einsatz in der Theorie oder – modifiziert und darauf abgestimmt – bei der Erziehung.

Es gibt viele Techniken, die hier nicht erörtert werden konnten, aber es besteht die Hoffnung, daß es in den kommenden Jahren möglich sein wird, einige weitere Techniken vorzustellen. Darüber hinaus gibt es noch die große Aufgabe mit Hilfe wirklicher Fälle zu illustrieren, wie verschiedene Techniken in bestimmten therapeutischen Situationen angewendet werden. Ich habe jedoch den Eindruck, daß es auf dieser Stufe wichtiger ist, die Grundstruktur einiger fundamentaler Techniken vorzustellen als zu sehr ins Detail zu gehen.

Teil C

Anhang

1. Geschichtlicher Abriss der Psychosynthesis

Roberto Assagioli wurde 1888 in Venedig geboren. Er studierte in Florenz Medizin und wurde Facharzt für Neurologie und Psychiatrie. Ein Beginn seiner Konzeption der Psychosynthesis war in seiner Doktorarbeit über Psychoanalyse enthalten (1910), in der er auf einige Begrenzungen der Freudschen Vorstellungen hinwies.

1911 stellte er seine Ansichten über das Unbewußte in einem Referat auf dem »Internationalen Kongreß für Philosophie« in Bologna vor.

Dann entwickelte er allmählich seine Ideen und verband in seiner psychotherapeutischen Praxis den Gebrauch verschiedener Techniken der Psychotherapie; in vielen Vorträgen, Artikeln und Broschüren stellte er seine Ansichten dar. 1927 erschien auch ein erster Artikel in englischer Sprache: »A New Method of Healing – Psychosynthesis« (Eine neue Methode des Heilens – Psychosynthesis).

1926 wurde das »Istituto di Psicosintesi« (Institut für Psychosynthesis) in Rom gegründet mit dem Zweck, verschiedene Techniken der Psychotherapie und der Ausbildung zu entwickeln, anzuwenden und zu lehren mit dem Ziel einer Psychosynthesis von Patienten und – im pädagogischen Feld – von Schülern.

Der Zweite Weltkrieg unterbrach diese Aktivitäten – bereits 1938 wurde das Institut von den Faschisten geschlossen. Assagioli eröffnete es 1944 in Florenz wieder, später ergänzt durch Zweigstellen in Rom und Bologna. Sei 1946 hielt Assagioli auch wieder Vorträge in Italien, der Schweiz und England; weitere Artikel und Broschüren wurden in verschiedenen Sprachen publiziert (s. Bibliographie).

1957 wurde in den Vereinigten Staaten die »Psychosynthesis Research Foundation« gegründet, deren Sitz zunächst in New York war, während nunmehr diese Aufgaben vom »Psychosynthesis Institut« San Franzisko übernommen wurden. Seit 1974 wird hier auch eine Zeitschrift für Psychosynthesis herausgegeben (*Synthesis*).

Seit 1960 hat Triant Triantafillou, Ph. D., Athen, mehrere Schriften über Psychosynthesis ins Griechische übersetzt und herausgegeben. Im Januar 1969 gründete er die »Griechische Gesellschaft für Psychosynthesis« und eröffnete ein Griechisches Zentrum für Psychosynthesis«.

1964 wurde in London unter Leitung von Ford Robertson, M. D., eine Vereinigung gegründet (Psychosynthesis in Education, an Association for Personal and Spiritual Integration), die sich besonders der Psychosynthesis in der Erziehung widmet.

1966 wurde von Juan Aleandri M. D. und einigen Kollegen eine »Associacion Argentina de Psicosintesis« begründet, 1968 ein »Instituto de Biopsicosintesis« an der John F.Kennedy-Universität Buenos Aires.

1965 wurde das Indische Institut für Psychosynthesis in Moradabad von Prof. J.P. Atreya begründet, dem Herausgeber der Zeitschrift *Darshana*.

Internationale Konferenzen zur Psychosynthesis wurden im Jahr 1960 und 1961 in Villeneuve, nahe Montreux (Schweiz) abgehalten, sowie 1967 in Rom.

Roberto Assagioli starb im Jahre 1974.

Heute gibt es weitere Psychosynthesis-Institute, vor allem in den Vereinigten Staaten, aber auch in Kanada, Frankreich, der Schweiz und England. Hier einige Anschriften:

ARGENTINIEN:
  Instituto de Biopsicosintesis
  Universidad Argentina John F.Kennedy
  Calle Bartolomé Mitre 1407
  Buenos Aires, Argentina

DEUTSCHLAND:
  Gesellschaft für Transpersonale Psychotherapie
  Postfach 608, 7800 Freiburg i.Br.

ENGLAND:
  Institute of Psychosynthesis
  Highwood Park, Nan Clark's Lane
  Mill Hill, London, S.W.7, England

FRANKREICH:
Centre Français de Psychosynthèse
61, Rue de la Verrerie
F - 75004 Paris

GRIECHENLAND:
Greek Center of Psychosynthesis
Evrou 4
Athen T.T. 611, Griechenland

HOLLAND:
Stichting Psychosynthese Nederland
Willelm van Noortplein 15
Utrecht, Holland

ITALIEN:
Istituto di Psicosintesi
Via San Domenico, 16
I - 50133 Firenze

Istituto di Psicosintesi - Centro di Bologna
Via Matteotti, 24
I - 40129 Bologna

Istituto di Psicosintesi - Centro di Catania
Viale Regina Margherita, 35b
I-95123 Catania

Istituto di Psicosintesi - Centro di Padova
Via Vescovado, 15 - Casa Pio Decimo
I - 35100 Padova

Istituto di Psicosintesi - Centro di Perugia
Via Vermiglioli, 16
I - 06100 Perugia

Istituto di Psicosintesi - Centro di Roma
Via Cola di Rienzo, 217
I - 00192 Roma

KANADA:
Canadian Institute of Psychosynthesis
Institut Canadien de Psychosynthese
3496 avenue Marlowe
Montreal H4A 3L7, Quebec, Canada

SCHWEIZ:
Centre de Psychosynthèse Educative
c/o Instiute Bleu Lèman
CH – 1844 Villeneuve/Vaud

VEREINIGTE STAATEN (USA)
Psychosynthesis Institute of Synthesis Graduate
School for the Study of Man
3352 Sacramento Street
San Francisco, Calif. 94118, U.S.A.

Psychosynthesis in Education
The Hill Center
Old Walpole Road
Walpole, New Hampshire 03608, U.S.A.

Psychosynthesis Training Center of High Point Foundation
647 North Madison Avenue
Pasadena, Calif. 91101, U.S.A.
und:
5337 North Millbrook
Fresno, Calif. 93710, U.S.A.
sowie:
916 9the Ave. South
Edmonds, WA 98020, U.S.A.

Kentucky Center for Biopsychosynthesis, Inc.
1226 Lakewood Drive
Lexington, KY 40502, U.S.A.

2. ROBERTO ASSAGIOLI: BIBLIOGRAPHIE

Gli Effetti del Riso e le loro Applicazioni Pedagogiche.
Rivista di Psicologia Applicata, 2 (1906).
La Psicologia delle Idee-Forze e la Psicagogia.
Rivista di Psicologia Applicata, 2-3 (1910).
Trasformazione e Sublimazione delle Energie Sessuali.
Rivista di Psicologia Applicata, 3 (1912).
Il Subcosciente.
Atti del IV Congresso Internationale di Filosofia, Bologna 1911; Biblioteca Filosofica, 1911.
La Psicologia del Subcosciente: 1. La Psicoanalisi. 2. Personalità alternantie e Concosciente. Psiche, 2-3 (1912).
Psicologia e Psicoterapie. Psiche, 3 (1913).
Gli Errori degli Scienziati. Psiche, 4 (1913).
La Classificazione dei Sogni. Psiche, (1915).
L'Ecole Psychopathologique Americaine. Scienta, 1919.
La Psicologia e la Scienza della Sessualità. Bolletino dell' Associazione di Studi Psicologici, 1 (1920).
A New Method of Healing: Psychosynthesis. Rom, Istituo di Psicosintesi 1927.
Il Valore Practico ed Umano della Cultura Psichica. Rom, Istituto di Psicosintesi 1929.
Psicoanalisi e Psicosintesi. Rom, Istituto di Psicosintesi 1931.
Parole Franche agli Adulti. Rivista Montessori 1913.
Sviluppo Spirituale e Malattie Nervose. Rom; Istituto di Psicosintesi 1933 (Dt. Übersetzung in »Wege zum Menschen«, 1955).
La Musica Come Causa di Malattia e Come Mezzo di Cura. Rivista Internazionale del Cinema Educativo, 1934.
Contribution de la Psychologie à l'Education Interculturelle. Revue Pedagogique, 3 (1948).
Come si Imparano le Lingue col Subcosciente. L'Economia Umana, Rassegna Medica Internazionale 1954.
Saggezza Sorridente. Fenarete, 1955.

Comprendere gli Altri. Fenarete 1955.
La Psicologia e la Scienza della Sessualità. L'Economia Umana 1955.
Il Mistero dell'Io. La Grande Ricerca 1956.
Modi e Ritmi della Formazione Psicologica. L'Economia Umana. 1956
Veleni e Farmaci Psicologici. La Grande Ricerca 1956.
La Psicoterapia. Medicina Psicosomatica, 1 (1957).
Music as a Cause of Desease and as a Healing Agent. New York, Psychosynthesis Research Foundation 1956.
La Psicologia della Donna e la sua Psicosintesi. L'Economia Umana 1958.
Dynamic Psychology and Psychosynthesis. New York, Psychosynthesis Research Foundation 1959.
Self-Realization and Psychological Disturbances. New York, Psychosynthesis Research Foundation 1961.
La Psicologia e l'Arte di Vivere. Florenz, Istituto di Psicosintesi 1962.
Psicologia dinamica e psicosintesi. Florenz, Istituto di Psicosintesi 1962.
L'educazione dei giovani particolarmente dolati. Florenz, Istituto di Psicosintesi 1962.
Creative Expression in Education. American Journal of Education, 1 (1963).
Pictures and Colours. Their Psychological Effects. New York, Psychosynthesis Research Foundation.
The Technique of evocative words. New York; Psychosynthesis Research Foundation 1970.
The Balancing and Synthesis of the Opposites. New York, Psychosynthesis Research Foundation 1972.
Smiling Wisdom. New York, Psychosynthesis Research Foundation.
The Training of the Will. New York, Psychosynthesis Research Foundation 1966.
Per l'Armonia della Vita, la Psicosintesi. Florenz, Istituto di Psicosintesi, 1966.
Jung and Psychosynthesis. New York, Psychosynthesis Research Foundation 1967.
Psychosomatic Medicine and Bio-Psychosynthesis. New York, Psychosynthesis Research Foundation 1967.
The Psychology of Woman and her Psychosynthesis. New York,

Psychosynthesis Research Foundation 1968.
Symbols of Transpersonal Experiences. Journal of Transpersonal Psychology, 1 (1969).
The Act of Will. New York, Viking Press 1973; Baltimore, Penguin Books 1974.
Transpersonal Inspiration and Psychological Mountain-Climbing. New York, Psychosynthesis Research Foundation 1976.

3. Wolfgang Kretschmer: Die meditativen Verfahren in der Psychotherapie*

Wer meditative Methoden anwenden will, muß selber meditieren können. Hierzu bietet das Buch von J. H. Schultz *Das autogene Training* eine treffliche Anleitung. Es sei aber gleich darauf hingewiesen, daß im allgemeinen bei der Meditation, wie auch sonst bei der Psychotherapie, das Prinzip der persönlichen Einweihung gilt. Ein Literaturstudium allein genügt selten. Außerdem hat das individuelle Üben große Gefahren. Die in der Unterstufe und insbesondere in der Oberstufe von J. H. Schultz beschriebenen Aufgaben sind echte Meditationsübungen. In der Oberstufe wird nach der allgemeinen Körperentspannung das bildhafte Vorstellungsvermögen geübt, in dem zunächst Farben und dann auch Gegenstände imaginiert werden. In dem Bemühen, abstrakte Begriffe, eigene Gefühle, bekannte Menschen, schließlich auch höhere sittliche Fragen in Bildern oder bildhaften Szenen visuell darzustellen, wird der Seele die Möglichkeit gegeben, eigene unbewußte Tendenzen symbolisch sichtbar zu machen. Im Traum geschieht es ja in ähnlicher Weise. Nur bekommt man in der Meditation die Antwort des Unbewußten auf systematisch gezielte Weise und wohl auch schneller.

Aber gerade bei Schultz ergibt sich besonders dringend die Frage der Endführung der Meditation. Er sieht diese Frage wohl. Da sie aber im Grunde eine religiöse oder zum mindesten dem Religiösen verwandt ist, will er sie nicht berühren und muß sich deshalb auf die Herausarbeitung der »existentiellen Grundwerte« beschränken. Dies heißt: Der Meditierende soll nach einer allgemeinen vernünftigen Weltanschauung nach Selbsterkenntnis und Freiheit, innerer Harmonie und lebendiger Produktivität streben. Im besten Falle kommt ein dem Nirwana ähnliches

---

* (aus: Zeitschrift für Psychotherapie und medizinische Psychologie. 1, 1951, S. 105–113. Die hier wiedergegebene Fassung wurde vom Verfasser dieses Beitrages überarbeitet.)

Phänomen der Beglückung und Befriedigung zustande. Aber vielleicht verschweigt uns Schultz auch entscheidende Erfahrungen, die noch weiter gehen, und die ja bei den unbegrenzten Verlaufsmöglichkeiten der Mediation grundsätzlich erwartet werden dürfen.

In der Methode von Carl Happich, der Internist in Darmstadt war, begegnen wir der Meditation in ihrer reinsten systematischen Form, aber auch in ihrer menschlichen Spannweite. Sie beginnt mit der Physiologie und endet mit der Religion. Happich hat sie entwickelt aus der literarischen und praktischen Kenntnis der orientalischen Systeme, deren Weisheit er zu verbinden wußte mit den Erfahrungen der modernen Tiefenpsychologie. Er ist literarisch kaum hervorgetreten und hat seine Grundprinzipien nur in zwei kleinen Arbeiten[1] dargestellt. Außerdem liegt noch eine kleine »Anleitung zur Meditation«[2], die religiöse Symbole betrifft, vor. Leider gelang ihm der Plan, seine Lebenserfahrung in größerem wissenschaftlichen Rahmen zu vermitteln, nicht mehr. Seine Bedeutung liegt also hauptsächlich in der praktischen Arbeit, deren Methodik er fast ausschließlich an Theologen weitergegeben hat, da kein Mediziner dafür Interesse zeigte.

Happich hält den psychologischen Ort des sog. »Bildbewußtseins«, das sozusagen zwischen Bewußtsein und Unbewußtem liegt, für die Ausgangsbasis aller schöpferischen Leistungen und damit auch des Heilungsprozesses. Es ist dies die seelische Ebene des Bildhaften oder, allgemein gesagt, des sinnenhaften Erlebens, in welcher sich auch das kollektive Unbewußte aussprechen kann. In der Aktivierung des Bildvorstellungsvermögens sieht also Happich wie J. H. Schultz den Ansatzpunkt der Meditation und ihrer therapeutischen Möglichkeiten.

Wie wird nun praktisch vorgegangen? Voraussetzung ist, wie immer, die körperliche Gelöstheit, die systematisch nach Schultz oder direkt durch Aufforderung erreicht wird. Happich legt dann noch großen Wert auf die Atmung, die ja ein Gradmesser der affektiven Verfassung ist und dementsprechend bei den Erlebnissen in der Meditation sich verändern kann. Er fordert also vor und während der Sitzung immer wieder zu ruhigem, gelöstem Atmen auf. Manche Menschen müssen dies erst durch vorausgehende Atemübungen lernen.

---

[1] »Bildbewußtsein und schöpferische Situation«, Dtsch. med. Wschr. 1939, Nr. 2 und »Das Bildbewußtsein als Ansatzstelle psychischer Behandlung«, Zbl. f. Psychotherapie Bd. 5.

[2] E. Röther, Darmstadt 1948.

Sind diese körperlichen Voraussetzungen geschaffen, so beginnt die erste Übung, die sogenannte Wiesen-Meditation. Der Meditierende muß sich entsprechend den Worten des Übungsleiters bildhaft vorstellen, er verlasse seinen Platz, gehe durch die Stadt, über Feld zu einer Wiese mit frischem Gras und Blumen, an deren Anblick er sich erfreuen soll. Dann wird er auf die gleiche Weise im Geiste auf seinen Platz zurückgeführt, öffnet die Augen, um zu erzählen, was er erlebt hat. Wird diese Aufgabe befriedigend gelöst, was gewöhnlich eine Reihe von Sitzungen erfordert, so kommt die Berg-Meditation.

Der Meditierende wird, wie das erstemal, in die Landschaft hinausgeführt und soll dann langsam einen Berg ersteigen. Er kommt dabei durch einen Wald und erreicht schließlich den Gipfel, von wo aus er das weite Land betrachtet.

Schließlich wird als dritte Stufe die Kapellen-Meditation durchgeführt. Dabei kommt der Meditierende schließlich durch einen Hain und erreicht eine Kapelle, in die er eintritt, und wo er eine Zeitlang verweilt. Gelegentlich ließ auch Happich den Patienten sich vorstellen, er sitze auf einer Bank bei einem alten Brunnen und lausche dem Rauschen des Wassers.

Was soll nun dies alles? Wer mit der Traumsymbolik vertraut ist, erkennt sofort, daß die drei zentralen Gegenstände (Wiese, Berg und Kapelle), zu denen der Meditierende hingeführt wird, einen urtümlichen Ausdruckswert haben, obgleich sie im alltäglichen Leben etwas ganz gewöhnliches sind und uns keineswegs zu besonders tiefen Erkenntnissen zu verhelfen brauchen.

Wohl gemerkt aber, in der meditativen Versenkung, wenn sie eine gewisse Tiefe erreicht hat, enthüllen alle betrachteten Dinge ihren Symbol- und Wertcharakter. Sie sind keine gewöhnlichen Gegenstände mehr. Wenn also der Meditierende auf die Wiese geht, so wird er nicht bloß das erleben, was er auch sonst im gleichen Falle erlebt hat. Vielmehr wird die Wiese als Symbol die hyponoischen Schichten provozieren, konstellieren. Sie wird die ihr entsprechenden Emotionen usw. wachrufen. Das Individuum muß real Stellung nehmen zu dem ganz ursprünglichen Gehalt des Symbols Wiese. Die Wiese nun, das ist ja auch unabhängig von der Traumerfahrung einleuchtend, veranschaulicht die jugendlich-mütterliche Natur mit ihrer Heiterkeit und ihrem Wohlwollen, im Gegensatz zum Walde, der auch das Dämonische verkörpert. Sie ist blühender Lebensursprung, der in die Zukunft weist. Sie ist Kindheitsraum. Läßt sich der Mensch von diesem Bild ergreifen, so macht er eine Regression durch zu dem kindlich-ursprünglichen Bereich seiner Seele. Nicht zu etwaigen sexuellen Träumen seiner Kindheit, nicht zu einem »Sumpf«, der auch eine sprechende Symbolik haben kann, sondern zu dem positiv schöpferischen Boden.

Jeder gesunde Mensch hat nun in seiner Seele eine Entsprechung dieser Wiese. Das heißt einen wirkungsmächtigen, kindlichen, schöpferischen Bereich. Ist er krank, so kann dieser Bereich seine positive Wirkungsmöglichkeit verlieren. Wird nämlich dieser archetypische Bereich der Seele durch das Bildsymbol der Wiese angesprochen, so wird diese Wiese selbst zum Anziehungspunkt, zum Kristallisationspunkt für alle Bildsymbole, die zu ihrer Sphäre gehören. Diese sich ankristallisierenden Gestalten sind aber unmittelbarer Ausdruck der Einstellung des Individuums zu diesem elementar-wichtigen Bezirk seiner Seele. Der gesunde Mensch wird etwa das wohltuende Erlebnis einer blühenden Frühlingswiese haben. Er wird sie bevölkert sehen mit Kindern oder mit einer angenehmen Frauengestalt. Er wird vielleicht Blumen pflücken usw. Hier entspricht also das angebotene Bild unmittelbar der seelischen Verfassung.

Beim kranken Menschen kann es geschehen, daß die Vorstellung einer frischen Wiese gar nicht zustande kommt, daß er sie gar nicht findet. Oder die Wiese ist verwelkt, oder sie ist tatsächlich ein Sumpf. Oder es spuken allerlei störende negative Symbolgestalten herum, usw. Man bekommt so zunächst einen diagnostischen Ertrag, der dann in einen therapeutischen umgewandelt werden muß. Dies geschieht dadurch, daß die Übung so lange wiederholt wird, bis das angeschnittene Grundproblem gelöst ist und die Meditation normal verläuft. Allerdings kann auch eine analytische Besprechung der Frage unterstützend wirken.

Mit der Bergbesteigung wird dem Meditierenden nicht nur allgemein eine Leistung zugemutet, so daß er sich bewähren muß. Das Aufsteigen hat in dieser psychischen Sphäre stets den Sinn der Sublimierung, der Vergeistigung oder besser gesagt der Humanisierung. Es geht hier um einen echten Vorgang des Transzendierens. Der Mensch wird geprüft auf seine Fähigkeit, sich empor zu entwickeln, den Standpunkt der Freiheit zu gewinnen, eben den »Gipfel« menschlichen Seins zu erreichen. Das Durchschreiten des Waldes gibt noch die Möglichkeit, sich mit der dunklen, geheimnisvollen Seite der Natur auseinanderzusetzen.

Mit der Kapelle betritt der Mensch den innersten Raum seiner Seele, wo sich ihm die Frage stellt, wie er sich zur Transzendenz schlechthin verhält. Wenn es gelingt, den Symbolgehalt der Kapelle wirklich zu erfassen, so können hier zentrale menschliche Probleme aufbrechen, aber auch ihrer Lösung zugeführt werden. Happich ist der Meinung, daß die religiöse Funktion ein ganz intimer und nicht zu übersehender Faktor im menschlichen Leben ist und daß der Mensch, wenn er wirklich gesund und frei werden will, irgendwann und irgendwie zu dieser Frage Stellung nehmen muß. So kann man auch nicht an der Tatsache vorbeigehen, daß die besondere Wirksamkeit der Therapie Happichs seiner religiösen Haltung zu verdanken war. Er pflegte eine christliche Meditation.

Daß es sich bei den Grundmeditationen um echte psychologisch begründete Prinzipien handelt, ist durch die Arbeit der Jungschen Schule bestätigt. Es sind gezeichnete Traumbilder veröffentlicht, wo man in einer Landschaft einen Berg sieht. Auf dem Berg steht eine Kirche. Ein solches Bild wertet der Psychologe als Hinweis auf den Abschluß des Individuationsweges, als Symbol der erreichten Vergeistigung. In der Meditation wird nun nicht, wie in der Traumarbeit, gewartet, bis diese Bilder spontan erscheinen, sondern der Patient muß sich so lange mit ihnen beschäftigen, bis er die volle Übereinstimmung mit ihnen gefunden hat.

Als höhere Stufe hat Happich die Zeichenmeditation eingeführt. Das Zeichensymbol ist sozusagen eine Kondensation, eine Abstraktion von vielen Vorstellungsbildern, die in einem gemeinsamen Ursinn zusammengefaßt sind. In der Betrachtung des Zeichens werden diese Bilder frei. Hier soll aber keine möglichst umfangreiche Phantasieproduktion angeregt werden, sondern das Denken bzw. Erleben des Meditierenden kreist streng um den zentralen Sinngehalt. Schließlich soll er sich mit dem Zeichen identifizieren, um sich den Sinngehalt wirklich anzueignen. Die Zeichen sind eigentlich nicht zur Therapie, sondern zur Förderung der höheren Persönlichkeitsentwicklung da. Was bei der Zeichenmeditation erlebt werden kann, lesen wir in Goethes *Faust* im Anfangsmonolog: Faust erblickt das Zeichen des Makrokosmos.

Eine noch abstraktere Form ist die Wortmeditation. Hier wird der zentrale menschliche Gehalt eines Wortes oder eines Spruches meditativ entfaltet und angeeignet, wobei auch die entsprechenden Bilder auftauchen können. Zeichen- und Wortmeditationen sind für die religiöse Erziehung von großer Wichtigkeit.

Happich verficht das gesunde Prinzip des Gleichgewichtes zwischen rationaler und irrationaler Tätigkeit auf den Meditationswege. Vor der Meditation soll der zu betrachtende Gegenstand gedanklich durchdrungen, nach der Meditation der Erlebnisertrag gedanklich ausgewertet werden.

Es sollen aber auch keine Bilder oder Zeichen meditiert werden, die erfahrungsgemäß negative Emotionen anregen, wie z.b. die Schlange oder der Skorpion. Die meditierenden Zeichen und Bilder sollen durch die jahrtausendalte Erfahrung der weisesten Menschen geläutert und bewährt sein, so wie dies bei vielen ägyptischen, indischen und germanischen Symbolen, aber auch bei den Heiligenbildern der griechischen Kirche der Fall ist. Erst dann können sie Ausdruck sein der positiven transzendenten Mächte, welche die Seele des Menschen ordnen und verwandeln wollen.[3]

1929 hat Carl G. Jung eine besondere Form des Symbolumgangs unter der Bezeichnung »Aktive Imagination« beschrieben und empfohlen. Die Patienten sollen sich Ausschnitte aus Schlafträumen oder allgemeine symbolische Bilder in Ruhe innerlich vorstellen und sich entfalten lassen. Darüber gibt es in der Jung'schen Schule allerdings kaum Berichte.

Der französische Psychologe Robert Desoille hat eine der originellsten imaginativen Methoden geschaffen, den »Gelenkten Wachtraum«.[4] Hier handelt es sich um ein systematisches tiefenpsychologisches Vorgehen, das Phantasie und Gefühl unmittelbar frisch erreicht. Desoille ließ die Patienten in gelockertem Zustand archetypisch-biographisch bedeutsame Grundthemen vor dem inneren Auge ausmalen, und sie sollten dabei auch in beliebiger Form aufsteigen oder absteigen: Ergreifen eines Degens, Umgang mit einer Vase; Abstieg ins Meer; Begegnung mit Drachen; Besuch einer Hexe oder eines Zauberers; Erleben des Dornröschenmärchens. Der Therapeut greift je nach Lage schonend oder abhärtend in den dramatischen Gang ein, besonders

---

[3] Hier anknüpfend hat C. Leuner seine Psychotherapie über das »Katathyme Bilderleben«, Stuttgart 1970, entwickelt.

[4] Le rêve éveillé en psychothérapie, Paris 1945; Dialogues sur le rêve éveillé en psychothérapie, Paris 1945; Dialogues sur le rêve éveillé, Paris 1973.

beim Auftauchen angsteinflößender Figuren. Er gibt nur Richtung des Weges und eventuell Hilfsmittel an, der Phantasie des Patienten Kristallisationsmöglichkeiten zu liefern. Die individuelle Ausgestaltung ist also das wesentliche. Durch den Aufstieg werden Willenseinsatz und Fähigkeit der werthaften geistigen Gesamterfassung des menschlichen Lebens geprüft und geübt, durch den Abstieg die Begegnung mit der elementaren Triebwelt. Es geschieht also psychisch das, was Goethe poetisch beschreibt als den Weg »vom Himmel durch die Welt zur Hölle«, d. h. der ganze seelische Bereich der hohen und tiefen Strebungen soll durchmessen werden. Wichtig ist die Erfahrung der mythisch-archetypischen Grundmächte des Daseins, von denen die lebensgeschichtlichen Ereignisse und aktuellen Konflikte erst das rechte Licht empfangen. Vor dem überpersönlichen Hintergrund schwindet die Angst und wird die Freiheit gewonnen. Die triebhaften seelischen Kräfte gehen in einen schöpferischen Prozeß ein und finden im besten Fall eine harmonische Ordnung in den spezifisch menschlichen Lebensbereichen, das heißt konsequentermaßen den ästhetischen, ethischen und religiösen. Das religiöse Gefühl ist für Desoille die höchste seelische Instanz, eine Funktion von großer Aktivität.

Die Methode erfordert große Symbolkenntnis und psychologische Einfühlung. Sie ist diagnostisch und therapeutisch zugleich, wobei durch Selbstbegegnung in symbolischen Bildern und im Auf- und Absteigen transzendierend die Entwicklung von Wille und Gefühl angeregt wird. Auch die verstehende Selbstbesinnung kommt dadurch ergänzend zu ihrem Recht, daß Patient und Therapeut den Wachtraum jeweils später besprechen.

Das einfache und anspruchsvolle Prinzip weist auf ein ernstes Problem hin. Wer Menschen zur Höhe der Vergeistigung führen will, muß selbst den Weg der Vergeistigung kennen. Der werdende Arzt wird aber heute nur dazu ausgebildet, hinabzusteigen zur Triebsphäre und zu den körperlichen Elementen. Wo findet er die Mittel und Ziele des Aufsteigens, die »anagogischen Hilfen?«

»Die Tiefenentspannung und das Bildern« nennt Walter Frederking seine psychotherapeutische Methode, die er in der *Psyche* 1948, Heft 2, skizziert. Hier haben wir die anarchistische bzw. unsystematischste Form meditativer Behandlung vor uns, was aber gar nichts über ihren Wert besagt.

Auch Frederking will von den Zufälligkeiten und Launen des Traumgeschehens unabhängig werden und das Unbewußte zur spontanen Produktion anregen. Er läßt zu diesem Zwecke den Patienten sich progressiv körperlich entspannen und dabei laufend seine Empfindungen schildern. Man könnte auch sagen, er läßt ihn einfach phantasieren. Es kommt dann über unklare optische Erscheinungen bald zu fortlaufenden bildhaften Produktionen in der Art des Bildstreifendenkens. Das Bilderleben bekommt schließlich symbolischen Bedeutungsgehalt wie im Traum und läuft szenisch ab, wobei der Patient Dichter und Akteur in einem ist. Er begegnet so den Inhalten des persönlichen und bis zu einem gewissen Grade auch des kollektiven Unbewußten und setzt sich ganz direkt und dramatisch mit seinen seelischen Problemen auseinander. Man könnte auch sagen, er steigt persönlich in den Hades hinab und überwindet die feindlichen Dämonen. In dieser Begegnung mit sich selbst vollzieht sich auch spontan die Heilung, welche sich in verschiedenen Wandlungssymbolen bekundet. Frederking meint: »Im Traume und Bildern wird der Mensch in jene Sphäre hineingeführt, in der die gestaltende seelische Kraft sich unmittelbar auswirkt und ihn daher tiefgreifend zu verwandeln vermag.«

Hier wird also fast alles auf die autonomen Heilkräfte der Seele gesetzt. Auch diese Methode arbeitet ausschließlich irrational. Frederking weiß aber, wie alle Menschen, die in dieser Sphäre arbeiten, daß seine Gegenwart keineswegs gleichgültig ist. Es ist weniger wichtig, daß er gelegentlich erklärend oder deutend in den Heilverlauf eingreift. Aber er weiß, daß der Patient nur in seiner Gegenwart die optimale Bilderschau erlebt. Obgleich hier der Therapeut sich im wesentlichen passiv verhält und nicht formend eingreift, ist doch der Patient in seinem seelischen Kraftfeld und empfängt vielleicht von da aus richtende oder gestaltende Impulse.

Friedrich Mauz hat unter dem Titel »Der psychotische Mensch in der Psychotherapie« (Archiv für Psychiatrie 1948) eine Behandlungsform beschrieben, die zwar keine Meditation in strengem Sinne ist, aber doch viele gemeinsame Züge mit ihr trägt. Gerade bei Psychotikern wären die bisher erwähnten Verfahren sehr gefährlich und deshalb verwerflich. Dementsprechend ist die Mauzsche Methode eine stark abgeschwächte Meditation, in der das Unbewußte ganz vorsichtig angefaßt und zu produktiven Leistungen veranlaßt werden soll.

Irgendwelche technischen Vorbereitungen erwähnt Mauz nicht. Die Behandlung, welche mit Rücksicht auf die Bahnung bedingter Reflexe täglich genau zur selben Zeit stattfinden soll, entwickelt sich unmittelbar aus dem Gespräch. Dieses Gespräch ist zunächst nur ein Monolog des Arztes, der den Patienten in plastischer und sympathiegetragener Schilderung Bilder aus der Kindheit malt: Das Erlebnis der Prozession, des Weihnachtsfestes in der Familie, eines Kinderliedes usw. Das Bild muß zum Patienten passen und intuitiv gewählt werden als »lösendes Bild«. Es soll die erstarrte Affektivität des Psychotikers auflockern und beleben, so daß dann später ein echtes Gespräch zustande kommen kann.

Mauz zielt, wie auch sonst die Meditation, auf die emotionelle Schicht des Patienten. Im Grunde führt auch er den Patienten auf die Happichsche Kindheitswiese, den schöpferischen Grund der Seele. Aber er wartet nicht ab, wie der Patient sich dazu stellt, sondern er erfüllt von sich aus die Wiese mit Gestalten, von denen er weiß, daß sie eindeutig positive Gefühle und Bilder erwecken: »die Geborgenheit« der Kindheit mit ihren »unschuldigen Freuden«. Hier soll der kranke Mensch wieder anknüpfen. Die von hier ausgehenden schöpferischen Kräfte sollen den Riß in der Persönlichkeit schließen helfen.

Es ist bemerkenswert, wie Mauz anscheinend ganz intuitiv aus der echten menschlichen Begegnung heraus wichtige Grundprinzipien der Meditation beschreibt. Das Bild ist das Wirksame, aber nur deshalb, weil es als wirklich, als aktuell, d. h. meditativ erlebt wird. »Das Bild muß persönlich und überpersönlich zugleich sein«. Es führt hinein in die »Sphäre der überpersönlichen Erkenntnisse und Wahrheiten«. »Alles Laute, Aufdringliche und Grelle muß vermieden werden.« Die entscheidenden Lebensvorgänge spielen sich in der Stille ab. Wir »müssen uns mit dem psychotischen Gegenüber identifizieren«. »Der Arzt muß sich selbst in den Zustand natürlicher Gelöstheit versetzen«, »seine eigene Freude anklingen lassen«.

Das heißt: der Arzt muß sozusagen den Patienten selbst meditieren. Er muß sich vom Patienten ergreifen lassen, wenn der Patient von seiner gestaltenden Kraft ergriffen werden soll. Dies ist die mystische Einheit von Arzt und Kranken. Man soll »nicht nur das Krankhafte analysieren« ..., sondern auch »das möglich Gesunde erkennen«. Der Arzt soll also stets die Idee des ganzen harmonischen Menschen vor sich haben und suchen, wo er es im Kranken wieder finden bzw. entwickeln kann.

Was hier geschieht, ist biologisch und ethisch in einem. »Das Gefühl der Geborgenheit« sagt Mauz, »ist vegetativ und geistig zugleich«. Damit umgreift er den gesamtanthropologischen Aspekt der Heilung überhaupt.

Entscheidend ist für Mauz vor allem »die einfache menschliche Begegnung«. »Es ist nötig, im Umgang menschlich zu sein.« Es scheint mir doch äußerst wichtig zu sein, daß ein berufener Wissenschaftler, wie Mauz, über die Erfahrung der meditativen Sphäre zur Anerkennung des »Menschlichen« als oberstem ärztlichem Prinzip kommt, was der wissenschaftlichen Medizin heute noch weitgehend fremd ist.

Fassen wir noch einmal die wesentlichen Gesichtspunkte zusammen, welche die verschiedenen Methoden charakterisieren und verbinden. Da ist die aktive Provokation des Unbewußten, wie ich es nennen möchte, wobei der Arzt hauptsächlich die Funktion des »Geburtshelfers« hat. In dem der Mensch sich so mit dem Unbewußten auseinandersetzen kann, werden ihm dessen schöpferische Möglichkeiten für die Heilung dienstbar gemacht. Im Gegensatz zu der bewußt passiven Haltung der analytischen Behandlungsweisen nimmt der Mensch bei den meditativen Verfahren aktiv, bewußt und orientiert am Heilungsprozeß teil. Ebenfalls im Gegensatz zu der analytischen Methode erstreben die meditativen Verfahren eine zielgerichtete, aber individuell angepaßte Formung des Menschen, wobei ein transzendentes Menschenbild im Hintergrunde steht. – Frederking macht hier eine relative Ausnahme. – Im Unterschied zu den analytisch-psychologischen Verfahren sind die Grundübungen der Meditation auch für den gesunden Menschen nicht nur anwendbar, sondern auch sehr nützlich.

Es wird ein geringer Wert auf die Analyse des Krankhaften gelegt. Die Betonung des Analytischen ist ja offensichtlich Ausdruck unserer geistigen Zeitlage. Vielmehr wird bei der Meditation auf die Aktivierung der gesunden Heiltendenzen der Seele abgezielt. Die Orientierung ist synthetisch.

Es wird den Patienten zu überpersönlichen, bewußtseinserweiternden Erfahrungen und Erkenntnissen verholfen. Ein weiterer Vorteil besteht darin, daß der Übergang zur religiösen Problematik in ganz natürlicher Weise sich vollziehen läßt. Die Behandlungszeit verkürzt sich, da man von den Launen der Träume unabhängig ist und schnell diagnostisch und therapeutisch an den psychischen Konflikt herankommt. Schließlich spielt das Moment der Übertragung der Komplexe auf den Arzt mit den entsprechenden Lösungsschwierigkeiten eine ganz untergeordnete Rolle.

Der großen Reichweite und Wirksamkeit der meditativen Verfahren gegenüber muß nun aber eine tiefgreifende Einschränkung gemacht werden. Sie liegt in der Tatsache der Subjektivität bei Arzt und Patient. Nicht umsonst sind alle beschriebenen Verfahren praktisch auf den Namen eines Schöpfers beschränkt und haben keine ins Gewicht fallende Schule gebildet. Es ist ja immer so, daß jeder erfolgreiche Psychotherapeut eine unnachahmliche eigene Schule in sich darstellt. Wir müssen zugeben, daß z.B. die Arbeitsweisen von Desoille und Mauz eine ganz außergewöhnliche Intuition und künstlerische Gestaltungsfähigkeit voraussetzen. Auch nicht jeder Patient ist in gleicher Weise fähig, tiefere Grade der Versenkung fruchtbar zu erleben. Das Entscheidende ist aber das von Heyer beschriebene Problem des seelischen Kraftfeldes, das für jede tiefenpsychologische Arbeit gültig ist. Soll der Patient mit seinen intimen seelischen Problemen fertig werden, so müssen die Tiefenbilder, welche diese Probleme veranschaulichen, im Traum oder in der Meditation an die Oberfläche des Bewußtseins gebracht werden. Dies anzuregen ist die Kunst des Arztes, welche man eigentlich nur mit dem unwissenschaftlichen Ausdruck der »Beschwörung« bezeichnen kann. Ob die Geister beschworen werden, dies ist nicht mehr einfach das Resultat einer erlernbaren Technik, sondern ergibt sich aus der personalen Gesamtwirkung des Arztes auf den Patienten. Darüber sind sich alle auf diesem Gebiet kompetenten Leute einig. Beim einen Arzt sieht der Patient nur banales Zeug, während er beim anderen einschneidende Tiefenerlebnisse hat. Die Psychotherapie ist in dieser Ebene eine Frage der Berufung und weniger der Technik allein. Berufung aber ist Folge der Begabung und der Formung. Nicht der generell handwerklichen Formung, wie sie das Medizinstudium darstellt, sondern der individuell-persönlichen Formung, wie sie dem Verhältnis des Meisters zum Schüler entspringt. Die große Psychotherapie ist einzigartig und unnachahmlich wie das Schaffen eines Künstlers. Dennoch und gerade deshalb können wir von ihr lernen.

Die Meditation hat wohl Aussicht, einmal eine führende therapeutische Methode zu werden. Alle jüngeren Systeme, die wir kennengelernt haben, sprechen für eine Entwicklung in dieser Richtung. Ob es aber wirklich dazu kommt, wird ganz gewiß von einer tiefgreifenden Umgestaltung der ärztlichen Ausbildung und der ärztlichen Praxis abhängen. Es ist aber von großer Wichtigkeit, ob in Zukunft überhaupt in dieser Richtung gedacht und gesucht wird. Nur so dürfen wir hoffen, von der Psychotherapie zu einer echten Menschenbehandlung zu gelangen.

4. ELMER UND ALYCE GREEN: DIE GEIST-FELD-THEORIE*

Wie wir in einem Artikel im *Journal of Transpersonal Psychology* »Zur Bedeutung von transpersonal: einige metaphysische Perspektiven« ausgeführt haben, stehen diejenigen, die an der Entwicklung einer Wissenschaft vom Bewußtsein arbeiten, vor der Schwierigkeit, daß es noch kein befriedigendes Vokabular gibt. Man muß Sanskritworte benützen oder völlig neue Worte schaffen oder auch bekannten Worten einen neuen Sinn geben, so daß sie bestimmte neue Bedeutungen haben. »Transpersonal« ist solch ein Wort.

Zwei Arten oder Qualitäten des Seins, persönlich und transpersonal, mit verschiedenartigen Charakteristiken, sollen in einem »verwirklichten Menschen« vorhanden sein, wie vielleicht der Guru von Ram Dass einer war (Ram Dass, 1969). Wie immer wir auch die Funktionen des Personalen und des Transpersonalen auffassen, wir stehen gewöhnlich vor Problemen, die mit einem Paradoxum zu tun haben, nämlich »*in* der Welt, aber nicht *von* der Welt zu sein«. Kein Wunder, denn viele Lehrer haben gesagt, daß eine derartige Integration des Persönlichen und des Spirituellen (personal und transpersonal) der letzte oder mindestens vorletzte Seinszustand ist (Ghose, Bailey, Ramakrishna).

Wir haben die verschiedenen Persönlichkeitsbereiche in einem Diagramm zusammengefaßt, das man die »Anatomie einer Psyche« nennen könnte.

Die Figur wurde 1963 zum erstenmal für einen Psychologiekurs skizziert, dessen Thema Persönlichkeitsfunktionen waren. Das Diagramm sollte die Ähnlichkeiten und Unterschiede zwi-

---

* Mit freundlicher Genehmigung des Verlags entnommen aus: Elmer und Alyce Green: *Biofeedback – eine neue Möglichkeit zu heilen.* (Beyond Biofeedback, dt.) Freiburg i. Br.: Hermann Bauer Verlag. Kap. 14, S. 327-339. Der Text ist leicht gekürzt, die Übersetzung wurde überarbeitet.

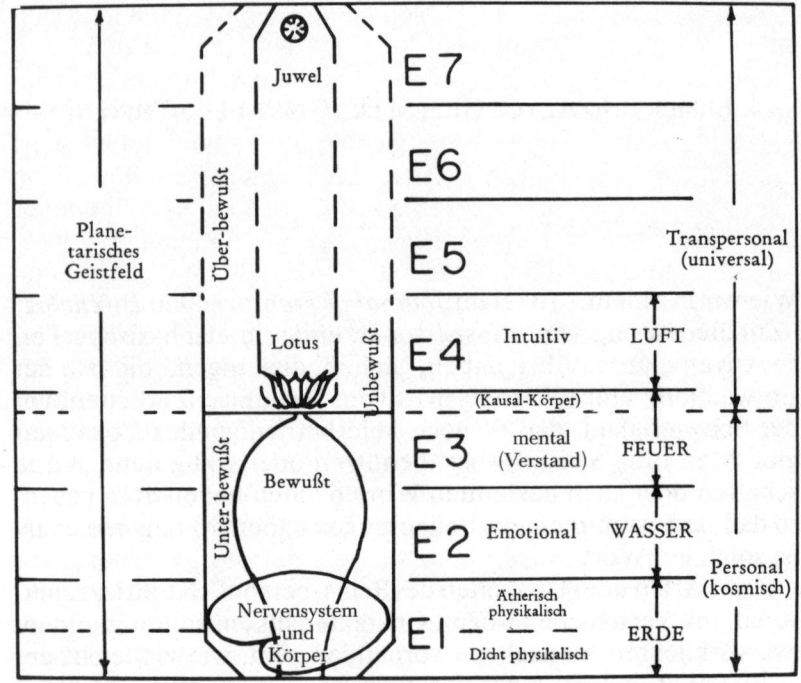

Symbolische Interpretation der menschlichen Substanz und der Wahrnehmungs-Strukturen. Jede Linie der senkrechten zylindrischen Figur, die ein menschliches Wesen verkörpert, steht für mindestens drei Dinge: eine Grenze zwischen verschiedenen Ordnungen der *Substanz* (verschiedene Arten der Materie), eine Grenze zwischen verschiedenen Arten möglicher *Wahrnehmung* und eine Grenze zwischen verschiedenen Arten möglicher *Aktion*.

schen den psychologischen Systemen von Sigmund Freud und C.G. Jung klären. Das heißt: Freud beschränkte seine Vorstellungen auf die physischen, emotionalen und mentalen Ebenen des Diagramms: E 1, E 2 und E 3. Er bemerkte einmal (mit großer Einsicht, wie wir meinen), daß er nur im »Keller« arbeitete, soweit es die menschliche Psyche angeht. Jung dagegen befaßte sich mit allen Ebenen des Diagramms.

Das Diagramm stimmt jetzt nicht nur mit Freudianischen und Jungschen Konzeptionen überein, sondern auch mit verschiedenen östlichen und westlichen metaphysischen Systemen. Es ist auch bei der Diskussion parapsychologischer Vorstellungen brauchbar.

Bei der Betrachtung eines solchen Diagramms sollte man sich daran erinnern, daß die Landkarte nicht das Terrain ist, der Name nicht die Sache. Mit der gebotenen Vorsicht kann man das Diagramm als den Vorschlag eines Modells der Substanz, der Wahrnehmung und des Handelns betrachten. Jede Linie repräsentiert drei Dinge: erstens eine begriffliche Grenze zwischen *Substanzen,* die auf unterschiedliche Weise organisiert oder von verschiedener Art sind; zweitens eine begriffliche Grenze zwischen *Wahrnehmungen* unterschiedlicher Art; und drittens eine begriffliche Grenze zwischen unterschiedlichen Arten möglichen *Handelns.*

Als eine Darstellung vieler, wenn nicht der meisten Systeme der okkulten Physik beruht das Grundmuster der Abbildung auf einer Theorie über die Energie (und einer damit verwandten Feldtheorie), die dem der modernen Physik bemerkenswert ähnelt. Vor allem gibt es eine ursprüngliche Energie, aus der alles andere entstanden ist. Ferner wird in der »Psycho«physik, besonders in der Art, wie sie von Gustav Theodor Fechner vorgeschlagen wurde, vorausgesetzt, daß die komplizierte Struktur der einen Grundenergie nicht nur physikalische Substanz einschließt, sondern auch emotionale Substanz, mentale Substanz und andere, feinere Materie, und daß im Menschen (und nur im Menschen, was das Leben auf unserem Planeten angeht) alle diese Materialien zusammenkommen. Die frühen Griechen lehrten, daß es diese Vereinigung der Substanzen war (symbolisiert durch Erde, Wasser, Feuer, Luft und Äther), was den Menschen zum Mikrokosmos machte. In ihm, sagten sie, seien alle Stoffe des Makrokosmos, des Universums, zu finden.

Das Individuum wird in der Abbildung von dem senkrechten Zylinder dargestellt, der oben und unten konisch zuläuft und dann plötzlich abgeschnitten ist. Dieses »Abgeschnittensein« soll auf die Offenheit des Systems hinweisen, das heißt, daß sich die Struktur nach oben und unten fortsetzt, was aber nicht dargestellt werden kann. Zumindest die geachtetsten Lehrer in allen Zeitaltern und Kulturen sagen, daß das System offen ist. Die wichtigsten *strukturellen* Teile innerhalb des Zylinders der menschlichen Psyche sind das Gehirn (und das Nervensystem), der Lotus und das Juwel. Die wichtigsten *die Wahrnehmung betreffenden* Teile sind das Bewußte und das Unbewußte.

Das Unbewußte setzt sich aus zwei Unterabteilungen zusammen, dem Unterbewußten und dem Überbewußten. Die Zahlen rechts stellen die traditionellen sieben hauptsächlichen Energiezustände oder Bewußtseinsebenen der am meisten fortgeschrittenen, verwirklichten Wesen dar, repräsentiert durch Buddha und Christus im Osten und Westen. Die meisten Menschen nehmen jedoch gewöhnlich nur den begrenzten Bereich innerhalb der ballonförmigen Figur mit der Bezeichnung »Bewußt« wahr. Die Worte »personal« und »transpersonal« beziehen sich auf Ebenen und Energien. Vereinfacht ausgedrückt, umfaßt das Personale das Physikalische bis zu den mentalen Ebenen, E 1 bis E 3, und das Transpersonale erstreckt sich von der intuitiven Ebene durch den gesamten überbewußten Bereich, von E 4 bis E 7. Beachten Sie, daß das Bewußte nur einen Teil einer Psyche in den Ebenen E 1, E 2 und E 3 umfaßt, was bedeutet, daß wir gewöhnlich nur einen begrenzten Bereich physischer, emotionaler und mentaler Ereignisse wahrnehmen.

Physikalische Ereignisse in Ebene E 1 teilen sich auf in dicht-physikalische und ätherisch-physikalische, was die Prânas des Yoga, die psychokinetischen Energien der Parapsychologie, das Ektoplasma der Medien in der spiritistischen Tradition, das »Bioplasma« der russischen Forscher und die angenommenen Heilenergien jener, die durch Berührung und Handauflegen heilen, erklärt.

Der Umriß des Gehirns am Fuß der Zeichnung repräsentiert das Gehirn und das Nervensystem, das vermutlich sowohl aus dicht-physikalischen als auch ätherisch-physikalischen Teilen besteht. Diese zweifache Zusammensetzung ist wichtig, da man annimmt, daß es das Ätherisch-Physikalische ist (die Substanz, die für psychokinetische Ereignisse verantwortlich sein soll), das die dem Prâna zugänglichen Organe der Wahrnehmung und des Handelns (die sieben wichtigsten Chakras des östlich metaphysischen Systems) auf das Nervensystem einwirken läßt, das in der westlichen Neuroanatomie und Neurophysiologie beschrieben wird.

Solange, bis uns die direkte existentielle Bewußtheit das Vorhandensein solcher Energien und struktureller Ordnungen bewiesen hat, kann man ihre Existenz nur aus parapsychologischen Daten und aus den Berichten der Mystiker und Okkultisten verschiedenster Kulturen erschließen, die behaupten, diese normalerweise unbewußten Bereiche der Psyche erfahren und beobachtet zu haben. Ohne jede einzelne Linie des Diagramms begründen zu wollen, sollen doch einige der wichtigsten Vorstellungen etwas ausführlicher beschrieben werden.

1. Jeder der sieben Ebenen wird als eine Ebene der Substanz angenommen. Das Juwel vertritt die spirituelle Wesenheit (oder Monade) einer Psyche und existiert in einer substantiellen Form. Aurobindo sagt, das Juwel sei Teil der Substanz des »Übergeistes«, und diese Ebene meinte er, als er sagte, wenn einen das Wort »Geist« in Verlegenheit bringe, solle man sich den Geist als die feinste Form der Materie vorstellen, wenn man aber durch dieses Wort nicht in Verlegenheit gebracht werde, könne man sich die Materie als die dichteste Form des Geistes vorstellen. Die Ebenen E 1 und E 7 unterscheiden sich also nur in der Dichtheit der Materie oder isotopen Analogie der Materie.

2. Die gesamte Umwelt außerhalb der Psyche, E 1 bis E 7, nennt sich »Planetarisches Geist-Feld«. Das planetarische Geist-Feld entspricht dem legendären »Sein« der esoterischen Religion, in dem wir »leben und uns bewegen und unser Sein haben«.

3. Wie Lichtstrahlen können auch die Energien der verschiedenen Ebenen und ihrer Unterabteilungen zur gleichen Zeit den gleichen Raum durchdringen. Es gibt keine Ebenen im Sinn von oben und unten; es gibt nur verschiedene Energiearten, und alle Arten durchdringen einander. Im Menschen kommen laut A.T. Barker alle Ebenen zusammen, und der Mensch ist das einzige Wesen, das in allen Energiedimensionen existiert. Wir haben noch keine genauen Worte dafür, und hier ist auch nicht der Ort, um die Verzweigungen dieser Idee eines Spektrums von Substanzen in weiteren Dimensionen zu diskutieren, aber es gibt einige wichtige Bücher, in denen sowohl die Theorie als auch die Erfahrung besprochen wird (Bailey, Barker, Blavatsky, Castaneda, Evans-Wentz, Ghose, Govinda, Hall, Levi, Long, Myers, Ram Dass, Ramakrishna, Shah, Steiner, Tart und Teilhard de Chardin).

Die Frage erhebt sich: Wenn diese Energien existieren, weshalb haben die Wissenschaftler sie dann noch nicht mit ihren Instrumenten entdeckt? Die Antwort, die im allgemeinen darauf gegeben wird, mag richtig oder falsch sein, jedenfalls ist sie sehr präzis. Die Energien der Ebenen E 2 bis E 7 wurden nicht mit wissenschaftlichen Instrumenten entdeckt, weil diese Instrumente nicht in die Bereiche oberhalb von E 1 hineinreichen. Der Mensch umfaßt alle Bereiche und kann deshalb ein größeres Energiespektrum entdecken. Instrumente bestehen aus anorganischen Stoffen und es fehlen ihnen die Komponenten, die für die Entdeckung der Energien der Ebenen E 2 bis E 7 notwendig sind. Mit anderen Worten, Lebewesen sind dem Kosmos besser verbunden als wissenschaftliche Geräte, die schließlich nur begrenzte Werkzeuge sind.

4. Das Dicht-Physikalische teilt sich auf in Festes, Flüssiges und Gasförmiges, wie jedermann weiß und das Ätherisch-Physikalische soll aus vier Arten bestehen; die Haushalts-Elektrizität ist die dichteste, und es gibt noch drei andere, feinere Äther. Keiner davon ist mit jenem Äther identisch, den die Physik des 19. Jahrhunderts annahm, das angeblich schwingende Medium für die Ausbreitung der Lichtwellen (so wie die Luft das schwingende Medium für die Ausbreitung der Schallwellen ist). Im Gegenteil, diese Äther sollen in der gleichen Weise Substanzen sein, wie Elektrizität und Licht Substanzen sind. Einige Medien und Mystiker behaupten, daß die Aura, die sie um den menschlichen Körper sehen, aus diesen Energien besteht.

5. Der Ballon, der das Bewußtsein repräsentiert, läuft dort, wo er Gehirn und Rückenmark überdeckt, spitz zu. Dies deutet an, daß ein großer Teil des Nervensystems unbewußt ist. Es ist natürlich eine grundlegende Beobachtung, daß ein großer Teil der Nervenmaschinerie des Menschen in normalerweise unbewußten Teilen des Nervensystems liegt.

6. Die Energien der Ebenen E 2 und E 3 (emotional und mental) erstrecken sich über den Bereich E 1 (den physikalischen) hinaus, wie es den Erkenntnissen der Parapsychologie entspricht. Übrigens ist es interessant, daß nach dieser Theorie unsere Nahrung gewisse emotional und mentale Wirkungen hat, weil sie außer der physikalischen Substanz noch Substanzen von vielen Ebenen enthält. Dies ist einer der Gründe für den Vegetarismus in vielen östlichen Religionen.

7. Der untere Teil des Zylinders ist mit stärkeren Linien gezeichnet, was andeuten soll, daß es eine kräftige Barriere gibt, die eine unmittelbare Wechselwirkung mit dem planetarischen Geist-Feld auf persönlichen Ebenen, den physischen, emotionalen und mentalen, blockiert.

8. Das Bewußtsein ist vom Unterbewußtsein durch eine dünne Linie getrennt, was anzeigen soll, daß diese Barriere nicht besonders stark ist. Bei manchen Menschen ist sie kräftiger als bei anderen, aber jeder, der sich an einen Traum erinnern oder hypnagoge Bilder wahrnehmen kann, hat diese Barriere überwunden. Die Barriere zum Unbewußten kann an vielen Stellen von E 1 bis E 4 spontan durchdrungen werden. Deshalb werden sich Menschen

manchmal unerwarteterweise und unkontrollierbar der Inhalte ihrer eigenen physiologischen, emotionalen, mentalen und transpersonalen Selbste bewußt. Anfänger-Reisen über die Barriere hinaus führen im allgemeinen in die eigenen, normalerweise unbewußten Ebenen des Betreffenden und nicht in das planetarische Geist-Feld jenseits der dicken Linie der Bereiche E 1 bis E 3.

9. Wenn die stärkere Barriere (die dicke Linie) zwischen dem persönlichen Unterbewußtsein und dem planetarischen Geist-Feld durchdrungen wird, findet oft ein Einströmen von Energien statt, die als die Emotionen und Gedanken von fernen Menschen empfunden werden, und der Betreffende wird vorübergehend medial.

Das Mediale ist bewußtes Wahrnehmen von Informationen, die direkt in die Psyche gelangen, ohne die normalen sensorischen Nervensysteme zu passieren, die auf die sensorischen Bereiche des Gehirns einwirken. Wie ist diese direkte Wahrnehmung möglich? Wieder geben die Yogis eine einfache Antwort, ob sie nun richtig oder falsch ist: *Wahrnehmung findet in erster Linie im Ätherisch-Physikalischen statt.* Diese Substanz kann durch Energie aus einer anderen Ebene angeregt werden. Die Verbindung der physischen Nervenfasern mit dem Ätherisch-Physikalischen scheint relativ stark zu sein, während sich die Verbindung von anderen Energieebenen zum Ätherisch-Physikalischen von E 2 bis E 7 ständig abschwächt.

10. Diese Barrieren zu anderen Bewußtseinsebenen (wir können sie auch Energieschwellen nennen) werden von existentiell fortgeschrittenen Menschen aller Religionen und aller wichtigen psychologischen Systeme, die wir kennen, vertreten. Jene, die das Durchdringen dieser Barrieren nicht erlebt, die die Energieschwellen nicht überschritten haben, leugnen im allgemeinen, daß irgendein Energiefeld außerhalb ihres eigenen Bewußtseins sie beeinflussen kann (außer natürlich das Zentralnervensystem). Aber diese Unkenntnis rührt daher, daß sie eine eingeschränkte existentielle Erfahrungsgrundlage haben. Wenn die meisten Menschen farbenblind wären, könnten diejenigen, die Farben sehen, nur schwer beschreiben, was für eine Empfindung das ist. Aber die Blindheit der Mehrzahl würde an der Erfahrung selbst nichts ändern und die Gewißheit derer, die sehen können, nicht im geringsten beeinträchtigen.

11. Der bewußte Ballon ist auf der emotionalen Ebene am breitesten, weil das für den normalen Menschen zuzutreffen scheint.

Das heißt, der Durchschnittsmensch nimmt sein eigenes Selbst emotional bewußter wahr als physisch oder verstandesmäßig (mental).

12. Das Durchbrechen der starken Barriere zum Bewußtsein in E 2 führt zu einer Art Mediumistik, instinktive Intuition genannt, aber gemäß den Yogis aller Traditionen existiert eine höhere Art der Intuition in E 4. Das Tunnel-Erlebnis, über das mehrere unserer College-Studenten beim Theta-Trainingsprogramm berichteten, haben Menschen überall auf der Erde erlebt. Es ist im Westen oft so interpretiert worden, daß es die Bewegung des Menschen durch den Geburtskanal in die physikalische Welt symbolisiert. Aber wie durch den Schlauch oben an dem Bewußtseins-Ballon angedeutet (wo er mit dem Lotus verbunden ist), symbolisiert der Tunnel oder Kanal den Übergang in die spirituelle Welt. Das Tunnel-Erlebnis jedes Individuums wird von seiner Bewußtseinsebene abhängen, die je nach den äußerlich-innerlichen Aspekten seines Lebens wechseln kann. Wahrscheinlich findet hier das biblische Gebot »Du sollst wiedergeboren werden« seine Bedeutung.

13. Im Orient repräsentiert der Lotus den unsterblichen Teil der Psyche, während das Juwel das ewige Sein ist. Die Lotuspflanze diente als Symbol, weil sie in der Erde wächst (dem Physikalischen), durch das Wasser (die astrale Schicht, = E 2 und der größte Teil von E 3) in die Luft emporsteigt und blüht. Im Zen wurde diese Pflanze das »Wahre Selbst« genannt; manche Tibeter nennen es den »Regenbogenkörper«; Aurobindo nennt es das »wahre übersinnliche Sein innerhalb des Herzens« und Ira Progoff spricht von der »tiefen Ebene des Selbst«, die dadurch erreicht werden kann, daß man den inneren Schacht hinabsteigt. »Den Schacht hinab« bedeutet natürlich das Gehen durch den Tunnel nach E 4 und heißt, tief nach innen gehen. Der Tunnel oder Schacht wird im Sanskrit antahkarana oder Pfad genannt. In der christlichen Mystik hieß dieser Pfad Jakobsleiter (Genisis 28, 10-17). In China wurde er Tao genannt.

Für viele Menschen, die das chinesische Tao studiert haben, galt dieser Pfad bildlich als »der Pfad, dem man im Leben folgen muß«, das heißt, die Art und Weise, wie man sich als moralischer Mensch verhalten solle. Aber in dem hochentwickelten tibetanischen psychophysiologischen System ist dieser moralisch richtige Pfad ein Pfad der Substanz, buchstäblich ein substantielles Gefüge, manchmal der »Kausalkörper« genannt, in der Psyche jedes

Menschen, die ihn als persönliche Wesenheit mit seinem eigenen transpersonalen Sein verbindet.

14. Ein Bereich, der die persönlichen Grenzen überschreitet, ist in der oberen Hälfte des Diagramms, Ebenen E 4 bis E 7, angedeutet. Diese höheren Ebenen sind nicht durch feste Linien vom planetarischen Geist-Feld getrennt, sondern durch gestrichelte Linien eingefaßt. Die Öffnungen sollen einen freien Energieaustausch andeuten, der jeden Mensch mit der universalen Natur und mit den transpersonalen Ebenen jedes anderen Menschen verbindet (während die kosmische Natur auf die Ebenen E 1 bis E 3 beschränkt sein soll).

Es heißt, alle Menschen seien Brüder und Schwestern, weil auf transpersonalen Ebenen des Unbewußten jeder Mensch ein untrennbarer Teil eines einzigen Seins ist. (Vielleicht ist dies die Grundidee in dem Satz: »Der Mensch ist das Ebenbild Gottes«.) Diese Möglichkeit wird vielleicht nicht erkannt, wenn ein Mensch nicht durch den Tunnel gegangen ist, nicht »im Geist wiedergeboren« wurde, wie die christlichen Mystiker sagten. Ira Progoff sagt, daß jene, die »den Schacht hinabgehen«, tiefere Ebenen ihres Seins wahrnehmen und mit dem übrigen Leben, das sie erkennen, vereinigt werden. Vielleicht meinte Christus diese allgemeinen Ideen, als er sagte: »Ich bin Gottes Sohn und ihr seid meine Brüder«.

Der in einem anderen Kapitel erwähnte Arzt, der durch den Tunnel ging und sich als eine normale Gestalt zusammen mit einer anderen, hell leuchtenden Gestalt seiner selbst erblickte, die umgekehrt oben auf seinem Kopf stand, sah ein Bild des persönlichen Selbst, über dem sich das transpersonale Selbst befand. Durch dieses Bild nahm er den transpersonalen Teil seines Selbst wahr, der in gewisser Weise er selbst war, außer daß er leuchtete, auf dem Kopf stand und so viel Licht ausstrahlte, daß es fast unerträglich war. Wieder wird man an einen Satz aus der Bibel erinnert: »Wie oben, so unten«. Und wie ein Baum, der sich in einem See spiegelt, steht das Bild auf dem Kopf. Für Don Juan steht die Welt des normalen Bewußtseins auf dem Kopf. Interessanterweise deckt sich diese Vorstellung mit einigen antiken Mythen, in denen der Baum des Lebens auf dem Kopf steht und seine Wurzeln in den Himmel streckt. Auch dies ist ein Paradoxum, aber durch den Übergang von einem persönlichen zu einem transpersonalen Bezugsrahmen lösen sich alle derartigen Paradoxa als bloße Kunstgebilde der personalen Wahrnehmung auf.

Diese Vorstellung war ein wichtiger Bestandteil der »Erklärung des Zauberers«, die Don Juan am Ende von »Der Ring der Kraft« gab.

Wir glauben, es ist nun klar, daß jede einzelne Linie des Diagramms eine Grenze zwischen verschiedenen Arten der Bewußtheit und/oder verschiedene Arten von Substanzen repräsentiert und daß »Erde, Wasser, Feuer und Luft« der Ebenen E 1 bis E 4 verschiedene Substanzen darstellen, die mit analogen Teilen der Psyche auf den einzelnen Ebenen korrespondieren.

Wie wir bereits angedeutet haben, wird ein wichtiger Unterschied zwischen zwei Hauptbereichen gemacht, nämlich den Ebenen E 1 bis E 3 und den Ebenen E 4 bis E 7. Der erstere Bereich ist die Sphäre der Persönlichkeit, das Sein, das im Mutterleib entsteht und bis zum Tod dauert, während der letztere (die Struktur von Lotus nach oben bis Juwel) die Sphäre der wahren Wesenheit ist, ein Sein, das sich dadurch entwickelt, daß es sich wiederholt in das persönliche Leben ausweitet, um Erfahrung zu erlangen. Nach dem »Tibetanischen Totenbuch« und anderen Schriften wird nach dem Tod (oder dem Abwerfen) des physischen Körpers eine gewisse Zeit in emotionalen und mentalen Körpern verbracht, bis ein zweiter »Tod« stattfindet und das Wesen in transpersonale Ebenen übergeht. Durch den Wunsch nach zusätzlicher Erfahrung (wenn wir es so ausdrücken können) bekommt es schließlich eine weitere Gelegenheit, als ein zusammengesetzter Organismus zu leben und wird als persönliches, separates Wesen wiedergeboren.

Der Lotus gilt als die Widerspiegelung des Juwels, und beide verändern sich langsam, da jeder Lotus durch Tausende von unterschiedlichen persönlichen Erfahrungen geht. In buddhistischen Ländern glaubt man, daß Gautama, der Buddha, sich an mehrere hundert Leben erinnern konnte. Ob das nun ein Mythos ist oder nicht, Ian Stevenson hat neuerdings einen überzeugenden Beweis dafür vorgelegt, daß zwanzig Kinder, die er untersuchte, sich deutlich an Einzelheiten aus einem anderen Leben kurz vor ihrem gegenwärtigen zu erinnern schienen. Er konnte die Genauigkeit der Erfahrungen oder Ereignisse, über die sie berichteten, nachprüfen und bestätigen.

Aber wenn ein Mensch nicht die Überzeugung in sich trägt, dann ist die Idee der Reinkarnation trotz Mythen und wissenschaftlicher Forschung nur eine Idee. Trotzdem hat sie von einem rationalen Standpunkt aus einige nützliche Erfahrungen. Erstens können Menschen, die an Gerechtigkeit glauben, durch die Reinkarnationstheorie verstehen, wie es möglich ist, daß manche Kinder blind oder verkrüppelt geboren werden, während andere gesund sind. Vielleicht das Nützlichste an den Ideen der Reinkarnation und des Karmas ist es, daß ein Mensch logischerweise mindestens teilweise für sein genetisches Muster und seine soziale Stellung Verantwortung übernimmt. Dies kann hilfreich sein, wenn es zu Entwicklung und Wachstum führt. In Indien allerdings war die Folge davon das repressive Kastensystem, das zeigt, zu welcher Absurdität eine Idee mit logischen Mitteln aus selbstsüchtigen Gründen getrieben werden kann. Das Kastensystem wurde natürlich geächtet und der Kastengeist verschwindet langsam in Indien.

Nachdem wir den Unterschied zwischen personalen und transpersonalen Erfahrungen und Substanzen erläutert haben, ist es nützlich, über das *Außerpersönliche* zu sprechen. Das »Geistersehen«, über das Medien sprechen, soll auf die Wahrnehmung realer, aber nichtkörperlicher Wesenheiten zurückzuführen sein, hauptsächlich auf den Ebenen E 2 und E 3, sofern solche Erlebnisse nicht Projektionen und Bilder aus ihrem eigenen Unterbewußtsein sind. Diese beiden Ebenen zusammen wurden in vielen Werken die »Astralebene« genannt, und sie sollen nicht nur das planetarische Geist-Feld des Diagramms umfassen, sondern auch das allgemeine Geist-Feld, das sämtliche Galaxien in sich einschließt. Dieses galaktische Feld könnte man das kosmische Geist-Feld nennen, im Gegensatz zu dem begrenzteren planetarischen Feld (das die persönlichen Bewußtseine enthält, die innerhalb der Begrenzungen der individuellen Psyche auf den Ebenen E 2 und E 3 existieren.)

Zum besseren Verständnis nennen wir die Erfahrungen der Ebenen E 4 bis E 7 transpersonal und die Erfahrungen, die die starke Barriere der Psyche in den Ebenen E 2 und E 3 durchdringen, außerpersönlich. Außerpersönlich heißt daher mediale, nicht-transpersonale Erfahrung. Solche Erfahrung kann auf das planetarische Feld eines Menschen beschränkt sein, sie kann sich aber auch auf das allgemeine kosmische Feld erstrecken (gemäß Aurobindos Definition, nach welcher der Kosmos eine Erweiterung der Ebenen E 1 bis E 3 durch das ganze Universum ist). Es ist interessant, daß das Transpersonale manchmal mit dem Konzept des Mystischen verbunden ist und das Außerpersönliche mit dem Medialen.

Laut Aurobindo ist der Kosmos (die horizontale Ausdehnung von E 1, E 2 und E 3) unendlich, und die Wesen, mit denen man auf den Ebenen E 2 und E 3 Kontakt aufnehmen kann, entwickeln sich oft nicht, weil sie keine »vertikale« Struktur haben, keine Ausdehnung nach E 4 und darüber. In einem Diagramm wie unserer Abbildung existieren sie als horizontale Strukturen auf irgendeiner Ebene, in der sie »festgefahren« sind. Aurobindo und einige Tibeter behaupten, daß eine Psyche, die sich vertikal entwickeln soll, die Substanzen auf allen Ebenen miteinander verbinden muß. Wo immer sie in Erscheinung tritt, in jeder Galaxis, muß sie dem Menschen auf dem Planeten Erde analog sein, ohne Rücksicht auf seine »Gestalt«, seine physische Erscheinung.

ZITIERTE LITERATUR

Bailey, Alice A.: *A treatise on white magic.* New York; Lucis Publ. Co. 1934.
dt.: *Eine Abhandlung über weiße Magie.* Bietigheim/Württ., Rohm 1966[2].
Barker, A. Trevor (Ed.): *The mahatma letters to A.P. Sinnett.* London, Rider and Co. 1923.
Blavatsky, Helena Petrowna: *The secret doctrine.* Point Loma, Calif., The Aryan Theosophical Press 1917.
dt.: *Die Geheimlehre.* Ulm/Donau, Arkana-Verlag 1958-59. (Gekürzte Ausgabe in einem Band: Graz, Adyar 1975.)
Castaneda, Carlos: *Tales of power.* New York, Simon and Schuster 1974.
dt.: *Der Ring der Kraft.* Frankfurt/M., S. Fischer 1976.
Evans-Wentz, W.Y.: The Tibetan book of the dead. *London, Oxford 1927.*
dt.: *Das tibetanische Totenbuch oder die Nach-Tod-Erfahrungen auf der Bardo-Stufe.* Freiburg, Walter 1977[10].
(Ghose) Aurobindo, Sri: *The life divine.* New York; The Sri Aurobindo Library 1951.
dt.: *Das göttliche Leben.* Gladenbach, Hinder u. Deelmann 1975.
–, *The synthesis of yoga.* Pondicherry, Sri Aurobindo Ashram Press 1955.
dt.: *Die Synthese des Yoga.* Gladenbach, Hinder u. Deelmann 1972.
Govinda, Anagarika: *Foundations of tibetan mysticism.* New York, Dutton 1960.
dt.: *Grundlagen tibetanischer Mystik.* München, Barth 1975[4].
Green, Elmer E./Alyce M. Green: »On the meaning of transpersonal: Some metaphysical perspectives« in: *Journal of Transpersonal Psychology.* 3,1 (1971), S. 27-46.
Hall, Manly P.: *Man, the grand symbol of the mysteries.* Los Angeles, Philosophical Res. Soc. 1932, 1947[5].
–, *The secret teachings of all ages.* Los Angeles, Philosophical Res. Soc. 1952.
Lévi, Éliphas (d.i. Alphons Louis Constant): *Transzendentale Magie.* Basel, Sphinx 1975.
Long, Max Freedom: *The secret science behind miracles.* Vista, Calif., Huna Research Public. 1948.
dt.: *Geheimes Wissen hinter Wundern.* Freiburg, Bauer 1965.
Myers, Frederick W.H.: *Human personality and its survival of bodily death.* London, Green 1903. (Neuauflagen, z.B. New York, Longmans, Green 1954.)
Progoff, Ira: *The well and the cathedral.* New York, Dialogue House Library 1970.
Ramakrishna: *The gospel of Sri Ramakrishna.* New York, Ramakrishna-Vivekanada Center 1952.
dt. Auswahl: *Leben und Gleichnis: die Botschaft des größten indischen Heiligen.* Bern, Barth 1975.

Ram Dass (d.i. Richard Alpert): *Be here now.* New Mexico, Lama Foundation 1971.
   dt.: *Denke daran: Sei jetzt hier.* Berlin, Sadhana Verl. 1976
–, *The transformations of a man from scientist to mystic, a personal chronicle.* Lecture given at the annual meeting of the Association for Humanistic Psychology. Silver Spring, August 1969.
Shah, Idries: *The way of the Sufi.* London: Jonathan Cape 1968
–, *Die Sufis.* (The Sufis, dt.) Düsseldorf, Diederichs 1976.
Steiner, Rudolf: *Die Geheimwissenschaft im Umriß.* Leipzig, Altmann 1910. Stuttgart, Verl. Freies Geistesleben 1948.
Stevenson, Ian: *Twenty cases suggestive of reincarnation.* New York, American Society of Psychical Research 1966.
   dt.: *Reinkarnation. Der Mensch im Wandel von Tod und Wiedergeburt. 20 überzeugende und wissenschaftlich bewiesene Fälle.* Freiburg i.Br., Aurum 1976.
–, *Cases of the reincarnation type,* Vol. 1. Ten cases in India. University Press of Virginia 1975.
Tart, Charles T.: »A psychophysiological study of out-of-the-body experiences in a selected subject« in: *Journal of the American Society for Psychical Research.* 62 (1968), S. 3-27.
Teilhard de Chardin, Pierre: *Der Mensch im Kosmos.* München, Beck, 1960^2.

LITERATURVERZEICHNIS

1 Abraham, Karl: *Psychoanalytische Studien*. Ges. Werke in 2 Bdn. Hrsg. v. Johannes Cremerius. Frankfurt/M., S.Fischer 1971 (Conditio humana).
2 Adler, Alfred:
   a *The pattern of life*. New York: Cosmopolitan Book Co. 1930 (London, Kegan Paul 1931).
   b *Alfred Adlers Individualpsychologie. Eine systematische Darstellung seiner Lehre in Auszügen aus seinen Schriften*. Hrsg. v. Heinz L. Ansbacher und Rowena R. Ansbacher. München, Reinhardt 1972 (1975^2).
3 Alexander, F. Matthias: *The resurrection of the body. The writings of F. Matthias Alexander*. Selected and introd. by Edward Maisel. New York, Dell 1969
4 Alexander, Gerda: *Eutonie. Ein Weg der körperlichen Selbsterfahrung*. München, Kösel 1976.
5 Allendy, René: *Le problème de la destiniée*. Paris, Gallimard 1927.
   dt.: *Wille oder Bestimmung*. Stuttgart, Hippokrates-Verlag 1930.
6 Allport, Gordon W.: *Becoming*. New Haven 1955
   dt.: *Werden der Persönlichkeit*. Bern, Huber 1958.
7 Angyal, Andras:
   a *Foundations for a science of personality*. Cambridge, Mass.: Harvard Univ. Press. 1941 (1958^4).
   b *Neurosis and treatment. A holistic theory*. (Ed. by Eugenia Hanfmann and Richard M. Jones) New York, Wiley 1965.
8 Assagioli, Roberto: *The act of will*. New York, Viking 1973 (Baltimore, Penguin Books 1974).
9 Bach, George R.: *Intensive group psychotherapy*. New York, Ronald Press 1954.
10 Barrett, Edward John Boyd: *Strength of will*. New York, Harper 1931.
11 Baruk, Henri:
   a *Psychiatrie morale expérimentale, individuelle et sociale*. Paris, Presses Universitaires 1945.
   b *Le test »Tsedek«, le jugement moral et la delinquence*. Paris, Presses Universitaires 1950.
   c *Traité de psychiatrie*. Paris, Masson 1958.
12 Baudouin, Charles:
   a *De l'instinct à l'esprit; précis de psychologie analytique*. Bruges, Desclée, de Brouwer 1950
   b *Die Macht in uns. Entwicklung einer Lebenskunst im Sinne der neuen Psychologie*. Dresden, Sibyllen-Verlag 1924^7.
   c *Suggestion und Autosuggestion*. Dresden, Sibyllen-Verlag 1926
   d *Mobilisation de l'energie; éléments de psychagogie théorique et pratique*.

Paris, Ed. de l'Institut Pelman 1931.
e *Découverte de la personne.* Paris, Presses Universitaires 1940.
13 Beisser, Arnold: »The paradoxial theory of change« in: *Gestalt therapy now.* Ed. by Joen Fagan and Irma Lee Shepherd. New York, Harper a.Row 1970, S. 77-80.
14 Bense, Alfons: *Erleben in der Gesprächspsychotherapie. Die Experiencing-Theorie Gendlins in der klientzentrierten Gesprächspsychotherapie.* Weinheim, Beltz 1977.
15 Bergson, Henri: *Les deux sources de la morale et de la religion.* Paris 1932^3.
 dt.: *Die beiden Quellen der Moral und der Religion.* Jena, Diederichs 1933.
16 Berne, Eric: *Transactional analysis in psychotherapy.* New York, Grove Press, 1961.
17 Bezzola, D.: »Des procédés propres à réorganiser»La synthèse mentale« dans le traitement des névroses« in: *Revue de Psychiatrie* 1908.
18 Binswanger, Ludwig: *Grundformen und Erkenntnis menschlichen Daseins.* Zürich, Niehans 1942 (München, Reinhardt 1973^5).
19 Bjerre, Poul:
 a *Von der Psychoanalyse zur Psychosynthese.* Halle 1925.
 b *Psychosynthese.* Stuttgart, Hippokrates Verlag 1971.
20 Boeke, Kees: *Cosmic view; the universe in 40 jumps.* New York, John Day 1957.
21 Buber, Martin: *Ich und Du.* Leipzig, Insel 1923 (Heidelberg, Schneider 1974^8)
22 Bucke, Richard Maurice: *Cosmic consciousness.* Philadelphia 1901. (Viele Neuauflagen, z.B. New York, Dutton 1969. Gekürzte und stark bearbeitete deutsche Ausgabe unter dem Titel *Die Erfahrung des kosmischen Bewußtseins,* Freiburg i.Br., Aurum 1975).
23 Capps, Donald/Lewis Rambo/Paul Ransohoff: *Psychology of religion. A guide to information sources.* Detroit, Gale Research Co. 1976.
24 Capra, Fritjof: *The Tao of physics. An exploration of the parallels between modern physics und eastern mysticism.* Berkeley: Shambhala 1975.
 dt.: *Der kosmische Reigen. Physik und östliche Mystik.* München, Barth 1977.
25 Carkhuff, Robert R./Bernhard G. Berenson: *Beyond counseling and therapy.* New York, Holt, Rinehart a.Winston 1967.
26 Carlyle, Thomas: *On heroes, hero-worship and the heroic in history.* London, Fraser 1841.
 dt.: *Über Helden, Heldenverehrung und das Heldentümliche in der Geschichte.* Leipzig, Reclam 1924.
27 Cartwright, Dorwin/Zander, Alvin (Eds.): *Group dynamics. Research and theory.* London, Tavistock 1960^2.
28 Caruso, Igor A.:
 a *Psychoanalyse und Synthese der Existenz.* Wien, Herder 1952.
 b *Bios, Psyche, Person. Eine Einführung in die allgemeine Tiefenpsychologie.* Freiburg, Albert 1957.
29 Castaneda, Carlos:
 a *The teachings of Don Juan. A Yaqui way of knowledge.* New York, Ballantine 1968.
  dt.: *Die Lehren des Don Juan.* Frankfurt, S.Fischer 1973.
 b *A separate reality. Further conversations with Don Juan.* New York, Simon and Schuster 1971.
  dt.: *Eine andere Wirklichkeit.* Frankfurt, S.Fischer 1973.

c *Journey to Ixtlan: The lessons of Don Juan.* New York, Simon and Schuster 1972.
dt.: *Reise nach Ixtlan.* Frankfurt, S.Fischer 197?.
d *Tales of power.* New York, Simon and Schuster 1974.
dt.: *Der Ring der Kraft.* Frankfurt, S.Fischer 1976.

30 Crampton, Martha:
a »The use of mental imagery in Psychosynthesis« in: *Journal of Humanistic Psychology.* 9 (1969). (Nachdruck: New York: Psychosynthesis Research Foundation 1970.)
b *An historical survey of mental imagery techniques in psychotherapy and description of the dialogic imaginal integration behind.* Montréal, Quebec Center for Psychosynthesis 1974.
c *Psychosynthesis: some key aspects of theory and practice.* Montréal, Canadian Institute of Psychosynthesis 1977.

31 De Jonge, A.J. Kiewiet: *Quelques principes et exemples de psychosynthèse.* 11. Tagung der Kommission für Psychotherapie der Schweiz. Bern, Gesellschaft für Psychiatrie 1937.

32 Desoille, Robert:
a *Le rêve eveillé en psychothérapie.* Paris, Presses Universitaires 1945.
b *Theorie et pratique du rêve eveillé dirige.* Geneva, editions du Mont Blanc 1961.

33 Ellis, Albert:
a *Reason and emotion in psychotherapy.* New York, Lyle Stuart 1962.
b *A guide to rational living.* New York; Prentice Hall 1961. (Neuauflage unter dem Titel: *A new guide to rational living.* Englewood Cliffs, N.J. Prentice Hall 1975.)
b *Die rational-emotive Therapie. Das innere Selbstgespräch bei seelischen Problemen und seine Veränderung.* (München, Pfeiffer 1977, (Leben lernen. Bd. 26).

34 Emerson, Ralph Waldo: *Essays on representative men.* 1850.
dt.: *Vertreter der Menschheit.* Leipzig, Diederichs 1903 (Ges.Werke Bd.2).

35 Erikson, Erik H.: *Childhood and society.* New York; Norton 1950.
dt.: *Kindheit und Gesellschaft.* Stuttgart, Klett 1961.

36 Feldenkrais, Moshe: *Awareness through movement.* New York, Harper and Row 1972.
dt.: *Bewußtheit durch Bewegung.* Frankfurt, Suhrkamp 1978. (Suhrkamp Taschenbuch 429).

37 Ferenczi, Sándor: *Schriften zur Psychoanalyse.* Auswahl in 2 Bdn. Hrsg. v. Michael Balint. Frankfurt/M., S.Fischer 1970-72 (Conditio humana).

38 Ferrière, Adolphe: *L'orthogenése humaine ou l'ascension vers l'esprit.* Neuchâtel, Messailler 1960.

39 Frankl, Viktor E.:
a *Ärztliche Seelsorge. Grundlagen der Existenzanalyse und Logotherapie.* Wien, Deuticke 1971 [8].
b *Theorie und Therapie der Neurosen. Einführung in Logotherapie und Existenzanalyse.* Wien, Urban und Schwarzenberg 1956. München, Reinhardt 1975 [5] (Uni-Taschenbücher 457).
c *Der unbewußte Gott. Psychotherapie und Religion.* München, Kösel 1974.

40 Freud, Sigmund: *Gesammelte Werke* (17 Bde.) Frankfurt/M., Fischer.

41 Fromm, Erich:
 a *Escape from freedom.* Oxford/Toronto, Farrar and Rinehart 1941.
 b *The sane society.* London, Routledge a. Kegan Paul 1956.
 c *Psychoanalysis and religion.* New Haven, Yale Univ.Press 1950.
 dt.: *Psychoanalyse und Religion.* Konstanz, Diana Verlag 1966.
 d *Haben oder Sein. Die seelischen Grundlagen einer neuen Gesellschaft.* Stuttgart, Deutsche Verlags-Anstalt 1976.
42 Gallwey, Timothy W.: *Tennis und Psyche – das innere Spiel.* München, Wila-Verlag 1977.
43 Gebsattel, Victor E. Freiherr von:»Gedanken zu einer anthropologischen Psychotherapie« in *Handbuch der Neurosenlehre und Psychotherapie.* Hrsg. von Viktor E. Frankl, Victor E. Freiherr v. Gebsattel, J. H. Schultz. Bd. 3, S. 531–567 München; Urban und Schwarzenberg 1959.
44 Geley, Gustave: *Vom Unbewußten zum Bewußten. (L'inconscient au conscient,* dt.) Stuttgart; Union Dt. Verl. Ges. 1925.
45 Gerhard, Robert: *Symbolic visualization.* New York; Psychosynthesis Research Foundation.
46 Goldstein, Kurt: *Der Aufbau des Organismus.* Amsterdam 1934 (Nachdruck Den Haag 1963).
47 Green, Elmer/Alyce Green: *Beyond biofeedback.* New York, Delcorte Press 1977.
 dt.: *Biofeedback - eine neue Möglichkeit zu heilen.* Freiburg i.Br., Bauer 1978.
48 Grof, Stanislav, *Realms of the human unconscious. Observations from LSD rese research.* New York, Dutton 1976.
 dt.: *Topographie des Unbewußten. LSD im Dienst der tiefenpsychologischen Forschung.* Stuttgart, Klett-Cotta 1978.
49 Hall, Calvin S./Gardner Lindzey: *Theories of personality.* New York, Wiley 1957 (1970^2).
50 Hall, Winslow W.: *Observed illuminates.* London, Daniel 1926.
51 Hanefeld, Erhardt:
 a *Philosophische Haupttexte der älteren Upanisaden.* Wiesbaden, Harrassowitz 1976.
 b »Sachliteratur zur Parapsychologie und zu Grenzgebieten der Psychologie« in: Rudolf Radler (Hrsg.): *Die deutschsprachige Sachliteratur.* (Kindlers Literaturgeschichte der Gegenwart). München, Kindler 1978, S. 121-132.
52 Happich, Carl: *Anleitung zur Meditation.* Darmstadt, Roether 1948.
53 Harding, Mary Esther: *Psychic energy: its source and goal.* New York, Pantheon Books 1948.
54 Harman, Willis, W.: »The new Copernican revolution« in: *Journal of Transpersonal Psychology.* 1,2 (1969), S. 21-29. (auch in: Charles Muses/Arthur M. Young, Eds.: *Consciousness and reality. The human pivot point.* New York, Avon 1974, S. 313-324.)
55 Hart, Joseph: »The development of client-centered therapy« Kap. 1 in: J.T.Hart/T.M.Tomlinson (Eds.): *New directions in client-centered therapy.* Boston, Houghton Mifflin Co. 1970, S. 3-22.
56 Hauser, Richard/Hephzibah Hauser:
 a *The fraternal society.* London, Bodley Head 1962.
 b *Die kommende Gesellschaft.* (The new society, dt.) München, Pfeiffer 1974.

57 Heiler, Friedrich:
a *Das Gebet. Eine religionsgeschichtliche und religionspsychologische Untersuchung.* München, Reinhardt 1918 (1969[5]).
b *Erscheinungsformen und Wesen der Religion.* (Die Religionen der Menschheit Bd. 1) Stuttgart, Kohlhammer 1961.
58 Herzog-Dürck, Johanna:
a *Menschsein als Wagnis. Neurose und Heilung im Sinne einer personalen Psychotherapie.* Stuttgart, Klett 1960.
b *Probleme menschlicher Reifer. Person und Identität in der personalen Psychotherapie.* Stuttgart, Klett 1969.
59 Hesnard, Angelo: *Freud dans la societé d'après-guerre.* Genève, Mont Blanc 1946.
60 Horney, Karen: *Our inner conflict. A constructive theory of neurosis.* London, Routledge a. Kegan Paul 1957.
dt.: *Unsere inneren Konflikte. Neurosen in unserer Zeit - Entstehung, Entwicklung und Lösung.* München, Kindler 1973 (Geist und Psyche, 2104).
61 Jacobson, Nils-Olof: *Leben nach dem Tod? Über Parapsychologie und Mystik.* Düsseldorf, Econ 1972.
62 James, William:
a *The principles of psychology.* Vol. 1,2. London, Macmillan 1890.
b *The varieties of religious experience.* New York, Longmans Green 1902. (Viele Neuauflagen, z.B. London, Collier Books 1961.)
dt.: *Die religiöse Erfahrung in ihrer Mannigfaltigkeit.* Deutsche Bearbeitung von Georg Wobbermin. Leipzig, Hinrichs 1914[2]. (Stark verändert und bearbeitet. Nachdruck: Wissenschaftliche Buchgesellschaft ca. 1978. Unbearbeitete Neuübersetzung geplant bei Walter-Verlag, Freiburg i.Br./Olten.)
c *Talks to teachers on psychology.* London, Longmans 1899 (New York, Henry Holt 1912).
dt.: *Psychologie und Erziehung. Ansprachen an Lehrer.* Leipzig; Engelmann 1912[3].
d Murphy, Gardner/Robert O.Ballou (Eds.): *William James on psychical research.* New York, Kelley 1970.
63 Janet, Pierre: *L'automatisme psychologique,* Paris, Alcan 1889.
64 Jung, Carl Gustav:
Gesammelte Werke. Olten/Freiburg i.Br., Walter Verlag.
a *Diagnostische Assoziationsstudien. Beiträge zur experimentellen Psychopathologie.* Bd. 1,2. Leipzig; Barth 1906 (in: Ges. Werke Bd. 2, als »Studien zur Wortassoziation«).
b *Psychologische Typen.* Zürich, Rascher 1921 (in: Ges. Werke Bd. 6. Zürich, Rascher 1967).
c *Die Beziehung zwischen dem Ich und dem Unbewußten.* Darmstadt, Reichl 1928 (in: Ges. Werke Bd. 7. Olten/Freiburg, Walter 1964).
d »Vom Werden der Persönlichkeit« in: *Wirklichkeit der Seele.* Zürich, Rascher 1969[4] (in: Ges. Werke Bd. 17. Olten/Freiburg, Walter 1972).
e *Modern man in search of a soul.* New York, Harcourt Brace 1933.
65 Kauz, Herman: *Tai Chi Handbook. Exercise, meditation and self-defense.* Garden City, New York, Doubleday 1974.
66 Keyserling, Hermann Graf: *Schöpferische Erkenntnis.* Darmstadt, Reichl 1922.

67 Kiesler, Donald J.: »Experimental designs in psychotherapy research« in: Allen E. Bergin/Sol L.Garfield (Eds.): *Handbook of psychotherapy and behavior change, and empirical analysis.* New York, Wiley 1971, S. 36-74.
dt.: »Experimentelle Untersuchungspläne in der Psychotherapie-Forschung« in: *Grundlagentexte der Klinischen Psychologie.* Hrsg. v. Franz Petermann und Claus Schmook. Bd. 1: Forschungsfragen der Klinischen Psychologie. Bern, Huber 1977, S. 107-147.
68 Klein, Melanie:
a J.Riviere (Ed.): *Developments in psycho-analysis.* New York, Hillary House 1952.
b *New directions in psycho-analysis. The significance of infant conflict in the pattern of adult behaviour.* Ed. by Melanie Klein et.al. London, Tavistock 1971.
69 Klopfer, Bruno/Helen H. Davidson: *Das Rorschach-Verfahren.* Bern, Huber 1974^3.
70 Kretschmer, Wolfgang (jun.): *Selbsterkenntnis und Willensbildung im ärztlichen Raume.* Stuttgart, Thieme 1958.
71 Kuhn, Thomas S.: *The structure of scientific revolutions.* Univ. of Chicago Press 1970^2.
dt.: *Die Struktur wissenschaftlicher Revolutionen.* Frankfurt, Suhrkamp 1976^2.
72 Lepp, Ignace: *Clartés et ténèbres de l'ame – essai de psychosynthese.* Paris, Ed. Aubier 1956.
dt.: *Klarheiten und Finsternisse der Seele. Wege zur Psychosynthese.* Würzburg, Arena-Verlag 1961.
73 Leuner, Hanscarl:
a *Katathymes Bilderleben.* Stuttgart, Thieme 1970.
b *Katatymes Bilderleben mit Kindern und Jugendlichen.* Hanscarl Leuner/ Günther Horn/Edda Klessmann. München, Reinhardt 1977.
74 Lewin, Kurt:
a *A dynamic theory of personality.* New York, McGraw Hill 1935.
b *Grundzüge der topologischen Psychologie.* Hrsg. Raym. Falk u. Friedr. Winnefeld. Bern, Huber 1969.
75 Lewis, Clive Staples: *The four loves.* New York, Harcourt Brace 1960.
dt.: *Vier Arten der Liebe.* Einsiedeln, Benzinger 1961.
76 Lilly, John C.: *The center of the cyclone.* New York, Julian Press 1972.
dt.: *Das Zentrum des Zyklons. Eine Reise in die inneren Räume.* Frankfurt/M., S. Fischer 1976 (Fischer Taschenbuch 1768).
77 Lodge, Sir Oliver Joseph: *Raymond; or, life and death, with exemples of the evidence for survival of memory and affection after death.* New York, Doran 1916.
78 Lowen, Alexander: *Bioenergetics.* New York, Coward, McCann a. Geoghegan 1975.
dt.: *Bioenergetik. Der Körper als Retter der Seele.* München, Scherz 1976.
79 McDougall, William: *The energies of men. A study of the fundamentals of dynamic psychology.* London, Methuen 1932.
dt.: *Aufbaukräfte der Seele. Grundriß einer dynamischen Psychologie und Psychopathologie.* Leipzig, Thieme 1937.
80 Maeder, Alphonse:
a *Heilung und Entwicklung im Seelenleben.* Zürich, Rascher 1918.
b *Die Richtung im Seelenleben.* Zürich, Rascher 1928.

c *Psychoanalyse und Synthese. Der Wiederaufbau der Persönlichkeit neben ihrer Analyse.* Schwerin, Bahn 1927.
d »Psychosynthese – Psychagogik« in: *Handbuch der Neurosenlehre und Psychotherapie.* Hrsg. von Viktor E. Frankl, Victor E. Freiherr v. Gebsattel, J.H. Schultz. Bd. 3, S. 391-412. München, Urban und Schwarzenberg.
e *La personne du médecin - un agent psychotherapeutique* Neuchatel, Delachaux & Niestlé 1953.
81 Martin, Katharina: »Kreativitätstraining in der Erwachsenenbildung« in: Hilarion Petzold (Hrsg.): *Kreativität und Konflikte.* Paderborn, Junfermann 1973, S. 223-243.
82 Martin, Percival William: *Experiment in depth; a study of the work of Jung, Eliot and Toynbee.* New York, Pantheon Books 1955.
83 Maslow, Abraham H.:
 a *Motivation and personality.* New York, Harper 1954.
 dt.: *Motivation und Persönlichkeit.* Olten/Freiburg i.Br., Walter 1977.
 b *Journal of Ortho-Psychology. Statement of purpose.* Unpublished paper 1958.
 c »Cognition of being in the peak experiences« in: *Journal of Genetic Psychology.* 94 (1959), S. 43-66. (Mehrfach nachgedruckt, z.B. in: International Journal of Parapsychology 2, 1960, S. 23-54.)
 d »Critique of self-actualization, I.: Some dangers of being-cognition« in: *Journal of Individual Psychology.* 15 (1959), S. 24-32.
 e »Remarks on existentialism and psychology« in: *Existentialist inquiries. 1 (1960), S. 1-5. (Mehrfach nachgedruckt, z.B. in R. May, Ed.: Existential Psychology.* New York, Random House 1961.)
 f *Toward a psychology of being.* Princeton, N.J.: Van Nostrand 1962.
 dt.: *Psychologie des Seins. Ein Entwurf.* München, Kindler 1973.
 g *The psychology of science. A reconnaissance.* New York, Harper a.Row 1966.
 dt.: *Die Psychologie der Wissenschaft. Neue Wege der Wahrnehmung und des Denkens.* München, Goldmann 1977 (Goldmann Sachbuch 11 131).
 h »The farther reaches of human nature« in: *Journal of Transpersonal Psychology.* 1,1 (19), S. 1-9.
 i »Theory Z« in: *Journal of Transpersonal Psychology.* 1,1 (1969), S. 31-47. (auch in: A.H. Maslow, *The farther reaches of human nature.* New York, Viking, 1971, S. 280-295.)
84 Mauz, Friedrich: »Der psychotische Mensch in der Psychotherapie« in: *Archiv für Psychiatrie,* 1948. Nachdruck in: Nikolaus Petrilowitsch (Hrsg.): *Die Sinnfrage in der Psychotherapie.* Darmstadt, Wiss. Buchgesellschaft 1972 (Wege der Forschung. LXXVII).
85 May, Rollo Reese: *Man's search for himself.* New York, Norton 1953.
86 Mayo, Elton: *Some notes on the psychology of Pierre Janet.* Cambridge, Harvard Univ. Press 1948.
87 Mead, Margaret: *Male and female. A study of the sexes in a changing world.* London, Collancz 1949.
 dt.: *Mann und Weib. Das Verhältnis der Geschlechter in einer sich wandelnden Welt.* Hamburg, Rowohlt 1958 (rde 69/70).
88 Moody, Raymond A.: *Life after life. The investigation of a phenomenon survival of bodily death.* New York, Bantam Books 1976.
 dt.: *Leben nach dem Tod.* Reinbek b. Hamburg, Rowohlt 1977.

89 Moreno, Jacob L.:
   a *Psychodrama.* Vol. 1,2. New York, Beacon House 1946, 1959.
   b *Gruppenpsychotherapie und Psychodrama.* Einleitung in die Theorie und Praxis. Stuttgart, Thieme 1959.
90 Moustakas, Clark Edward (Ed.): *The self; explorations in personal growth.* New York, Harper 1956.
91 Munroe, Ruth Learned: *Schools of psychoanalytic thought; an exposition, critique, and attempted integration.* New York, Dryden 1955.
92 Murphy, Gardner: *Personality; a biosocial approach to origins and structure.* New York, Harper 1947. (Neuauflagen, z.B. New York, Basic Books 1966.)
93 Murphy, Michael: *Golf in the kingdom.* New York, Viking 1972 (London, Latimer 1974).
   dt.: *Golf und Psyche – der Weg zum intuitiven Golf.* München, Wila-Verlag 1977.
94 Murray, Henry A.: »Vicissitudes of creativity« in: Harold H. Anderson (Ed.): *Creativity and its cultivation.* New York, Harper 1959.
95 Myers, Frederic William Henry: *Human personality and its survival of bodily death.* London, Longmans, Green 1903. (Neuauflagen, z.B. New York, Longmans, Green 1954.)
96 Neutra, Wilhelm: *Seelenmechanik und Hysterie.* (Psychodystaxie). Vorlesungen über allgemeine und medizinische angewandte Lustenergetik (Psychosynthese). Leipzig, Vogel 1920.
97 Osty, Eugène: *La connaissance supra-normale. Étude experimentale.* Paris, Alcan 1923.
   engl.: *Supernormal faculties in man. An experimental study.* London, Menthuen 1923.
98 Ouspensky, Pjotr Demjanovic: *Tertium organum.* New York, Knopf 1934.
   dt.: *Tertium organum. Der dritte Kanon des Denkens. Ein Schlüssel zu den Rätseln der Welt.* Weilheim, Barth 1973.
99 Pavel, Falk-Giselher: »Die Entwicklung der klientzentrierten Psychotherapie« in: *Die klientzentrierte Gesprächspsychotherapie.* Hrsg. von der Gesellschaft für wissenschaftliche Gesprächspsychotherapie - GwG. München, Kindler 1975 (Geist und Psyche 2149), S. 25-41.
100 Perls, Frederick/Ralph E. Hefferline/Paul Goodman: *Gestalttherapy. Excitement and growth in the human personality.* New York, Julian Press 1951.
101 Polster, Erving/Miriam Polster: *Gestalttherapy integrated.* Westminster; Random House 1973.
   dt.: *Gestalttherapie. Theorie und Praxis der integrativen Gestalttherapie.* München, Kindler 1975 (Geist und Psyche 02150).
102 Prince, Morton: *The dissociation of a personality: a biographical study in abnormal psychology.* New York, Longmans 1906.
   dt. in: Morton Prince/Walter F. Prince: *Die Spaltung der Persönlichkeit.* Stuttgart, Kohlhammer 1932.
103 »Prince, Walter Franklin: »The Doris case of multiple personality« in: *Proceedings of the American Society for Psychical Research.* 9,10 (1916-16).
   dt. in: Morton Prince/Walter F. Prince: *Die Spaltung der Persönlichkeit.* Stuttgart, Kohlhammer 1932.
104 Progoff, Ira:
   a *Death and rebirth of psychology; an integrative evaluation of Freud, Adler,*

Jung and Rank and the impact of their culminating insights in modern man. New York, Julian Press 1956.

b *Depth psychology and modern man.* New York, Julian Press 1959.

c *At a journal workshop.* New York, Dialogue House Library 1975.

105 Rank, Otto:

a *Wahrheit und Wirklichkeit. Entwurf einer Philosophie des Seelischen.* Wien, Deuticke 1929.

b *Seelenglauben und Psychologie.* Wien, Deuticke 1930.

106 Rhine, Joseph Banks:

a *New frontiers of the mind.* New York, Farrar a. Rinehart 1937.

dt.: *Neuland der Seele.* Stuttgart, Deutsche Verlags Anstalt 1938.

b *The reach of the mind.* New York, Sloane 1947.

dt.: *Die Reichweite des menschlichen Geistes.* Stuttgart, Deutsche Verlags Anstalt 1950.

c J.B.Rhine/J.G.Pratt: *Parapsychology. Frontier science of the mind.* Springfield, Ill., Thomas 1957 (1962^2).

dt.: *Parapsychologie, Grenzwissenschaft der Psyche.* Bern, Francke 1962.

107 Ribot, Théodule Armand: *Essai sur l'imagination créatrice.* Paris, F. Alcan 1900.

108 Richet, Charles: *Traité de métapsychique.* Paris, F. Alcan 1922.

dt.: *Grundriß der Parapsychologie und Parapsychophysik.* Stuttgart, Union Deutsche Verlags Anstalt 1923.

109 Roethlisberger, Fritz Jules/William John Dickson: *Management and the worker.* Cambridge, Harvard Univ. Press 1939.

110 Rogers, Carl R.:

a *Entwicklung und Persönlichkeit. Psychotherapie aus der Sicht eines Therapeuten.* (On becoming a person, dt.) Stuttgart, Klett 1973.

b *Therapeut und Klient. Grundlagen der Gesprächspsychotherapie.* München, Kindler 1977.

111 Schmitz, Oscar A.H.: *Psychoanalyse und Yoga.* Darmstadt, Reichl 1923.

112 Schultz, Johannes Heinrich: *Das Autogene Training.* Leipzig, Thieme 1932. Stuttgart, Thieme 1976^{15}

113 Slavson, Samuel R.:

a *The practice of group therapy.* Samuel R. Slavson (Ed.) New York, International Univ. Press 1945.

b *Einführung in die Gruppentherapie.* Göttingen, Verlag für med. Psychologie 1956.

114 Smuts, Jan Christiaan: *Holism and evolution.* New York/London, Macmillan 1926.

dt.: *Die holistische Welt.* Berlin, Metzner 1938.

115 Sorokin, Pitirim A.:

a *Ways and power of love; types, factors, and techniques of moral transformation.* Boston, Beacon Press 1954.

b *Forms and techniques of altruistic and spiritual growth; a symposium.* Boston, Beacon Press 1954.

116 Spino, Mike: *Beyond jogging; the inner spaces of running.* Milbrae, Calif., Celestial Arts 1976.

117 Stekel, Wilhelm: *Zwang und Zweifel.* T. 1-2. Berlin, Urban u. Schwarzenberg 1927-28 (Störungen des Trieb- und Affektlebens, 9.10.).

118 Stern, William: *Allgemeine Psychologie auf personalistischer Grundlage.* Haag, Nijhoff 1935 (Nachdruck 1950).
119 Stevenson, Ian:
   a *Twenty cases suggestive of reincarnation.* New York, American Society for Psychical Research 1966.
   dt.: *Reinkarnation. Der Mensch im Wandel von Tod und Wiedergeburt. 20 überzeugende und wissenschaftlich bewiesene Fälle.* Freiburg i.Br., Aurum 1976.
   b *Cases of reincarnation type.* Vol. 1. Ten cases in India. University Press of Virginia 1975.
120 Stocker, Arnold: *De la psychanalyse à la psychosynthèse.* Paris, Beauchesne 1957.
121 Sullivan, Harry Stack: *The interpersonal theory of psychiatry.* New York, Norton 1953.
122 Sutich, Anthony J.:
   a »Some considerations regarding transpersonal psychology« in: *Journal of Transpersonal psychology.* 1,1 (1969), S. 11-20.
   b »Transpersonal therapy« in: *Journal of Transpersonal Psychology.* 5,1 (1973), S. 1-6.
123 Swartley, William: *A comparative survey of some active techniques of stimulating whole functioning.* New York, Psychosynthesis Research Foundation.
124 Tart, Charles T.:
   a *Altered states of consciousness. A book of readings.* Charles T. Tart (Ed.). New York, Wiley 1969.
   b *Transpersonal psychologies.* New York, Harper a. Row 1975.
   dt.: *Transpersonale Psychologie.* Olten/Freiburg i.Br., Walter 1978.
125 Terman, Lewis Madison (Ed.): *Genetic studies of genius.* London, Harrap 1926.
126 Thigpen, Corbett H./Hervey M. Cleckley: *The three faces of Eve.* Kingsport Tenn., Kingsport Pr. 1957.
127 Tochtermann, Wilhelm: *Der Arzt als Arznei. Die Persönlichkeit des Arztes als Heilfaktor in der Psychotherapie.* Remscheidt, Dustri Verlag 1955.
128 Tournier, Paul: *Médecine de la personne.* Neuchâtel 1941[4]
   dt.: *Krankheit und Lebensprobleme.* Basel, Schwabe 1948.
129 Trüb, Hans: *Psychosynthese als seelisch-geistiger Heilungsprozeß.* Zürich, Niehans 1936.
130 Trungpa, Chögyam: *Cutting through spiritual materialism.* Berkeley, Shambhala 1973.
   dt.: *Spiritueller Materialismus. Vom wahren geistigen Weg.* Freiburg i.Br., Aurum 1973.
131 Underhill, Eveleyn: *Mysticism.* New York, Dutton 1911.
   dt.: *Mystik. Eine Studie über die Natur und Entwicklung des religiösen Bewußtseins im Menschen.* München, Reinhardt 1928.
132 Urban, Hubert Josef:
   a *»Übernatur« und Medizin.* Innsbruck, Tyrolia 1946.
   b *Über-Bewußtsein.* (Cosmic Consciousness). Nach Bucke und Walker bearb. Innsbruck, Tyrolia 1950.
133 Van Kaam, Adrian Leo: *The third force in European psychology: its expression in a theory of psychotherapy.* New York, Psychosynthesis Research Foundation 1960.

134 Vetter, August: *Natur und Person. Umriß einer Anthropognomik.* Stuttgart, Klett 1949.
135 Wyss, Dieter: *Die tiefenpsychologischen Schulen von den Anfängen bis zur Gegenwart.* Göttingen, Vandenhoek u. Ruprecht 1972[4].

INDEX

(Die Zahlen in Klammern nach der letzten Seitenangabe bei den Autoren bezeichnen die Nummer des Literaturverzeichnisses.)

Abraham, Karl: 51, 327 (1)
Abwehrmechanismen 139
Adler, Alfred: 51, 139, 187, 327 (2)
Äther 318
Aggressivität 18, 245
Aikido 24
Aktive Techniken 44, 54
Alexander, F. Matthias: 327 (3)
Alexander, Gerda: 183, 327 (4)
Alexander-Technik 19, 30
Allendy, René: 52, 327 (5)
Allport, Gordon W.: 40, 41, 53, 73, 124 327 (6)
Alpert, Richard: s. Ram Dass
Altersstufen, frühere 120
Ambivalenz 116
Analogie 229 f.
Angyal, Andras: 53, 73, 327 (7)
Anthropologie 54
Anthroposphie 24
Aspirant 28, 30 f.
Assagioli, Roberto: 9, 10, 11, 16, 17, 24 26, 27, 28, 29, 42, 49, 52, 293, 327 (8)
Assoziationstest 132 f.
Astralebene 323
Atman 84
Auditive Evokation 199 ff.
Aurobiondo, Sri: 24, 313, 317, 320, 323, 324, 325
Außerpersönliches 323
Autogenes Training 54, 210, 211, 301
Automatismus, psychischer 50

Autosuggestion 54

Bach, George R.: 54, 327 (9)
Bacon, Francis: 248
Bailey, Alice A.: 24, 313, 317, 325
Barker, A. Trevor: 317, 325
Barrett, Edward John Boyd: 180, 327 (10)
Baruk, Henri: 54, 73, 284, 285, 287, 288, 327 (11)
Baudouin, Charles: 40, 52, 54, 119, 183 191, 327 (12)
Beatrice: 264
Beauchamp, Miss: 119 f.
Behaviorismus 14 f.
Beisser, Arnold: 42, 328 (13)
Bense, Alfons: 29, 328 (14)
Beobachter-Haltung 112
Beobachtung, unpersönliche 150
Berenson, Berhard G.: 27, 328 (25)
Berg-Meditation 303 f.
Bergson, Henri: 246, 271, 328 (15)
Berne, Eric: 54, 328 (16)
Bernheim, H.: 54
Bewertung 128, 225 Anm.
Bewußtseinserweiterung 20
Bewußtseinsfeld 57
Bezzola, D.: 49, 328 (17)
Bibliotherapie 106
Bildstreifendenken 308
Binswanger, Ludwig: 52, 328 (18)
Bioenergetik 19, 30, 147

339

Biofeedback 23
Biographie 212 f.
Bio-Psychosynthesis 92, 205, 211
Bjerre, Poul: 49, 328 (19)
Blavatsky, Helena Petrowna: 23, 317, 325
Boeke, Kees: 131, 328 (20)
Brahman 84
Breuer, Josef: 50, 138, 143
Buber, Martin: 257, 328 (21)
Bucke, Richard Maurice: 21, 22, 23, 53 58, 126, 328 (22)
Buddha 316, 322
Buddhismus 24
Bugental, J.F.: 171

Capps, Donald: 328 (23)
Capra, Fritjof: 245, 328 (24)
Carkhuff, Robert, R.: 27, 328 (25)
Carlyle, Thomas: 217, 328 (26)
Cartwright, Dorwin: 328 (27)
Caruso, Igor A.: 40, 49, 73, 328 (28)
Castaneda, Carlos: 33, 317, 321, 325, 328 (29)
Charakterstörung 115 f.
Charakterzüge, Ursprung 114
Christus 316, 321
Christus, innerer 255, 258
Cleckley, Hervey, M.: 119, 336 (126)
Cooper, Jack: 36
Coué, Emilie: 54, 191
Crampton, Martha: 137, 148, 329 (90)

Dante, Alighieri: 251, 255, 263
Davidson, Helen H.: 332 (69)
De Jonge, A.J. Kiewit: 49, 329 (31)
Depression 87 f., 189
Desensibilisierung, imaginative 280
Desoille, Robert: 54, 58, 199, 232, 265, 282, 306, 307, 329 (32)
Destruktivität 245
Diagnose, Diagnostik 10 f., 111 ff.
Dialog 257
Dialogtechnik 256
Dickson, William John: 335 (109)
Differentielle Psychologie 26

Disidentifikation 61 f., 112, 161, 125, 130, 150
Disidentifikation, Übung zur 162 ff., 164
Dissoziation 140 (s.a. Mehrfachpersönlichkeit)
Dobb, L.W.: 108
Dürckheim, Karlfried Graf: 24
Durchleben, erneutes 143

Ei-Diagramm 11, 55
Eigentherapie 48, 158, 210, 226 f., 275
Einheit der Persönlichkeit 74 f.
Einheit des Selbst 59
Einsamkeit 43
Einschätzung 10, 111 ff.
  Elemente 114
Einstein, Albert: 251
Ellis, Albert: 54, 329 (33)
Emerson, Ralph Waldo: 217, 329 (34)
Energie, seelische 245, 250, 315, 317
Entspannung 307 ff.
Entropie 229
Erfolgsstatistiken 289
Erikson, Erik H.: 40, 158, 329 (35)
Erneutes Durchleben 143
Esalen-Institut 24
Eutonie 183
Evans-Wentz, W.Y.: 317, 325
Existentialistische Psychotherapie 39 ff.
Exploration 11, 111 ff.
Extraversion 195

Fadiman, James: 20, 24
Familie, Bedeutung der 114 f.
Farbe (bei der Visualisierung) 196 f.
Fechner, Gustav Theodor: 14, 315
Feldenkrais 19, 30, 183
Feldenkrais, Moshe: 329 (36)
Ferenczi, Sándor: 51, 329 (37)
Ferrière, Adolphe: 74, 329 (38)
Fragebogen 121 ff.
Frager, Robert: 24
Fraktionierte Analyse 141

Frankl, Viktor E.: 20, 40, 52, 74, 158, 246, 249, 329 (39)
Frederking, Walter: 307, 308, 310
Freies Zeichnen 137 f.
Freud, Sigmund: 15, 49, 50, 129, 134, 138, 143, 185, 288, 314, 330 (40)
Fromm, Erich: 17, 40, 41, 43, 52, 74, 175, 330 (41)

Gallwey, Timothy W.: 183, 330 (42)
Ganzheitlicher Ansatz: S. Holismus
Gebsattel, Victor E. Freiherr von: 330 (43)
Geistig (Def.) 45, 77
Geistige Heilung 23
Gelassenheit, Übung zur 108, 278
Gelenkter Tagtraum 136 Anm., 199, 265, 282, 306
Geley, Gustave: 53, 330 (44)
Gendlin, E.T.: 29
Genie 251 ff.
Gerard, Robert: 35, 239, 265, 330 (45)
Geschmackliche Imagination 205 ff.
Gesellschaft für Transpersonale Psychotherapie (GTP) 33, 34 Anm.
Gesprächspsychotherapie 33, 34 (s.a. Klientzentrierte Therapie)
Gestalt-Therapie 19, 28, 29
Gewissen 287 f.
Ghose: s. Aurobindo, Sri
Gillet: 182
Gipfelerlebnis 21, 43, 76
Goethe, Johann Wolfgang von: 146, 231, 248, 305, 307
Goldstein, Kurt: 53, 73, 330 (46)
Goodman, Paul: 53, 334 (100)
Göttliche Komödie (Übung nach) 263 ff.
Govinda, Anagarika: 317, 325
Gralssage (Übung) 260 ff.
Green, Elmer u. Alyce: 12, 23, 245, 286, 313 f. 325, 330 (48)
Gross, Otto: 196
Grof, Stanislav: 20, 330 (48)
Gurdjew, Georg: 24

Hall, Calvin S.: 53, 330 (49)
Hall, Manly P.: 317, 325
Hall, Winslow.W.: 52, 53, 330 (50)
Hanefeld, Erhardt: 23, 84, 330 (51)
Happich, Carl: 54, 302, 305, 306, 330 (52)
Harding, Mary Esther: 330 (53)
Harman, Willis W.: 12, 13, 330 (54)
Harper, Robert A.: 54
Hart, Joseph: 286, 330 (55)
Hartmann, Nicolai: 11
Hartmann, Robert: 20
Hauser, Richard u. Hephzibah: 54, 330 (56)
Hefferline, Ralph E.: 53, 334, (100)
Heiler, Friedrich: 52, 330 (57)
Heldenverehrung 217
Herbart, J.F.: 58
Herzog-Dürck, Johanna: 40, 331 (58)
Hesnard, Angelo: 52, 331 (59)
Heyer, Gustav R.: 311
Hier-und-Jetzt-Methoden 29
Hilton, Frank u. Hilda: 36
Höhlengleichnis (Platon) 88
Höhenpsychologie (Frankl) 249
Holismus 53
Hollywood-Star-Ideal 219
Horney, Karen: 17, 52, 66, 215, 331 (60)
Huber, Bruno u. Luise: 36
Humanistische Psychologie 16 ff.
  –,Menschenbild 17
Humanistische Wende 10, 16, 33
Humanistische Wissenschaft 13
Huxley, Julian: 19
Hypnose 54, 138 f.

Ich 57, 163
Ideal 64, 153 f.
Idealbild 66, 212, 215 ff.
Identifikation 156
  – (vs. Disidentifikation) 130 Anm.
Idol-Verehrung 218
Imagination 191 ff.
Indikation 289 f.
Indische Psychologie 52 Anm., 53

Initiatische Therapie 24
Integrativer Ansatz 25, 108
Interindividuelle/interpersonale Psychosynthesis 43, 71, 279 ff.
Interpretation (von Symbolen) 269 f.
Introversion 195
Intuition 271 ff., 320

Jacobosn, Nils-Olof: 22, 331 (61)
James, William: 23, 52, 53, 114, 117 119, 159, 179, 331 (62)
Janet, Pierre: 49, 50, 119, 120, 189, 331 (63)
Johannes (vom Kreuz): 88
Jung, Carl Gustav: 16, 17, 24, 49, 51, 58, 74, 76, 95, 118, 132, 140 195, 227 231, 232, 240, 271, 282, 305, 306, 314 331 (64)
Juwel 255, 317, 320, 322

Kalifornien 24
Kant, Immanuel: 58
Kapellen-Meditation 303, 305
Katathymes Bilderleben (KB) 136
Katharsis 143 ff.
Kausalkörper 320
Kauz, Herman: 183, 331 (65)
Keyserling, Hermann Graf: 53, 331 (66)
Kiesler, Donald J.: 41, 331 (67)
Kinästhetische Imagination 205 ff.
Kipling, Rudyard: 198
Klarheit, Übung zur inneren 278
Klein, Melanie: 51, 332 (68)
Klient 27, 29 f.
Klientzentrierte Therapie 18, 28 (s.a. Gesprächspsychotherapie)
Klingsor 262
Klopfer, Bruno: 209, 332 (69)
Körperübungen 187
Komplex (bewußter) 115 f.
Konflikt 116
Kontrolle 151
Kopernikanische Revolution 12
Kosmischer Test 130
Kosmisches Bewußtsein 21
Kreative Techniken 135

Kreatives Verstehen 53
Kretschmer, Wolfgang: 49, 301-312, 332 (70)
Krisen (spiritueller Entwicklung) 79 ff.
Krishnamurti: 24
Kritische Analyse 150 ff.
Kuhn, Thomas S.: 13, 332 (71)
Kundry: 262
Künstler (Phasen) 89

Lärm 202 f.
Lebensphilosophie 129
Lehr-Psychosynthesis: s. Eigentherapie
Leibniz, Gottfried Wilhelm: 58
Leonardo da Vinci: 251
Lepp, Ignace: 49, 332 (72)
Lersch, Philipp: 11
Leuner, Hanscarl: 136, 237, 306, 332 (73)
Lévi, Eliphas: 317, 325
Lewin, Kurt: 54, 174, 332 (74)
Lewis, Clive Staples: 43, 332 (75)
Liebault, A.A.: 54
Liebe 43
Lilly, John C.: 33, 332 (76)
Lindzey, Gardner: 53, 330 (49)
Lodge, Sir Oliver Joseph: 53, 332 (77)
Logotherapie 247 Anm.
Lohengrin 263
Long, Max Freedom: 317, 325
Lotus 255, 266, 320, 322
Lowen, Alexander: 147, 332 (78)

McDougall, William: 332 (79)
Maeder, Alphonse: 49, 54, 284, 332 (80)
Martin, Katharina: 135, 333 (81)
Martin, Percival William: 333 (82)
Maslow, Abraham H.: 13, 17, 19, 20, 24, 27, 40, 43, 53, 73, 74, 77, 94, 98, 245, 333 (83)
Mauz, Friedrich: 239, 308, 309, 310, 333 (84)
May, Rollo Reese: 74, 158, 333 (85)

Mayo, Elton: 333 (86)
Mead, Margaret: 54, 333 (87)
Meador, B.D.: 18
Medialität 319, 320
Meditation 301 ff.
- Berg-M. 303 f.
- Kapellen-M. 303, 305
- Wort-M. 305
- Zeichen-M. 305
Mehrfachpersönlichkeiten: s. Multiple Persönlichkeiten
Mediumistik, Mediumismus 319, 320, 323
Mental (Terminologie) 45
Mentale Photographie 197
Metaphysik und Psychosynthesis 44 f.
Methode (Def.) 107
Minderwertigkeitskomplex 115
Moody, Raymond A.: 286 Anm., 333 (88)
Moreno, Jacob L.: 19, 333 (89)
Moustakas, Clark Edward: 40, 334 (90)
Mozart, Wolfgang Amadeus: 253
Multiple Persönlichkeiten 119 f.
Munroe, Ruth Learned: 51, 55, 334 (91)
Murphy, Gardner: 53, 55, 334 (92)
Murphy, Michael: 183, 334 (93)
Murray, Henry A.: 89, 334 (94)
Musik 201
Musiktherapie 106
Muskelspannung 208
Muskuläre Entladung 147
Myers, Frederic William Henry: 53, 317, 325, 334 (95)
Mystisch, Mystik 259

Nancy, Schule von 54
Narkoanalyse 138
»Negative Erlebnisse« 225 Anm.
Neutra, Wilhelm: 49, 334 (96)
Normalmensch 79 f., 95
Nutzlose Übungen 179

Östliche Psychologie 52 Anm., 53

Olfaktorische Imagination 205 ff.
Operationismus 15
Ortho-Psychologie 74
Osty, Eugène: 53, 334 (97)
Ouspensky, Pjotr Demjanovic: 24, 53, 126, 334 (98)
Pädagogik und Psychosynthesis 48
Pädagogik, transpersonale 25
Pahnke, Walter N.: 24
Parapsychologie 22, 53, 120, 316, 318
Parsifal 260
Patient 27 f.
Pavel, Falk-Giselher: 286, 334 (99)
Pawlow, Iwan Petrowitsch: 14
Perls, Frederick: 19, 53, 334 (100)
Persönlichkeitsmodell 11, 26 ff., 55 ff., 124, 314 ff.
Person, persona 118, 167
Personal/transpersonal 316
Personale Psychosynthesis 29, 96, 143 ff.
Personzentriertes Konzept 26 ff.
Plan der Psychosynthesis 212 ff.
Platon: 88, 126, 251
Plotin: 271
Pluridimensionale Konzeption 55
Plutarch: 217
Polarität 116
Polster, Erving u. Miriam: 27, 334 (101)
Positivismus 14 f.
Primärfunktion 195 f.
Prince, Morton: 119, 334 (102)
Prince, Walter Franklin: 120, 334 (103)
Progoff, Ira: 53, 74, 89, 172, 320, 321, 325, 334, (104)
Projektive Techniken 135
Prozeßorientiertes Vorgehen 26, 226 Anm.
Prozeßskala 26
Psychoanalyse 10, 15 f., 50 f., 61 f., 111
Psychodrama 19, 220
Psychohygiene 47 f.
Psychosomatik 52
Psychosynthese/Psychosynthesis (Terminologie) 69 Anm.

Psychosynthesis (Def.) 70
- Plan 212
- Prozeß der 66
- personale 29, 96, 143 ff.
- spirituelle (transpersonale) 30, 96, 240, 243 ff.
- spirituelle (Symbole) 254 ff.
- spirituelle (Übungen zu) 260 ff.
- interpersonale 43, 71, 279 ff.
- heutige Situation 32 f.
- (s.a. Eigentherapie)
Pythagoras: 251

Rajneesh, Bhagwan Shree: 24
Ramakrishna: 24, 313, 317, 325
Rambo, Lewis: 328 (23)
Ram Dass: 313, 317, 326
Rank, Otto: 17, 52, 74, 172, 335 (105)
Ransohoff, Paul: 328 (23)
Reich, Wilhelm: 17, 19
Reinkarnation 322 f.
Religion 305
-, und Psychosynthesis 44 f., 246 ff.
Religionspsychologie 23, 52
Rêve éveillé: s. Gelenkter Tagtraum
Revolution, Kopernikanische 12
-, Wissenschaftliche 13
Rhine, Joseph Banks: 53, *335 (106)*
Ribot, Théodule Armand: 192, 217, 335 (107)
Richet, Charles: 53, 335 (108)
Roethlisberger, Fritz Jules: 335 (109)
Rogers, Carl R.: 17, 18, 26, 28, 41, 286, 335 (110)
Rolfing 19, 30
Rolle (soziale) 117 f. (s.a. Subpersönlichkeiten)
Rollen (Übung) 167
Rothacker, Erich: 11

Schmitz, Oscar A.H.: 335 (111)
Schreiben 113
Schreiben (als Technik) 146
Schultz, Johannes Heinrich: 54, 210, 211, 301, 302, 335 (112)
Seele 126

Sekundärfunktion 195
Selbst 43, 57, 125 f.
Selbst, Dualität des 59
-, Einheit des 59
-, personales 57
-, spirituelles (transpersonales) 57, 63, 126, 256, 321
-, universales und individuelles 85
Selbstaktualisierung 76 ff.
Selbstidentifikation 255 ff. (Übung: 165)
Selbst-Identität 157
Selbstmord 139, 285, 286 Anm.
Selbst-Psychosynthesis: s. Eigentherapie
Selbstverwirklichung 76, 254
Sexualität 47, 245
Shah, Idries: 317, 326
Slavson, Samuel R.: 335 (113)
Smuts, Jan Christiaan: 53, 335 (114)
Sorokin, Pitirim A.: 43, 54, 74, 335 (115)
Sozialpsychologie 54
Spannung (körperlich) 208
Spieltrieb 184
Spino, Mike: 183, 335 (116)
Spirituell (Terminologie) 45
- (Definition) 77, 243 f.
Spirituelle (transpersonale) Psychosynthesis 30, 96, 240, 243 ff.
Statistiken (Erfolg) 289
Steiner, Rudolf: 24, 317, 326
Stekel, Wilhelm: 51, 335 (117)
Stern, William: 54, 335 (118)
Stevenson, Ian: 22, 322, 326, 335 (119)
Stocker, Arnold: 49, 336 (120)
Subpersönlichkeiten 117 ff.
Suchender: s. Aspirant
Suggestion 54
Suizidversuch 139, 285, 286 Anm.
Sullivan, Harry Stack: 54, 336 (121)
Sutich, Anthony J.: 17, 20, 31, 74, 336 (122)
Swartley, William: 336 (123)
Symbole (Kategorien) 232
-, Darbietung von 234 f.

-, der spirituellen Psychosynthesis 254 ff.
-, Zeichen von 235
-, einzelne: Auto (237), Feuer (238), Herz (238), Kindheit (239), Pferd (237), Rose (266 ff.), Tür (238)
Symbolverwendung (Techniken) 228 ff.
Synthese (Terminus) 49
Syntropie 229

Tagebuch 113, 146
T'ai Chi 24, 183
Taktile Imagination 205 ff.
Tantrismus 24, 245 Anm.
Tao 320
Taoismus 24
Tart, Charles T.: 22, 23, 24, 317, 326, 336 (124)
TAT 135 f.
Techniken, Definition 107
-, Übersicht 103 ff.
Techniken, einzelne
 - erneutes Durchleben 143
 - verbaler Ausdruck 145
 - Schreiben 146
 - Tagebuch 146
 - muskuläre Entladung 147v
 - kritische Analyse 150
 - Disidentifikation 162 ff.
 - Willen 178-183
 - (Imagination) Visualisierung 192 ff.
-, auditive Evokation 199
-, Evokation anderer Sinneswahrnehmungen 205 ff.
 - Idealbild 215 ff.
 - Symbolverwendung 228 ff.
 - Dialog 256 ff.
 - Intuition 271 ff.
 - interpersonale Beziehung 279 ff.
Teilhard de Chardin, Pierre: 317, 326
Terman, Lewis Madison: 53, 336 (125)
(Tests) Assoziationstest 132 f.
-, Kosmischer Test 130

-, TAT (Thematischer Apperzeptionstest 135 f.
Thematischer Apperzeptionstest (TAT) 135 f.
Theosophie 23
Therapeut (und Patient) 284 ff.
Therapeut (Person des) 31
Thigpen, Corbett H.: 119, 336 (126)
Thomas von Kempen: 259
Titurel 261 f.
Tochtermann, Wilhelm: 284, 336 (127)
Tod, zweiter 322
Tournier, Paul 40, 54, 118, 167, 336 (128)
Transformation 47, 68 (s.a. Transmutation)
Transhumanistisch 19, 20
Transmutation 47, 68, 90 ff., 97
Transpersonal 20 f., 313, 316
Transpersonale Erfahrung (Def.) 20 f.
Transpersonale Pädagogik 25
Transpersonale Psychologie 10, 19 ff.
Transpersonale Psychosynthesis: s. Psychosynthesis, spirituelle
Transpersonale Psychotherapie 25, 26 ff.
Traum 134
Trüb, Hans: 49, 336 (129)
Trungpa, Chögyam: 32, 336 (130)
Tsedek-Test (Baruk) 288
Tunnel-Erlebnis 320 f.

Überbewußtsein, Überbewußtes 53, 56, 249 f., 315 f.
Überich 58 Anm., 288
Überleben des Todes 22, 286 Anm.
Übung (Def.) 107
Übung - zu Dantes Göttlicher Komödie 263 ff.
-, zum Erblühen einer Rose 266 ff.
-, zur Gralssage 260 ff.
-, zur heiteren Gelassenheit und inneren Klarheit 108, 278
-, zum Weizenzyklus 269
Unbewußtes, tieferes 56
-, mittleres 56

345

–, höheres 56, 249 f.
–, kollektives 58
Underhill, Evelyn: 52, 58, 336 (131)
Unterbewußtes 315 f.
Unpersönliche Beobachtung 150
Upanischaden 84 Anm.
Urban, Hubert Josef: 53, 74, 336 (132)

Van Kaam, Adrian Leo: 39, 336 (133)
Van Nuys, David: 24
Varga, Gabor von: 32
Vedanta 24, 84
Vegetarismus 318
Veränderte Bewußtseinszustände 23
Veränderung, Theorie der (Beisser) 42
Verbaler Ausdruck (als Technik) 145
Vergil: 264
Vetter, August: 40, 336 (134)
Vipassana 24
Visualisierung 192 ff.
Vorbewußt 129

Wachstum 267
Wagner, Richard: 260
Watson, J.B.: 14
Watts, Alan W.:24
Weber, Ernst Heinrich: 14
Weide, Thomas N.: 24
Werther 146 f.
Wiesen-Meditation 303 f.
Wille 42, 46 f. 127 f., 274
Wille (Stufen) 173 ff.
– (Schulung) 172 ff.
– (Übung) 178 ff.
– transpersonaler 42 Anm., 123, 188
Wortmeditation 305
Wundt, Wilhelm: 14
Wyss, Dieter: 51, 336 (135)

Yoga 23, 24, 58

Zander, Alvin: 328 (27)
Zeichenmeditation 305
Zeichnen (von Symbolen) 235
Zeichnen, Freies 137 f.
Zeitdauer (der Therapie) 141
Zen 24

Weitere Bücher aus dem Aurum Verlag

Ian Stevenson
REINKARNATION
Der Mensch im Wandel von Tod und Wiedergeburt
20 überzeugende und wissenschaftlich bewiesene Fälle
Mit einem Vorwort von C. J. Ducasse
2. Aufl., 416 S. mit vielen Tabellen und Übersichten sowie Index, geb.

Diese Arbeit untermauert den Glauben an die Wiedergeburt erstmals mit wissenschaftlicher Beweisführung anhand von 20 Fällen wiederholter Erdenleben. Viele Fragen unseres Lebens lassen sich nur dann sinnvoll beantworten, wenn wir an die Möglichkeit erneuten Lebens glauben. REINKARNATION zeigt, daß Menschen mehrfach auf der Erde gelebt haben und unter uns leben. Dieses Buch wird zum Zeugnis der Wandlung des Menschen in Tod und Wiedergeburt.

Detlef I. Lauf
GEHEIMLEHREN TIBETISCHER TOTENBÜCHER
Jenseitswelten und Wandlung nach dem Tode
Ein west-östlicher Vergleich mit psychologischem Kommentar
Mit einem Vorwort von F. Spiegelberg
2. überarb. u. erweit. Aufl., 310 S., reich illustriert, mit viels., bisher unbekanntem Bildmaterial, Register, Leinen mit Goldprägung.

Aus der reichen Tradition tibetischer Geheimlehren zeigt dieses Werk alle Nachtod-Visionen, die – Abbild tiefster Lebenserkenntnisse tibetischer Gurus – über den Tod hinaus in mögliches neues Leben führen. Ein vielseitiges, bisher unbekanntes Bildmaterial zu den Initiationen des Totenrituals bereichert die ausführliche Darstellung. »Es handelt sich um Lehrbücher des Sterbens und des Lebens von einzigartiger Geschlossenheit des psychischen Aufbaus.« (F. Spiegelberg)

Herbert Kessler
DAS OFFENBARE GEHEIMNIS
Das Symbol als Wegweiser in das Unerforschliche und als angewandte Urkraft für die Lebensgestaltung
Mit einem Vorwort von Hermann Pongs
320 Seiten, mit 9 Abb., Symbol-, Namens- und Sachregister, geb.

Unter Heranziehung nahezu aller geisteswissenschaftlichen Disziplinen breitet der Autor geradezu ein »Feuerwerk« wissenschaftlicher Annäherung an das Unerforschliche vor uns aus, das sich in Symbolen kundtut. Dabei gründet er auf dem Symbolbegriff Goethes, zu dem sein Werk Paraphrase und Ergänzung ist: Kessler begründet die symbolische Lebenshaltung neu aus dem Wissen unserer heutigen Zeit. Ein »Lebensbuch«, das praxisbezogen aufzeigt, wie wir gewinnbringend mit Symbolen leben und damit Urkräfte in uns wecken können.
»Ich habe das Werk gelesen und wieder gelesen, mit steigender Bewunderung und Bereicherung...« (Prof. Dr. H. Beck)

AURUM VERLAG · FREIBURG IM BREISGAU

Weitere Bücher aus dem Aurum Verlag

S. Friedlaender
KATECHISMUS DER MAGIE
Mit einem Kommentar »Das magische Prinzip der Natur«
von Dr. med. Martin Schönberger
152 Seiten, Lit.-Verz., kart. cell.
Edition Imago Solis

Das Zeitalter der wissenschaftlichen Magie, deren erster Theoretiker Ernst Marcus war, wurde von Kant eröffnet. Mit Ausnahme der Lehren dieser beiden Männer – und in ihrer Nachfolge S. Friedlaender – ist die sogenannte »Magie« Schwindel oder Physik. *Katechismus der Magie* zeigt dies auf: »Vernunft und Natur gehören zur Magie, und ihre beste Kraft entnimmt sie dem innersten Selbstvertrauen zur Möglichkeit der Harmonisierung beider.« Auf diese Voraussetzung gründet sich zwar keine antike oder mittelalterliche, keine orientalische Hokuspokus-Magie, dafür aber Magie zum erstenmal als wahre Wissenschaft. Schönberger zeigt in seinem Kommentar – gleichsam als erstaunliches Resultat der »Vernunft-Magie« – die Gleichartigkeit von I Ging und Genetischem Code: geistiger Brückenschlag über fünf Jahrtausende als unwiderleglicher »Beweis« höchster, magischer Vernunft.

G. I. Gurdjieff
BEGEGNUNGEN MIT BEMERKENSWERTEN MENSCHEN
344 Seiten, gebunden

Gurdjieff selbst enthüllt hier die unbekannten Seiten seines Lebens und Denkens und bringt Licht in das Abenteuer seines Lebens, des Lebens eines der geheimnisvollsten Denker unseres Jahrhunderts. – In Form einer Autobiographie schildert Gurdjieff (1877–1949) seine Kindheit, Jugend und großen Reisen, die ihn aus der ottomanischen (später russischen) Heimat durch weite Teile Asiens zu Kultstätten, Weisen und Weisheitsschulen führten, in Länder, von denen wir heute so gut wie nichts mehr wissen. Das Abenteuerliche dieses Lebens fasziniert. Und doch wird klar: Gurdjieff sucht das große Abenteuer letztlich nur in der Erforschung des Bewußtseins, in der Suche auf die Beantwortung der Frage: Was ist der Sinn des Lebens? Wozu leben wir?

John G. Bennett
GURDJIEFF – DER AUFBAU EINER NEUEN WELT
352 Seiten, 12 Abbildungen, Index, Namensregister, gebunden

Der bedeutende Lehrer des Ideengutes von Gurdjieff und Ouspensky, J. G. Bennett, den die Times einen »charismatischen Führer, Dozent und Lehrer« nannte, erhellt Suche und Sendung Gurdjieffs, gibt Auskunft über sein Wesen und Wollen und über den geheimen Quellpunkt seines »Systems«. Bennett schrieb hier nicht nur eine fesselnde Biographie, er zeigt gleichzeitig das Beziehungsgeflecht von Geschichte, Religion und Philosophie auf und fragt nach dem geschichtlichen Standort der von Gurdjieff neu begründeten Traditionen zentralasiatischer »Weisheitsschulen«. Sein Buch kann beste Hilfe sein für den verlockenden Versuch, dieses Denken wiederzuentdecken und für die Probleme unserer Zeit fruchtbar zu machen.

AURUM VERLAG · FREIBURG IM BREISGAU

Weitere Bücher aus dem Aurum Verlag

Lama Anagarika Govinda
SCHÖPFERISCHE MEDITATION
UND MULTIDIMENSIONALES BEWUSSTSEIN
336 Seiten, mit Reproduktionen von Gemälden d. Verf., Index, geb.
Ein Buch von höchster, lebendiger, praktischer Weisheit, in dem die Meditation ihres mystischen Aspekts entkleidet und transparent gemacht wird und die Grundlagen und Voraussetzungen aller Meditation aufgezeigt werden: Lama Govindas Lebenswerk. »Meiner Ansicht nach ist dies das bedeutendste Buch, das jemals in englischer Sprache erschienen ist. Es ist großartig! Niemand könnte ein solches Buch schreiben, dessen Gelehrsamkeit nicht ergänzt würde durch die wirkliche, intuitive Erkenntnis der dargelegten Wahrheitseinsichten.« (John Blofeld)

Lama Tschögyam Trungpa
DAS MÄRCHEN VON DER FREIHEIT
UND DER WEG DER MEDITATION
Herausgegeben von John Baker und Marvin Casper
172 Seiten, mit 7 Abbildungen, Index, geb.
Lama Trungpa, einer der am meisten diskutierten Meditationsmeister im Westen, erklärt im großen Rahmen der buddhistischen und westlichen Psychologie unser Trugbild von der Freiheit. Gleichzeitig weist er uns den »Pfad der Meditation« zur echten Freiheit. Dabei begegnet er dem Leser mit einer Mischung aus liebenswürdiger Ironie und großem Ernst, dem eine umfassende Schau des Lebens und eine unverstellte Sicht allgemein herrschender Vorurteile über das Leben zugrunde liegt.

José und Miriam Argüelles
DAS GROSSE MANDALA-BUCH
Mandala in Aktion
Mit einem Vorwort von Lama Tschögyam Trungpa
2. Aufl., 152 Seiten, mit 160 Illustrationen und 16 teils ganzseitigen Farbtafeln, Register, Großformat in Leinen
Dieses Buch bietet in umfassender Weise eine praktische Einführung in die Mandala-Meditation und stellt gleichzeitig eine direkte, praktische Meditationshilfe dar. »Was bisher nur Eingeweihten, Heiligen und Religionsstiftern zugänglich war, sei nun langsam jedem erreichbar«, sagen die Autoren. »Liegt darin womöglich der Beginn einer Zeitwende?« (Deutschlandfunk) Dieser bibliophile Band vermittelt in einmaliger Weise ältestes Wissen der Menschheit.

AURUM VERLAG · FREIBURG IM BREISGAU